论 语 大 讲 堂

（春秋）孔子 ◎ 著

盖翠英 ◎ 编

中侨大讲堂

刘凤珍 主编

《论语》

大讲堂

中国华侨出版社

图书在版编目（CIP）数据

《论语》大讲堂 /（春秋）孔子著；盖翠英编 . — 北京：
中国华侨出版社，2016.12
（中侨大讲堂 / 刘凤珍主编）
ISBN 978-7-5113-6497-5

Ⅰ . ①论… Ⅱ . ①孔…②盖… Ⅲ . ①儒家②《论语》—研究
Ⅳ . ① B222.25

中国版本图书馆 CIP 数据核字（2016）第 280914 号

《论语》大讲堂

著　　者 /（春秋）孔子
编　　者 / 盖翠英
丛书主编 / 刘凤珍
总 审 定 / 江　冰
出 版 人 / 方　鸣
责任编辑 / 浦　约
封面设计 / 杨　琪
经　　销 / 新华书店
开　　本 /720mm×1010mm　1/16　印张：24　字数：583 千字
印　　刷 / 北京鑫国彩印刷制版有限公司
版　　次 /2017 年 6 月第 1 版　2017 年 6 月第 1 次印刷
书　　号 /ISBN 978-7-5113-6497-5
定　　价 /48.00 元

中国华侨出版社　北京市朝阳区静安里 26 号通成达大厦 3 层　邮编：100028
法律顾问：陈鹰律师事务所
发行部：（010）64443051　　　　　传　真：（010）64439708
网　址：www.oveaschin.com　　　　E-mail: oveaschin@sina.com

如发现图书质量有问题，可联系调换。

前 言
Preface

　　《论语》是儒家学派的经典著作，由孔子的弟子及其再传弟子编撰而成。它以语录体和对话文体为主，记录了孔子及其弟子的言行，集中体现了孔子的政治主张、伦理思想、道德观念及教育原则等，是我国传统文化思想的源头，也是中国人的智慧宝库。自西汉以来，《论语》所表述的孔子学说迅速扩展，其影响遍及政治、思想、文化、教育、伦理道德等各个领域。

　　孔子是中国传统文化中一座永远的丰碑，而《论语》则是它朴实温暖的碑记。孔子的学说和《论语》的价值，无论在任何时代、任何地区都不容小觑。从古到今，很多人通过研读《论语》获得了成功的智慧和方法。《论语》的智慧具有广泛的普适性，它不仅是一部哲学经典，更是一部世俗生活的指导书。

　　《论语》流传 2500 多年，影响世代中国人，它的经典语句，每一个中国人都耳熟能详。《论语》的真谛，就是告诉大家怎么样才能过上我们心灵所需要的那种快乐的生活。2500 年过去了，《论语》中的言论能够跨越时空差异与文字隔阂，显示其中蕴藏的智慧光辉吗？这些言论在今天还有多少可行性与正确性呢？如何在新的文化环境里使古老的典籍重新释放出新的活力？作为读惯了白话文的现代读者，又如何才能正确地把握《论语》的真实含义？

　　作为一本传递《论语》真谛的解读书籍，本书是现代读者领略《论语》智慧的理想读本。编者首先引导读者精读《论语》原文，每章句分设"原文""题解""注释""译文"四个栏目，注释精确，译文流畅明白。同时还选配了大量与内容紧密相关的图片资料，不但给专业研究者提供了若干研究线索，更便于普通读者正确理解《论语》的真实含义。另外，在精读《论语》原文的基础上，还设置了小栏目"论语的智慧"，对《论语》中包含的人生哲理和处世方略进行了进一步解读。我们以大量生动的事例进行阐发，对《论语》中有关如何自我修养、齐家立业等方面的思想做了全面深入的挖掘，把《论语》的智慧导入现代社会的生活情境中，帮助读者更真切地领悟《论语》，用《论语》的智慧成就事业和人生。

　　一个没有自己文化特色的民族是难以屹立于世界民族之林的，一个失去本民族文化支撑的人也是难以赢得他人敬重的。《论语》是中华民族深厚文化土壤不可分割的一部分，不论男女老幼，都需要从这片"土壤"中汲取养分。《论语》对于我们的引导，让我们每一个人都感觉到它的深邃和宽广。不管你是学生、职员、企业家，还是管理人士，只要你进入《论语》的世界，就必能在其智慧光辉的沐浴下心有所得。

目 录

Contents

学而篇第一

1.1　子曰^①："学而时习之^②，不亦说乎^③？有朋自远方来，不亦乐乎^④？人不知而不愠^⑤，不亦君子乎^⑥？"

【题解】

这是《论语》开宗明义第一篇第一段，概括而平易地表达了孔子人生理想的三个方面，实际上也是所有人人生的三个要务：人要学习，以至终身学习，以学为快事；人要交友处世，以人和为乐事；人要自知自立，不奢求于外。

【注释】

①子：中国古代对有学问、有地位的男子的尊称。《论语》"子曰"的"子"都是指孔子而言。②习："习"字的本意是鸟儿练习飞翔，在这里是温习和练习的意思。③说：通"悦"，高兴、愉快的意思。④乐：快乐。⑤愠：恼怒、怨恨、不满。⑥君子：《论语》中的"君子"指道德修养高的人，即"有德者"；有时又指"有位者"，即职位高的人。这里指"有德者"。

【译文】

孔子说："学到的东西按时去温习和练习，不也很高兴吗？有朋友从很远的地方来，不也很快乐吗？别人不了解自己，自己却不生气，不也是一位有修养的君子吗？"

【论语的智慧】

孔子说："学到的东西按时去温习和练习，不也很高兴吗？有朋友从很远的地方来，不也很快乐吗？别人不了解自己，自己却不生气，不也是一位有修养的君子吗？"一个人求学问就是为了经世致用，即使刚开始时有人不了解，还是要一如既往地去做，这样才能学得真学问。

曾国藩是清朝末年一位赫赫有名的人物。但是他的事业并非一帆风顺，而是十分坎坷的。刚开始练兵，他差点被兵勇打死，初战大败，他又差点跳河自尽。没有儒学正统地位的信念，可以想象，曾国藩不会支撑到最后的胜利。同时，曾国藩信仰"经世致用"，特别注重实践。他深刻地理解了"兵马未动，粮草先行"的道理，十分注重筹饷工作。因此，湘军的饷银是当时最高的。如此一来，士兵自然愿意为曾国藩卖命。湘军的战斗力是由血缘关系形成的，湘军的士兵大多是亲戚、朋友和乡亲，因此凝聚力很强，极其有互助精神。曾国藩也很能知人善用，因此手下人才济济。曾国藩也很注重对信念的灌输，由此他把湘军打造成了一支有战斗力的军队。曾国藩军事上的胜利之原因大致可归纳为以上几条。而政治上的胜利，则是因为他能够"己欲立而立人，己欲达而达人"。曾国藩手下大将大多是流落民间的低级知识分子，几乎没有人是行伍出身。这些人得到了曾国藩不遗余力的提拔和重用，因此，形成了历史上以曾国藩、胡林翼、左宗棠、李鸿章为首的"湘军"政治集团。曾国藩成为"湘军"政治集团独一无二的事业领袖和思想领袖。

现在，我们学习知识也不能只啃书本，学一套，做的又是一套，结果只能是原来的我们，没有任何改变，没有丝毫的进步，这样的学习是毫无意义的。现在有不少青少年在学习时都会问："我学了这么多的知识干什么？难道是为了考试？"的确，考试是学习的目的之一，但是，学习还有着更为重要的目的，那就是去实践。

只要我们能够做到学以致用，便能在有限的时间内，阅读更多的书籍，取得意想不到的收获。同时，学以致用也是成大事者必备的一种能力，知识的作用只有在运用中才能被发挥出来，这也是成功者之所以能成大事的关键所在。要想成功，就必须让知识转化为能力，所以说到底，就是赶紧培养我们学以致用的能力。

1.2　有子曰①："其为人也孝弟②，而好犯上者，鲜矣③；不好犯上，而好作乱者，未之有也④。君子务本，本立而道生。孝弟也者，其为仁之本与⑤！"

【题解】

孝、弟（悌），是中国传统社会要求子女对父母、弟弟对兄长持有的正确态度。如此，可以防止犯上作乱。这便是孝道的社会政治意义。自春秋战国以后的每个朝代，都继承了孔子的孝悌说，主张"以孝治天下"。从重亲情扩大到有利于社会秩序的规范，这是有借鉴意义的。

【注释】

①有子：孔子的学生，姓有，名若。在《论语》书中，记载的孔子学生，一般都称字，只有曾参和有若称"子"。②弟：通"悌"，敬爱兄长。③鲜：少。④未之有也："未有之也"的倒装句，意思是没有这种人。⑤与：通"欤"，表示疑问的助词。《论语》中的"欤"字皆作"与"。

【译文】

有子说："那种孝顺父母、敬爱兄长的人，却喜欢触犯上级，这是很少见的。不喜欢触犯上级却喜欢造反的人，更是从来没有的。有德行的人总是力求抓住这个根本。根本建立了，做人和治国的原则就会形成。孝敬父母、敬爱兄长，大概便是仁爱的根本吧！"

【论语的智慧】

有子说：对父母尽孝、对兄弟友爱，却喜欢犯上作乱的人简直太少了。"孝弟"可以说是一个人的立身之本啊。"孝"就是对父母应尽孝道，"弟"同"悌"，就是尊重顺从兄长的意思。"弟"包括了兄弟姐妹的爱，还有朋友之爱。中国有首名为《劝孝歌》的古诗："人不孝其亲，不如禽与兽。"语言虽然很直白，但是道理却很深刻。一个人不论他出身什么样的家庭，也不论他将来的地位有多大的变化，只要他的父母还健在，那么他就有尽孝

道的义务，这也是人之所以为人的根本。

试想一下，如果我们的父母养育我们多年，等到老了却享受不到应有的亲情，这是多么令人寒心的场面！我们一直标榜自己是万物之灵长，但是倘若面对自己的父母都不孝敬，那么又有什么资格来谈孝道呢？然而现实生活中，有的人真的还不如自然界中的一些动物。

他本在一家外企供职，然而，一次意外使他的左眼突然失明。为此，他失去了工作，到处求职却因"形象问题"连连碰壁。"挣钱养家"的担子落在了他那"白领"妻子的肩上，天长日久，妻子开始鄙夷他，像功臣一样颐指气使。

她日渐感到他的老父亲是个负担，流鼻涕淌眼泪让人看着恶心。为此，她不止一次跟他商量把老人送到老年公寓去，他总是不同意。有一天，他们为这件事在卧室吵了起来，妻子嚷道："那就跟你爹过，咱们离婚！"他一把捂住妻子的嘴说："你小声点儿，当心让爸听见！"

第二天早饭时，父亲说："有件事我想跟你们商量一下，你们每天上班，孩子又上学，我一个人在家太冷清了，所以，我想到老年公寓去住，那里都是老人……"

他一惊，父亲昨晚果真听到他们争吵的内容了！"可是，爸——"他刚要说些挽留的话，妻子瞪着眼在餐桌下踩了他一脚。他只好又把话咽了回去。第二天，父亲就住进了老年公寓。星期天，他带着孩子去看父亲，进门便看见父亲正和他的室友聊天。父亲一见孙子，又抱又亲，还抬头问儿子工作怎么样，身体好不好……他好像被人打了一记耳光，脸上发起烧来。"你别过意不去，我在这里挺好的，有吃有住还有的玩。"父亲看上去很满足，可他的眼睛却渐渐涌起一层雾气。为了让他过得安宁，父亲情愿压制自己的需要——那种被儿女关爱的需要。几天来，他因父亲的事寝食难安。挨到星期天，他又去看父亲，刚好碰到市卫生局的同志在向老人们宣传无偿捐献遗体器官的意义，问他们有谁愿意捐。很多老人都在摇头，说他们这辈子命苦，要是死都不能保个全尸，太对不起自己了。这时，父亲站了起来，问了两个问题：一是捐给自己的儿子行不行；二是趁活着捐可不可以。"我不怕疼！我也老了，捐出一个眼角膜生活还能自理，可我儿子还年轻呀，他因为这只失明的眼睛失去了多少工作的机会啊！要是能将我儿子的眼睛治好，我就是死在手术台上，我都愿意。"所有人都结束了谈笑，把震惊的目光投向老泪纵横的父亲。屋子里静静的，只看见父亲的嘴唇在抖。

他已说不出话来，一股看不见的潮水瞬间将他包裹住。他满脸泪水，迈着沉重的步伐，一步步走到父亲身边，和父亲紧紧地抱在一起。当天，他不顾父亲的反对，为父亲办好有关手续，接他回家。至于妻子，他已做好最坏的打算。临走时，父亲一脸欣慰地与室友告别。室友一把眼泪一把鼻涕地埋怨自己的儿子不孝，赞叹他父亲有福气。父亲说："别这样讲！俗话说，庄稼是别人的好，儿女是自己的亲，打断骨头连着筋。自己的儿女，再怎么样都是好的。你对小辈宽容些，孩子们终究会明白的……"说话间，父亲还用手给儿子将将衬衣上的皱褶，疼爱的目光像一张网，将他兜头罩住。他再次哽咽，感受到如灯的父爱在他有限的视力里放射出的无限神圣的亮光。

父辈以他们的宽容承载着晚辈的伤害，对此我们难道无动于衷吗？父母对子女的爱，就像流水，一直在流；而子女对父母的爱，就像风吹树叶，风吹一下，就动一下，风不吹，就不动。趁父母还健在，做儿女的赶快尽一点儿自己的孝心吧，莫要等到子欲养而亲不待时再后悔。

1.3　子曰：“巧言令色^①，鲜矣仁^②。”

【题解】

花言巧语者，一定是为人处世不讲原则，表面讨好别人，实际只图达到个人目的的小人。这种人，孔子是一贯反对的。孔子注重人的实际行动，强调人应当言行一致，力戒空谈巧言，心口不一。这种质朴精神和本色的态度，成为中华传统道德中的精华内容。

【注释】

①巧言令色：巧，好。令，善。巧言令色，即满口说着讨人喜欢的话，满脸装出讨人喜欢的脸色。②鲜：少的意思。

【译文】

孔子说：“花言巧语，伪装出一副和善的面孔，这种人是缺少仁德的。”

【论语的智慧】

什么是“巧言”？南怀瑾先生解释说，用现在的话说就是吹牛。孔子说：“花言巧语，伪装出一副和善的面孔，这种人是缺少仁德的。”面临大事的时候就能看出来他们的真面孔了。

孔子说爱耍嘴皮子的人绝对不会仁厚，果然如此。如果不是唐玄宗喜欢听好话，哪里还会有罢免张九龄的事情呢？当然也就不会有李林甫一手遮天的日子了。因此，从另外一个角度来讲，我们尤其要小心那些在我们面前尽说好话的人，警惕他是否另有所谋。背后赞扬我们的人绝对是我们的朋友，但是在我们面前说好话的就不一定了。“巧言”之人很少有仁厚的，因为他们的巧言不过是为了要掩人耳目，降低他人的警惕心而已。

1.4　曾子曰^①：“吾日三省吾身^②：为人谋而不忠乎？与朋友交而不信乎？传不习乎^③？”

【题解】

曾参是孔子弟子中以注重修身著称的。曾参提出了“反省内求”的修养办法，不断检查自己的言行，使自己修养成完美的人格。这种自省的道德修养方式在今天都是令人改过迁善的最有效的方法。曾参还提出了“忠”和“信”的做人标准，“忠”的特点是一个“尽”字，办事尽心尽力；“信”是信任和信用，表现是诚实不欺，说真话，说话算数。这是一个人立身处世的基石。

【注释】

①曾子：孔子晚年的学生，名参，字子舆，比孔子小46岁。生于公元前505年，鲁国人，是被鲁国灭亡了的鄅国贵族的后代。曾参是孔子的得意门生，以孝著称，据说《孝经》就是他撰写的。②三省：多次反省。③传：老师教授的功课。

【译文】

曾参说："我每天再三反省自己：替别人办事是不是尽心竭力了呢？跟朋友交往是不是诚实守信了呢？对老师传授的学业，是不是用心复习了呢？"

【论语的智慧】

曾参说："我每天再三反省自己：替别人办事是不是尽心竭力了呢？跟朋友交往是不是诚实守信了呢？对老师传授的学业，是不是用心复习了呢？"曾子在孔子的弟子当中属于比较鲁钝的人，不是笨，有点儿像今天咱们说的反应慢的人。曾子后来的学问很高，修养也很高，他作了《大学》，将孔子的思想发扬光大，很有功劳。

他这几句话对中国人的影响很大，后世曾国藩每日都要反省自己，就是缘于此。曾子的这三点不容易做到，其实所有深刻的道理都是看起来很简单，然而等到我们要去实践的时候才会感觉到它的难度。

有人怀疑反省自己的作用，认为反省了半天也不见得能改变什么。其实，经过它的荡涤，就能将俗世间纷纷扰扰的尘埃从我们心中清除干净。

一位老人和他的小孙子住在美国肯塔基州西部的农场。每天早上，老人都坐在厨房的桌边读《圣经》。

一天，他的孙子问道："爷爷，我试着像你一样读《圣经》，但是我不懂得《圣经》里面的意思。我好不容易理解了一点儿，可是我一合上书便又立刻忘记了。这样读《圣经》能有什么收获呢？"老人安静地将一些煤投入火炉。然后说道："用这个装煤的篮子去河里打一篮子水回来。"

孩子照做了，可是篮子里的水在他回到家之前就已经漏完了。孩子一脸不解地望着爷爷。老人看看他手里的空篮子，微笑着说："你应该跑快一点儿。"说完让孩子再试一次。

这一次，孩子加快了速度。但是篮子里的水依然在他回到家之前就漏光了。他对爷爷说道："用篮子打水是不可能的。"说完，他去房间里拿了一个水桶。老人说："我不是需要一桶水，而是需要一篮子水。你能行的，你只是没有尽全力。"接着，他来到屋外，看着孩子再试一次。

现在，孩子已经知道用篮子盛水是行不通的。尽管他跑得飞快，但是，当他跑到老人面前的时候，篮子里的水还是漏光了。孩子气喘吁吁地说："爷爷，你看，这根本没用。"

"你真的认为这一点儿用处都没有吗？"老人笑着说，"你看看这篮子。"孩子看了看篮子，发现它与先前相比的确有了变化。篮子十分干净，已经没有煤灰沾在竹条上面了。"孩子，这和你读《圣经》一样，你可能什么也没记住，但是，在你读《圣经》的时候，它依然在影响着你，净化着你的心灵。"

其实，我们每一个人都应该有一本心灵的《圣经》，即使我们未曾记住一句话、一个字，却依然会受益终生。因为，它会让我们的心灵如泉水般清澈、纯净，这就是反省的作用，它就像是人生的明镜一样时刻照亮我们的灵魂，将我们的负担轻轻地卸除，将丑陋通通赶出我们心灵的家园。

1.5 子曰："道千乘之国①，敬事而信②，节用而爱人③，使民以时④。"

【题解】

这段话反映了孔子的政治主张。他提出了五条：敬事、取信于民、节用、爱人、使民以时。这是关于治理国家的基本原则，即要求国家管理者严肃认真地办理国家各方面事务，恪守信用；节约用度，爱护人民；征用百姓应注意不误农时等。

【注释】

①道：通"导"，引导之意。此处译为治理。千乘之国：乘，古代用四匹马拉的兵车。春秋时代，打仗用兵车，故车辆数目的多少往往标志着这个国家的强弱。千乘之国，即代指大国。②敬事：敬是指对待所从事的事务要谨慎专一、兢兢业业，我们今天也说要敬业。③爱人：古代"人"的含义有广义与狭义的区别。广义的"人"，指一切人群；狭义的"人"，仅指士大夫以上各个阶层的人。④使民以时：时，指农时。古代百姓以农业为主，这是说役使百姓要按照农时，即不要误了耕作与收获。

【译文】

孔子说："治理拥有一千辆兵车的国家，应该恭敬谨慎地对待政事，并且讲究信用；节省费用，并且爱护人民；征用老百姓的劳动力要尊重农时，不要耽误耕种、收获的时间。"

1.6 子曰："弟子入则孝①，出则弟②，谨而信③，泛爱众，而亲仁④。行有余力⑤，则以学文⑥。"

【题解】

这段话表达了孔子希望培养的理想人格，即达到孝、悌、谨（慎）、信、泛爱、亲仁、学文七条标准。这表明孔子的教育是以道德教育为中心，重点在育人，把"德"排在"识"的前面，首先要做一个好人，学了书本知识才能有用。

【注释】

①弟子：有两层含义，一是指年幼之人，弟系对兄而言，子系对父而言，故曰弟子；二是指学生。此处取前义。入：古代时父子分别住在不同的居处，学习则在外舍。入是入父宫，指进到父亲住处，或说在家。②出：与"入"相对而言，指外出拜师学习。出则弟，是说要用弟道对待师长，也可泛指对待年长于自己的人。③谨：寡言少语称为谨。④仁：指具有仁德的人，即温和、善良的人。此形容词用作名词。⑤行有余力：指有闲暇时间。⑥文：古代文献。主要有诗、书、礼、乐等文化知识。

【译文】

孔子说："小孩子在父母跟前要孝顺，出外要敬爱师长，说话要谨慎，不说废话，言而有信，和一切人都友爱相处，亲近那些具有仁爱之心的人。做到这些以后，还有剩余的精力，就用来学习古代文献。"

《论语》大讲堂

八

1.7　子夏曰①：“贤贤易色②；事父母能竭其力，事君能致其身③，与朋友交言而有信。虽曰未学，吾必谓之学矣。”

【题解】

这段话提出了正确处理夫妇、父子、君臣、朋友四种关系的道德标准。子夏认为：一个人有没有良好的教养，主要不是看他的文化知识，而是要看他能不能奉行"孝""忠""信"等基本道德。只要做到了这几点，即使他说自己没有学习过，但他已经是有良好教养的人了。

【注释】

①子夏：姓卜，名商，孔子的学生，以文学著称。比孔子小44岁，生于公元前507年。孔子死后，他在魏国宣传孔子的思想主张。②贤贤：第一个"贤"字做动词用，尊重的意思。"贤贤"即尊重贤者。易：有两种解释，一是改变的意思，此句即为尊重贤者而改变好色之心；二是轻视的意思，即看重贤德而轻视女色。③致其身：致，意为奉献、尽力。这是说要尽忠的意思。

【译文】

子夏说："一个人能够看重贤德而不以女色为重；侍奉父母，能够竭尽全力；服侍君主，能够献出自己的生命；同朋友交往，说话诚实、恪守信用。这样的人，尽管他自己说没有学习过，我也一定说他已经学习过了。"

【论语的智慧】

孔子的学生子夏认为一个人孝敬父母要尽心尽力，"事父母，能竭其力"。现在很多人认为自己没有能力给父母买漂亮的房子，让父母住洋楼坐汽车，这就是不孝。这当然不对，因为孝敬父母不仅要在物质上有所表现，更关键的是要用心。所谓"原心不原迹，原迹家贫无孝子"，就是说如果把能否让父母过上富足的生活看作是孝顺的标准的话，那么家里贫穷的就没有孝子了。

孔子的学生中有几个是"二十四孝"中的孝子，比如子路。子路小时候家里很穷，他自己在外面挖野菜吃，却从百里之外驮了米回家侍奉双亲。后来子路做官了，很有钱。他出使楚国的时候，有豪华的车队，还有很多随从，吃的也是"山珍海味"，但是锦衣玉食的日子却让子路哭了起来。他说："现在我可以吃得好，睡得好，穿得也好，可是我还想背着一袋米，走上百里的路去侍奉我的双亲，但是这再也不可能了。"这个时候他的父母已经过世了。孔子觉得他很孝顺，就安慰他说："你的父母应该感到很满足了，因为他们在世的时候已享受到你的孝敬了。"

汉文帝刘恒也是一个孝子，他作为皇帝要什么有什么，他的母亲薄太后也不缺少物质上的东西，但是刘恒很孝顺。他母亲生病了，他亲自喂母亲喝药，并且每次都是自己先尝一下，然后才会放心地给他母亲喝。作为一个皇帝尚且如此，我们谈孝顺的时候又怎能只停留在嘴上呢？难怪过去历朝历代都提倡"以孝治天下"，一个对自己父母都不能做到仁爱的人，谁也不敢保证他能去爱天下的百姓。

北宋时期被称为"苏门四学士"之一的黄庭坚也是一个孝子，他的孝顺真的能体现"事父母，能竭其力"。他每天晚上都要帮自己的母亲洗尿桶！现在的人恐怕都已经体会不到这种孝心了。如今大家都用抽水马桶，有人说，我想要这样孝敬也没有机会啊。这就要谈"原心不原迹"了，只要你有一颗孝敬的心，又何必在乎给父母是洗马桶还是洗脚呢？"事父母，能竭其力"，尽自己的心力做到了，这就是孝。

1.8　子曰："君子不重则不威^①，学则不固^②。主忠信^③。无友不如己者^④。过则勿惮改^⑤。"

【题解】

这里，孔子提出了君子应当庄重大方，才能具有人格的威严，庄重而威严才能认真学习而所学牢固。君子还要慎重交友，还要有过则勿惮改的对待错误和过失的正确态度。这一思想把君子从内到外的修养联系起来讲，闪烁着真理光辉，对提高自己有重要帮助。

【注释】

①重：庄重、自持。②学则不固：与上句联系起来就可理解，一个人不庄重就没有威严，所学也不牢固。③主忠信：以忠信为主。④无：通"毋"，不要的意思。不如己：一般解释为不如自己。另一种解释说，"不如己者，不类乎己，所谓'道不同不相为谋'也"。把"如"解释为"类似"。后一种解释更为符合孔子的原意。⑤过：过错、过失。惮：害怕、畏惧。

【译文】

孔子说："一个君子，如果不庄重，就没有威严；即使读书，所学的也不会牢固。行事应当以忠和信这两种道德为主。不要去和与自己不同道的人交朋友。有了过错，要不怕改正。"

【论语的智慧】

"君子不重则不威"，看起来似乎是说你自己不庄重，那么你在别人面前也就没有了权威、威信。如果这样理解，那么我们仿佛看到了这样的一群"伪君子"：几个"老夫子"式的人物在谈天说地，忽然走进来一个晚辈。为了维护自己的威信，"老夫子"们赶紧收敛了笑容，正襟危坐。如果孔子知道了后世对他的学问是这样理解的，肯定要被气得吐血。

这是孔子在告诉世人关于自重与尊重他人的处世哲学。"君子不重则不威"就是说一个不知道自重、没有自尊心的人是做不好事情的。不仅"不重则不威"，而且做学问也不牢固。而"无友不如己者"的解读就更有特点了。宋儒告诉我们："不要和不如自己的人交往。"如果这样理解那就错了，那样的孔子也就太"势利"了，我们的祖先又何以被称为"圣人"呢？

每个人都有自己的长处和短处，所以要学会敬重他人。如此说来，我们看到的是一个连贯的意思，做人既要尊重自己也要尊重他人。别总是认为自己有多么了不起，轻视他人的人也会被他人轻视。人与人之间的一切交往都是互相映照的，你敬我一分，我还你三分。希望得到别人的尊重，那么最好的方式便是尊重你身边的每一个人，关羽就是因为在这方面做得不好而落了个兵败身亡的下场。

《论语》大讲堂

三国名将关羽，温酒斩华雄，匹马斩颜良，过五关，斩六将，擂鼓三通斩蔡阳，偏师擒于禁。"百万军中取上将之首，如探囊取物耳。"

然而，这位叱咤风云、威震三军的一世枭雄，下场却很悲惨，居然被吕蒙一个奇袭，兵败地失，还被人割了脑袋。

关羽兵败身死的最根本原因是蜀吴联盟破裂，

关羽擒将图　明　商喜

吴国起兵奇袭荆州。蜀吴联盟的破裂，原因很复杂，但与关羽的骄傲、不懂得尊重他人有着密切的关系。

诸葛亮离开荆州之前，曾反复叮嘱关羽，要东联孙吴，北拒曹操。但关羽对这一战略方针的重要性认识不足，他瞧不起东吴，也瞧不起孙权，致使蜀吴关系紧张起来。关羽驻守荆州期间，孙权派诸葛瑾到他那里，替孙权的儿子向关羽的女儿求婚，"求结两家之好"，"并力破曹"。这本来是件好事，以婚姻关系维系政治联盟，历史上多有先例。如果关羽能放下高傲的架子，认真考虑一番，利用这一良机，进一步巩固蜀吴的联盟，将是很有益处的。但是，关羽竟然狂傲地说："吾虎女安肯嫁犬子乎？"

不嫁就不嫁嘛，又何必如此出口伤人？试想这话传到孙权那里，孙权的面子如何挂得住？又怎能不使双方关系破裂？

关羽的骄傲，使自己吃了一个大大的苦果，被自己的盟友结束了生命。

孔子的弟子子贡曾形容他的老师"温、良、恭、俭、让"，这五字真经值得我们用一生去修行。其中的"恭"就是恭敬，对任何人都怀有恭敬之心，自然他人也就对你敬让，更少有被人记恨在心的事情发生。道家学派的创始人老子也说他平生有三宝："曰慈，曰俭，曰不敢为天下先。"这个"慈"就是对他人慈悲为怀，有一股悲天悯人的情怀。我们看生性宽厚的人很少口出狂言或对他人不尊重，这种敬人的行为是重己的最好方式。

1.9　曾子曰："慎终追远^①，民德归厚矣。"

【题解】

孔子非常重视丧祭之礼，他把祭祀之礼看作一个人孝道的继续和表现，通过祭祀之礼，可以培养个人对父母和先祖尽孝的情感。儒家重视孝的道德，是因为孝是忠的基础，一个不能对父母尽孝的人，他是不可能为国尽忠的。所以忠是孝的延伸和外化。只要做到忠与孝，那么，社会与家庭就可以得到安定。

孔子并不相信鬼神的存在，他说"敬鬼神而远之"，就证明了这一点。他没有提到过人死之后是否有灵魂的存在，他是通过祭祀亡灵，来实行教化，希望把人们塑造成有教养的忠孝两全的君子。

【注释】

①慎终追远：慎终，指对父母之丧要尽其哀。追远，指祭祀祖先要致其敬。

【译文】

曾子说："谨慎地对待父母的丧事，恭敬地祭祀远代祖先，就能使民心归向诚实忠厚。"

【论语的智慧】

古人解释"慎终追远"是孝道。这种解释不算错，但它有点儿牵强附会的意思，不是很顺。用现代的观念来讲就是"种瓜得瓜，种豆得豆"，做一件事时，如果你希望能有个好结果，那么你就要有个好的开始。正如老百姓常说的一句话："好的开始是成功的一半。"我们做人做事都要有这样的观念，这样我们就能少让一些后悔的情况发生，同时也能让我们少走一些弯路。

这里我们可以引用佛学里的一句话："菩萨畏因，凡夫畏果。"佛教的菩萨，非常重视一件事情的初因。比如有一个朋友来约你做生意，这个动机，也就是初因，我们要注意，这也许是善因，也许是恶因，如果是恶因，即使叫你当他的老板你也不能干，因为将来倒霉的也会是你，所以菩萨是怕这个因。而"凡夫"——普通人——畏果，像死刑犯到执行死刑时才后悔，这个后果来了他才怕。因此我们这些"凡夫"在做事情的时候最好从一开始就要想到将来的结果，从源头上就要保证以后没有恶果。在这一点上宋朝的宰相吕夷简就做得不错。

宋真宗时，后宫李妃生子，就是后来的宋仁宗。当时正得宠的刘皇后无子，宋真宗便命刘皇后认仁宗为子。

仁宗长大后，以为自己是皇后亲生。宫中人畏于皇后威严，没人敢对他说明真相，仁宗对刘皇后也极为孝顺。

宋真宗去世，仁宗即位，刘太后垂帘听政，大家更没人敢对仁宗讲明，李妃身处真宗的众多嫔妃中，对仁宗也不敢露出与众不同之处。

后来李妃病死，刘太后想把葬礼办得简单些，以免引起他人的疑心，万一传到仁宗耳中，就拆穿了。

宰相吕夷简却极力反对，在帘前争执说："李妃应该厚葬。"

当时仁宗正在太后身边，刘太后吓了一跳。她忙令人把仁宗带出去，然后厉声问吕夷简："李妃不过是先帝的普通嫔妃，为何要厚葬？况且这是宫中的事务，你身为宰相，多什么嘴？"

吕夷简平静地说："臣身为宰相，所有的事都该管。如果太后为刘氏宗族着想，李妃就应厚葬；如果您不为刘氏宗族着想，臣就无话可说了。"刘太后沉思许久，明白了吕夷简的意思，下旨厚葬了李妃。

吕夷简出宫后，找到总管罗崇勋，告诉他："李妃一定要用太后的礼仪厚葬，丝毫不能有缺。棺木一定要用水银实棺，可别说我没告诉你。"

罗崇勋见宰相表现出少有的庄重与严厉，唯有听命，于葬礼用物丝毫不敢轻视。

刘太后死后，燕王为了讨好皇上，便告诉仁宗："陛下不是太后所生，而是李妃所生，可怜李妃遭刘氏一族陷害，死于非命。"

仁宗大惊，忙传讯老宫人。刘太后已死，无人再敢隐瞒此事，便如实禀告。

仁宗知道后，痛不欲生。他在宫中痛哭多日，也不上朝，一想到亲生母亲朝夕伴在左右，自己却不知道。母亲在世之时，自己从未侍养过一日，最后竟然不得善终。他越想越难受，便下诏宣布自己为子不孝的大罪，改封李妃为皇太后，并准备以太后之礼改葬。待改葬后再查实、清算刘氏一族的罪过。

刘氏宗族的人知道后惶惶不可终日，只能坐待灭族大祸了。大臣们见皇上愤怒之极，便没人敢为刘氏一族说一句话。

改葬李妃时，仁宗抚棺痛哭，却见李妃因有水银保护，面目如生，身体完好，所用的葬器都严格遵照太后的礼仪。

仁宗大喜过望，哀痛也减轻了很多，他对左右侍臣说："小人的话真是不能信啊！"改葬完后，仁宗非但不追究刘氏一族的罪过，反而待之更为优厚。

刘氏一族能转危为安就是因为刘太后当初种下的善因，但现在有些人做事情却不考虑到后果，想干什么就干什么，完全凭借一时冲动，这样做事情哪能不失败呢？一件事只有从一开始我们就考虑到它的发展方向，那么我们才好在宏观上把握它。否则自己明明种了豆子的种子，却还希望能收获一个瓜，这不是从根本上就错了吗？

1.10　子禽问于子贡曰①："夫子至于是邦也，必闻其政，求之与？抑与之与②？"子贡曰："夫子温、良、恭、俭、让以得之。夫子之求之也，其诸异乎人之求之与③？"

【题解】

本章通过子禽与子贡两人的对话，表现了孔子为人处世的方式与风格。孔子之所以到处都能受到礼遇和尊重，在于孔子具有温和、善良、恭敬、节俭、谦让的道德品格。他能不激不厉，即之也温；仁德待人，宽厚善良；对人尊重，处事恭敬；居仁守礼，自奉俭朴；先人后己，出世谦让。所以每到一个诸侯国，都能受到各国国君的礼遇，与人相交，都能得到他人的尊重，他不用去乞求什么，人家都愿意帮助他，这就是孔夫子与他人不同的待人接物的方式。

【注释】

①子禽：姓陈，名亢，字子禽。子贡：姓端木，名赐，字子贡，孔子的学生，比孔子小31岁。②抑与之：抑，反语词，可作"还是……"解。与之，（他人）自愿给他。③其诸：表示不太肯定的语助词，有或者、大概的意思。

【译文】

子禽问子贡说："夫子每到一个国家，就一定听到这个国家的政事。那是求人家告诉他的呢，还是人家主动说给他听的呢？"子贡说："夫子是靠温和、善良、恭敬、节俭和谦让得来的。夫子的那种求得的方式，大概是不同于他人的吧？"

【论语的智慧】

孔子的美好品德可归结为：温、良、恭、俭、让，尤其值得一提的是这个"让"，即"谦让"。这里的"谦让"表现出来的并不是消极的忍让，相反，它是一种积极进取的精神。诚如梁漱溟先生所言：儒家虽然提倡温、良、恭、俭、让，但实质宣扬的却是一种积极进取的精神。换句话说，"谦让"就是"以退为进，以柔克刚"，是一种方圆处世的态度。

一个简单的比喻就是：低着头的是稻穗，昂着头的是稗子；低头的稻穗充满了成熟的智慧，而昂头的稗子只是招摇着空白的无知。苏格拉底曾说："天地只有三尺，高于三尺的人要想长久立于天地之间，就要懂得低头。"懂得低头是一种生存的智慧。

据说，秦始皇陵兵马俑博物馆的"镇馆之宝"是一尊跪射俑。出土的许许多多兵马俑都可以算作人间精品，但唯独它才能够享有"镇馆之宝"的无上荣誉。最主要的原因是在出土、清理和修复的1000多尊各式兵马俑中，只有这尊跪射俑保存得最为完整，未经人工修复。如果仔细观察，就会发现俑身上的衣纹、发丝都清晰可见。据专家介绍说，这尊跪射俑之所以能够保存得如此完整，完全是得益于它自身的"低姿态"。原来兵马俑坑是地下通道式土木结构建筑，一旦棚顶塌陷、土木俱下时，高大的立姿俑自然是首当其冲遭受灭顶之灾，这样一来，低姿的跪射俑受到的损害就大大减小。此外，跪射俑呈蹲跪姿，右膝、右足、左足三个支点呈等腰三角形，完全支撑着上体，整个身体重心在下，增加了它的稳固性，这与两足站立的立姿俑相比，就避免了倾倒、破损。所以，秦始皇陵兵马俑中的跪射俑在经历了2000多年的岁月后，依然完整地呈现在我们面前，真可谓是"宝中至宝"。

现在，我们的社会进入了一个新的世纪，到处都在宣传"人应该张扬个性"。鉴于此，为了追赶社会潮流，一批批的年轻人，打着"张扬个性，率意而为"的旗帜，不管三七二十一，就硬往前撞，大有"死了也悲壮"的气概。这固然从一个方面显示出了一个人的勇气和自信，但恐怕最终的结果是到处碰壁。

被称为"美国之父"的富兰克林在青年时期，曾专门拜访过一位德高望重的老前辈。那时他年轻气盛，昂首挺胸迈着大步，但是他刚一走进老前辈的大门就被门框狠狠地碰了头，痛得他一边用手揉搓头部，一边看着比他的身子矮了一截的门。这时，出来迎接他的老前辈看到他这副模样，笑笑说："很痛吧！可是，这将是你今天访问我的最大收获。一个人要想平安无事地活在世上，就必须时刻记住：该低头时就低头。这也是我想要教你的事情。"

富兰克林把这次拜访得到的教训看成自己一生中最大的收获，而且把它作为自己一生的生活准则之一，受益终生。

纵观中国历史，也有关于这方面的非常好的例子。譬如，三国时期的刘备从三顾茅庐到孙刘联合，每一次低头，都会迎来"柳暗花明又一村"的情况，终于成就"三足鼎立"的辉煌。越王勾践低下高贵的头，以卧薪尝胆收回河山。

当今社会，错综复杂，变幻莫测。因此，在人生的漫长跋涉中，我们就必须学会低头。好比当你陷入泥潭时，你最先做的是迅速地爬起来，并且远远地离开泥潭，只有笨蛋才会在狼狈不堪的时候，还对着自己的鞋子说，我们可是出淤泥而不染的。

低头，需要很大的勇气，所以我们应当用平和的心态，像跪射俑那样，时刻保持着生命的低姿态，这样就一定会避开无谓的纷争，避免意外的伤害；就能更好地保全自己，发展自己，成就自己。

老子说过，当坚硬的牙齿脱落时，柔软的舌头却完好无损。柔软有时候是完全可以胜过强硬的。以柔克刚，以退为进，恰恰是人生的大智慧、大境界。

1.11　子曰："父在，观其志①。父没，观其行②。三年无改于父之道，可谓孝矣。"

【题解】

这一章仍然谈的是有关"孝"的问题，把"孝"字具体化了。这段话有一个前提，就是父亲所尊崇的道理一定要是正确的，一般来说，这是没有疑问的。不管一个父亲本人的思想和道德水准有多高，他对于儿子的期望标准总应该是好的，而且，这里说了父亲在世的时候儿子已经表现出了自己的志向，父亲去世之后，儿子不要降低了自己的标准。三年内都不改变他父亲所尊崇的正确的道理，这就是尽孝了。这里需要说明的是，这段话并没有阻碍下一代发展的意思，有人用儿子"言行举止都总停留在过去的水平上"来批评这句话，显然是曲解。

【注释】

①其：指儿子。②行：行为。

【译文】

孔子说："当他父亲活着时，要看他本人的志向；在他父亲去世以后，就要考察他本人的具体行为了；如果他长期坚持他父亲生前那些正确原则，就可以说是尽孝了。"

1.12　有子曰："礼之用，和为贵。先王之道斯为美①，小大由之。有所不行，知和而和，不以礼节之，亦不可行也。"

【题解】

这段话讲的是治国之道，强调礼乐相济为用。"和"是儒家所特别倡导的伦理、政治和社会原则。《礼记·中庸》中写道："喜怒哀乐之未发谓之中，发而皆中节谓之和。"礼的推行和应用要以和谐为贵，但并不是要为和谐而和谐，礼是社会规范和社会秩序的具体表现，脱离了社会秩序和规范的和谐是行不通的。人类社会在相当长的一段时间里都是有等级差别的，秩序和规范是必要的。所谓先王之道就是西周以来行之有效的礼乐制度，但到春秋时代，这种社会秩序和规范开始破裂，臣弑君、子弑父的现象已属常见。对此，孔子提出"和为贵"说，又指出不能为和而和，要以礼节制之，可见孔子提倡的和并不是无原则的调和，而是有其合理性的。在历史上，凡是在要加强社会秩序的时候，孔子的这种思想都受到重视。

【注释】

①先王之道：指的是古代圣王治国之道。

一四

【译文】

有子说："礼的功用，以遇事做得恰当和顺为可贵。以前的圣明君主治理国家，最可贵的地方就在这里。他们做事，无论事大事小，都按这个原则去做。如遇到行不通的，仍一味地追求和顺，却并不用礼法去节制它，也是行不通的。"

1.13　有子曰："信近于义，言可复也①；恭近于礼，远耻辱也②；因不失其亲③，亦可宗也④。"

【题解】

这段话讲的是儒家的交友待人之道。

孔子的弟子有子在本章所讲的这段话，表明他们对"信"和"恭"是十分看重的。"信"是以义为基础，方能做到践行可复，"恭"要以周礼为标准，方能远离耻辱，也就是保持人与人之间的尊重。不符合于礼的话绝不能讲，讲了就不是"信"的态度；不符合于礼的事绝不能做，做了就不是"恭"的态度。这是讲的为人处世的基本态度。

【注释】

①复：实践，履行。②远：使远离，可以译为避免。③因：依靠之意。④宗：主。可宗，可靠。

【译文】

有子说："所守约言符合道德规范，这种约言就可兑现；态度谦恭符合礼节规矩，就不会遭受羞辱；接近那些值得亲近的人，也就可靠了。"

1.14　子曰："君子食无求饱，居无求安，敏于事而慎于言，就有道而正焉①，可谓好学也已。"

【题解】

这段话讲的是君子日常言行的基本要求。孔子认为，作为一个君子，不应当过多地讲究自己的饮食与居处，在工作方面应当勤劳敏捷，谨慎小心，而且能经常检讨自己，请有道德的人对自己的言行加以匡正。应当不夫追求物质享受，不要贪图安乐，要把注意力放在做有意义的事情的方面，随时都学习先进的知识，追求真理。既有勤奋的精神，又有高明的方法，才可以算是热爱学习的。这是孔子对学生的指导，也是孔子一生求学精神的自我写照。

【注释】

①有道：指有道德、有学问的人。正：正其是非。

【译文】

孔子说："君子吃东西不追求饱足，居住不追求安逸，对工作勤奋敏捷，说话却谨慎，接近有道德有学问的人并向他学习，纠正自己。就可以称得上是好学了。"

【论语的智慧】

古人很讲究修身，所以有"静以修身，俭以养德"的名言传世。我们看古时候的人无论做到多么大的官，他们还是很注意修身养性，比如欧阳修、王安石等，像曾国藩都是靠后的了。这和现代人不一样，现代人不讲究修身养性，认为这个没用，整天为房子、车子愁都愁不过来，哪里有时间管自己的心灵和修养呢？所以，现代人反而比古人更迷茫，虽然表面上看来人们的生活水平提高了，可是人们的幸福指数却在急速下降，这到底是什么原因呢？就是人们的心灵久已失修，荒芜一片、杂草丛生，这又怎能心灵平和？

因而，古时候能有孔子这样的圣人，吃不好穿不好却自得其乐，而且修养极高。孔子说："君子吃东西不追求饱足；居住不追求安逸；对工作勤奋敏捷，说话却谨慎；接近有道德有学问的人并向他学习，纠正自己。就可以称得上是好学了。"孔子当然不是要我们去过苦日子，而是要我们注意心灵的修养。前两条就不用多做解释了，第三条的"敏于事而慎于言"就值得我们好好反思自己，这一修养很不易达到，而莱特兄弟在这一点上就做得很好。

1903年12月17日，是人类第一次驾驶飞机离开地面的日子。美国发明家莱特兄弟完成了这一历史使命之后，到欧洲旅行。

在法国的一个欢迎宴会上，各界名流庆祝莱特兄弟的成功，并希望他俩给大家讲讲话，再三推托不果之后，哥哥维尔伯·莱特只得走向讲台。他的演讲只有一句话："只有鹦鹉才喋喋不休，但它永远也飞不高。"

这句精彩的话，博得全场热烈的掌声。他可以详尽地介绍自己科学发明的经过，也可以谈论科学家的实干精神，但他只用这一句话道出了人类智慧的伟大之处，给听众留下了十分深刻的印象。

这就是"敏于事，慎于言"的表现，有的人爱吹牛，总是先把大话说出来，能不能做得到就是另外一件事了，他不关心这个。大脑的反应没有舌头快，这是人类的通病。俗话说"君子一言，驷马难追"，其实蠢话一句，同样驷马难追。有这么一个故事：

圣菲利普是16世纪深受人们爱戴的罗马牧师。有一次，一位年轻的女孩来到圣菲利普面前，向他倾诉自己的苦恼。其实女孩心地不坏，只是她常常说三道四，喜欢说些无聊的闲话。这些闲话传出去后，往往会给他人造成许多伤害。久而久之，人们都远离她了。因为没有朋友，她觉得很孤独。

圣菲利普对女孩说："你不应该谈论他人的缺点，我知道你也为此苦恼，现在我命令你要为此赎罪。你到市场上买一只母鸡，走出城镇，沿路拔下鸡毛并四处扔。你要一刻不停地拔，直到拔完为止。你做完之后，就回到这里告诉我。"

女孩觉得这种赎罪方式非常奇怪，但为了消除自己的烦恼，她没有任何异议。她买了鸡，走出城镇，并遵照圣菲利普的吩咐拔下鸡毛。然后她回去找圣菲利普，告诉他自己按照他说的做了一切。

圣菲利普说："你已经完成了赎罪的第一部分，现在要进行第二部分。你必须回到你扔鸡毛的路上，捡起所有的鸡毛。"

女孩照做了，可在这时候，风已经把鸡毛吹得到处都是了。她只捡回了一部分，无法捡回所有的鸡毛。

女孩回来说："我没能捡回所有的鸡毛。"

圣菲利普说："没错，我的孩子，你无法捡回所有的鸡毛。你那些脱口而出的愚蠢话语不也是如此吗？你不也常常从口中说出一些愚蠢的谣言吗？你有可能跟在它们后面，在你想收回的时候就能收回吗？"

女孩说："不能。"

"那么，当你想说他人的闲话时，请闭上你的嘴，不要让这些邪恶的羽毛散落路旁。"圣菲利普说。

我们知道世上最可怕的字就是"早知道"和"如果"，因为后悔药的药方还没有人研制出来。一言既出，驷马难追，如同覆水难收的道理一样。其实，人的精力是有限的。我们花了许多时间在夸夸其谈上，那么我们思考的时间就少了。所说的话、所做的事，其智慧含量必然就减少了。因此，我们应"敏于事而慎于言"，把精力和心力放在做事上，这样更有利于个人的成长和成功。

1.15　子贡曰："贫而无谄，富而无骄，何如？"子曰："可也。未若贫而乐，富而好礼者也。"

子贡曰："《诗》云：'如切如磋，如琢如磨①。'其斯之谓与②？"子曰："赐也③，始可与言诗已矣！告诸往而知来者④。"

【题解】

这段话记载了子贡和孔子讨论如何对待穷和富的问题。贫富的差距在历史上一直存在，这不是个人能够解决的问题。孔子希望他的弟子以及所有的人，都能够达到贫而乐道、富而好礼的境界，因而在平时对弟子的教育中，就把这样的思想教授给学生。贫而乐道、富而好礼，这样，个人可以得到最大限度的发展，社会上无论贫或富都能做到各安其位，便可以保持社会的安定了。孔子还赞扬了子贡"举一反三"灵活运用知识的能力。

【注释】

①如切如磋，如琢如磨：见《诗·卫风·淇奥》。②其：表测度语气，大概。③赐：子贡的名。孔子对学生一般都称名。④来者：未来的事，这里借喻为未知的事。

【译文】

子贡说："贫穷却不巴结奉承，有钱却不骄傲自大，怎么样？"孔子说："可以了，但还是不如虽贫穷却乐于道，虽有钱却谦虚好礼。"

子贡说："《诗经》上说：'要像骨、角、象牙、玉石等的加工一样，先开料，再粗锉，细刻，然后磨光。'那就是这样的意思吧？"孔子说："赐呀，现在可以同你讨论《诗经》了。告诉你以往的事，你能因此而知道未来的事。"

【论语的智慧】

孔子教我们时刻保持中正平和的心态，贫穷的生活也要安贫乐道，富了更不可得意忘形。

对于得意忘形，人们往往很容易理解，其实，人世间还存在一种情况——失意忘形。

其意思也不难理解，就是说有的人本来很好，富贵得意，对任何事情都能处理得很好；然而一旦失意，却连人也不愿意见，自卑、烦恼接踵而至，完全变了一个人。

辜鸿铭先生说，一个人如果能受得了寂寞与平淡才是真正的修养到家，得意不忘形，失意更不忘形。至于"贫而无谄，富而无骄"，本就难得了，可是孔子对其评价，也只是"可也"而已。这其实也就是一种得意失意皆从容的境界。

有一位禅师非常喜爱兰花，在平日弘法讲经之余，花费了许多的时间栽种兰花。有一天，他要外出云游一段时间，临行前交代弟子要好好照顾寺里的兰花。在这期间，弟子们总是细心照顾兰花，但有一天在浇水时却不小心将兰花架碰倒了，所有的兰花盆都打碎了，兰花撒了满地。因此弟子们都非常恐慌，打算等师父回来后，向师父赔罪领罚。禅师回来了，闻知此事，便召集弟子，不但没有责怪，反而说道："我种兰花，一来是希望用来供佛，二来也是为了美化寺庙环境，至于兰花的得失并不重要。生活中的得意和失意，我们也要从容应对才是。"禅师说得好："兰花的得失并不重要。"禅师之所以能如此，是因为他虽然喜欢兰花，但心中却无兰花这个障碍。因此，兰花的得失，并不影响他心中的喜怒。在日常生活中，我们牵挂得太多，我们太在意得失，所以我们的情绪会有起伏，我们会不快乐。当我们能够从容面对得失之际，我们会为我们的心情辟出另一番安详之地。

人生总有得意和失意的时候，一时的得意并不代表永久的得意；然而，在一时失意的情况下，如果你不能调整心态，就很难再能有得意之时。

如果你的演讲、你的演唱、你的著作和你的文章没有获得成功，如果你曾经尴尬，如果你曾经失足，如果你被诽谤和谩骂，请不要耿耿于怀。对这些事念念不忘，不但于事无补，还会占据你的快乐时光。抛弃它吧！把它们彻底赶出你的心灵。如果你曾经因为鲁莽而犯过错误；如果你被人咒骂；如果你的声誉遭到了毁坏；不要以为你会永远得不到清白，勇敢地走出失败的阴影吧。

让那担忧和焦虑、沉重和自私远离你；更要避免与愚蠢、虚假、错误、虚荣和肤浅为伍；还要勇敢地抵制使你失败的恶和使你堕落的念头，你会惊奇地发现，人生旅途中是多么的轻松、自由，你是多么的自信！

走出阴影，沐浴在明媚的阳光中。不管过去的一切多么痛苦，多么顽固，把它们抛到九霄云外。不要让担忧、恐惧、焦虑和遗憾消耗你的精力。要主宰自己，做自己的主人。沮丧的面容、苦闷的表情、恐惧的思想和焦虑的态度是你缺乏自制力的表现，是你不能控制环境的表现。它们是你的敌人，要把它们抛到九霄云外。面对得意和失意，都能从容面对，这样才是达到了一种境界。

1.16　子曰："不患人之不己知，患不知人也。"

【题解】

孔子教育学生们，在处世上要有人不知而不愠的精神，能够在寂寞中做成应该做的事业，完成应该具有的仁德修养。学，是为了自己的进步，而不要把精力用于怨天尤人。处世是需要了解他人的，自己心地平和，才能真实地了解他人。

【译文】

孔子说:"不要担心人家不了解自己,担心的是自己不了解人家。"

【论语的智慧】

常听说有人怀才不遇,自感和整个社会格格不入。这样的事情其实很值得怀疑,真有怀才不遇的人吗?孔子在《论语·学而》篇中谈到了这个问题:"不患人之不己知,患不知人也。"就是说不要整天担心他人不了解你(别担心没有你名满天下的机会),最怕你不了解人(也可以说最怕你根本没有什么值得人家来了解你的)。这个问题就大了,很多人,尤其是一些年轻人,涉世不深,总以为自己很有才华,一旦在社会上受到点挫折和阻力就承受不了,认为这个世道难容他这样的人才!他们抱怨道:"为什么就没有伯乐来相中我呢?"如果我们每个人都能够静下心来深思、反省自己的"才华",也许我们会得出一个全新的结论:不是这个世界要和我们作对,而是我们自己现在还没有这个才能去担当一些重任。

从某种意义上来讲,这个世界上根本就不会有"怀才不遇"的事发生,只会有"怀才晚遇"的事情。就是说一个真正有才学

《孔子圣迹图》之《入平仲学》

的人不会一直遇不到欣赏他的伯乐——时间,时间老人是世上最无情的法官,它不会听从任何人的命令,它是绝对公正和无私的。有没有真材实料,到了它那里就会给你一个答案。只要你真的有才华,那么时间这个法官迟早都会向你点头微笑的。

有这样一个故事。有一家公司要招聘总裁助理,经过三轮淘汰后,还剩下11个应聘者,最终将留用6人。因此,第四轮总裁亲自面试,将会出现十分"残酷"的场面。可奇怪的是,面试现场出现了12个考生。

总裁问:"谁不是来应聘的?"

坐在最后一排的一个男子站了起来:"先生,我第一轮就被淘汰了,但我想参加最后的面试。"

在场的人都笑了,包括站在门口的老头子。总裁饶有兴趣地问:"你连第一关都过不了,来这儿又有什么意义呢?"

男子说:"因为我掌握了很多财富,我本人也是财富。"

大家又一次笑得很开心,觉得此人不是太狂妄,就是脑子有毛病。

男子接着说:"我只有一个本科学历,一个中级职称,但我有11年的工作经验,曾在

18 家公司任过职……"

总裁打断他："你的学历、职称都不算高，工作经验 11 年倒是很不错，但先后跳槽 18 家公司，太令人吃惊了。我不欣赏。"

男子说："先生，我没有跳槽，而是那 18 家公司先后都倒闭了。"

在场的人第三次笑了。一个考生说："你真是个倒霉蛋！"

男子也笑了："相反，我认为这是我的财富！我不倒霉，我只有 31 岁。"

这时，站在门口的老人走过来，给总裁倒茶。男子继续说："我很了解那 18 家公司，我曾与同事们努力挽救那些公司，虽然不成功，但我从那些公司的错误与失败中学到了许多东西，很多人只是追求成功的经验，而我，更有经验避免错误与失败！"

男子离开座位，一边转身一边说："我深知，成功的经验大抵相似，而失败的原因各不相同。与其用 11 年学习成功的经验，不如用同样的时间去研究错误与失败；别人成功的经历很难成为我们的财富，但别人的失败过程却可以！"

男子就要出门了，忽然又回过头来说："这 11 年经历的 18 家公司，培养和锻炼了我对人、对事、对未来的洞察力，举个例子吧，真正的考官不是您，而是这位倒茶的老人。"

全场 11 个考生哗然，惊愕地盯着倒茶的老人。那老人笑了："很好！你被录取了，因为我想知道，我的表演为何会失败。"

是真金就不怕火炼，是珍珠就会耀眼！如果你真的是一匹千里马就不要担心不会有伯乐看上你，而首先要忧虑的是你现在是否已经修炼成"夜明珠"。没有怀才不遇的人，只有"早遇"和"晚遇"的问题。明白了这个道理，我们做人做事就不会强求、苛责他人，就不会怨天尤人，而是懂得反求诸己。

为政篇第二

2.1 子曰："为政以德，譬如北辰^①，居其所而众星共之^②。"

【题解】

孔子用了一个形象的比喻来说明施行德治仁政可以得人心，孚人望，得到人民的广泛拥护和支持。这段话代表了孔子的"为政以德"的思想，实行德治仁政，天下的人就会发自内心地走向正确的轨道。这是强调仁德在政治生活中的核心作用，主张以道德教化为治国的原则。这是孔子学说中较有价值的部分，表明儒家治国的基本原则是德治，而非严刑峻法。

【注释】

①北辰：北极星。②共：亦作"拱"，环绕。

【译文】

孔子说："用道德的力量去治理国家，自己就会像北极星那样，安然处在自己的位置上，别的星辰都环绕着它。"

【论语的智慧】

"共"即"拱"。这几句话，表面上看来，非常容易懂。孔子提出来，为政最重要的是"德"。他认为一个大政治家的风范应当像天空中的北极星一样，它不因季节和时令而有所改变，也就是说孔子觉得一个政治家应当有自己的信念、气节，不会因为一些外界因素的干扰而改变自己的初衷。

这样的人在历史上也有很多，尤其是那些贤良之臣，多半身上有这种气度。

汉武帝晚年时，宫中发生了诬陷太子的冤案。当时，太子的孙子刚刚生下几个月，也遭株连被关在狱中。丙吉在参与审理此案时，心知太子蒙冤，他几次为此陈情，都被武帝呵斥。他于是在狱中挑选了一个女囚负责抚养皇曾孙，自己也对其多加照顾。

丙吉的朋友生怕他为此遭祸，多次劝他不要惹火烧身，并且说："太子一案，是皇上钦定，我们避之尚且不及，你何苦对他的孙子优待有加？此事传扬出去，人们只怕会怀疑你是太子的同党了，这是聪明人干的事吗？"

丙吉脸现惨色，却坚定地说："做人不能处处讲究心机，不念仁德。皇曾孙只是个孩子，他有什么罪？我这是看到不忍心才有的平常之举，纵使惹上祸患，我也顾不得了。"

后来汉武帝生病卧床，听到传言说长安狱中有天子之气，于是下令将长安的罪囚一律处死。使臣连夜赶到皇曾孙所在的牢狱，丙吉却不放使臣进入，他气愤道："无辜者尚不致死，何况皇上的曾孙呢？我不会让人们这样做的。"

使臣劝他道："这是皇上的旨意，你抗旨不遵，岂不是自寻死路？你太愚蠢了。"

丙吉誓死抗拒使臣，他决然道："我非无智之人，这样做只为保全皇上的名声和皇曾孙的性命。事急如此，我若稍有私心，大错就无法挽回了。"

使臣回报汉武帝，汉武帝良久无语，后长叹道："这也许是天意吧。"

他没有追究丙吉的事，反而因此对处理太子事件有了不少悔意。他下诏大赦天下罪人，丙吉所管的犯人都得以幸存。

多年之后皇曾孙刘询当了皇帝，是为宣帝。丙吉绝口不提先前他对宣帝的救命之恩，知晓此情的家人曾对他说："你对皇上有恩，若是当面告知皇上，你的官位必会升迁。这是别人做梦都想得到的好事，你怎么能闭口不说呢？"

丙吉微微一笑，叹息说："身为臣子，本该如此，我有幸回报皇恩一二，若是以此买宠求荣，岂是君子所为？此等心思，我向来绝不考虑。"

后来宣帝从别人口中知晓丙吉对自己的恩情，大为感动，夜不能寐，敬重之下，他封丙吉为博阳侯，食邑一千三百户。

神爵三年，丙吉出任宰相。在任上，他崇尚宽大，性喜辞让，有人获罪或失职，只要不是大的过失，他只是让人休假了事，从不严办。有人责怪他纵容失察，他却回答说："查办属官，不该由我出面。若是三公只在此纠缠不休，亲力亲为，我认为是羞耻的事。何况容人乃大，一旦事事计较，动辄严办，也就有违大义了。"

丙吉性情温和，从不显智耀能，不知情者以为他软弱好欺，并无真才实学，对此，他也从不放在心上，且不因此改变心意。

一次，丙吉在巡视途中见有人群殴，许多人死伤在地，丙吉问也不问，只顾前行。看见有牛伸舌粗喘，他竟上前仔细察看，很是关心。他的属官大惑不解，以为他不识大体，丙吉解释说："智慧不能乱用乱施，否则就无所谓智慧了。惩治狂徒，确保境内平安，那是

《论语》大讲堂

二一

地方长官之事，我又何必插手亲自管理？现在正是初春，牛口喘粗气，当为气节失调，如此百姓生计必定会受到伤害，这是关系天下安危的事，我怎能漠视不理？看似小事，其实是大事，身为宰相，只有抓住要领，才能不失其职。"

丙吉的属官恍然大悟，深为叹服。那些误解丙吉的人更是自愧不已，暗自责备自己的浅薄和无知。

孔子对于政治家的要求很高，他把德行与修养放在最重要的位置上。因为他知道一个普通人如果没有德行的话，他能祸害的仅仅是少部分人；而如果一个位高权重的人也没有好的德行，那么他的危害就大了。所以身为领导的人一定要"为政以德"，内心有道，其外在表现就无懈可击。譬如北辰，你在那里本身不用动，只要发号施令，下面的人就像无数的星星，都会跟着你的方向动。

2.2　子曰："诗三百①，一言以蔽之②，曰：'思无邪。'"

【题解】

《诗经》在孔子时代就称作《诗》，经过孔子的整理加工以后，被用作教材。孔子对《诗经》有深入研究，所以他用"思无邪"来概括它，这句话表达了孔子对《诗经》真挚健康的文学风格的深刻印象与高度评价。

【注释】

①《诗》三百：《诗经》中共收诗 305 篇。"三百"举其整数而言。②蔽：概括。

【译文】

孔子说："《诗经》三百多篇，用一句话来概括它，就是'思想纯正'。"

【论语的智慧】

孔子说："《诗经》三百多篇，用一句话来概括它，就是'思想纯正'。""思无邪"一语是《诗经》鲁颂篇之文，有真情流露的意思。孔子引用此句用以说明《诗经》的风格单纯，乃真情流露之作。孔子一生追求快乐，不主张苦修，如学习的快乐、交友的快乐、悟道的快乐。而快乐正要从自己的内心中去寻找。快乐源自内心单纯的思想，来自那一份清静与淡雅，来自那毫无矫饰的真情欲求。因为孔子深知，在名利的旋涡中人将很难找回自己。

正如佛家所言，在无常的人生里，山河大地危脆，世间不断遭到破坏。佛陀要我们时时警惕，照顾好自己的心，不要与身外的名利、地位等纠缠不清，心若有贪念——贪名利、地位、权势，等等，这一生不仅不会快乐，还会过得很辛苦。凡夫就是时时在名利的旋涡中打转，才会身不由己。

"凡夫易被名利牵，贡高只因权势显；荣华总是三更梦，富贵如同九月霜；谦和好礼心有爱，富贵学道也不难。"这首诗告诉人们，在人生路上，最重要的是调适身心，身心调好，世间就没有难以解决的困难。人生最大的烦恼是心中有贪欲，佛陀告诉我们，生命不久长，寿命一期期不断地轮转，我们容易在无常、短暂的生命中起惑造业，因业力、烦恼的牵缠，让人人心性颠倒迷失。

世间有多少人，在尚未显达前非常努力，低声下气，认真地付出自己的辛劳，以争取他人信任。有朝一日，当他财、名、利共具时，傲慢之心就随之而生，忘了当初困顿的生活，这是因为权势名利牵缠着他的心。

很久以前，佛教创立后，很多的国王、大臣也皈依三宝，虽然他们处于富贵

《孔子圣迹图》之《孔子修诗图》

名利当中，但是经过佛法的洗练后，逐渐了解佛法的真理，进而成为一国仁王、仁臣。不过，在佛法普度人心的同时，也有人燃起了利欲之心。譬如提婆达多，他原本是佛陀的弟子，在皈依出家后，看到佛陀受到很多人尊重敬仰，许多国王、大臣、长者都来皈投佛陀座下。佛陀能统理大众，提婆达多看在眼里，羡慕在心里，于是生起贡高之心。因为他本身不仅是释迦种族，也是王子之一。他想：既然佛能得到天下人的尊重，难道我就不可以？于是，为了要超越佛陀，他开始追求利养。当时频婆娑罗王的太子阿阇世年轻气盛，也有着贡高我慢的心态，又受提婆达多的影响、唆使，两人意志相投，一个篡夺王位、杀父害母，另一个则是出佛身血，最后竟演变成屡次想尽办法要伤害佛陀、分散佛陀的僧团。

可后来却事与愿违，他们只得以失败告终。

所以，人心一旦被名利牵制，将造成不堪设想的后果。有智慧的人，在短暂的人生里，视荣华富贵如同浮云、梦境，也如草上的露水，而愚痴者则是被权势名利所迷惑。

就比如说释迦牟尼，他原是一个国家的太子，他能享尽天下的富贵荣华，但是一个真正的智慧者，所要追求的却是纯真的人生，以及内心的觉性。

孔子曾说："贤哉！回也。一箪食，一瓢饮，在陋巷，人不堪其忧，回也不改其乐。贤哉！回也。"颜回家境极其贫困，但内心却快乐无比，这种精神连孔子都不禁赞叹、折服。

曾听过一个故事，一个喜欢画画的孩子，违背自己的本性去和别人争医学院的窄门槛，最后那孩子受不了现实的逼迫，只好选择走向绝路。孩子是为了不辜负家长，那家长呢？或许某种程度上是为了不辜负自己的名利感和虚荣心吧？

可见富与贵并不是永恒的。只有在名利的旋涡中，寻回单纯的自己才是最明智的。

2.3 子曰："道之以政[①]，齐之以刑，民免而无耻[②]；道之以德，齐之以礼，有耻且格[③]。"

【题解】

在本章中，孔子举出两种截然不同的治国方针。孔子认为，刑罚只能使人避免犯罪，不能使人懂得犯罪可耻的道理，而道德教化比刑罚要高明得多，既能使百姓守规蹈矩，又能使百姓有知耻之心。这反映了德治在治理国家时有不同于法治的特点。孔子认为用礼制

来整顿百姓的思想和行为，能有效地抑制"犯上作乱"动机的形成。这反映了儒家同法家在治国方略上的差异。

【注释】

①道：有两种解释，一说是引导的意思，一说是领导、治理的意思，与"道千乘之国"的"道"相同。此从后解。②免：免罪、免刑、免祸。③格：纠正。

【译文】

孔子说："用政令来引导人民，用刑罚来整治他们，人民可暂时免于罪过，但不会感到不服从统治是可耻的；如果用道德来统治人民，用礼教来约束他们，人民不但有廉耻之心，而且人心归服。"

2.4 子曰："吾十有五而志于学①，三十而立②，四十而不惑，五十而知天命，六十而耳顺③，七十而从心所欲，不踰矩。"

【题解】

这是孔子最为著名的言论之一，讲述了他学习和修养的过程。这一过程，是一个随着年龄的增长，思想境界逐步提高的过程。整个过程分为三个阶段：从十五岁立下志向学习上进，三十岁打下思想、学业和事业的基础；四十岁就可以明辨一切是非，确定正确方向了；五十岁能够明了事物的规律；六十岁听到一切都不再吃惊，也不受环境左右了；七十岁是主观意识和做人的规则融合为一的阶段。在这个阶段中，道德修养达到了最高的境界。孔子的道德修养过程，有合理因素：第一，他看到了人的道德修养不是一朝一夕的事，不能一下子完成，不能搞突击，要经过长时间的学习和锻炼，要有一个循序渐进的过程。第二，道德的最高境界是思想和言行的融合，自觉地遵守道德规范，而不是勉强去做。这两点对任何人，都是适用的。

【注释】

①有：通"又"。古文中表数字时常用"有"代替"又"，表示相加的关系。②立：站立，成立。这里指立身处世。③耳顺：对于外界一切相反相异、五花八门的言论，能分辨是真是假，并听之泰然。

【译文】

孔子说："我十五岁，立志学习，三十岁在人生道路上站稳脚跟，四十岁心中不再迷惘，五十岁知道上天给我安排的命运，六十岁听到别人说话就能分辨是非真假，七十岁能随心所欲地说话做事，又不会逾越规矩。"

【论语的智慧】

人的一生短暂到让我们来不及感慨，仿佛一刹那就走到了生命的尽头，似惊鸿一瞥、昙花一现。正如印度诗人泰戈尔的诗句一样："生如夏花般绚烂，死如秋叶般静美。"人的一生看似几十个春秋，其实不过是一声叹息之间就让我们的生命画上了一个完整的休止符。

孔子是七十三岁去世的，他说这样一段话的时候应当是他的晚年，也许是某天和弟子们探讨人生价值的时候有感而发。我们知道他的身世很可怜，父亲去世的时候，他还有一个半残废的哥哥和一个姐姐，对家庭，他要挑起这担子来，他的责任很重。对于这一段话的见解：孔子说自己十五岁的时候，立志将传统文化发扬光大，要做学问，经过十五年，根据他丰富的经验，以及人生的磨炼，到了三十岁而"立"。"立"就是不动，做人做事的道理不变了，确定了，人非走这个路子不可。但是这时候还有怀疑，还有摇摆的现象。"四十而不惑"，到了四十岁，才不怀疑，但这是对形而下的学问人生而言。还要再加十年，到了五十岁，才"知天命"。天命是哲学的宇宙来源，这是形而上的思想本体范围。到了"六十而耳顺"，"耳顺"的道理就是说，自十五岁开始做人处世，学问修养，到了六十岁，好话坏话尽管人家去说，自己都听得进去而毫不动心，不生气，你骂我，我也听得进去，心里平静。我们需要留心的地方就在这里。心里平静不是死气沉沉，是很活泼，很明确是非善恶。对好的人，我们觉得可爱，对坏的人，更觉得要帮助其改成好人，要有这样的修养是很难做到的。然后再加十年，才"从心所欲"，也就是现代人所追求的自由。孔子怎么到了那么一大把年纪时才明白要自由呢。下面有一句很重要的话："不逾矩。"比如我们看见邻居家的车子很好，衣服很漂亮就要拿来用，这个可以吗？当然是不行的。既要"从心所欲"，还要"不逾矩"——从某种意义上来讲，只有"不逾矩"才能使我们的心真正自由翱翔。每个人对人生的理解都不同，但其本质都是一样的。

德国诗人歌德，以一首小诗概括了人生走向成熟与完美的经历："少年，我爱你的美貌；壮年，我爱你的言谈；老年，我爱你的德行。"

中国诗人刘大白，曾赋诗一首赞美人生三部曲："少年是艺术的，一件一件地创作；壮年是工程的，一座一座地建筑；老年是历史的，一页一页地翻阅。"

著名作家臧克家，写有一首小诗这样表现旧中国农民穷苦悲惨的生活："儿子，在土里洗澡；父亲，在土里流汗；爷爷，在土里埋葬。"

女作家尤今，则通过三辈人对饮料的不同喜好来反映现代生活："儿子喜欢汽水，他只尝甜味；父亲爱喝咖啡，这里亦苦亦甜；爷爷要喝白开水，因为它极淡极淡。"

学者王鼎钧，对人生三部曲更有其独特的体会："上帝把幼小的我们给了父母，把青壮的我们给了国家社会，到了老年才把我们还给了我们自己。"

人生就是这样一个从绚烂归于平淡的过程。年少的时候喜欢出名，张爱玲不是也说过出名要趁早吗？少年都钟爱艳丽与繁华，喜欢一切新鲜刺激的事物，因为没有什么色彩能代表他们的意志和主张。但是随着年岁的增长、阅历的丰富，我们渐渐地喜欢浓郁而敦厚的色彩，因为那就像我们温和持重的性格一样。老了，才明白一切都不过是空，甚至自己的生命也会时常感觉到脆弱。这时少了年轻人的血气方刚，退去了中年人的惆怅和幽怨，留下的是一颗通透的心灵。正像禅宗里所说的人生三个境界："看山是山，看水是水；看山不是山，看水不是水；看山还是山，看水还是水。"一个老人到了岁月的尽头也会像少年一样，是一张什么也没有的白纸，所以世人常说"老小孩"。但是我们需要明白的是此时的"白纸"绝不是少年时的空白，而是千帆过尽后的恬淡与豁达。这些就是我们许多人一生的时光缩影。

2.5　　孟懿子问孝①。子曰："无违②。"樊迟御③，子告之曰："孟孙问孝于我，我对曰：'无违。'"樊迟曰："何谓也？"子曰："生，事之以礼；死，葬之以礼，祭之以礼。"

【题解】

孔子极其重视孝，要求人们对自己的父母尽孝道，无论他们在世或去世，都应如此。但这里着重讲的是，尽孝时不应违背礼的规定，否则就不是真正的孝。孔子"无违"二字是指当时的礼崩乐坏。他主张属于家庭伦理范畴的孝道不能越出作为政治伦理原则的"礼"的规定。可见，孝不是随意的，必须受礼的规定，依礼而行才是孝。

【注释】

①孟懿子：鲁国大夫，姓仲孙，名何忌。懿，谥号。②无违：不要违背礼节。③樊迟：孔子的学生，姓樊，名须，字子迟。御：驾车，赶车。

【译文】

孟懿子问什么是孝道。孔子说："不要违背礼节。"不久，樊迟替孔子驾车，孔子告诉他："孟孙问我什么是孝道，我对他说：'不要违背礼节。'"樊迟说："这是什么意思？"孔子说："父母活着的时候，依规定的礼节侍奉他们；死的时候，依规定的礼节安葬他们、祭祀他们。"

2.6　　孟武伯问孝①。子曰："父母唯其疾之忧②。"

【题解】

从古到今，做父母的最根本的愿望是孩子的健康成长，最担忧的事情就是儿女有了疾病。所以，做儿女的能够让父母放心的最基本的做法就是保证自己的身心健康，这就是尽孝了。俗话说，"儿行千里母担忧"，当然，做儿女的能够体会父母的这种心情，也应该知道如何去关心父母。

【注释】

①孟武伯：孟懿子的儿子，名彘。武，谥号。②其：指孝子。

【译文】

孟武伯问什么是孝道，孔子说："父母只为孩子的疾病担忧（而不担忧别的）。"

【论语的智慧】

孟武伯问什么是孝道，孔子说："父母只为孩子的疾病担忧（而不担忧别的）。"乍看起来圣人的回答没有什么特别，更不用提有多么深刻了，但是正因如此，《论语》在今天才有实在的人文关怀精神。因为，最伟大的道理总是以最朴素的面孔示人，它不会高高在上要我们顶礼膜拜，它用朴实的语言告诉我们简单而深刻的道理。

孔子为什么要这样说呢？如果我们已经为人父母，看了一定觉得很贴切，还是单身的人如果想起自己的某次生病，就能想起父母那焦急而担忧的神情，理解了做父母的心情也就理解了孝道。我们只有对父母付出如自己孩子生病时那样的关心，那才是真正的孝道。所以，看起来是很简单的一句话，但是做起来却很难。有人说人的感情是对下不对上的，从来都是把大把的精力和金钱投放在孩子的身上，而留给父母的却少得可怜。这是一个不争的事实，一个人能够对自己生病的孩子尽心尽力，无论多苦都毫无怨言，但是对父母却做不到这样，尤其是对久病在床的父母，要做到毫无怨言那真是太难了。所以有句话叫作"久病床前无孝子"，不过对于真正的孝子而言，就算父母是久病在床也会心甘情愿地照顾父母的。

或许我们都应该相信久病床前依然有孝子。要体会到孔子口中的孝道还需要我们的实际行动来支撑，否则，再漂亮的语言也不过是冠冕堂皇的托词罢了。

2.7　子游问孝①。子曰："今之孝者，是谓能养。至于犬马，皆能有养；不敬，何以别乎？"

【题解】

这里还是谈论孝的问题。进一步阐述了孔子对于"孝"的观点。他认为老人不仅需要奉养及物质上的满足，更需要尊敬和精神上的满足。人们对于犬马及宠物都能尽心尽力地饲养，如果对于父母只奉养而不尊敬，那是绝对不行的。

【注释】

①子游：孔子的学生，姓言，名偃，字子游，吴人。

【译文】

子游请教孝道，孔子说："现在所说的孝，指的是能养活父母便行了。即使狗和马，也都有人饲养；对父母如果不恭敬顺从，那和饲养狗马有什么区别呢？"

2.8　子夏问孝。子曰："色难①。有事弟子服其劳②；有酒食③先生馔④，曾是以为孝乎⑤？"

【题解】

孔子所提倡的孝，体现在各个方面和各个层次，他要求不仅从形式上按周礼的原则侍奉父母，而且要从内心深处真正地孝敬父母。这段话意思是说，只有对父母的敬重充溢于心，才能时时处处在眉宇之间、言行之中表现出和悦的神色和敬意。

【注释】

①色难：有两种解释，一说孝子侍奉父母，以做到和颜悦色为难；一说难在承望、理解父母的脸色。今从前解。②弟子：年轻的子弟。③食：食物。④先生：与"弟子"相对，指长辈。馔：吃喝。⑤曾：副词，难道的意思。

【译文】

子夏问什么是孝道，孔子说："侍奉父母经常保持和颜悦色最难。遇到事情，由年轻人去做；有好吃好喝的，让老年人享受，难道这样就是孝吗？"

【论语的智慧】

子夏问老师什么是孝顺。孔子说："色难。"什么意思呢？"色难"就是态度不好，比如我们的父母要我们给他们盛碗饭，有的人嘴巴一噘，满脸的不耐烦，虽然事情是做了，可是父母看到你难看的表情，这顿饭也没心思继续吃了。现在我们很多人都认为父母亲的事情我们给做了，用好吃好喝的养着他们，这就是孝道，其实不是，正如孔子回答子夏的一样。孔子为什么觉得这样还不算孝顺呢？那是因为我们在"服其劳"的时候"色难"，也就是说我们的孝顺不是表里如一的，真正的孝顺是要发自内心的。

从前有个老人，妻子去世以后一直过着孤单的生活。他一生都是个辛苦工作的裁缝。现在他太老了，已经不能做活儿了。他的双手抖得厉害，根本无法穿针；而且老眼昏花，缝不直一条线。他有三个儿子，都已经长大成人，结了婚有了各自的家。他们忙于自己的生活，只是每周回来和父亲吃一顿饭。渐渐的，老人的身体越来越虚弱了，儿子看他的次数也越来越少。他心想："他们不愿意陪在我的身边，因为他们害怕我会成为他们的累赘。"他彻夜难眠，最后他想出了一个办法。第二天早上，他找到木匠朋友，给自己做了一个大箱子，然后他又跟锁匠朋友要了一把旧锁头，最后他找到卖玻璃的朋友，把朋友手头所有的碎玻璃都要了过来。老人把箱子拿回来，装满碎玻璃，紧紧地锁住，放在了饭桌下面。当儿子们又过来吃饭的时候，他们的脚踢到了箱子。他们向桌子底下看了看，问他们的父亲："里面是什么？"

"噢，什么也没有，"老人说，"只是我平时省下的一些东西。"

儿子们轻轻动了动箱子，想知道它有多重，他们踢了踢箱子，听见里面发出响声。"那一定是他这些年积攒的金子。"儿子们窃窃私语。他们经过讨论，认为应该保护这笔财产。于是他们决定轮流和父亲一起住，照顾他。第一周，年轻的小儿子搬到父亲家里，照顾父亲，为他做饭。第二周是二儿子，再下一周是大儿子，就这样过了一段时日。最后年迈的父亲生病去世了。儿子们为他举办了体面的葬礼，因为他们知道饭桌下面有一笔财产，为葬礼稍微挥霍一些他们还承担得起。葬礼结束后，他们满屋子搜，找到了钥匙。打开箱子后，他们看到的当然是碎玻璃。"好阴险的诡计，"大儿子说，"对自己的儿子做出这么残忍的事情！"

"但是他还能怎么做？"二儿子伤心地问，"我们必须对自己诚实，如果不是为了这个箱子，直到他去世也不会有人关心他。"

"我真为自己感到羞愧，"小儿子抽泣着，"我们逼着自己的父亲欺骗我们，因为我们没有遵从小的时候他对我们的教诲。"

但是大儿子还是把箱子翻过来，想看清楚在玻璃里有没有值钱的东西，他把所有的碎玻璃都倒在地上。顿时三个儿子都噤声无言，只见箱子底下刻着一行字："孝敬父母要发自内心！"

孝就是爱的表达形式，用期待孩子对待你的方式来对待你的父母吧，不要再为一点儿小事情而"色难"。

2.9　子曰："吾与回言终日^①，不违如愚。退而省其私^②，亦足以发。回也不愚。"

【题解】

这里讲孔子的教育思想和方法。他提倡启发式的教学，提倡学生也要有主动发明和创造精神，不满意那种"终日不违"、从来不提相反意见和问题的学生，希望学生在接受教育的时候，要开动脑筋，思考问题，对老师所讲的问题应当有所发挥。所以，他认为不思考问题、不提不同意见的人，是愚人。颜回在实践上能发挥孔子平日所讲授的，所以孔子说他不愚。

【注释】

①回：颜回，孔子最得意的门生，鲁国人，字子渊。②退：从老师那里退下。省：观察。私：私语，指颜回与别人私下讨论。

【译文】

孔子说："我整天和颜回讲学，他从不提出什么反对意见，像个蠢人。等他退下，我观察他私下同别人的讨论，却能发挥我所讲的，可见颜回他并不愚笨呀！"

2.10　子曰："视其所以^①，观其所由^②。察其所安^③。人焉廋哉^④？人焉廋哉？"

【题解】

这段话是孔子讲述的观察别人的方法。孔子认为，对人应当听其言而观其行，还要看他做事的出发点，和他什么时候最心安理得，这就可以从他的言论、行动到他的内心，全面了解这个人。

【注释】

①以：为。所以：所做的事。②所由：所经过的途径。③安：安心。④廋：隐藏，隐蔽。

【译文】

孔子说："看一个人的所作所为，考察他处事的动机，了解他心安于什么事情。那么，这个人的内心怎能掩盖得了呢？这个人的内心怎能掩盖得了呢？"

【论语的智慧】

我们常说相由心生，一个人的内心是什么样子的，在他的相貌上总会有一点儿"蛛丝马迹"，比如一个内心很高洁的人就会显得飘逸灵动，一身浩然之气，反过来我们就很难想象一个内心龌龊无比的人如何能在面相上表现得一脸正气。

《论语》大讲堂

二九

我们看《论语·先进》中一段孔子的话就能感受到孔子确实是察人有术。"闵子侍侧，訚訚如也；子路，行行如也；冉有、子贡，侃侃如也。子乐。'若由也，不得其死然。'"这是孔子对于这几个学生的评论。

"闵子侍侧，訚訚如也"，闵子骞是有名的孝子，是孔子非常喜欢的学生。孔子观察他，说他讲话很温和、有条有理。为什么讲话那么重要呢？这就好比曾国藩在《冰鉴》中所说，看一个人头脑够不够精细，不一定要看他的鼻子、眼睛，只要听他讲话，就会知道。经验也会告诉我们有的人说话自己累得半死，讲了大半天别人还没有弄懂他究竟要说什么！这样的人不是简单的语言表达能力有限，而是大脑不清楚。

接下来继续往下看，子路的表现是什么样子呢？"行行如也"，就是说子路这个人到哪儿都是一副猴子屁股——坐不住。冉有和子贡的表现就又不一样了，他们是"侃侃如也"，就是一副很会说话而又风度翩翩的样子。一群高足围绕在自己的身边，孔子当然很开心。但是孔子说了一句话："像子路这样的性格恐怕将来不得好死。"注意，孔子说不得好死不是我们今天骂人的话，而是说他可能会不得善终。我们都知道子路后来的结局确实没有逃出孔子的预言，真是一语成谶。子路是在卫国的战乱中被乱刀砍死的，很惨烈。在这一点上我们还是有理由封孔子为"相面大师"的。

其实说到相面也就是识人察人，孔子最敬重的一位历史贤相管仲就有这样的才能。公元前645年，为齐桓公创立霸业呕心沥血的管仲患了重病，齐桓公去探望他，询问他谁可以接受相位。管仲说："国君应该是最了解臣下的。"齐桓公欲任鲍叔牙，管仲诚恳地说："鲍叔牙是君子，但他善恶过于分明，见人之一恶，终身不忘，这样是不可以为相的。"齐桓公问："易牙怎样？"管仲说："易牙为了讨好国君，不惜烹了自己的儿子，没有人性，不宜为相。"齐桓公又问："开方如何？"管仲答道："卫公子开方舍弃了做千乘之国太子的机会，屈奉于国君十五年，父亲去世都不回去奔丧，如此无情无义，没有父子情谊的人，如何能真心忠于国君？况且千乘之封地是人梦寐以求的，他放弃千乘之封地，俯就于国君，他心中所求的必定过于千乘之封。国君应疏远这种人，更不能任其为相了。"齐桓公又问："易牙、开方都不行，那么竖刁怎样？他宁愿自残身体来侍奉寡人，这样的人难道还会对我不忠吗？"管仲摇摇头说："不爱惜自己的身体，是违反人伦的，这样的人又怎么能真心忠于您呢？请国君务必疏远这三个人，如果宠信他们，国家必乱。"管仲说罢，见齐桓公面露难色，便向他推荐了为

齐桓公与管仲书像砖

出土于山东嘉祥，反映了法家思想在春秋战国时期受到当政者的推崇与重视。

人忠厚、不耻下问、居家不忘公事的隰朋，说隰朋可以帮助国君管理国政。遗憾的是，齐桓公并没听进管仲的劝告。

不久管仲病逝。齐桓公不听管仲病榻前的忠言，重用了易牙等三人，结果酿成了一场大悲剧。两年后，齐桓公病重。易牙、竖刁见齐桓公将不久于人世，就开始堵塞宫门，假传君命，不许任何人进去。有两个宫女乘人不备，越墙入宫，探望齐桓公。桓公正饿得发慌，想索取食物。宫女便把易牙、竖刁作乱，堵塞宫门，无法供应饮食的情况告诉了齐桓公。桓公仰天长叹，懊悔地说："如死者有知，我有什么面目去见仲父？"说罢，用衣袖遮住脸，后活活饿死了，一代霸主就这样命殒于小人之手。

人们常说"识人于微"，我们完全能够通过一件小事情或一个小细节看出一个人的性格与品行来。其实要印证我们的判断无须惊天动地的大事，就像孔子通过子路的一个神态与动作就能判定他将来"不得好死"一样。如果孔子没有足够的人生经验，他是断不能随意口出"妄言"的，这不是孔子的为人与性格。他必定是对弟子有很深入的了解与观察才会下此结论，所以说出口的话有很大的权威以及可信度，而子路的结局也证实了他的老师确实是一位"相面大师"。

2.11　子曰："温故而知新，可以为师矣。"

【题解】

孔子这句话强调了举一反三、领会精神实质在教学中的重要性。"温故而知新"是孔子对我国教育学的重大贡献之一，他认为，不断温习所学过的知识，从而可以获得新知识。这一学习方法抓住了学习的本质规律：人的认知是由低到高、连续的，新知识、新学问都是在过去所学知识的基础上发展而来的。因此，温故而知新是一个切实可行的学习方法，也是学习的基本规律。

【译文】

孔子说："在温习旧的知识时，能有新的收获，就可以当老师了。"

【论语的智慧】

"温故而知新"，这句话一个小学生也耳熟能详，但是如果我们深究它的意思恐怕就要花费点儿心思了。从前读书的时候，也许老师们给出的答案是："你们读书和学习最重要的是要懂得温故而知新。你们看连我们的人圣人孔子都这么说了，所以你们啊，学习要重视复习。"我们知道"温故而知新"是在《论语·为政》篇中出现的，所以它不可能是简单地向弟子们强调做学问要懂得复习的事。

孔子的意思是说：一个人对自己的过去、对国家与民族的历史要了解，从中吸取经验与智慧，做到"前事不忘，后事之师"，那么这个人就可以说是一个了不起的人。任何事物的发展都是有其独特的规律的，善于从历史中吸取智慧，并以此来指引我们当下的生活，这才是"温故而知新"的本意。但是现代不少人认为历史是无用的，是用来欺骗大众的文献资料。其实不然，历史并不是刻板的，它是五彩缤纷的，是鲜活无比的，英国著名哲学家培根也曾说过"读史使人明志"的话。关于《论语》，北宋宰相赵普曾经说过"半部《论语》治天下"的话。

北宋著名的政治家赵普，原先在后周节度使赵匡胤手下当推官。后周显德七年，赵匡胤率军北上，部队到达陈桥时，赵普为赵匡胤出谋划策，发动兵变。于是赵匡胤黄袍加身，做了皇帝，改国号为宋，史称宋太祖。接着，赵普又辅佐宋太祖东征西讨，统一了全国。后来，宋太祖任命他为宰相。

从宋太祖取得政权开始，到平定南方，赵普是主要的谋士，立了不少大功。宋太祖拜赵普为宰相后，事无大小，都跟赵普商量。

赵普出身小吏，比起一般文臣来，他的学问差得很多。他当上宰相以后，宋太祖劝他读点儿书。赵普每次回家，就关起房门，认真诵读。第二天上朝，他处理起政事来思维总是十分敏捷。人们就流传一种说法，说赵普是靠"半部《论语》治天下"的。

宋太祖死后，他的弟弟赵匡义继位，史称宋太宗。赵普仍然担任宰相。有人对宋太宗说赵普是粗人，不学无术，所读之书仅仅是儒家的一部经典《论语》而已，当宰相不合适。宋太宗不以为然。

有一次，宋太宗和赵普闲聊，宋太宗随便问道："有人说你只读一部《论语》，这是真的吗？"

赵普老老实实地回答说："臣所知道的，确实不能超出《论语》。过去臣以半部《论语》辅助太祖平定天下，现在臣用另外半部《论语》辅助陛下，便会使天下太平。"后来赵普因病去世，家人打开他的书箱，里面果真只有一部《论语》。于是，历史上就有了"半部《论语》治天下"的典故。

赵普之所以能够稳坐宰相之位，除了他深研《论语》之外，还离不开他丰富的实践经验。经验是最好的老师，尤其是被许多人证明了的"真理"。

我们个人的精力和才智是有限的，因此我们要努力借鉴历史的经验和教训，使我们少走一些弯路，真正做到"前事不忘，后事之师"。

2.12　子曰："君子不器。"

【题解】

孔子主张一个君子应当是个通才，博学多能。君子是孔子心目中具有理想人格的人，他应该担负起治国安邦平天下的重任。对内可以处理各种政务；对外能够应对四方，不辱君命。所以，孔子说，君子应当博学多识，具有多方面才干，不只局限于某个方面，因此，他可以通观全局、领导全局，成为合格的领导者。这种思想在今天仍有可取之处。

【译文】

孔子说："君子不能像器皿一样（只有一种用途）。"

【论语的智慧】

孔子说："君子不能像器皿一样（只有一种用途）。"器具的特性主要有三。一是用途：有较为固定的用途；二是定量：有一定的容量；三是定性：有一定的性质。就固定用途而言，君子无论做学问还是从政，都应该博学且才能广泛，如此才不会像器物一样，只能做有限目的之使用。就定量而言，君子之气度应似海纳百川，不像器物一般有容量之限制。就定性而言，君子待人处事时，不应像器物一般定型不变，而应适时适地适人适事地采取合宜之行动。

君子在塑造个人品性修养时，不可像器物一样只针对某些特别的目的，而必须广泛地涉猎各种知识，培养各种才能；在个人之气度与态度方面，则不应像器物一般，仅有一定的容量，须以宽广的胸襟来看待万事万物；在待人处世的原则方面，则不应像器物一般定型而一成不变，须因时因地制宜，采取最合宜的行为举止以收取最大最好之成效。

人生在世，成为什么样的人是你自己的选择。

美国著名运动员亨利就曾面临过这样的选择。

那是高中三年级的一个夏天，一个好朋友推荐他去打一份零工。这对亨利来说是一个难得的赚钱机会，这意味着他将会有钱去买一辆新自行车，并添置一些自己喜欢的衣服。并且，他还可以开始攒些钱，以便将来能为妈妈买一所房子。想象着那份零工的诱人前景，亨利真想立即就接受这次难得的机会。

但是，亨利也意识到，为了保证打零工的时间，他就不得不放弃自己的棒球训练，那就意味着他将不能够参加棒球比赛了。尽管他一直有一个伟大的目标：成为一名优秀的运动员。他鼓足勇气，去找贾维斯教练，并告诉他自己的打算。

教练果然像亨利早就料到的那样生气了。"今后，你将有一生的时间来工作，"他注视着亨利，厉声说，"但是，你能够参加比赛的日子有几天呢？那是非常有限的。你浪费不起呀！"

亨利低着头站在他的面前，思考着如何才能向他解释清楚自己要给妈妈买一所房子的愿望以及自己是多么希望自己能够有钱的梦想，他真的不知道该如何面对教练那已经对自己失望的眼神。

教练问亨利，他去做这份工作的报酬是多少。他怯怯地回答是 4 美元。

教训愤怒了，大声问亨利："难道你的梦想的价格只有 4 美元吗？"

答案是显而易见的，它提醒了亨利眼前利益与长远目标之间的区别。亨利毅然放弃了原来的打算，全身心地投入到训练中，并且取得了不错的成绩。后来，他获得了亚利桑那大学的橄榄球奖学金，使他有机会获得大学教育。并且，他在两次民众票选中当选为"全美橄榄球后卫"，还有，在美国国家橄榄球联盟队员第一轮选拔中，亨利的总分名列第七。丹佛的野马队还在 1984 年与亨利签下 170 万美元的合同，他为妈妈买一所房子的梦想变成了现实。如果当初亨利选择打零工，就不会成为以后耀眼的橄榄球明星了。很显然，这取决于亨利的选择。

每个人都有自己至关重要的选择，这种选择更多地体现为一种理想。理想是同人生奋斗目标相联系的，有实现可能的想象，是人的力量的源泉，是人的精神支柱。如果没有理想，岁月的流逝只意味着年龄的增长。理想就是人的追求，选择什么样的理想，将决定你成为什么样的人。

2.13　子贡问君子。子曰："先行其言而后从之。"

【题解】

做一个有道德的、博学多识的君子，不能只说不做，而应先做后说。只有先做后说，才可以取信于人。孔子教育学生注重因材施教，有的放矢；这是强调实际行动、反对夸夸其谈的回答，也是对聪明敏捷的子贡的提醒。

【译文】

子贡问怎样才能做一个君子。孔子说："对于你要说的话，先实行了，然后说出来。"

【论语的智慧】

每个人都需要说话，几乎从牙牙学语开始一直到死，我们的生命意志都要借助语言的表达。一周岁的孩子可能就会说话了，但是我们很多人还仅仅停留在会说话的地步，和孩童没有什么两样，要真正掌握好语言这门艺术还真的不简单。子贡向他的老师请教怎样说话才算是君子，孔子说君子都是说到做到，不会胡乱吹牛。南怀瑾先生认为这点很重要。有一个笑话说美国人是边说边做，德国人是做了再说，日本人是做了也不说，中国人是说了也不做，其实这是一个很有讽刺意味的故事。

武则天在《臣轨·慎密》中说：嘴巴好比一道关卡，舌头好比射箭的弩机。一句不妥当的话说出去，即使用四匹马拉一辆车那么快的速度也不可能追回来。嘴巴和舌头犹如一柄双刃剑，一句话说得不恰当，就会反过来伤害自己。因为话虽然是自己说的，别人既然听到了，你就无法阻止别人去传播，由此所带来的影响你根本没办法控制。

"言多必失"，说话应谨慎，舍弃那些不可说的话，而只说该说的话。有时说话的人并无恶意，但对听者而言，却可能伤及了他的自尊心。所以，说话应谨慎，只说该说的话。

说话得体，则让人高兴；反之，只会让人难受。就是同样意思的话，出自两个人之口，听起来也有区别。你自己信口开河，根本意识不到会伤害他人，正如俗话所说"口乃心之门"，但别人却认为你是有意的、你明显是故意伤害他。

不爱多说话的人，他内心并不是糊涂得无话可说，而是他明白祸从口出的道理。

我们的嘴巴就像是一扇门，每天都要开关多次，你开的次数越多，你城堡里的景物也就越会被众人一览无余。舌头就像是一支箭，稍不留神就要把"游客"伤害。因此我们的大脑要时刻警惕自己不要胡乱开门，更不能随意射箭。

2.14　子曰："君子周而不比^①，小人比而不周^②。"

【题解】

孔子在这里提出君子与小人的区别点之一，就是小人因私利而结党勾结，不能与大多数人融洽相处；而君子则不同，他做事总为多数人着想，能与众人和谐相处，但不与人相勾结，只要有人群的地方，孔子的这种思想就有积极意义。

【注释】

①周：团结多数人。②比：勾结。

【译文】

孔子说："德行高尚的人以正道广泛交友但不互相勾结,品格卑下的人互相勾结却不顾道义。"

【论语的智慧】

孔子很喜欢把君子与小人放在一起比较,也许是为了让我们更好地理解二者的区别,让我们做一个君子的同时也能识别小人的嘴脸。所以我们说知道"不善"方能"行善",我们只有知道小人是什么样子,才能做好君子。"君子周而不比"是什么意思?南怀瑾先生解释说,君子为人处世凭借一颗正直的良心,他不会厚此薄彼。"周"就是包罗万象,"比"就是比较。一个君子的胸怀应当是这样的:某个人道德高尚我们要敬重他;某个人道德还没有修炼到家,我们也没必要去苛责,而应当去设法感化他。这符合孔子做人一贯的原则。

就像是天地万物,对于上苍来讲它们都一样,没有谁比谁高贵、谁比谁低贱。有时候我们说蚊子和苍蝇很讨厌,青蛙很好,为什么这样讲呢?因为我们都是从人类自身的角度去看,这样的看法难免就有些自私,这是"小我"。如何做到"大我"呢?就是要舍弃心中的偏见,万物本来是平等的,如佛家所讲的"众生平等",明白了这一点,我们对人对事就会看到另外一番大的天地。我们就不会拘泥于自己的小天地,从自己的角度出发,对自己有恩惠的就是好人,对自己没有恩惠的就不是好人,这样的看法显然是有失偏颇的,很不客观,在孔子那里一定是通不过的。但是我们同时也应注意到,这个是人类的通病,而且这个毛病不好改,在所有人身上这个"病毒"都存在,只不过有发作早晚的区别和是否蔓延的区别。因而,我们还是要时刻警醒自己应舍弃小我成就大我。有人大概会问成就大我有什么好处没有,如果你把功利主义放在心里,那么你就不可能做到"大我"的境界。所谓"君子周而不比",其实孔子就是要告诉我们一个君子对待德行好的人钦佩,对待德行不好的人也不要去打击。

接下来转到小人这里的风景就截然不同了。"小人比而不周",小人做事情对人都喜欢"比",怎么个比法?就是以他自己为中心,凡是对他有利的就是好的,凡是对他不利的就是坏的。这句话我们看起来好像也没有什么大不了的,甚至有人会说人都是自私的,谁做事情不考虑自己呢?那么无私的人哪里还有啊?不要小瞧这样一句话,在平时这样的小人还看不出来会有怎样的破坏力,到了"疾风知劲草,板荡识诚臣"的时候我们就能感觉到了。比如一个民族到了危亡的时刻,小人就会凭借这个标准去选择自己的小利而不会顾及民族大义,所以他们就跑去做汉奸了。

因此说我们不能做一个无情无义的小人,对这样的人我们也最好对他敬而远之。所谓"敬而远之",就是对小人不能不理睬,这样你就没有办法自保了,"敬"就是要你对他表现得很恭敬,态度上不能让他觉得你瞧不起他。"远"就是要你疏远并远离他,这样的人不能深交。这才是孔子要表达的君子与小人的区别,为的是找到与他们怎么相处才能相安无事的方法,而在内心又要向着君子的气节靠近。

2.15　子曰："学而不思则罔①，思而不学则殆②。"

【题解】

这两句话提出了学习和思考的关系，指出学与思要相结合。这是孔子治学方法的重要总结。孔子认为，在学习的过程中，学和思不能偏废。他指出了学而不思就会徒劳无功，也道出了思而不学的弊端是不学无术。主张学与思相结合。只有将学与思相结合，才可以使自己成为既有思想，又有学识的人。

【注释】

①罔：迷惘，没有收获。②殆：危疑不安。

【译文】

孔子说："学习而不思考就会迷惘无所得；思考而不学习就不切于事而危疑不安。"

【论语的智慧】

孔子说："学习而不思考就会迷惘无所得；思考而不学习就不切于事而危疑不安。"蔡元培在谈到"学"与"思"的关系时，说读书光是靠学还不够，还要多向别人请教、多思考。这样才能求得真学问。反之，只学而不问不思，必然得不到真才实学。

学习与思考就像飞机的两个机翼，是互相作用的，缺了哪个都不行。

大文学家巴尔扎克说："打开科学的钥匙毫无疑问的都是问号，我们大部分的伟大发现都应归功于'如何'，而生活的智慧大概就在于逢事都问个为什么。"

就拿洗澡来说，在我们一般人看来，其是一件非常普通的事情。然而，美国麻省理工学院机械工程系的系主任谢皮罗教授，却敏锐地注意到：每次放掉洗澡水时，水的旋涡总是向左旋的，也就是逆时针方向！这是为什么呢？谢皮罗紧紧抓住这个问题不放。他设计了一个碟形容器，里面灌满水，每当拔掉碟底的塞子时，碟里的水也总是形成逆时针旋转的旋涡。这说明放洗澡水时旋涡朝左，并非偶然，而是一种有规律的现象。

1962年，谢皮罗发表了论文，认为这旋涡与地球自转有关。如果地球停止自转的话，拔掉澡盆的塞子水流则不会产生旋涡。由于地球不停地自西向东旋转，而美国处于北半球，洗澡水便朝逆时针方向旋转。

谢皮罗认为，北半球的台风都是向逆时针方向旋转，其道理与洗澡水的旋涡是一样的。他断言，如果在南半球则恰好相反，洗澡水将按顺时针方向形成旋涡，在赤道则不会形成旋涡！

谢皮罗的论文发表之后，引起各国科学家的极大兴趣，纷纷在各地进行实验，结果证明谢皮罗的论断是完全正确的。

有一句著名的格言："真理诞生于一百个问号之后。"

其实，这句格言本身也是一个真理。

人们总是很尊敬和爱戴发现真理的人。其实发现真理，说难也不难，说容易也不容易。你能不能成为真理的发现者，这要看你有没有一双敏锐的眼睛，看你有没有一个善于思考的大脑，看你有没有敢于坚持真理的勇气，看你能不能从偶然中抓住必然。

洗完澡拔掉澡盆里的塞子，这是很平常的事情。他们从看似平常的事情中，用敏锐的眼睛看到常人所不注意的细节，用丰富的联想力进行常人所意想不到的深刻的思索，终于有所发现、有所发明、有所创造、有所前进。这偶然之中，其实隐藏着必然。化偶然为必然，那就是把一百个问号拉直！

多问几个为什么，也许生活就会与众不同，科学的道路上如果没有求真，也就没有了新的进步。我们在生活和学习中也要多动脑筋，多问几个为什么，而不能稀里糊涂，做一天和尚撞一天钟。只有把不懂的问题打上问号，谦虚地向别人请教，才能使我们学得更深入一些，变得更聪明一些。

提出问题是解决问题的前提。现在有的孩子，问题都提不出来，那又解决什么呢？所以先圣孔子也曾感叹说："不说'怎么办，怎么办'的人，我真不知道拿他怎么办了啊！"这就要求孩子们在平时的学习、生活中主动提出问题，动脑筋，想办法。

"疑而能问，已得知识之半"，学生由疑而问，是一个主动学习、积极思考的过程，实践中我们不难发现，不善于质疑问难的人，学习态度懒散，知识面狭窄；相反，能疑好问的学生，却思维活跃，解决问题能力强。

2.16　子曰："攻乎异端①，斯害也已②！"

【题解】

孔子在这里向他的学生提出了一个警示：学习要走正道，要从精于一开始，不可驳杂不纯，更不要攻习邪说。

【注释】

①攻：专攻，一心一意致力某事。一说为攻击，今不从。异端：反对的一端，引申为不正确的意见、学说。②斯：连词，这就、那就的意思。也已：语气词。

【译文】

孔子说："批判那些不正确的学说，祸害就可以消灭了！"

【论语的智慧】

孔子一向提倡做人要讲分寸，不能剑走偏锋。他说："攻乎异端，斯害也已。"从前的学者认为孔子所说的"异端"就是老子的思想，认为你要是走老子的那条路就将要受害啦，其实不然。在春秋时期那时候是百家争鸣、百花齐放，以孔子为代表的儒家思想并没有占据统治地位，它只是"百花"中的一朵亮丽之花。而且孔子在《论语》中还说过这样的话："信而好古，述而不作，窃比于老彭。"在这里孔子提到了自己尊敬的两个人——"老子"和"彭祖"（传说中的一个长寿老人），历史上更有孔子问礼于老聃的记载，所以过去一些学者对于"异端"的解释是不正确的。在南怀瑾先生看来，孔子的意思是这样的：做官也和做人一样，做人不要太走极端，不能表现得过于"特立独行"。做任何事都要合乎"礼仪"，有合适的言行举止，否则"斯害也已"。

这样看来我们明白了，这和孔子一向主张的中庸思想比较一致。不过时下一些年轻人可不这样想，他们最喜欢谈的就是张扬个性。他们最喜欢引用的格言是："走自己的路，让别人说去吧！"

如今的种种媒体，包括报纸、杂志、电视等也都在宣扬个性的重要性。曾几何时，个性已经成为独特、怪异的代名词，过度张扬的个性在不知不觉间伤害了别人，更毁灭了自己的前途。

人活着确实该有自己的个性，不过如果为了个性而个性那就不应该了。如果你显示出自己要逆潮流而行，神气活现地炫耀你反传统的观念和怪异的行为方式，那么，人们会认为你只是想哗众取宠，引起他人的注意，而且他们还会因此而轻视你。他们会找出一种办法惩罚你，因为你让他们觉得自己低人一等，不如。过分"特立独行"是危险的，不妨让自己的行为与他人差不多，你就不会受到太多的阻力。

《庄子》中有一则故事是这样的：有一只特立独行的猕猴，它非常喜欢表现自己，处处都要显得与众不同。有一日，吴王乘船在长江游玩，登上猕猴山。原来聚在一起戏耍的猕猴，看到吴王前呼后拥地来了，立即一哄而散，躲到森林与荆棘丛中去了。

但这只"特别"的猕猴，想在吴王面前卖弄灵巧，它在地上得意地旋转，旋转够了，又纵身到树上，攀缘腾荡。吴王看了很不舒服，就拉弓搭箭射它，它从容地拨开射来的利箭，又敏捷地把箭接住。它并不清楚，这种炫耀对掌握生杀大权的君王是种侮辱，吴王脸都气红了，命令左右一齐动手，箭如风卷，猕猴无法逃脱，立即被射死。

吴王回头对他的臣子说，这灵猴夸耀自己的聪明，倚仗自己的敏捷傲视本王，以致丢了性命，这完全是它咎由自取。

可悲的猕猴过于迷恋出头冒尖的感觉，一味张扬，表现自我，浑然不觉自己的行为是多么怪异、幼稚。它的目的达到了，它的确引起了很多人甚至一位君王的注意，可惜这种注意带来的是负面看法和评价。这只猕猴成了众人反感、厌恶的对象。"与众不同"造成了它的命运悲剧，这不得不使我们引以为戒。

俗话说得好，"出头椽子先烂""枪打出头鸟""木秀于林，风必摧之"，以卖弄、炫耀为爱好的人必将品尝自酿的苦果，这就是孔子在这里所要表达的"攻乎异端，斯害也已"的现代意义。"烦恼皆由强出头"，这个"强"，一指"勉强"，也就是说自己的能力还不够，却勉强去做某些事，固然有可能获得意外的成功，但这可能性实在太小，结果不但失败了，还会招来嘲笑和白眼。"强"的另外一个意思是指你的能力虽强，但外部环境、条件尚未成熟，"大势"不合，机会不来，此时出头，必将遭到他人的排挤和打压，仇恨的种子从此种下，冤冤相报却又何苦来哉？你纵有千般术，也难躲暗中箭。

成功做人是要"外圆内方"，而不是为了表面的"个性"，肤浅地表现自己的不随潮流，这样只会让自己吃尽苦头。为逞一时之快而不顾后果是一个危险游戏。

2.17 子曰："由①，诲女知之乎②！知之为知之，不知为不知，是知也。"

【题解】

这是孔子广为传播的名言，被后世用来提醒人们用老实的态度来对待知识的问题，来不得半点的虚伪和骄傲。要养成学习踏实认真、实事求是的作风，避免鲁莽虚荣的习气。

【注释】

①由：孔子的学生，姓仲，名由，字子路，卞人（故城在今山东泗水县东五十里）。
②知：做动词用，知道。

【译文】

孔子说："由啊，告诉你对知和不知的态度吧！知道就是知道，不知道就是不知道，这是真正的智慧。"

【论语的智慧】

我们小从就学过"知之为知之，不知为不知"，可是有几个人能真正地理解并做到呢？

孔子说："由啊，告诉你对知和不知的态度吧！知道就是知道，不知道就是不知道，这是真正的智慧。"一个敢于说自己"不知道"的人才真有气魄。

这里又是子路被教训。大家都知道子路性急、直爽、尚勇，关于勇的问题就他爱问孔子，一度让孔子很头疼。从这里我们看到孔子确实很会教育他人，懂得因材施教。子路做事爱冲动，喜欢逞能，爱大包大揽。子路还做过冉求的上司，遇到这样肯揽事却不一定能做好的上级，不知道是幸运还是不幸。

凡事都要想好了再去做，莫要不懂装懂，那样不仅会让人看不起你，而且会让你事业受挫。

生活中，不怕一知半解，不怕一无所知，怕只怕不懂却要装懂。事实上，不懂装懂本身就是一种无知的表现，它比无知还可怕。

在人际交往中最令人敬而远之的就是这种一点儿也不自知的人。承认自己也有不知道的事并不丢人，为了要自抬身价而不懂装懂，一旦被对方看穿，反而会令对方产生不信任感而不愿与你交往。

韩愈说："闻道有先后，术业有专攻。"每个人都有自己的专长，不可能每件事都很精通。交朋友应该是取长补短，别人比自己精通的地方就应不耻下问，即使是自己很精通的事，也要以很谦虚的态度来展现实力，这样才能让他人信服。

在一个高速发展的信息时代，每个人所吸收的知识都不可能包罗万象。若不以虚心的态度与人交往，如何能够受到大家的欢迎？凡事都自以为是的人，必然得不到大家的尊敬。

不懂装懂就是无知，这不利于交际范围的扩展。这样的人在社会中恐怕永远也不会受到欢迎，不懂装懂和自作聪明的处事方法会毁掉你的一切，人们会对你失去兴趣和信任。

作为一个有一定权力的领导，如果爱装腔作势，对自己不懂的事也一味瞎指挥，那么这种破坏力比一般人大得多。俗话说权力越大，责任越大。做领导的理应比其他人更慎重，做事更应顾全大局。千万莫让一时的表现欲毁了你的未来。

古希腊著名哲学家苏格拉底讲过："我唯一知道的就是我一无所知。"他以最简洁的形式表达了他想进一步开阔视野的理想姿态，至今仍有很多人信奉他的这句名言。因此无论你多么伟大，无论你多么有才能，你也有不知道的地方，说不知道并不就意味着你无能，反而在勇敢承认的同时你获得了更多的称赞。

有一位学问高深、年近八旬的老妇人。她原是大学教授，会讲五种语言，读书很多，语汇丰富，记忆过人，而且还经常旅行，可以称得上是见多识广。然而，人们从未听到过她卖弄自己的学识或对自己不了解的事情假称通晓。遇到疑难时，她从不回避说"我不知道"，也不用自己的知识去搪塞，而是去查阅有关资料，以做参考。看到老人的这一切，每个跟她接触的人才真正懂得了怎样才能被别人敬重，怎样才能获得做人的尊严。

心理学家邦雅曼·埃维特曾指出，平时动不动就说"我知道"的人，头脑迟钝，易受约束，不善同他人交往。迅速和现成的回答，表现的是一种一成不变的思想；而敢于说"我不知道"所显示的则是一种富有想象力和创造性的精神。埃维特还指出，如果我们承认对这个或那个问题也需要思索或老实地承认自己的无知，那么我们自己的生活方式就会大大地改善。诺贝尔奖得主杨振宁曾说："对于中国的学生，要能够知之为知之，但最重要的是不知为不知。"或许这才是做人做事的真正学问。

2.18　子张学干禄[1]。子曰："多闻阙疑[2]，慎言其余，则寡尤[3]；多见阙殆[4]，慎行其余，则寡悔。言寡尤，行寡悔，禄在其中矣。"

【题解】

孔子这段话是回答子张怎样能够做好官。孔子教导学生要谨言慎行，言行不犯错误，他认为，身居官位者，要说有把握的话，做有把握的事，这样可以减少失误，减少后悔，这是对国家对个人负责任的表现。当然这里所说的，并不仅仅是一个为官的方法，也是立身于社会的基本原则。这也表明了孔子在知与行二者关系问题上的观念，孔子并不反对他的学生谋求官职，但是主张要把官做好，还要做好官。

【注释】

①子张：孔子的学生，姓颛孙，名师，字子张。干禄：谋求禄位。②阙疑：把疑难问题留着，不做判断。阙，通"缺"。③尤：过失。④阙殆：与"阙疑"对称，同义，均译为"怀疑"。

【译文】

子张请教求得官职俸禄的方法，孔子说："多听，把不明白的事情放到一边，谨慎地说出那些真正懂得的，就能少犯错误；多观察，不明白的就保留心中，谨慎地实行那些真正懂得的，就能减少事后懊悔。言语少犯错误，行动很少后悔，自然就有官职俸禄了。"

2.19　哀公问曰[1]："何为则民服？"孔子对曰："举直错诸枉[2]，则民服；举枉错诸直，则民不服。"

【题解】

鲁哀公向孔子请教治理国家，让人民拥护的办法，孔子特别强调的是用什么人和怎么用人的问题，也是树立好的榜样，遏制歪风与恶人的问题。荐举贤才、选贤用能，这是孔子德治思想的重要组成部分。宗法制度下的选官用吏，唯亲是举，孔子的这种用人思想可说在当时是一大进步。"任人唯贤"的思想在历史上一直闪耀着光辉。

【注释】

①哀公：鲁国国君，姓姬，名将，鲁定公之子，在位 27 年，"哀"是谥号。②错：通"措"，安置。诸："之于"的合音。枉：邪曲。

【译文】

鲁哀公问道："我怎么做才能使百姓服从呢？"孔子答道："把正直的人提拔上来，使他们位居不正直的人之上，则百姓就服从了；如果把不正直的人提拔上来，使他们位居正直的人之上，百姓就会不服从。"

【论语的智慧】

孔子在周游列国的时候虽然一直没有受到重用，但是一些权臣和国君对他和他弟子的德行与才能还是很钦佩的，所以经常会有人向他请教治国等问题。有一次哀公问孔子关于服众的问题。哀公就是鲁哀公，他是孔子自己母国的国君。哀公说："怎么样才能让老百姓服从我的领导呢？"注意这里的"服"有两个层次，在南怀瑾先生看来：一方面是要人不敢反抗，这种服气是低层次的，是运用权术的霸道；另一方面是用德政让人心服口服，这是古代所讲的王道。

鲁哀公拿这个问题问孔子，孔子不好直接批评他的国君，他便很婉转地说明这个道理，他说"举直错诸枉，则民服"，这个"举"就是提拔，这是针对鲁哀公当时的政治毛病而来。"举直"，就是提拔直心直道而行的人，包括正直、忠诚、有才能的人。"错诸枉"的"错"等于"措"，就是把他摆下去、放下去，把狂妄的人安置下去，这样老百姓自然就服。相反，"举枉错诸直"，把狂妄的人提拔起来，或只用自己喜欢的人，而把好人打击下去，老百姓自然就不服了。

看起来孔子的道理并无什么过人之处，就是你我也能说出一些道道来。那么他为什么还要这样对他的国君建议呢？这里就要配合我们的人生经验来谈。一个人如果真的到了一个很高的位置上，他的内心也不是不想"举直"，只不过人们都有一个毛病，那就是任用自己看着顺眼的人。有时候你的一个老朋友或什么亲属来求情，你给不给他面子呢？你也许会担心一旦拒绝就会影响到你们之间的感情，所以你不得不为他谋一个职位。这个时候其他人肯定就要有意见了。谈到这个问题，所有的管理者都应当注意自己的度量，能够做到用真正有才华和德行的人并不是一件容易的事，这当中可能需要你割舍你自己喜欢的人，有时候用的人也许是你的政敌，也许是你非常不欣赏的人，但是一个真正合格的领导者必须要有这样的气度，敢于用自己不喜欢而确有才华的人。当年林肯有一个"死对头"，名字叫斯坦顿，他一直和林肯唱反调，他甚至公然攻击林肯的人格。但是林肯没有因为这些而"打击"他，反而在自己当上总统以后请他来做国家的国防部长，要知道当时很多人都不理解林肯的做法。但是这就是一个领导者的气度，最终林肯赢得了世人的敬重。当他被暗杀后，守在他身边的斯坦顿说："这里躺着的是有史以来最优秀的统治者！"还有什么更能说明林肯的伟大人格呢？这样颂扬的话语竟然出自一个曾经那么讨厌林肯的人之口，这是世上最难得的褒扬！

今天我们宣扬以德治国，就是在讲孔子的德政思想。虽然我们的祖先告诉我们作为一个领导者可以"举贤不避亲",这是因为害怕把真正有才华的人给遗漏,但是,如果借着这个幌子,选人用人时只考虑这个人与自己的关系怎样,而不能客观冷静地评价一个人的话,那么就会让有才华的人不服气,也会让底下人觉得你没有慧眼识人的本事。换句话说,孔子是在教导鲁哀公如何用人,要用那些真的有才有德的人,这样民心才会归向你;如果用的人尽是一些趋炎附势的小人,那么普通民众就不会真正地服气。如果你任用了德才欠缺的人,也许人们不会公然反驳你,但是背后的议论在所难免;一旦你用了德才兼备的人,就会上下同心,真可谓大欢喜。

争功图 汉

此图描绘汉初天下始定,各位将领争功的场面,最后叔孙通奏议立礼仪规范,使高祖体会到做皇帝的高贵。

不仅在美国有林肯这样卓越的领袖,在中国也同样有这样优秀的领导者,刘邦就是其中之一。汉高祖刘邦在天下大定之后,在一片等待论功行赏的气氛当中,却只先分封了二十多名功劳不大的部将。其他在他眼里说大不大、说小不小的部将,如何分封都还在斟酌考量中。

那些自恃功劳不凡的部将无不伸长脖子,望眼欲穿,而且生怕论功不平、赏赐不公,天天红着眼珠,一个个焦虑难安。不仅同僚之间钩心斗角,与刘邦之间也衍生出相当紧张的气氛。

刘邦非常苦恼,于是便唤张良前来,想听听他的想法。

张良有些沉重地回答他说:"陛下来自民间,依靠这些人打得天下。过去大家都是平民百姓,平起平坐。现在你成为天子之后,先分封的人大部分都是世交故友,所诛杀的都是关系较疏远的人,不然就是得罪你、让你看不顺眼的人。这样下去,难免会有人心生反意。"

刘邦听了之后,面色凝重,便问张良:如果真有这么严重,该怎么办?

张良想了一下,便先反问刘邦说:"在这些一起打天下的部将当中,你最讨厌的人是谁?这个人不被陛下喜欢的原因,最好是大家所熟知的事。"

刘邦回答说:"雍齿常常捉弄我,他是我最讨厌的人,我想这也是大家早就知道的事情。"

张良马上提出建议:"那么,今天就先将雍齿封为王侯。这样一来,我看就可以解除一些不必要的疑虑,安定大家的心了。"

刘邦采纳了张良的建议,立刻宣布将雍齿封为什邡侯。

这件事果然产生了良好的效果。在这些人看来,连皇帝最讨厌的人都封侯了,我们还有什么好担心的呢?于是,君臣之间的紧张关系自然得到了暂时的缓解。

张良的建议也正是孔子对鲁哀公的建议,通常我们都认为领导很有威严,其实作为一个领导者来说,与其让你的下属惧怕你,不如让他们敬重你,这就是孔子所要表达的"服众"的含义。当领导不容易,当一个好领导尤其难上加难。表面上看起来八面威风,个中滋味,不是个中人则是难以体会的。

2.20 季康子问①:"使民敬,忠以劝②,如之何?"子曰:"临之以庄则敬,孝慈则忠,举善而教不能则劝③。"

【题解】

季康子的本意，是想向孔子请教治理百姓的方法，而孔子教他的却是做人的道理，引导他提高个人的品质和修养。这还是在谈如何从政的问题。孔子主张"礼治""德治"，这不单单是针对老百姓的，对于当政者仍是如此。当政者本人应当庄重严谨、孝顺慈祥，老百姓就会对当政的人尊敬、真心向善又努力劳作。

【注释】

①季康子：鲁大夫季桓子之子，名肥，鲁国正卿，"康"是谥号。②以：通"与"，可译为"和"。③劝：勉励的意思。

【译文】

季康子问："要使百姓恭敬、忠诚并互相勉励，该怎么做？"孔子说："如果你用庄重的态度对待他们，他们就会恭敬，如果你能孝顺父母、爱护幼小，他们就会忠诚，如果你能任用贤能之士，教育能力低下的人，他们就会互相勉励。"

2.21 或谓孔子曰①："子奚不为政②？"子曰："《书》云③：'孝乎！惟孝，友于兄弟。'施于有政④，是亦为政，奚其为为政？"

【题解】

这一章反映了孔子的一个基本思想：就是把亲情扩充为人与人之间的仁德之心，把治家之道伸展到治国之道，这种思想有着跨越时代的价值。他认为，国家政治以孝为本，孝父友兄的人才有资格担当国家的官职。说明了孔子的"德治"思想主张。

【注释】

①或：有人。②奚：疑问词，当"何""怎么""为什么"讲。③《书》：指《尚书》。"《书》云"以下三句见伪《古文尚书·君陈》，略有出入，可能是《尚书》逸文。④施于有政："有"在此无实在的意义，"施于有政"即"施于政"，意思是"把……影响到政治上去"。

【译文】

有人问孔子说："你为什么不当官参与政治呢？"孔子说："《尚书》中说'孝呀，只有孝顺父母，才能推广到友爱兄弟。并把孝悌的精神扩展、影响到政治上去'，这也是参与政治，为什么一定要当官才算参与政治呢？"

2.22 子曰："人而无信①，不知其可也。大车无輗②，小车无軏③，其何以行之哉？"

【题解】

孔子用一个著名的比喻，阐述了诚实守信的重要性。信，是儒家传统伦理准则之一。孔子认为，信是人立身处世的基点。在《论语》中，信的含义有两种：一是信任，即取得他人的信任；二是对人讲信用。一个良好的社会环境确实应该让不守信的人无法畅行无阻。

【注释】

①而：如果。信：信誉。②大车：指牛车。輗：大车辕和车辕前横木相接的关键。③小车：指马车。无軏：马车辕前横木两端的木销。

【译文】

孔子说："一个人如果不讲信誉，真不知他怎么办。就像大车的横木两头没有活键，小车的横木两端少了关扣一样，怎么能行驶呢？"

【论语的智慧】

孔子说做人、处世、对朋友，"信"是很重要的，无"信"是绝对不可以的。尤其是当领导的人，处理事情要多想想，不要骤下决定，以至随时改变，使部下无所适从，所以孔子说："人而无信，不知其可也。"

"大车无輗，小车无軏"，大车是牛车，輗就是牛车上一根用来套在牛肩上的大梁子；小车是马车，軏就是马车上挂钩的地方，这都是车子上的关键所在。孔子说做人也好，处世也好，为政也好，言而有信，是关键所在，而且是很重要的关键。有如大车的横杆，小车的挂钩，如果没有了它们，车子是绝对走不动的。

松下幸之助说："信用既是无形的力量，也是无形的财富。"确实如此，然而现实中有许多人谎话连篇，这样的人常常自以为聪慧过人，因为他干的是空手套白狼的事情，就算说的是假话又何妨呢？可是他们也忘记了聪明反被聪明误的教训，人们在上当一次后，他失去的将是一个朋友。人们从内心里喜欢说真话的人，因为他们讲信用，说到做到。一个人如果没有信用，那么无论他走到哪里大概都不会找到相信他的人。这样的结果很可怕，因为他将会失去朋友，甚至亲人，继而失去赖以生存的一切关系基础。尤其我们现代人的生存更是各种人际关系维系的结果，谁都无法想象自己如果有一天说话无人相信，做事没人支持，甚至当自己正陷入困难中都没有援手来帮助自己的时候，这将是多么可怕的一场噩梦啊。孔子说："人而无信，不知其可也。"一个人的诚信相当于他的脊梁骨，如果没有这脊梁骨人们将无法立起来，对于一个普通人来讲还有什么比没人信任更可怕的呢？失去诚信也就等于把自己推向了一个无底深渊。

英国政治家福克斯以其言而有信著称。他的父亲是一名正统的英国人，曾给小福克斯上了生动的一课，这在他的心中留下一个不可磨灭的印象。

18世纪，富有的英国绅士的住宅都坐落在漂亮的花园内，福克斯家的花园里有一座旧亭子，他的父亲想将其拆除，并在较为开阔处另建一座。小福克斯从住宿学校回家度假，正巧赶上工人在拆除亭子。孩子当然很想亲眼看一看亭子是怎样拆除的，所以他打算迟些天返校。父亲却要他准时到校上课，为此父子间颇有嫌隙。母亲如同大多数母亲那样，在旁替小福克斯说情。

最终，父亲答应将亭子的拆迁推迟到来年假期。于是小福克斯就离家返校了。

父亲想，儿子到学校后忙于学习，慢慢就会把此事忘掉。于是，儿子一走，他就让人把亭子拆了，在另一处盖了一座新的。谁想到儿子却一直把亭子这件事记在心头，假期又到了，小福克斯一回家，就朝旧亭子走去。早餐时，他闷闷不乐地对父亲说："你说话不算数！"

父亲听后大为震惊，严肃地说："孩子，你说得对，我错了。我马上就改。言而有信比财富更重要。纵有万贯家产也不能抵消食言给心灵带来的污点。"父亲随即让人在原地盖起了一座亭子，再当着孩子的面将其拆除。

诚信是人立足之根本，所以古有季布一诺值千金的美谈，孔子的弟子子路就有这样的美德。孔子曾夸赞过他，无论怎样的困难，只要是子路答应别人的事情他就一定能做到。诚信不仅是做人的原则，同时我们也能感受到如果被他人信任是一件多么幸福的事。伟大的人物把信誉当作生命去捍卫，诚信事关我们的尊严，我们在这个问题上又如何能允许自己食言呢？

2.23　子张问："十世可知也^①?"子曰："殷因于夏礼^②，所损益，可知也；周因于殷礼，所损益，可知也；其或继周者，虽百世可知也。"

【题解】

这里孔子讲了文明史的继承与发展的关系，指出了其损益规律。孔子历来并不反对变革，但是一切变革都是在既有的基础上进行的，是有迹可循的。孔子在这儿提出一个重要概念：损益。它的含义是增减、兴革。即对前代典章制度、礼仪规范等有继承、沿袭，也有改革、变通。

【注释】

①世：古时称三十年为一世，一世为一代。也有的把"世"解释为朝代。也：表疑问的语气词。②殷：殷朝，即商朝，因其都城在殷墟而得名。因：因袭，沿袭。

【译文】

子张问："今后十代的礼制现在可以预先知道吗？"孔子说："殷代承袭夏代的礼制，其中废除和增加的内容，是可以知道的，周代继承殷代的礼制，其中废除和增加的内容，也是可以知道的。那么以后如果有继承周朝的朝代，就是在一百代以后，也是可以预先知道的。"

2.24　子曰："非其鬼而祭之，谄也。见义不为，无勇也。"

【题解】

孔子提出"义"和"勇"的概念，都是儒家有关塑造高尚人格的规范。《论语集解》注：义，所宜为。符合于仁、礼要求的，就是义。勇，就是果敢，勇敢。孔子把"勇"作为实行"仁"的条件之一。必须符合"仁、义、礼、智"，才算是勇，否则就是"乱"。

【译文】

孔子说："祭祀不该自己祭祀的鬼神，那是献媚；见到合乎正义的事而不做，这是没有勇气。"

【论语的智慧】

孔子说："祭祀不该自己祭祀的鬼神，那是献媚；见到合乎正义的事而不做，这是没有勇气。"说王夫之"生以载义,生可贵;义以立生,生可舍",人生因行义而可贵,也可为义舍去生命,是对孟子"舍生取义"精神的继承和发扬,他将"义"的重要性提到生死的高度。

《礼记·中庸》称:"义者,宜也。"所谓义就是适宜、应当、应该的意思。《墨子·天志下》中说:"义者,正也。"可见义就是做应该做的事,坚持正确的道路和原则。因此,人们又把义称为正义。义的这一规定,决定了义的广泛性和包容性。仁、礼、忠、信、孝等均被看成是义所包容的内涵。人们常常将"仁义""礼义""忠义""信义""孝义"并称,就充分说明了这一点。

正义,原指事物之间的一种平衡的关系或秩序。根据古希腊人的观念,每件事物都有它的规定地位和职责,一旦有事物突破它的界限,就会有一种超人类的法则来惩罚这种侵犯,恢复侵犯者所破坏的那种永恒的秩序。这种永恒的秩序就是正义。现在,人们用正义来表示关于人与人之间关系的一种理想目标和价值准则,它所指的是人与人之间的一种合理的、平衡的关系。生活中有许多人见义不为,对许多事情,明明知道应该做,却推说没有办法而不敢做,"看得破,忍不过。想得到,做不来。"

勇敢是义的代名词,如果面对危险与邪恶,所有人都因怯懦而袖手旁观,那么道义将不复存在。

1945年,德国牧师马丁·尼莫勒说:"刚开始时,纳粹镇压共产主义者,我没说话,因为我不是共产主义者。然后,他们开始迫害犹太人,我也没说话,因为我不是犹太人。接着纳粹把矛头指向商业工会,我还是没说话,因为我不属于商业工会。当他们迫害天主教徒时,我仍然没说话,因为我是个新教教徒。后来他们开始镇压新教教徒……可那个时候,我周围的人已经被迫害得一个不剩,没有人能为新教说话了。"面对邪恶却明哲保身的人,最后也会成为受害者。

见义勇为者必然有"勇"有"义",即不畏强暴之勇,疾恶如仇之义,二者缺一不可。见义勇为的行为可钦可佩,见义勇为的精神可歌可颂。看到合乎道义、值得去做的事就要去做,如果不愿意去做,就谈不上有什么正义之心和社会责任感。如果人人都信奉事不关己、高高挂起的处世哲学,对不义、不良、不法现象袖手旁观、无动于衷,就会损人害己、助纣为虐。如果人人都怕"惹事",都不愿管"闲事",正气又怎么能压倒邪气?

道义需用勇敢来诠释,"我自横刀向天笑,去留肝胆两昆仑",谭嗣同用自己的鲜血捍卫了变法的正义,"路见不平一声吼,该出手时就出手",无数英雄用自己的生命证明了正义的力量。

就在"泰坦尼克号"即将沉没时,大部分的男子汉自愿慷然赴死,把生的机会留给了老、弱、妇、幼!救生艇上,忽然一个妇女大叫:"我的两个孩子还没上来!"一个小姐马上站起来说:"我还没结婚,没有孩子,我把他们换过来吧。"说着,她从容走了下去,事后查明,这个可敬的小姐叫伊文斯,美国西雅图人。她用年轻的生命,证明了面对义、利抉择时,真正的人,可以舍生取义。

见义勇为,方显英雄本色。

八佾篇第三

3.1　孔子谓季氏^①："八佾舞于庭^②，是可忍也^③，孰不可忍也？"

【题解】

这段话是孔子直接针对季氏僭用礼乐的行为而发。春秋末期，社会处于剧烈的变化期，礼崩乐坏，违背周礼、犯上作乱的事情不断发生。季孙氏用八佾舞于庭院，是典型的破坏周礼的行为。对此，孔子表现出极大的愤慨，"是可忍，孰不可忍"一句，反映了孔子性格鲜明的一面，他对于理想的坚持是有原则的。

【注释】

①季氏：季孙氏，鲁国大夫。②八佾：古代奏乐舞蹈，每行八人，称为一佾。天子可用八佾，即六十四人；诸侯六佾，四十八人；大夫四佾，三十二人。季氏应该用四佾。当时鲁国国君出走，国政由季氏把持。③忍：忍心，狠心。一说容忍。

【译文】

孔子谈到季孙氏时说："他用天子才能用的八佾在庭院中奏乐舞蹈，这样的事都狠心做得出来，还有什么事不能狠心做出来呢？"

【论语的智慧】

现代人气愤难当时，常常用"是可忍，孰不可忍"来表达自己的情绪，不过孔子当时说这句话却并不是这个意思。

季氏是鲁国的权臣，所谓权臣就是掌握国家命运、权倾朝野的大臣，他不是普通的臣子，所以他在家里才能搞出让孔子大发感慨的"家庭舞会"来。古时候我们中华民族非常讲究"礼"，这个"礼"不仅包括我们今天的文明礼仪在内，还有伦理制度等重要内容。按礼，季氏在家里只能看四个人一排的舞蹈，但是他不满足，他要看八个人一排的舞蹈，这是天子才能享有的权利。因此，孔子觉得他这样做是不对的。但是南怀瑾先生认为孔子不是怒气冲冲地骂人："这个人怎么这样啊？"如果这样的话，他认为孔子的"温良恭俭让"恐怕就名不副实了，起码这个"温"就要被无情地画掉。

我们看到的是一个具有先知能力的圣人，而且修养极高，孔子应该是看出季氏要谋反，孔子说这个人连这样不讲礼的事情都做了，那么他还有什么是不能做的呢？孔子是在感慨人心难测。确实如此，有句话叫"画龙画虎难画骨，知人知面不知心"，人心犹如海底针，很难揣测。

有人曾经以为鹤顶红、砒霜是世界上最毒的东西，其实不是，世界上最歹毒的是人心。一个念头能使人上天堂，一个想法也能让人下地狱。最毒是人心，最善也是人心，最难把握的还是人心。有时候，你最亲近的人的心你也未必能了解。历史上，父子兄弟之间有很多反目成仇的，为了权势与地位，抑或是金钱，大打出手，完全不顾及亲情与道义。从本质上来说金钱与权力并不是坏东西，而是有人因为它们上演一幕幕丑剧的时候，人们才觉得它们太坏了。

比如，帝王在选择太子时心理是很矛盾的。太子懦弱一点儿吧，怕将来继位后缺乏驾驭众人的能力；太子贤明一点儿吧，又怕众望所归会危及自己。当宋太宗见到自己的太子颇得人心时，就曾酸溜溜地说："人心都归向太子，欲置我于何地？"皇帝既有这种心态，太子委实难处。不能不得人心，也不能太得人心；不能不及父皇，也不能胜过父皇，这中间的尺寸确实是很难把握的。

隋炀帝的儿子齐王杨暕就因为把握不好这个度，而与炀帝产生隔阂。造成他们父子失和的有两件事。

第一件事是为了一个美女。有一次，乐平公主告诉炀帝，有个女子十分漂亮，但不知为什么炀帝听后无所表示。过了一段时间，乐平公主以为炀帝对此女不感兴趣，就把她送给了齐王杨暕。杨暕马上把她纳入后宫。后来炀帝忽然记起这事，就问乐平公主："你上次说过的那个美人现在在哪里？"乐平公主回答说："在齐王那里。"

这件事本身不能全怪杨暕，他不可能每得到一个美女都先请示一下父皇是否感兴趣。乐平公主是这件事的始作俑者，按理炀帝问起，她完全可以将此事的始末和盘托出。但这样一来，就有可能引起炀帝对她的不满。所以，当炀帝再度问起这件事，她意识到自己捅了娄子，只好含糊地说一句"在齐王那里"，似乎与她无关。

第二件事是因为打猎。炀帝去狩猎，命令杨暕率领一伙侍从参加。狩猎的结果是杨暕猎获颇丰，而炀帝一无所得。炀帝龙颜大怒，认为自己在众人面前丢了面子。一问左右，左右侍从害怕炀帝迁怒，推说是猎物被杨暕手下一伙人阻挡，所以打不到。炀帝因此猜忌起杨暕来，认为他是想出风头，于是处处寻找杨暕的不是。

俗话说，"欲加之罪，何患无辞"，何况杨暕本非圣人，结果本来很有希望成为太子的杨暕失去了炀帝的信任，太子之位自然没有了。炀帝父子从此结怨，直到后来宇文化及起来谋反，派人分别去囚禁、杀害炀帝父子时，炀帝还认为是杨暕派人来抓自己的，而杨暕也认为是炀帝派人来杀自己的，父子至死也不能消除误会。

人心毫无信任与善意的时候就很恐怖，想一想为了一点儿鸡毛蒜皮的事，杨广竟然与他的亲生儿子挥戈相向，猜疑之心真是害人不浅。有人说这个世界上老天爷的脾气是最难摸得清的，因为它高兴时就让太阳出来照照面，一旦它生气了就阴沉着脸，勃然大怒时就闪电雷鸣再加暴风骤雨。可是它如果和人心比较起来还是逊色很多，人心可以瞬息万变，深不可测。

3.2　三家者以《雍》彻[①]，子曰："'相维辟公，天子穆穆[②]'，奚取于三家之堂？"

【题解】

这也是在谈鲁国当政者违"礼"的事件。对于这些越礼犯上的举动，孔子表现得极为愤慨，天子有天子之礼，诸侯有诸侯之礼，礼是根本的秩序，各守各的礼，秩序才能维持，天下才可以安定。因此，"礼"，是孔子政治思想体系中的重要范畴。

【注释】

①三家：鲁国当政的三家大夫孟孙、叔孙、季孙。《雍》：《诗经·周颂》中的一篇，为周天子举行祭礼后撤去祭品祭器所唱的诗。彻：同"撤"，古代祭礼完毕后撤祭馔，乐人唱诗以娱神。②"相维辟公，天子穆穆"二句：诸侯都来助祭，天子恭敬地主祭（见《雍》诗）。相，助祭的人。维，用于句中的助词，可以译为"是"。辟公，诸侯。穆穆，庄严肃穆。

【译文】

孟孙、叔孙和季孙三家祭祖时，唱着《雍》这首诗歌来撤除祭品。孔子说："《雍》诗说的'诸侯都来助祭，天子恭敬地主祭'这话在三家的大厅上唱出来，有哪一点合适呢？"

3.3　子曰："人而不仁，如礼何①？人而不仁，如乐何？"

【题解】

礼与乐都是制度文明，而仁则是人们内心的道德规范，是人文的基础。所以，乐必须反映人们的仁德。乐是表达人们思想情感的一种形式，在古代，它也是礼的一部分。礼与乐都是外在的表现。这里，孔子指出礼、乐的核心与根本是仁，没有仁德的人，根本谈不上什么礼、乐的问题。

【注释】

①如礼何：怎样对待礼仪制度。

【译文】

孔子说："做人如果没有仁德，怎样对待礼仪制度呢？做人如果没有仁德，音乐对他有什么意义呢？"

3.4　林放问礼之本①。子曰："大哉问！礼，与其奢也，宁俭；丧，与其易也②，宁戚。"

【题解】

孔子在这里阐述了"礼"是以真实为基础的，而不是虚文浮饰的事物。礼的根本究竟是什么。孔子在这里没有正面回答他的问题，但仔细一想，孔子明确说明了礼之根本的问题不在形式而在内心。不能只停留在表面仪式上，真实、真诚、真心这些才是礼的根本。

【注释】

①林放：鲁国人。②易：治理，办妥。

【译文】

林放问礼的根本。孔子说："你的问题意义太重要呀！礼，与其求形式上的豪华，不如俭朴一些好；治丧，与其在仪式上样样周到，不如内心真正悲痛。"

3.5　子曰："夷狄之有君①，不如诸夏之亡也②。"

【题解】

孔子这两句话乃是针对当时华夏诸国君不君、臣不臣的伤时之语。在孔子的思想里，有明确的"夷夏观"，后世逐渐演变成"夷夏之防"的传统观念。这不是像有些人说的是在宣扬大汉族主义，孔子的本义是在提倡礼乐文明的传统。

【注释】

①夷狄：古代中原地区的人对周边地区的贬称，谓之不开化。②诸夏：古代中原地区华夏族的自称。亡：通"无"。

【译文】

孔子说："文化落后国家还有个君主，还不如中国这样没有君主哩。"

3.6　季氏旅于泰山①。子谓冉有曰②："女弗能救与？"对曰："不能。"子曰："呜呼！曾谓泰山不如林放乎？"

【题解】

在这里，孔子对当时季孙氏的"僭礼"行径进行抨击。祭祀泰山是天子和诸侯的专权，季孙氏只是鲁国的大夫，他竟然也去祭祀泰山，所以孔子认为这是"僭礼"行径。

【注释】

①旅：祭山，这里做动词用。在当时，只有天子和诸侯才有资格祭祀名山大川。②冉有：名求，字子有，孔子的学生，比孔子小29岁。冉有当时在季氏门下做事。

【译文】

季氏要去祭祀泰山，孔子对冉有说："你不能阻止吗？"冉有回答说："不能。"孔子说："哎呀！难道说泰山之神还不如林放懂礼吗？"

3.7　子曰："君子无所争，必也射乎①！揖让而升②，下而饮，其争也君子。"

【题解】

孔子在这里所说的反映了儒家思想的一个重要特点，即强调谦逊礼让而反对无礼的、不公正的竞争。孔子在这里所说的"君子无所争"，这个"争"指的是争斗，而不是合理的竞争，合理的竞争应该是有法则、有秩序的，这才是孔子所提倡的。

【注释】

①射：指古代的射礼。大射礼规定两人一组，相互作揖然后登堂，射完再相互作揖退下。各组射完后，再作揖登堂饮酒。②揖：拱手行礼。

【译文】

孔子说："君子没有什么可与别人争的事情。如果有，一定是比射箭了。比赛时，相互作揖谦让后上场。射完后，登堂喝酒。这是一种君子之争。"

《孔子圣迹图》之《射矍相圃》

【论语的智慧】

美国著名的民权运动领袖马丁·路德·金有一句名言："为了正义的目的，我们要不择手段。"现代人断章取义，不看前面的前提，就抓住后面的半句话，这样一来就坏了，整个乱套了。这对于维持一个良好的竞争有序的社会只有害处，没有丝毫益处，我们应当学会孔子所主张的君子之争。孔子认为一个君子不是真的"无所争"，而是"其争也君子"。什么意思呢？孔子以"射"为例，古人讲"六艺"，也就是礼、乐、射、御、书、数。我们从一些影视作品中经常能看到古代的射箭比赛，当然这个"射"字可不简单地代表射箭。古人就算是比赛也还要作揖，结果出来的时候，赢了的一方要说"承让"，输了的一方要说"领教"，这就是"其争也君子"的表现。现在很多人可不这样想，为了达到自己的目的可谓不择手段，无所不用其极。可以说我们在批判传统文化的同时，我们已经失掉了老祖宗给我们留下的精华。这不是一个人的悲哀，而是整个民族的损失。

南怀瑾先生认为孔子不是在简单地告诉我们和人比赛时说两句"承让"和"领教"，他不是要我们只讲究这些形式，而是要我们用正当的手段而不是旁门左道获取我们应得的事物，这种礼让的道德精神是全人类的文化遗产。柏林奥运会上有这样一个感人的故事。

1936年的柏林，希特勒向12万观众宣布奥运会开始。他要借世人瞩目的奥运会，证明雅利安人种的优越。

当时田径比赛的最佳选手是美国的杰西·欧文斯。但德国有一位跳远项目的王牌选手鲁兹·朗，希特勒要他击败杰西·欧文斯，以证明他的种族优越论——种族决定优劣。

在纳粹的报纸一致叫嚣把黑人逐出奥运会的声浪下，杰西·欧文斯参加了4个项目的角逐：100米、200米、4×100米接力和跳远。跳远是他的第一项比赛。

希特勒亲临观战。鲁兹·朗顺利进入决赛。轮到杰西·欧文斯上场了，他只要跳得不比他最好成绩低过半米就可进入决赛。第一次，他逾越跳板犯规；第二次他为了保险起见从跳板后起跳，结果跳出了从未有过的坏成绩。

他一再试跑，迟疑，不敢开始最后的一跳。希特勒起身离场。

在希特勒退场的同时，一个瘦削、有着湛蓝眼睛的雅利安族德国运动员走近欧文斯，他用生硬的英语介绍自己。其实他不用自我介绍，没人不认识他——鲁兹·朗。

鲁兹·朗结结巴巴的英文和善意的笑容放松了杰西·欧文斯全身紧绷的神经。鲁兹·朗告诉杰西·欧文斯，最重要的是取得决赛的资格。他说他去年也曾遭遇同样的情形，用了一个小诀窍解决了困难。果然是个小诀窍，他取下杰西·欧文斯的毛巾放在起跳板后数厘米处，从那个地方起跳就不会偏失太多了。杰西·欧文斯照做，差点儿打破了奥运会纪录。几天后的决赛，鲁兹·朗破了世界纪录，但随后杰西·欧文斯以微弱的优势战胜了他。

贵宾席上的希特勒脸色铁青，看台上情绪高昂的观众倏忽沉静。场中，鲁兹·朗跑到杰西·欧文斯站的地方，把他拉到聚集了12万德国人的看台前，举起他的手高声喊道："杰西·欧文斯！杰西·欧文斯！杰西·欧文斯！"看台上经过一阵难挨的沉默后，忽然齐声爆发："杰西·欧文斯！杰西·欧文斯！杰西·欧文斯！"杰西·欧文斯举起另一只手来答谢。

等观众安静下来后，他举起鲁兹的手朝向天空，声嘶力竭地喊道："鲁兹·朗！鲁兹·朗！鲁兹·朗！"全场观众也同声响应："鲁兹·朗！鲁兹·朗！鲁兹·朗！"没有诡谲的政治，没有人种的优劣，没有金牌的得失，选手和观众都沉浸在君子之争的感动里。

杰西·欧文斯创造的8.13米的世界跳远纪录保持了24年。他在那次奥运会上荣获4枚金牌，被誉为世界上伟大的运动员之一。

多年后，杰西·欧文斯回忆说，是鲁兹·朗帮助他赢得4枚金牌，而且使他了解到，单纯而充满关怀的人类之爱，是真正永不磨灭的运动员精神，他所创的世界纪录终有一天会被继起的新秀打破，而这种运动员精神永不磨灭。

竞争是无时不在、无处不有的，每个人的生命从孕育的那一刻起就是竞争的结果，任何幻想逃避竞争都是不切实际的想法。可以说人类的发展就是竞争的结果，所以严复在翻译赫胥黎的《天演论》时就说出了一句震撼中国的话："物竞天择，适者生存。"但是我们之所以被称为"人"，之所以自称是万物之灵长，就在于我们有区别动物性的一面。如果我们为了自己的利益而不择手段地和他人展开一场血腥的厮杀，那么我们还配叫"人"吗？而且有句话说："不义之财转眼就要失去。"为了这个不是靠正当手段得来的东西要赔上你整日的心灵不安，这是何等的不值得！只有凭借真的本事，依靠正当方法得来的东西才会真正长久。

3.8 子夏问曰："'巧笑倩兮①，美目盼兮②，素以为绚兮③。'何谓也？"子曰："绘事后素。"曰："礼后乎？"子曰："起予者商也④！始可与言《诗》已矣。"

【题解】

孔子赞扬子夏从"绘事后素"中体会到"礼后乎"，就是用绘画做比喻来说明仁和礼的关系。他认为，外表的礼节仪式同内心的真实情感应是统一的，如同绘画一样，质地不洁白，不会画出丰富多彩的图案。

【注释】

①倩：笑容美好。②盼：眼睛黑白分明。③绚：有文采。这三句诗前两句见《诗经·卫风·硕人》，第三句可能是逸诗。④起：启发。

【译文】

子夏问道："'轻盈的笑脸多美呀，黑白分明的眼睛多媚呀，好像洁白的质地上画着美丽的图案呀。'这几句诗是什么意思呢？"孔子说："先有白色底子，然后在上面画画。"

子夏说："这么说礼仪是在有了仁德之心之后才产生的了？"孔子说："能够启发我的思想的是卜商啊！可以开始和你谈论《诗经》了。"

3.9　子曰："夏礼，吾能言之，杞不足徵也①；殷礼，吾能言之，宋不足徵也②。文献不足故也③。足，则吾能徵之矣。"

【题解】

这一段话表明两个问题。其一，孔子认为，对夏礼、殷礼的说明，要依赖足够的历史典籍和贤人来阐述，这些反映了他对知识的实事求是的态度。其二，孔子对夏商周代的礼仪制度等非常熟悉，他希望人们都能恪守礼的规范，可惜当时僭礼的人实在太多了。

【注释】

①杞：国名，杞君是夏禹的后代，周初的故城在今河南杞县，其后迁移。徵：证明、验证。②宋：国名，宋君是商汤的后代，故城在今河南商丘县南。③文献：文，典籍。献，指贤人。

【译文】

孔子说："夏代的礼仪制度，我能说一说，但它的后代杞国不足以证明，殷代的礼仪制度，我能说一说，但它的后代宋国不足以证明。这是杞、宋两国的历史资料不足的缘故。如果有足够的历史资料和懂礼的人才，我就可以验证这两代的礼了。"

3.10　子曰："禘自既灌而往者①，吾不欲观之矣。"

【题解】

这是孔子对鲁国举行禘礼是非礼的评论，反映出当时礼崩乐坏的状况，也表达了他对现状的不满。

【注释】

①禘：一种极为隆重的祭礼，只有天子才能举行。灌：祭礼开始时，向代表受祭者献酒的仪式。

【译文】

孔子说："举行禘祭的仪式，从完成第一次献酒以后，我就不想看下去了。"

3.11　或问禘之说。子曰："不知也。知其说者之于天下也，其如示诸斯乎①！"指其掌。

【题解】

孔子认为，鲁国的禘祭已名分颠倒，不值一看，所以当有人问及禘祭，他故作不知。但紧接着又说，谁能懂得禘祭的道理，治天下就容易了。这就是说，谁懂得禘祭的规定，谁就可以恢复天下的秩序于礼了。

【注释】

①示：有两层含义，一为"置"，摆或放的意思，即指放在手上的东西，一目了然；一为"视"。两说皆通，今从前说。斯：指后面的"掌"字。

【译文】

有人问孔子关于举行禘祭的内容，孔子说："不知道。知道的人治理天下，可能像把东西放在这里一样容易吧！"说的时候，指着自己的手掌。

3.12 祭如在，祭神如神在。子曰："吾不与祭^①，如不祭。"

【题解】

孔子平时很少提及鬼神之事，如他说："敬鬼神而远之。"所以，这一章他说祭祖先、祭鬼神，就好像祖先、鬼神真在面前一样，并非认为鬼神真的存在，而是强调参加祭祀的人，应当内心有虔诚的情感。这样看来，孔子主张进行的祭祀活动主要是道德的而不是宗教的。

【注释】

①与：参与。

【译文】

祭祀祖先时，好像祖先真的在面前，祭神的时候，好像神真的在面前。孔子说："我如果不亲自参加祭祀，祭了就跟不祭一样。"

【论语的智慧】

祭祖就如同祖先真的在面前，祭神就好像神灵真的在面前。假如没有时间，不能亲自参与祭典，只能象征性地由他人代祭，这样就等于不祭，又何必故作排场呢？孔子在这里并不是谈鬼神，而是要告诉我们做人的道理。孔子的这种精神，告诉我们，无论对生者或是死者，无论对别人知道的或不知道的事，都要坦诚正直、始终如一。

言行一致，表里如一，能给人带来信任、尊重和友谊，人类之所以生生不息地向前发展，也正是由于它的存在。它有一种近乎本能的、不可抗拒的吸引力。

每年5月2日，美国孩子都要举行各种活动，来庆祝一个具有特殊意义的节日——诚实节。这个节日源自一个悲惨而又真实的故事。

许多年以前，在美国的威斯康星州蒙特罗市，有一个名叫埃默纽·旦南的孩子。他生下来后，家里连遭不幸，父母先后去世。而当时，他只有5岁。就在他流落街头、走投无路的时候，一个年老无子，名叫诺顿的酒店老板收养了他。旦南绝处逢生，就认诺顿夫妇为养父母。旦南年龄虽小，但过早到来的各种忧患和磨难，使他变得很懂事。诺顿的酒店不大，有什么活他都抢着干，对养父母也很尊敬、孝顺。一家三口日子过得还算和顺。

转眼间，三年过去了，旦南长到了8岁，也更懂事了。他不经意间发现，养父母不是正派人。小酒店出卖的酒都是兑了水的，不仅如此，酒店还记花账，多收钱。他的养父母总是挖空心思算计怎样坑骗顾客。旦南看后，很不满意，经常苦劝养父母不要挣昧心钱。诺顿非但不听，有时候还顺手给他两巴掌，骂他吃里爬外。久而久之，养父母对旦南越看越不顺眼，因此经常打骂他。

有一天傍晚，旦南家里来了一个小贩。这个小贩一进门，就和诺顿夫妇吵了起来。旦南侧耳细听，好像为了什么账目问题。当天晚上，小贩便留宿在酒店里，诺顿的心情似乎很不好，吃饭的时候喝了好多酒，而且很早就把旦南轰到了楼上，还挥舞着拳头警告他，今天夜里他要敢跑下楼来，就打断他的狗腿。旦南躺在床上很纳闷，心里又惊又怕。他想到近一年来，养父虽然经常打他，但这样凶狠的态度，在他记忆中还是第一次。而且，从养父那闪动不定的目光中，小旦南总感觉今夜会有不寻常的事发生。到了后半夜，好不容易才迷迷糊糊睡着了的旦南，被一阵激烈的争吵声吵醒了。他迟疑了一下，赶紧从床上下来，把耳朵贴在楼板上，于是他听见养父和小贩正在用最肮脏、最下流的语言对骂。又过了一会儿，只听"啊"的一声惨叫，随后就是一片寂静，一点儿声音也没有了。旦南尽管吓得浑身发抖，但意志还是驱使他披起衣服，蹑手蹑脚地走下楼来，把脸贴在养父母房间的大门上，顺着门缝向里看去。这一看，把他吓得手脚冰凉。只见那小贩倒在地上，胸口上插着的一把刀子，还在轻轻地颤动。养母站在旁边，搓着两手，不停地嘟囔着："你杀了他，这怎么好？他死了，死了……"旦南顿时觉得头晕目眩，眼前金花乱冒，身子猛然往前一栽，只听"砰"的一声，一头磕在了门框上。

诺顿听到响声后一愣，立即大步跨过来，推开门，抓住旦南的头发，把他拖了进来。诺顿眼珠转了转，脸色和缓下来，他让茫然不知所措的旦南坐下，和颜悦色地说："孩子，你都看见了，是这小贩进来行凶，爸爸在自卫中才失手杀了他，对吧？这把刀也是他带来的，对吧？明天警察来了，你就这样说。"旦南像木头人一样坐在那里，眼睛一直没离开小贩的尸体。过了半天，他突然扑通一声跪在地上，把头埋在养父的膝盖上，声泪俱下地说："爸爸，你说得不对。我知道，是你杀了人。爸爸，我求你，你快去警察局自首吧！那样，我们一家人才能都活下去……"

诺顿气得脸都变成了猪肝色，抬起腿当胸一脚，把旦南踢倒在地上，声嘶力竭地喊道："你这个小杂种，想把爸爸送上法庭吗？快说，是那小贩要行凶……"

"不！"旦南捂着胸口，抬起头，说，"我不能说谎，是你杀了人，你应该去自首……"

诺顿听后又打了他一记耳光。养母也扑上来，一边拳打脚踢，一边拿出一根绳子，把旦南结结实实地捆起来。然后，夫妇俩一起动手，把他吊到了楼板上。诺顿取来一根鞭子，"啪"的一声抽在旦南身上，逼旦南说谎。旦南的头上，豆粒大的汗珠不断渗出来，但他仍然倔强地不说。养母又取来一根棍子，没头没脑地乱打一顿，鞭子、棍子如雨点般打下来，旦南浑身抽搐着，突然喊了一声："不，我不说谎！"头就猛然垂到了胸前，一动不动了。诺顿夫妇面面相觑，这才知道又闯下了大祸，也颓然倒在地上。天网恢恢，疏而不漏，诺顿夫妇虽然在法庭上百般狡辩，还是以谋杀罪被逮捕，受到了应得的惩罚。

事后，蒙特罗市政府为纪念这个宁死也不肯说谎的孩子，为旦南建造了一块纪念碑和一尊塑像，并决定将5月2日他死的那天作为诚实节。那块纪念碑上镌刻着：怀念为真理而死的人，他在天堂永生。现在，每到这一天，纪念碑前就堆满了表示哀悼的白色小花。每一个走过这里的人，都要摘下帽子，向这无畏的诚实者致敬。教师、家长，也都要给孩子们讲一遍旦南的故事。

正直与诚实时刻都闪耀着绚烂的人性之光，言行一致、表里如一就是很好的诠释，它会让人生、让世界永远充满着宁静与幸福。

3.13 王孙贾问曰①："'与其媚于奥②，宁媚于灶③'，何谓也？"子曰："不然，获罪于天，无所祷也。"

【题解】

古人认为奥神的地位高于灶神，王孙贾是卫国的权臣，在此以奥神比喻卫灵公，以灶神比喻卫灵公身边有权势的臣子，用这个当时的俗语暗示孔子奉承卫灵公不如奉承他身边的权臣。孔子不以为然，认为做事违背道理，得罪上天，到什么地方祷告也没用。而顺理而行，也就不用去谄媚于人。

【注释】

①王孙贾：卫国权臣。据说他是周王之后，因得罪周王，出仕于卫。他的问话，用的是比喻，带有挑衅意味。②奥：后室的西南角，被视为尊者所居的位置。③灶：古人认为灶里有神，因此在灶边祭之。这里王孙贾以奥比喻卫灵公或其宠姬南子，以灶自喻，暗示孔子与其巴结卫灵公及南子，不如巴结自己更实惠。

【译文】

王孙贾问道："'与其巴结奥神，不如巴结灶神'，这是什么意思？"孔子说："不是这样的。如果得罪了上天，到什么地方去祷告求情也是无用的。"

3.14 子曰："周监于二代①，郁郁乎文哉②！吾从周。"

【题解】

孔子对夏商周的礼仪制度等有深入研究，他认为，历史是不能割断的，后一个王朝对前一个王朝必然有承继、沿袭。周礼就是在夏商二代之礼的基础上加以损益，因此礼乐制度文物完备而盛极，所以孔子主张遵从周礼。

【注释】

①监：通"鉴"，借鉴。二代：指夏、商二代。②郁郁：文采盛貌。文：指礼乐制度。

【译文】

孔子说："周代的礼仪制度是参照夏代和商代修订的，多么丰富多彩啊！我主张接受周代的。"

3.15 子入太庙①，每事问，或曰："孰谓鄹人之子知礼乎②？入太庙，每事问。"子闻之，曰："是礼也。"

【题解】

孔子对周礼十分熟悉，他来到祭祀周公的太庙里却每件事都要问他人。所以，有人就对他是否真的懂礼表示怀疑。而孔子这种"每事问"的行为体现了他并不以"礼"学家自居，虚心向人请教的品格，同时也说明他对祭祀大典的诚敬谨慎，不以问人为耻。

《孔子圣迹图》之《太庙问礼》

【注释】

①太庙：开国的君主叫太祖，太祖的庙叫太庙。这里指周公的庙，周公是鲁国最先受封的君主。②鄹：鲁国地名，在今山东省曲阜市东南。孔子的父亲做过鄹大夫，所以这里称为鄹人。

【译文】

孔子进入太庙，每遇到一件事都细细地询问。有人说："谁说鄹邑大夫的儿子懂得礼仪呀？他进到太庙里，每件事都要问人。"孔子听到这话，说："这正是礼嘛。"

3.16　子曰："射不主皮①，为力不同科②，古之道也。"

【题解】

"射"是周代贵族经常举行的一种礼节仪式，属于周礼的内容之一。孔子在这里说明了射礼所重之事是在于能射中目标，而不在于要去射穿箭靶的皮革。

【注释】

①射不主皮：代指箭靶。古代箭靶叫"侯"，用布或皮做成，中心画着猛兽等。孔子此处讲的射不是军事上的射，而是练习礼乐的射，因此以中不中为主，不以穿破皮侯为主。②为：因为。同科：同等，同级。

【译文】

孔子说："比射箭，主要不是看能否射穿皮做的箭靶子，因为各人力气大小不同。这是古时候的规则。"

3.17　子贡欲去告朔之饩羊①。子曰："赐也，尔爱其羊，我爱其礼。"

【题解】

古时天子在每年秋冬之际，颁发来年的历书给诸侯，诸侯领受后把历书藏放在祖庙，并按照历书规定每月初一杀一只活羊祭庙。当时的鲁国君主已不亲自去"告朔"，告朔已经成为形式，所以子贡提出免掉"饩羊"奉供。对此，孔子大为不满，表明了他重视古礼的保存。

【注释】

①去：去掉，废除。告朔之饩羊：告朔，朔为每月的第一天。周天子于每年秋冬之交向诸侯颁布来年的历书，历书包括指明有无闰月、每月的朔日是哪一天，这就叫"告朔"。诸侯接受历书后，藏于祖庙。每逢初一，便杀一头羊祭于庙。羊杀而不烹叫"饩"（烹熟则叫"飨"）。告朔饩羊是古代一种祭礼制度。

【译文】

子贡想把每月初一告祭祖庙的羊废去不用。孔子说："赐呀！你可惜那只活羊，我则可惜那种礼。"

3.18　子曰："事君尽礼，人以为谄也。"

【题解】

这句话从侧面表明了当时的君臣关系已经遭到破坏，时臣事君多无礼，故孔子加以感慨。

【译文】

孔子说："按照礼节去侍奉君主，他人却认为这是谄媚君主。"

3.19　定公问①："君使臣，臣事君，如之何？"孔子对曰："君使臣以礼，臣事君以忠。"

【题解】

这里阐述了孔子君臣之礼的主要内容，是国君依礼使用臣子，而臣子侍奉国君要尽忠。从本章的语言环境来看，孔子还是侧重于对君的要求，强调君应依礼待臣，还不像后世那样：君主可以无礼，臣下必须尽忠，以至于发展到愚忠。

【注释】

①定公：鲁国国君，姓姬名宋，"定"是谥号。

【译文】

鲁定公问："国君使用臣子，臣子服侍君主，各应该怎么做？"孔子答道："君主应该按照礼节使用臣子，臣子应该用忠心来服侍君主。"

【论语的智慧】

鲁定公问："国君使用臣子，臣子服侍君主，各应该怎么做？"孔子答道："君主应该按照礼节使用臣子，臣子应该用忠心来服侍君主。"南怀瑾先生解释说，孔子的话用今天的语言来讲就是："你用他们是对的、可以的，但是要讲究方法，你对你的臣民们也要一颗宽容和谦恭的心，这样他们才能心甘情愿地听你的使唤。另外，作为臣子的理应忠心辅佐君主，对君主的忠诚是一个臣子所应该具备的道德。"

人与人之间是相互的，没有人能比另外一个人高贵。你对我用之以礼，我对你则报之以忠。人们常说爱是两颗心互相撞击的结果，不是一颗心去敲打另外一颗心，这样是产生不了爱的。同样如此，作为管理者如果对下属没有真诚的心，到处讲权术，那他也不会得到下属的敬重。这才是孔子所要表达的真实意思。他等于是在提醒鲁定公，你不要犯了这样的错误啊。如果你希望你的臣民们能对你忠心耿耿，你就需要对他们很礼貌。用现在很直白的话来讲就是：你要用我可以啊，但是你不能对我吹毛求疵，动不动就大呼小叫，摆一副领导的臭架子，这是不行的。反过来，你尊敬我，我就对你死心塌地。这样的领导不是讲权术，而是要领导人自己有政治道德。

　　人常说："得道多助，失道寡助。"一个优秀的领导者必定会用自己的德行来感染下属，而非依靠自己的权势。

　　范文程的曾祖父曾任明代的兵部尚书，1618 年，努尔哈赤攻下抚顺时，范文程去拜见努尔哈赤，表达了投效之意。努尔哈赤故意考问范文程说："你为大明名臣之后，本该为大明效忠，为何却叛明投我呢？"

　　范文程回答道："明君无道，百姓苦难，我不是腐儒，自不肯愚忠一世了。"

　　努尔哈赤和他谈话之后，看他见识过人，机智多才，十分爱惜。他对各贝勒说："夺取天下，范文程这样的才俊当有大用。他不以我等为叛逆，说明他独具慧眼；我等征服中原，也不能视明人都是逆贼，这样才能争取民心。这个道理，是范文程教我的，你们都要善待他。"

　　皇太极即位后，对范文程更为器重，让他随侍左右。1631 年，清军招降了守城的明军官兵，但已投降的蒙古兵又起叛心，想要杀害他们的将领，事情未果。皇太极震怒之下，想要把那些蒙古兵一律诛杀，范文程在旁边提醒说："陛下以武力让他们暂时屈服，他们不真心归降也是意料之中的事。他们再次叛乱，早将死亡置之度外，陛下杀他们泄了私愤，而对收取人心却害处太多，此事不可以做啊。"

　　皇太极气犹未消，说："征战沙场，杀人不可避免，若只施仁义，人不畏惩，岂不叛者逾多，士不奋战？"

　　范文程争辩说："明人不知我大清仁慈，反抗是必然的。陛下若能广施恩德，少杀多惠，人心渐渐就会归附于我。宽恕他们就能让敌军阵营分化，传陛下之美名，以此征伐天下，有百万大军之功效，陛下不可小视。"

　　皇太极听了连连点头，赦免了那些蒙古人的死罪。消息传出，坚守西山的明军斗志瓦解，范文程单枪匹马去劝他们投降，结果他们全都放下了武器。

　　范文程为皇太极谋划大事，常向他进谏征服民心之策。他劝皇太极养德修身，教化百姓，推行德政，皇太极对他言听计从。每有要事，他总是对大臣说："范章京知道此事吗？"

　　遇到范文程有病在家之时，皇太极便不急于处理一些朝政大事，直到他病好了再做决定。有的大臣忌妒范文程，对皇太极说："范章京终为明臣之后，身为汉人，他未必和我大清一心啊。他以收取人心为名，处处向着汉人，难道就没有他的私心？陛下对他宠信太过，也该有所保留才是。"

　　皇太极训斥他们说："先皇和朕诚心对他，不是逼迫使他效命，他的忠心绝无可疑。你们虽为满人，但有多少皇亲国戚反对过朕？朕用心对人，然不识朕心者大有人在，朕能一再不予追究，施恩不止，这都是范章京所教的结果。否则，你们这些忌贤妒能之辈，还能站在这里和朕说话吗？"

　　清世祖即位之后，睿亲王多尔衮率领大军讨伐明朝。范文程担心多尔衮残忍好杀，于是连忙上书说："中原百姓以我大清为叛逆，势必拼死反抗。大王如果以暴制暴，以杀为能，中原就难以平定。从前，我们放弃遵化城，屠杀永平的百姓，已让中原百姓对我们深有疑虑了。如果今后不加约束，统一天下的大业就难以完成。大王应该严明纪律，秋毫无犯，让明朝官吏担任原职，恢复百姓的家业，录用有才能的人，抚恤那些处境艰难的人。用大公传达我朝的仁念，用行动解除世人的疑惑，这样安定了百姓，叛乱的人才会归顺，我们遇到的抵抗才会减少。"

　　明朝都城被清军攻克后，多尔衮采纳了范文程的建议，为崇祯帝办丧事，安抚战乱中的百姓，起用明朝的官吏，搜求隐藏和逃逸的名士，重新制定法令。这些措施在收取民心上起了相当大的作用，为清朝最后平定天下奠定了基础。

　　俗话说"得人心者得天下"，无论你是多大的官，到任何时候都要记得孔子给鲁定公的忠告。上文中清军之所以没有受到那么大的阻碍而平定中原，就在于他们的领导者很有谋略，他们懂得"水能载舟亦能覆舟"的道理，对臣民的领导策略用的正是"君使臣以礼"这一条，因而才有后来清初的基业，否则最后谁能稳坐江山还不一定呢。

3.20　子曰："《关雎》①，乐而不淫，哀而不伤。"

【题解】

孔子赞美《关雎》一诗的情感适度，哀乐不失其正，体现了他对"中庸"之美的推崇。

【注释】

①《关雎》：《诗经》中的第一篇。

【译文】

孔子说："《关雎》这首诗快乐而不放荡，悲哀而不痛苦。"

【论语的智慧】

　　孔子说："《关雎》这首诗快乐而不放荡，悲哀而不痛苦。"将理性与情感自然交融，就可以使得理欲调和，合为一体，乐从中出，礼自外作，致乐以治心。

　　孔子对《关雎》一诗的评价，体现了其"思无邪"的艺术观，表达了他对情感控制的看法，即凡事讲求适度的"中和之美"。《关雎》是写男女爱情、祝贺婚礼的诗，与"思无邪"本不相干，但孔子却从中认识到"乐而不淫、哀而不伤"的中庸思想，认为无论哀与乐都不可过分，都有其可贵的价值。做人如果也能达到《关雎》情感调和的境界，便是至真至善了。

　　不以物喜，不以己悲，宠辱不惊，方能安之若素。人生总是如此，不如意事常八九，可与人言无二三。然而，愉悦也是一世，痛苦也是一生，何必为了现实中的种种，而影响安然自在的心境呢？

　　日本有位修行很深的禅师叫白隐，在白隐禅师所住的寺庙旁，有一对夫妇开了一家食品店，家里有一个漂亮的女儿。无意间，夫妇俩发现女儿的肚子无缘无故地大了起来。这种见不得人的事，使得她的父母震怒异常！在父母的一再逼问下，她终于吞吞吐吐地说出"白隐"两字。她的父母怒不可遏地去找白隐理论，但这位大师不置可否，只答道："就是这样吗？"孩子生下来后，就被送给白隐。此时，他的名誉虽已扫地，但他并不在意，只是非常细心地照顾孩子。他向邻居乞求婴儿所需的奶水和其他用品，虽不免横遭白眼，招致冷嘲热讽，但他总是处之泰然，仿佛他是受托抚养别人的孩子一样。

事隔一年后，这位没有结婚的妈妈，终于不忍心再欺瞒下去了。她老老实实地向父母吐露真情：孩子的生父是住在附近的一位青年。她的父母立即将她带到白隐那里，向他道歉，请他原谅，并将孩子带回。白隐仍然是淡然如水，他只是在交回孩子的时候，轻声说道："就是这样吗？"白隐为给邻居女儿以生存的机会和空间，代人受过，受到人们的冷嘲热讽，但是他始终处之泰然。

患得患失的人生令人痛苦。只有像《诗经》中写的那样生活，乐而不淫，哀而不伤，方能享受写意人生。写意人生，不是玩世不恭，更不是自暴自弃，而是一种达观，一种洒脱，一份人生的成熟，一份人情的练达。学会享受写意人生才不会终日郁郁寡欢，才不觉得人生活得太累，才能够诗意地栖息在这片生存的空间。

县城老街上有一家铁匠铺，铺里住着一位老铁匠。时代不同了，如今已经没人再需要他打制的铁器，所以，现在他的铺子改卖拴小狗的链子。

他的经营方式非常古老和传统。人坐在门内，货物摆在门外，不吆喝，不还价，晚上也不收摊。你无论什么时候从这儿经过，都会看到他在竹椅上躺着，微闭着眼，手里是一只半导体，旁边有一把紫砂壶。

当然，他的生意也没有好坏之说。每天的收入正够他喝茶和吃饭。他老了，已不再需要多余的东西，因此他非常满足。

一天，一个文物商人从老街上经过，偶然间看到老铁匠身旁的那把紫砂壶，因为那把壶古朴雅致，紫黑如墨，有清代制壶名家戴振公的风格。他走过去，顺手端起那把壶。

壶嘴内有一记印章，果然是戴振公的。商人惊喜不已，因为戴振公在世界上有捏泥成金的美名，据说他的作品现在仅存三件：一件在美国纽约州立博物馆；一件在台北；还有一件在泰国某位华侨手里，是1993年在伦敦拍卖市场上，以56万美元的拍卖价买下的。

商人端着那把壶，想以10万元的价格买下它，当他说出这个数字时，老铁匠先是一惊，然后很干脆拒绝了，因为这把壶是他爷爷留下的，他们祖孙三代打铁时都喝这把壶里的水。

虽然壶没卖，但商人走后，老铁匠有生以来第一次失眠了。这把壶他用了近60年，并且一直以为是把普普通通的壶，现在竟有人要以10万元的价钱买下它，他回不过神来。

过去他躺在椅子上喝水，都是闭着眼睛把壶放在小桌上，现在他总要坐起来再看一眼，这种生活让他非常不舒服。特别让他不能容忍的是，当人们知道他有一把价值连城的茶壶后，总是挤破门，有的问还有没有其他的宝贝，有的甚至开始向他借钱，更有甚者，晚上推他的门。他的生活被彻底打乱了，他不知该怎样处置这把壶。当那位商人带着20万现金，再一次登门的时候，老铁匠没有说什么。他招来了左右邻居，拿起一把斧头，当众把紫砂壶砸了个粉碎。

现在，老铁匠还在卖拴小狗的链子，据说今年他已经106岁了。

林语堂先生说："我总以为生活的目的即是生活的真享受……是一种人生的自然态度。"保持一颗平常心，波澜不惊，生死不畏，于无声处听惊雷，超脱眼前得失，不受外在情感

《论语》大讲堂

的纷扰，喜怒哀乐，收放自如，才能体会到"采菊东篱下，悠然见南山"的自在。

3.21 哀公问社于宰我①。宰我对曰："夏后氏以松，殷人以柏，周人以栗，曰，使民战栗。"子闻之，曰："成事不说，遂事不谏②，既往不咎。"

【题解】

古时立国都要建立祭土神的庙，选用宜于当地生长的树木做土地神的牌位。宰我回答鲁哀公说，周朝用栗木做社主是为了"使民战栗"，这是一种妄解，孔子批评了他，但事情已经过去了就不便再追究了。

【注释】

①社：土地神，祭祀土神的庙也称社。宰我：名予，字子我，孔子的学生。②遂事：已完成的事。

【译文】

鲁哀公问宰我，做土地神的神主应该用什么木料。宰我回答说："夏代人用松木，殷代人用柏木，周代人用栗木，目的是使百姓战战栗栗。"孔子听到这些话，告诫宰我说："已经过去的事不用解释了，已经完成的事不要再劝谏了，已过去的事也不要追究了。"

【论语的智慧】

哀公就是孔子的母国鲁国的国君，宰我就是被孔子骂"朽木不可雕也"的那个弟子。鲁哀公问他关于国家社稷的大事，宰我回答他的是几个朝代"栽树"的情况。注意，这里不是简单地栽树，过去帝王把"社"当作国家精神与社稷的象征，有点儿像我们今天所说的国树，代表的是一个国家的面貌，所以不能胡来。孔子听说了以后就说"成事不说，遂事不谏，既往不咎"，孔子大概不好批评老祖宗哪里做得不好，于是就说："过去的就让它过去吧，我们又何苦抓住别人的错误不放呢？"

这就是圣贤的胸怀。人非圣贤，孰能无过？因此不要为一点儿小错误就揪住别人的小辫子不放，何必呢？其实得饶人处且饶人，这才是做人的大度。

被称为战国四君子之一的孟尝君的一段经历，很值得我们今天的人一读。孟尝君在自己的封地广招门人食客，并给予优厚的待遇。于是，天下有识之士，都竞相投奔归附。一时间，食客达数千人，在当时影响甚大。

秦国对孟尝君的才能深为恐惧，便使用了离间之计，使孟尝君失去了齐国相国的职位。树倒猢狲散，他的食客也接二连三地离开了他。

后来，他的食客中有位叫冯谖的人，用计使孟尝君官复原职。孟尝君感叹地对冯谖说道："我对待他人很热情，在招待上也没什么疏忽，以至食客人数达到了三千有余。但是我一旦失去地位，他们全都弃我而去，没有人来看望我。幸好有你助我一臂之力，才重新恢复了地位，看那些家伙有什么脸面再来见我。如果有厚着脸皮回到我这儿来的人，我必将朝他脸上啐唾沫而大加羞辱。"

六二

而冯谖却对他说："富贵时，大家都来投奔；落魄了，他们四处流散，这是人之常情。您看菜市场，早晨熙熙攘攘，到了晚上就变得空空荡荡了。这并不是人们喜欢早晨，讨厌晚上，而是因为早晨有要买的东西，所以人们聚集到市场上，而晚上没有东西可买，人们就不去市场了。食客们由于您丧失地位而离开您也是这个道理，这是由于他们所求的东西没有了，所以您不应该记恨他们。"

孟尝君听冯谖这样一说，立刻心领神会，像以前那样对待再次归附到他门下的食客们。

孟尝君虽然愤怒，但还是替他人多想了一些：食客们之所以投奔而来，是对自己抱有很大的期望，想在相国身边干些业绩；自己失势了，对方的期望落空了，哪有不走之理？所以，是自己的沉浮，影响了他们的去留。孟尝君不记恨他们，体现了他的君子风度。

如今，很多人都抱怨人情淡漠，世态炎凉，可是这些并不是今天的社会才有，而是古已有之。古人也同样经历了这些苍凉的往事，只不过有度量的人不会把宝贵的精力用在忌恨他人的身上——何况这样做也不值得，没有任何意义。因此看穿了人性中势利与无奈的一面，也就学会了宽大为怀，正是因为懂得，所以慈悲。

3.22　子曰："管仲之器小哉①！"或曰："管仲俭乎？"曰："管氏有三归②，官事不摄③，焉得俭？""然则管仲知礼乎？"曰："邦君树塞门④，管氏亦树塞门。邦君为两君之好，有反坫⑤，管氏亦有反坫。管氏而知礼，孰不知礼？"

【题解】

在《论语》中，孔子对管仲的评论有四处，有批评，也有肯定。这里，孔子指出管仲一不节俭、二不知礼的缺点，目的是宣扬儒家的"节俭"和"礼制"。孔子说管仲器小，不是指的器量，而是指管仲虽然懂得治国，却不懂得推行礼乐之道。

【注释】

①管仲：名夷吾，齐桓公的宰相，辅助齐桓公成为诸侯的霸主。②三归：说法极多。刘向《说苑》说三归为"管仲筑三归之台，以自伤于民"。联系上下文考察，俞樾之说较合理，故从之，译为"有三处豪华的公馆……"③摄：兼任。④树塞门：树，树立。塞门，在大门口筑的一道短墙，以别内外，相当于屏风、照壁等。⑤反坫：古代君主招待他国国君时，放置献过酒的空杯子的土台。

【译文】

孔子说："管仲的器量太小啦！"有人问："管仲节俭吗？"孔子说："管仲有三处豪华的公馆，他手下的人从不兼职，怎么能称得上节俭呢？""那么管仲懂礼仪吗？"孔子说："国君在宫门前立一个照壁，管仲也立个照壁，国君为了招待外国君主，在堂上设有放酒杯的土台，管仲也在自己家里设有放酒杯的土台。如果说管仲算懂礼仪的，那还有谁不懂礼仪呢？"

3.23　子语鲁大师乐①，曰："乐其可知也：始作，翕如也②，从之③，纯如也④，皦如也⑤，绎如也⑥，以成⑦。"

【题解】

乐是孔子教育的重要内容之一。这里孔子告诉鲁国乐官音乐演奏的全过程，反映了孔子的音乐思想和高超的音乐欣赏水平。

【注释】

①语：告诉，做动词用。大师：太师，乐官名。②翕：意为合、聚、协调。③从：放纵，展开。④纯：美好、和谐。⑤皦：音节分明。⑥绎：连续不断。⑦以成：以之而成，即以从之纯如、皦如、绎如三者而成。

【译文】

孔子给鲁国乐官讲奏乐过程："音乐是可以了解的：开始演奏时，各种乐器合奏，声音洪亮而优美；继续展开下去，和谐，分明，连续不断，然后完成。"

3.24　仪封人请见曰①："君子之至于斯也，吾未尝不得见也。"从者见之②。出曰："二三子何患于丧乎③？天下之无道也久矣，天将以夫子为木铎④。"

【题解】

孔子在他所处的那个时代，已经是十分有影响的人，信服孔子的人很多，仪封人便是其中之一。他在见孔子之后，就认为上天将以孔夫子为圣人来教化天下，预言了孔子将垂教万世。

【注释】

①仪封人：仪，地名。封人，镇守边疆的小官。②从者：随从的人。见之：让他被接见。③丧：失掉官位。④木铎：以木为舌的铜铃，古代用以宣布政教法令。

《孔子圣迹图》之《封人请见》

【译文】

仪地的一个小官请求会见孔子，说："凡是到这个地方的君子，我没有不求见的。"孔子的学生们领他去见孔子。出来以后，他说："你们几位为什么担心失去官位呢？天下无道已经很久了，因此上天将以孔夫子为圣人来号令天下。"

3.25　子谓《韶》①："尽美矣②，又尽善也③。"谓《武》④："尽美矣，未尽善也。"

【题解】

"尽善尽美"一词后来形成著名的成语,是孔子就《韶》乐和《武》乐表达了他的美学理想。他既重视艺术的形式美,更注重艺术内容的善。

【注释】

①《韶》:相传是舜时的乐曲名。②美:指"乐曲的声音"言。③善:指"乐曲的内容"言。④《武》:相传是周武王时的乐曲名。

【译文】

孔子评论《韶》,说:"乐曲美极了,内容也好极了。"评论《武》,说:"乐曲美极了,内容还不是完全好。"

【论语的智慧】

孔子在这里评点的是尧舜时与周武时的音乐,一个是尽善尽美,另一个是尽美未尽善。想到周作人先生所说的闲居述志的孔门真气象,不由联想起理想与现实的关系。

有一个鱼竿和鱼篓的故事广为流传。有两个年轻人外出旅行,因为迷路而越走越远,到了一个人迹罕至的地方。这个地方距离最近的村镇也有几百千米。两人眼看着所带的食物都没有了,而要返回家乡是不可能的。正在绝望的时候,他们遇到了一个钓鱼的老人。老人手里拿着一个钓鱼竿,鱼篓里还有一些鱼。他们立即向老人求救。老人说:"从这里走到有人烟的地方,至少有 7 天的路程,我手里的两样东西分别送给你们,请你们自己看着渡过难关吧。"老人请他们自己选择,要么要鱼篓里的那些鱼,要么要钓鱼竿。

说到这里,很多人想到了一句古语,"授之以鱼不如授之以渔",然而,结局却不是这样。年龄大些的要了鱼篓里的鱼,他说:"我没有力气钓鱼了,我吃着这些鱼回去。"他拿着鱼篓就上路了。年轻一些的拿了钓鱼竿以后,心里想:有了钓鱼竿就去找有鱼的地方钓鱼,这样边吃边走,也没有问题。他很高兴地从老人手里接过钓鱼竿就上路了。几天以后,拿了鱼的那个人把鱼都吃光了,但是他仅仅走了一半的路程,在他要开始下一半路程的时候,他饿死在路上了。而拿了鱼竿的人呢?他拿了钓鱼竿以后就寻找能够钓到鱼的地方,当他距离有鱼的地方还有十几千米的时候,他再也爬不动了,他也饿死在路上。

过了很多年以后,又有两个年轻人同样因为迷路来到了这个人迹罕至的地方,同样,他们在山穷水尽的时候,遇到了 一位老人,老人手里有两样东西:一样是钓鱼竿,另一样是有些鱼的鱼篓。他们向老人求救,老人依然分别送给他们每人一样东西后就走了。两个年轻人是好朋友,他们商量:我们不能分开,两个人的力量和智慧肯定比一个人大,我们共同吃着这些鱼去寻找能钓鱼的地方,边钓鱼边向有人烟的地方靠近就有救了。果然,他们鱼篓里的鱼将要吃尽的时候,他们又找到了钓鱼的地方。他们一个上午钓到了许多鱼。然后,他们把钓的鱼晒成了鱼干,继续向前走。不久他们又发现了钓鱼的地方,他们又钓了很多鱼。10 天以后,他们成功地从死亡之地突围,回到了出发的地方。

只顾眼前的利益,得到的终将是短暂的欢愉;一个人目标高远,但也要面对现实的生活。只有把理想和现实有机结合起来,才有可能成为一个成功之人,这就是理想与现实的尽善尽美。

当你抛弃理想，只有现实的时候，你一定会走向一个死胡同，因为从来没有一种现实能够满足人类需求；人类欲望的沟壑永远难以填满；但是当你为了理想而抛弃现实的时候，你会变成一个虚拟的英雄，很快你就牺牲了，变成一个愤世嫉俗的人，认为这个世界没有一个人是诚恳的，没有一个人是好人。

在人生的道路上，你只有把持着你的理想，看到现实，用现实的方式去实现理想，你才可以做出自己要做的事，走出自己要走的路。

3.26 子曰："居上不宽，为礼不敬，临丧不哀，吾何以观之哉？"

【题解】

这充分反映了孔子讲做人、治国都要从根本上做起，这个根本是心地的宽厚、恭敬、真诚，如果没有这些，即使有地位，行礼仪，也不足观。

【译文】

孔子说："居于统治地位的人，不能宽宏大量，行礼的时候不恭敬，遭遇丧事时没有悲哀，这种样子，我怎么看得下去呢？"

【论语的智慧】

水至清则无鱼，人至察则无徒。这两句话含有很深的意义，尤其一个领导人更要注意这一点。孔子在《论语·八佾》中说："居上不宽，为礼不敬，临丧不哀，吾何以观之哉？"孔子想要表达什么呢？一个上级不能以"察察为明"，太过精明了，眼睛里揉不进沙子，不会装糊涂，这就是"居上不宽"。金无足赤，人无完人，如果你是别人的上级，你不能容忍下属的任何过错与不足，那么做你下属的人就惨了。这也是为什么当初管仲没有把鲍叔牙推荐给齐桓公为相的缘故。历史上有很多明君，他们都是睁一只眼闭一只眼，在小事情上他们都无比糊涂，不会把下属逼得每日战战兢兢，如临深渊、如履薄冰。当然遇到大事情的时候，或者触犯大原则的时候，他们也毫不客气，一点儿也不手软。

为礼要敬，并不是只限于下级对上级行礼要恭敬，上面对下面的爱护，也包括在礼的范围之内。而且都要敬，就是都要做到诚恳、真挚，不真诚没有用。天天行礼很方便，做惯了成机械式很容易，但没有诚意就没有用。同样地，做长官的对部下的爱护关怀，也要有诚敬之心，假的关怀没有用。

"临丧不哀"，就是当别人遇到悲痛的事情时，我们也要表现出真的哀痛，否则你就没有必要假惺惺地去关心别人。假如没有沉痛的心情，就是属于"临丧不哀"的一种情况。

以上几点总结起来，孔子是要做上级的人有度量，并且能真心关怀下属。容人之过，释人之嫌，不但是一种为人的度量，同时是一种生存的谋略。下面的典故就说明了这一点。

楚国在与其他国家的战争中，连续几次取得了胜利。群臣都向楚庄王祝贺，庄王设宴款待群臣。席间，庄王命最宠爱的妃子为参加宴会的人敬酒。

这时，天色渐渐暗下来，大厅里开始燃起蜡烛。猜拳行令，敬酒干杯，君臣喝得兴高采烈，好不热闹。忽然，一阵狂风刮过，客厅内所有的蜡烛一下全被吹灭，整个大厅一片漆黑。庄王的那位美妃，正在席间轮番敬酒，突然，黑暗中有一只手拉住了她的衣袖。对这突然发生的无礼行为，美妃喊又不敢喊，走又走不脱，情势紧迫之下，她急中生智，顺手一抓，扯断了那个人帽子上的缨。那人手一松，美妃趁机挣脱身子跑到楚庄王身边，向庄王诉说被人调戏的情形，并告诉庄王，那人的帽缨被扯断，只要点明蜡烛，检查帽缨就可以查出这个人是谁。

楚庄王听了宠妃的哭诉，却不以为然。他想，怎么能为了这点儿事就使部属受到惩罚呢？于是，庄王趁蜡烛还未点明，便在黑暗中高声说道："今天的宴会，盛况空前，请各位开怀畅饮，不必拘礼，大家都把自己的帽缨扯断，谁的帽缨不断谁就没有好酒喝！"群臣哪知庄王的用意，为了讨得庄王欢心，纷纷把自己的帽缨扯断。等蜡烛重新点燃，所有赴宴人的帽缨都断了，根本就找不出那位调戏美妃的人。就这样，调戏楚庄王宠妃的人，不仅没有受到惩罚，就连尴尬的场面也没有发生。按说，在宴会之际竟敢调戏王妃，那是杀头之罪了。楚庄王为什么不加追究呢？他对王妃解释说："酒后失态是人之常情，如果追查处理，反会伤了众人的心，使众人不欢而散。"

时隔不久，楚庄王借口郑国与晋国在鄢陵会盟，于第二年春天，倾全国之兵围攻郑国。战斗十分激烈，历时三个多月，发动了数次进攻。在这次战役中有一名军官奋勇当先，与郑军交战斩杀敌人甚多，郑军闻之丧胆，只得投降。楚国取得胜利，在论功行赏之际，才得知奋勇杀敌的那名军官，名叫唐狡，就是在酒宴上被美妃扯断帽缨的人，他此举正是感恩图报啊！

容人之过，方能得人之心。有过之人非常希望看到他人的宽容和友谊，希望得到悔过自新的机会。这种需要一旦得到满足，其对立情绪便会立即消失，感恩戴德，"受人滴水之恩，必当涌泉相报"的情感很快在心理上占据主导地位。在这个基础上，稍加引导，就会产生像"戴罪立功"那样的心理效果。

如果说当年楚庄王"三年不鸣，一鸣惊人"之举表现出他在诸侯中问鼎称霸的韬略和气魄的话，那么在宴会中摘缨之事，则表现了他那宽容大度的胸怀。一名统御者能宽宥属下的某些过失，宽大为怀，容人之过，念人之功，谅人之短，扬人之长，必然会得到部下的奋力相报，在客观上为自己留下了一条后路。

里仁篇第四

4.1　子曰："里仁为美^①。择不处仁，焉得知？"

【题解】

重视居住的环境、重视对朋友的选择，是儒家关于个人修养的思想的一个重要方面。环境对人有重大的影响，在春秋时代孔子就注意到这个问题，所以他提出了居必择仁的原则。近朱者赤、近墨者黑，与有仁德的人住在一起，耳濡目染，就会受到仁德者的熏陶，这才是明智的选择。

【注释】

①里：可作名词讲，居住之地；也可以作动词讲，居住，均通。今从第一义。

【译文】

孔子说:"住的地方,风俗仁厚的是美好的。选择住地却放弃了仁,怎能说是明智呢?"

【论语的智慧】

孔子说:"住的地方,风俗仁厚的是美好的。选择住地却放弃了仁,怎能说是明智呢?"对此,胡适先生则进一步解释说,人最重要的是爱人,能同胸中有大爱的人在一起,是最幸福快乐的了。

曾经有一位少年去拜访一位智者。

少年问智者:"我如何才能成为一个让自己愉快,同时也能给他人带去快乐的人呢?"

智者看着他说:"孩子,在你这个年龄有这样的愿望,已经很难得了,我送你四句话。"

"第一句话,把自己当成别人。你能说说这句话的含义吗?"

少年回答说:"是不是说,在我感到痛苦忧伤的时候,就把自己当成他人,这样痛苦自然就减轻了;当我欣喜若狂之际时,把自己当成他人,那些狂喜也会变得平和中正一些?"

智者微微点头,接着说:"第二句话,把他人当成自己。"

少年沉思一会儿,说:"这样就可以真正同情他人的不幸,理解他人的需求,在他人需要的时候给予恰当的帮助?"

智者两眼发光,继续说道:"第三句话,把他人当成他人。"

少年说:"这句话的意思是不是说,要充分地尊重每个人的独立性,在任何情况下都不可侵犯他人的核心领地?"

智者哈哈大笑说:"很好,很好。孺子可教也!第四句话是,把自己当成自己。这句话理解起来太难了,留着你以后慢慢品味吧。"

少年说:"这四句话之间有太多自相矛盾之处,我用什么才能把它们统一起来呢?"

智者说:"很简单,用一生的时间和经历。"

少年沉默了很久,然后叩首告别。

后来少年变成了壮年人,又变成了老人,再后来他离开这个世界。很久以后,人们都还时时提到他的名字。人们都说他是一位智者,因为他是一个愉快的人,而且也给每一个见到过他的人带来了快乐。

大爱是福,大爱是智慧。爱以无穷的光照亮他人。能给他人带来大爱的人,必会得到别人的爱心和尊重。

在英国有位孤独的老人,无儿无女,又体弱多病,他决定搬到养老院去,并宣布出售他漂亮的住宅。因为这是一所有名的住宅,所以购买者闻讯蜂拥而至。住宅的底价是8万英镑,但人们很快将它炒到10万英镑。而且价格还在不断攀升。老人深陷在沙发里,满目忧郁。是的,要不是健康状况不好的话,他是不会卖掉这栋陪他度过大半生的住宅的。

一个衣着朴素的青年来到老人面前,弯下腰低声说:"先生,我也想买这栋住宅,可我只有1万英镑。""但是,它的底价就是8万英镑,"老人淡淡地说,"而且现在它已经升到10万英镑了。"青年并不沮丧,他诚恳地说:"如果您把住宅卖给我。我保证会让您依旧生活在这里,和我一起喝茶、读报、散步,相信我,我会用整颗心来照顾您!"

老人站起来,挥手示意人们安静下来:"朋友们,这栋住宅的新主人已经产生了,就是这个小伙子。"青年出人意料地赢得了经济上的胜利，梦想成真。

世界上最强大的不是坚船利炮，而是一颗仁慈的爱心，故事中的小伙子拥有一颗善良仁慈的心，因而得到老人的青睐，成为住宅的主人。生活中我们应该保持一颗仁爱之心，保持对真、善、美的追求，地位、财富固然重要，真正使人获得永久尊重和帮助的还是那颗善良的心。把你无私的爱献给周围的人——父母、同学、朋友以及那些陌生人，这样不管你有什么梦想，他们都会帮你实现。

4.2　子曰："不仁者不可以久处约①，不可以长处乐。仁者安仁，知者利仁②。"

【题解】

在这里，孔子突出强调了做人要以仁为本，没有仁德的人长久地处在贫困或安乐之中都会更加堕落，他们或作乱或骄奢放荡。只有仁者安于仁，智者也会行仁。有了仁的本心，在任何环境下都做到矢志不移，保持节操。

【注释】

①约：穷困之意。②知：通"智"。

【译文】

孔子说："没有慈爱之心的人不可以长久地安于穷困，也不可以长久地享受安乐。仁慈的人安心于推行慈爱精神，聪明的人因为利益而去实行慈爱精神。"

4.3　子曰："唯仁者能好人①，能恶人②。"

【题解】

在孔子看来，只有具有仁爱之心的人才是最公正的，他才能没有私心，所以能够真正地知道好恶，因而会有正确的爱和恨。

【注释】

①好：爱好。②恶：厌恶。

【译文】

孔子说："只有讲仁爱的人，才能够恰当地喜爱某人、厌恶某人。"

4.4　子曰："苟志于仁矣，无恶也。"

【题解】

这里仍然强调仁是做人的根本。孔子勉励人们立志行仁，就能够远离一切坏事。既不会犯上作乱、为非作恶，也不会骄奢淫逸。可以有益于国家、有利于百姓。

【译文】

　　孔子说："如果立志追求仁德，就不会去做坏事。"

4.5　子曰："富与贵是人之所欲也，不以其道得之，不处也；贫与贱是人之所恶也，不以其道得之，不去也。君子去仁，恶乎成名^①？君子无终食之间违仁，造次必于是^②，颠沛必于是^③。"

【题解】

　　孔子在这里提出了一个极重要的普遍性现象：任何人想行仁，都不能脱离社会，仁者不一定就富贵，但是一位真正的仁者是在任何情况下都不违背仁的。任何人都不会甘愿过贫穷困顿、流离失所的生活，都希望得到富贵尊荣，但这必须通过正当的手段和途径去获取。否则，宁守清贫也不去享受富贵。

《孔子圣迹图》之《受饩分惠》

【注释】

　　①恶乎：恶，何处。恶乎，即怎样。②造次：急促、仓促。③颠沛：用以形容人事困顿，社会动乱。

【译文】

　　孔子说："发财和做官，是每个人所盼望的，但是，以不正当的手段得到它，是不应该的。贫困和卑贱是人们所厌恶的，但是，不通过正当的途径是不应该摆脱掉的。君子背离了仁的准则，怎么能够成名呢？君子没有吃完一顿饭的时间离开仁德，即使在匆忙紧迫的情况下也一定要遵守仁的准则，在颠沛流离的时候也和仁同在。"

【论语的智慧】

　　孔子说："发财和做官，是每个人所盼望的，但是，以不正当的手段得到它，是不应该的。贫困和卑贱是人们所厌恶的，但是，不通过正当的途径是不应该摆脱掉的。君子背离了仁的准则，怎么能够成名呢？君子没有吃完一顿饭的时间离开仁德，即使在匆忙紧迫的情况下也一定要遵守仁的准则，在颠沛流离的时候也和仁同在。"

　　比尔·盖茨曾说过："你活着的每一天，都应该努力地去追求财富。只要你制造的财富是正大光明的，你会得到所有人的尊敬与赞扬。"在这个世界上，财富是很多人追求的。财富本身并没有任何颜色，只是因为追求的方式不同，让财富有了"金色"或"灰色"，甚至"黑色"等不同的颜色，但只有阳光下的财富才是最具有亮色的。

　　"君子爱财，取之有道"，人们对阳光下的财富心怀敬意，同时，阴暗中的财富自然也会遭到人们的质疑。求富贵、去贫贱都应以义为准绳，以义导利，以义去恶，否则将适得其反。

明朝的开国皇帝朱元璋曾给他的手下的人算过一笔账：老老实实地当官，守着自己的俸禄过日子，就好像守着"一口井"，井水虽不满，但可天天汲取，用之不尽。朱元璋的这个账算得颇有哲理，"一口井"哲学说出了明哲保身的财富哲学，靠自己的劳动获取财富最踏实，不义之财，最终会葬送你的整个人生。

古往今来，被法办的贪官，都有一个最大的教训，就是守不住自己那口"井"。贪得无厌之徒，总嫌"水井"不满，于是利用职权，贪赃枉法，不择手段地谋取不义之财，当他们的不义之财如大江大河之水滚滚而来时，也常常就是连同他们自己也一起毁灭之日。此时，不仅大量的金钱财宝自己享受不到，就连浅浅一口井的水也丧失了，正是"机关算尽太聪明，反误了卿卿性命"。

人生的辩证法是无情的，有得必有失，想得到的更多，反而失之更惨。过于贪心的人不仅享受不到"一口井"给自己带来的幸福，而且弄不好最终还会把自己的脑袋也搭进去。有人说，在一个经济高速发展带来巨额财富的时代，想明白财富在哪里，是一件再正常不过的事；在一个社会急剧转型、贫富悬殊已损害社会公平的时代，追问财富、透视财富，是财富得以久远保持的正义保障。

岳飞曾赞一匹千里马："受大而不苟取，力裕而不求逞，致远之才也。"它食量大而不苟取，拒食不精不洁之物，力量充裕而不逞一时之能，称得上负重致远之才。人亦是如此，不义之财毋纳，不正之道毋走，才能肩负重任，有所成就。

世上的路千千万万，但只有两个方向可以选择，即正与邪。很多人对"君子爱财，取之有道"产生了质疑，从而选择邪道走下去，一步步迈向黑暗的沼泽地，到了万劫不复之时，才发现自己曾经拥有过最珍贵的幸福——自己动手，丰衣足食。

4.6 子曰："我未见好仁者，恶不仁者。好仁者，无以尚之^①；恶不仁者，其为仁矣，不使不仁者加乎其身。有能一日用其力于仁矣乎？我未见力不足者。盖有之矣，我未之见也。"

【题解】

这是孔子教导人们为仁的方法。他认为只要努力去做，就是真正为仁，"我未见力不足者"，强调了道德修养要依靠自觉的努力。而且重要的是从当日起就去做，今天行仁了，今天就得到了仁，这种思想一直影响了明代王阳明"知行合一"的心学。

【注释】

①尚：通"上"，用作动词，超过的意思。

【译文】

孔子说："我从未见过喜爱仁德的人和厌恶不仁德的人。喜爱仁德的人，那就没有比这再好的了，厌恶不仁德的人，他实行仁德，只是为了不使不仁德的事物加在自己身上。有谁能在某一天把他的力量都用在仁德方面吗？我没见过力量不够的。或许有这样的人，只是我没有见过罢了。"

4.7 子曰："人之过也，各于其党①。观过，斯知仁矣②。"

【题解】

孔子在这里谈的是观察、了解他人的方法。孔子认为，从一个人的优点固然可以了解人，但从一个人的过错更可以了解人。不仁的人往往失在刻薄凶狠，而仁人往往失在宽厚和善良。

【注释】

①党：类别。②斯：则，就。仁：通"人"。

【译文】

孔子说："人们所犯的错误，类型不一。观察那人所犯错误的性质，就可以知道他的为人。"

4.8 子曰："朝闻道①，夕死可矣。"

【题解】

这一段话在后世常常被追求真理的人们所引用。人生要向善，还要矢志不渝地追求善。

【注释】

①道：道理，指真理。

【译文】

孔子说："早晨能够得知真理，即使当晚死去，也可以。"

4.9 子曰："士志于道，而耻恶衣恶食者，未足与议也。"

【题解】

这里，孔子认为，一个人斤斤计较个人的物质享受，他是不会有远大志向的，他的所由、所安都不在道，所以就不必与他去讨论道的问题。

【译文】

孔子说："读书人立志于追求真理，但又以穿破衣、吃粗糙的饭食为耻，这种人，那就不值得和他谈论真理了。"

4.10 子曰："君子之于天下也，无适也①，无莫也②，义之与比③。"

【题解】

这里孔子提出对君子的基本要求：只求"义之与比"。君子行仁则为人公正，不会偏私、固执成见，处事唯义所在，必然通达。

【注释】

①适：意为亲近、厚待。②莫：疏远、冷淡。③义：适宜、妥当。比：亲近、相近。

【译文】

孔子说："君子对于天下的事，没有规定要怎样做，也没有规定不要怎样做，而只考虑怎样做才合适恰当，就行了。"

【论语的智慧】

孔子说："君子对于天下的事，没有规定要怎样做，也没有规定不要怎样做，而只考虑怎样做才合适恰当，就行了。"适莫，厚薄也；比，亲也。君子与人无有偏颇厚薄，唯仁义是亲。

何谓义？何谓利？义者，"事之所宜也"，是某种特定的伦理规范和道德原则，是儒者们心中至高无上的道义。利者，"人之用曰利"，后世多指物质利益。儒家的伦理思想中，"居仁由义"可以说是道德的理想境界，儒家有种种的道德原则和规范，个人追求物质利益之时，不能背信弃义，要受义的制约，孟子所谓的"富贵不能淫，贫贱不能移，威武不能屈"正是此意。

利，不可忽视，但生活必须合乎道义才有真正的价值。王夫之说："将贵其生，生非不可贵也；将舍其生，生非不可舍也……生以载义，生可贵，义以立生，生可舍。"生活必须体现道义，这样的生才是可贵的；紧要关头，应该舍生取义。林则徐曾以一句"苟利国家生死以，岂因祸福避趋之"毅然决然地在义与利之间做出了抉择。

只有"义"才能给你带来长久的"利"。孔安国曰："每事依利而行，取怨之道。"程子曰："欲利于己，必害于人，故多怨。"摒弃一己私利，以道义为重，有时你会得到意想不到的收获。

在一场激烈的战斗中，上尉忽然发现一架敌机向阵地俯冲下来。照常理，发现敌机俯冲时，战士要毫不犹豫地卧倒。可上尉并没有立刻卧倒，他发现离他四五米远处有一个小战士还站在那儿。他顾不上多想，一个鱼跃飞身将小战士紧紧地压在了身下。此时一声巨响，飞溅起来的泥土纷纷落在他们的身上。上尉拍拍身上的尘土，回头一看，顿时惊呆了：刚才自己所处的那个位置被炸成了一个大坑。

在人生的大道上，总会遇到许多义与利之间的艰难抉择，但我们或许不知道，生命的旅程中，有时救了他人，恰恰是自我的救赎。

义与利的取舍，可以用一个例子形象地表达，这就好比两个结伴登山的人，突然遇到寒冷的天气，加上饥饿疲惫，使得其中一人不支倒地。另外一个虽然也累得难以支持，但是为了救自己的朋友，拼尽全力终于把朋友背下了山。而也正因为他背负一个人，使自己充分运动，才免于被冻死。当我们助人的时候，常在无形中也帮助了自己。助人是义，助己是利，但二者却常常是统一的。如果助人者当时没有救人之心，只一味顾及一己私利，那么最终可能二人都落得被冻死的厄运。

宋朝丞相文天祥在旁人以"人生如寄"诗句劝降时，濡墨挥笔，写下《浩浩歌》一首，表明其舍生取义的心志。寥寥数言，义与利之间的取舍，跃然纸上。"浩浩歌，人生如寄可奈何……乃知世间为长物，惟有真我难灭磨。"名利不过一场空，存义方能永恒。

4.11　子曰："君子怀德，小人怀土；君子怀刑，小人怀惠。"

【题解】

孔子提到君子与小人这两种不同类型的人，其胸怀自然不同，君子行仁，自然怀德，而且关心的是国家的法度。而小人则只知道思恋乡土、小恩小惠，考虑的只有个人和家庭的生计。这是春秋时期君子与小人之间的区别点之一。

【译文】

孔子说："君子之人心怀的是仁德，小人怀恋乡土。君子之人关心的是刑罚和法度，小人以获得利益为满足。"

4.12　子曰："放于利而行^①，多怨。"

【题解】

孔子在这里提出了待人处世之道的核心问题之一——义与利的问题。他认为，作为君子，道总是大于利，利总是归于义，如果唯利是图，做任何事都容易招致来自各方的怨恨。

【注释】

①放：或译为纵，谓纵心于利也；或释为依据，今从后说。利：这里指个人利益。

【译文】

孔子说："如果依据个人的利益去做事，会招致很多怨恨。"

【论语的智慧】

孔子说："如果依据个人的利益去做事，会招致很多怨恨。"从古至今，很多人在利益面前摔了跟头，私欲膨胀，引火烧身。

我们都曾听过普希金的童话诗《渔夫和金鱼的故事》，老头儿打鱼网到了一条会说话的金鱼，金鱼哀求老头儿放了它，并许诺要用贵重的报酬酬谢老人。老太婆向金鱼提出要木盆、要木房子、要当贵妇人、要当女皇的要求，金鱼一一答应了她，当老太婆提出要当海上的霸王，金鱼收回了她的一切，一切回到了从前，老太婆依旧一无所有。

渔夫救了金鱼，这是义，但渔夫的老婆不能挟义索利。金鱼知恩图报也是义，但它不能无限地满足贪婪的要求。在这个故事中，义最终变质，蜕变成纯粹的利，让人鄙弃。而贪婪的唯利是图的老太婆也最终得到了惩罚。

伊索说过，有些人因为贪婪，想得到更多的东西，却把现在所有的都失去了。

春秋时期，一年夏天，鲁宣公兴致勃勃地把渔网撒在潭里准备捕鱼。正在这时，里革刚好从潭边路过，见到鲁宣公后立即把他的渔网的绳剪断，并且把网拉上来扔掉了。

鲁宣公不知何意，正要发怒，里革忙解释说："我主可曾听说过，古时候，春暖花开之际，万物复苏。这时候，鸟兽刚好怀胎，水中的动物也基本成熟，狩猎师就下令禁止用兔网、鸟网捕捉鸟兽，而只用矛刺取鱼鳖，将它做成鱼干，以备夏天食用，这样做是为了促使鸟兽生长；到了夏天，鸟兽长成，水中动物又开始孕育，渔师在这时又下令禁止使用大小渔网捕鱼，只是设陷阱，在陷阱中装设捕兽的装置，捕取禽兽，这样一来，不论鱼虾鸟兽都能有休养生息的时候了。如此都是为了积蓄物力，补足国家所需。那个时候，人们不会为了眼前的利益而贪得无厌，一味索取。比如，人们在山上不会砍伐树木所生的新芽；在草地里，也不会随意割取未长成材的草木；捕鱼时，禁止捕捞有卵的鱼和小鱼，狩猎时，要等到那些幼鹿等小兽长大后再猎捕；抓鸟也要先等那些鸟卵孵出，小鸟长成，就是对可食的虫子，也要留下卵和未生翅的幼虫。这样各种植物、动物才能繁衍生息，人们也才能有源源不断的食物供给啊。如果古人为了一时痛快、一时的满足而不计后果，恐怕现在留给我们的就所剩无几了。现在鱼正在产卵，您不等鱼生长，又用这样的小孔网捕捞，大王这可是有些贪心不足啊。您是一国之君，如果下面的人效仿你的样子，更加贪婪，干脆把这潭水都抽干了不就可以把所有的鱼都捉到吗？但这样做以后这里还会有鱼吗？所以说，贪得无厌最终只会让自己，让子孙后代一无所获啊！"

人的本性本就存在着美与丑两个方面，如果说贪得无厌是人的劣根性，那么能够自制就是人性的光辉亮点。谁都容易掉进贪婪的泥潭，唯有克制才是救助自己的绳索。时刻记得：贪婪容易，自制难。一时的获利或许会令你兴奋不已，但到最后，你会发现你终将一无所获。

据说某地农民为了抓捕偷食粮食的猴子，发明了一种捕捉猴子的巧妙方法。他们把一只葫芦形的细颈瓶子固定好，系在大树上，再放入大米。到了晚上，猴子来到树下，就把爪子伸进瓶子去抓大米。这瓶子的妙处就在于猴子的爪子刚刚能够伸进去，等它抓一把大米后，爪子却怎么也拉不出来了。贪婪的猴子绝不可能放下已到手的大米，就这样，第二天，农民把它抓住的时候，它依然不会放手，直到把那把米放入嘴中。因贪欲丧失理智的人就如同偷粮食的猴子，眼中只见利益，却对危险视而不见。

贪欲的最终结果是葬送自己。为蝇头小利铤而走险，最终葬送了生命的大有人在。因此，要活得长久快乐，最好戒除自己的私心与贪婪。

4.13　子曰："能以礼让为国乎①？何有②？不能以礼让为国，如礼何③？"

【题解】

这里讲治国者必须礼让，因为礼主敬，依礼而行就会处事合宜；谦让生和，就会上下无争。能做到礼让，治国也就没有困难了。

【注释】

①礼让：礼节和谦让。②何有：何难之有，不难的意思。③如礼何：拿礼怎么办？

【译文】

孔子说："能用礼节和谦让来治理国家吗？难道这有什么困难吗？如果不能用礼节和谦让来治理国家，又怎么对待礼制呢？"

【论语的智慧】

人没有不好名利的。刚开始也许是为了理想和抱负，等到真正有了功名利禄的时候，名利反而成了绑住我们身心的事物。历史上有不少人就被名利所累，舍不得急流勇退，最后命丧名利之下而不自知。所以老子在《道德经》中说："功成，名遂，身退，天之道也。"古人讲究功成身退，替人家把江山打下来了，自己放着唾手可得的名利不要，反而要退隐山林，这是道家思想所宣传的做人做事的准则。那么到了孔子那里，是不是也如此呢？很多人认为道家讲出世，儒家讲入世，孔子的思想里面肯定不讲功成身退，其实不然，这是儒道两家都奉为圭臬的思想。

道家的人不求名不求利，隐现无常，所以更使人觉得亲切可爱。历史上道家的人物学问再高，功劳再大，最后还是归隐修道去了。李白在他的名篇《行路难》中也借历史表达了及时退隐的必要："吾观自古贤达人，功成不退皆殒身。子胥既弃吴江上，屈原终投湘水滨。陆机雄才岂自保，李斯税驾苦不早。"

孔子也大加赞扬身退之道。他对吴泰伯、伯夷、叔齐等不肯当帝王，最后隐退了的人，非常敬仰。他并不是鼓励人不要当皇帝，不要搞政治，而是说你有才干的话，就好好干一番，成功了就退隐而不居功。所以孔子在这里感叹，能以礼让为国的人哪里有呢？不讲究礼让，甚至为了功名利禄不择手段，那么文化的精神又从何谈起呢？说到功成身退，南怀瑾先生认为，有一些人欲退未退，他们的功夫还是没到家。不过和普通人相比他们还是比较成功的，在这些人中有一个是南怀瑾先生提到的，他就是张良。

张良是汉高祖刘邦的谋士，他才智过人，屡出奇计，为西汉的建立立下了很大的功劳。汉高祖六年（公元前 201 年），刘邦大封功臣，说他："运筹帷幄，决胜千里之外，这是子房的功劳。"请他自选齐地三万户，作为封邑。张良推辞不受，最后被封为留侯。

张良的谦逊，让很多人颇为不解。刘邦的另一位谋士陈平就曾问过张良："先生功高盖世，荣宠受之无愧，又何必拒绝呢？我们追随皇上，出生入死，今有幸得偿所愿，先生不该轻言舍弃。"

陈平见张良一笑不答，又说："先生足智多谋，非常人所能测度，莫非先生别有筹划？"

张良敛笑正容道："我家几世辅佐韩国，秦灭韩时，我幸存其身，得报大仇，我愿足矣。我凭三寸不烂之舌，做了帝王的辅佐，贵为列侯，我还有什么悔憾呢？我只求追随仙人遨游四方罢了。"

张良从此闭门不出，在家潜心修炼神仙之术。跟随张良多年的心腹一次忍不住对张良说："荣华富贵，这是人人都想要的，大人何以功成之时，一概不求呢？大人也曾是意气中人，这样不问世事，岂不是太可惜了吗？请大人三思。"

张良叹道："正因如此，我才有如此抉择啊。"

张良的心腹闻言一怔，茫然不语，张良低声说："我年轻时，散尽家财，行刺秦王，追随沛公，唯恐义不倾尽，智有所穷，方有今日的虚名。现在大局已定，天下太平，谋略当是无用之物了，我还能彰显其能吗？谋有其时，智有其废，进退应时，方为智者啊。"

张良从不向外人袒露心声，好友探望他，他也不议论时事。一次，群臣因刘邦要废掉太子刘盈之事找他相商，他沉默良久，最后只轻声说："皇上有此意愿，定有其道理，做臣子的怎能妄加评论呢？我对太子素来敬重，只是我人微言轻，不能帮太子进言了。"

群臣苦劝，张良只是婉拒。群臣悻悻而去，张良的心腹对张良说："大人一口回绝，群臣皆有怨色，再说废立太子乃天下大事，大人怎忍置身事外，不闻不问呢？"

张良道："皇上的性情，我是深知的啊。此事千头万绪，关系甚大，纵使我有心插手，只怕也会惹来一身的麻烦。群臣怪我事小，皇上责怪于我事大，我又能怎么样呢？"

吕后派吕泽去求张良，软硬兼施之下，张良无奈给她出了主意，让吕后请出商山四皓辅佐太子。刘邦一直崇敬这四个人，待见他们出山相助太子，大惊失色，自知太子羽翼已成，不得不放弃了废太子的念头。

吕后派人向张良致谢，张良却回绝说："这都是皇后的高见，与我何干呢？请转奏皇后，此事千万不要再提起了。"

回云亭
在陕西省留坝县庙台子镇西，始建于汉，相传为张良晚年隐居的地方

吕后听了使者回报，感叹良久，她对自己的妹妹说："张良不居功为小，弃智绝俗才是大啊。我先前只知道他智谋超群，今日才知道他是深不可测，非我等可以窥伺得了的。"

刘邦死后，吕后专权。张良对世事的变故一概不问，求见他的大臣他也一律不见。吕后见他潜心研学道家养生之术，便不以他为患，反而对他愈加尊敬，她派人对张良说："人的一生，十分短暂，应该及时享乐。听说你为炼仙术，竟致绝食，何须如此？切不要自寻烦恼了。"

在吕后的一再催促下，张良这才勉强用饭。吕后对其他的大臣或杀或贬，却独对张良关爱有加。

功成而不居确实是张良的高明之处，比起韩信因为功高震主而命丧黄泉更显得深谋远虑。在现代社会，能够把功劳留给你的上级和同事确实是君子所为。从表面上来看你是受到损失了，其实最难舍弃的东西你都肯舍弃，这样才显得你有大胸怀。

4.14　子曰："不患无位，患所以立。不患莫己知，求为可知也。"

【题解】

孔子并非不想身居官职，而是希望他的学生首先立足于自身的学问、修养、才能的培养，具备足以胜任官职的素质。

【译文】

孔子说："不愁没有职位，只愁没有足以胜任职务的本领。不愁没人知道我，应该追求能使别人知道自己的本领。"

【论语的智慧】

"不患无位，患所以立"，孔子的这句话比较好理解，但是要做到还有点儿难度。人类的弱点之一就是相信自己很了不起，自信过了头也就容易骄傲自大。稍微遇到一点儿挫折就不能忍受，大发"怀才不遇""生不逢时"之类的感慨。孔子就是要提醒人们不要怨天尤人，而要从自身努力做起。那些抱怨没有伯乐的人多半根本就不是千里马。所以孔子说一个人不怕自己没地位——他是说不要忧虑自己将来没有用武之地，而要忧虑人家拿什么来立你呢？这句话一针见血，你不要老说人家不赏识你，你自己有没有真本事呢？是千里马就会有伯乐，是珍珠就会发光，范雎的故事就是一个很好的例子。

范雎是战国末期一位著名的政治家。他出生在魏国，原想周行天下，游说诸侯，但由于家境贫寒，没有钱打通关节，只好投在魏国大夫须贾的门下，等待时机。

一次，范雎随须贾一道出使齐国。齐王见他能言善辩，才华过人，就派人送给他十斤金子和牛肉等物。范雎坚持谢绝而不敢接受。须贾听说此事，以为范雎把机密泄露给齐国了。回国后，须贾向相国魏齐告发范雎泄露机密，魏齐不容分辩就把范雎抓来毒打。范雎肋骨被打断，牙齿被打落，血肉模糊，似乎已经死去。于是，魏齐让手下人用芦席把他的尸体包着丢在厕所的坑里，轮流把小便撒在范雎身上。可是世界上的事情很奇妙，也可能是尿刺激了范雎，他居然苏醒了过来，并对看守他的人说："请你把我运出去，我一定重重地谢你。"看守同情范雎，向魏齐谎称已经把尸体扔到山里去了。范雎就这样奇迹般地脱险了。

此后范雎躲进朋友家里，并且改名为张禄。不久，经过几番周折，被秦国使者带到秦国。当时，秦昭王在位，大权被亲贵把持。范雎了解到国王同太后之间的矛盾，看准机会上书陈述方略，果然被昭王诏见，秦王还很恭敬地再三向他求教。看到昭王诚恳的态度，范雎畅所欲言，尽陈己见。在谈到秦国的外交政策时，范雎着重分析了连横策略，并认为其已经过时，远攻齐国尤其大错特错，他指出秦国的外交方针应该是远交近攻。昭王采纳了他的政策，拜范雎为相。

范雎做了秦的相国，还是叫张禄。魏国人不知道，还以为范雎老早就死了。魏国听说秦国采取远交近攻的方针，准备攻打韩、魏两国，急忙商议对策。于是派人去对秦国的决策人张禄行贿，请求秦国停止对魏国采取军事行动。这位使者正是当年迫害范雎的须贾。范雎听说须贾来了，便换上破旧不堪的衣裳，到须贾下榻的地方。须贾看见范雎，吃了一惊。但眼前的范雎寒酸、潦倒，也就没有紧张的必要了。

范雎装穷酸一点儿破绽也没露出来，反倒引起须贾的怜悯和同情，他送范雎御寒的衣物，并留他吃饭。范雎说可以帮他引见秦相张禄，还替须贾找来四匹马驾的高大车子，亲自为须贾执辔赶车，一直把车赶进相国公馆。当守门人告诉须贾，张禄就是范雎时，须贾吓得魂不附体，膝盖一软跪在地上，边叩头边求饶命。戏弄须贾一番后，范雎决定不杀他，打发他返回魏国。

范雎相秦期间，秦国大举进攻三晋。在攻打赵国时范雎派间谍带黄金万两到赵国进行离间，放出谣言说："秦国最担心的是赵奢的儿子赵括做将军，廉颇老了很容易对付。"我们都知道赵括就是历史上有名的"纸上谈兵"的主角，根本不会领兵打仗。谣言传到赵王耳朵里，赵王正对廉颇坚守不战的策略不满，一气之下就做出决定，派赵括接替廉颇与秦国交战，赵王落入范雎的圈套中。秦国秘密命令白起为将，开始佯作撤退，然后出其不意地切断赵军退路和粮食供应线，致使赵军断粮四十六天。这就是著名的长平之战，最终赵军四十万人投降。

范雎在秦国任相十余年，纵横捭阖，百千谋略信手拈来，一直受到尊重，是一位非常厉害的谋略家。

所以说只要你有真才实学就有你展现才华的机会，你的智慧有多大，你的舞台就有多大。报怨命运的不公或者怀才不遇都是弱者的表现，上天给了我们很大的舞台，没有人可以阻止你前行的脚步。也许我们现在还很渺小，渺小到自己都开始怀疑自己的才华，但是只要我们坚定信心，自己真的是一匹千里

赵括像

马就不怕没有伯乐赏识，困难都是暂时的。也许是因为自己的能力不够，抑或是机会还没有到来，不要因此而垂头丧气，曙光总在不远的前方。真正需要担心的是我们究竟是不是"千里马"，抓紧时间锻炼自己的能力比唉声叹气要实在得多。

4.15　子曰："参乎？吾道一以贯之①。"曾子曰："唯。"

子出。门人问曰："何谓也？"曾子曰："夫子之道，忠恕而已矣②。"

【题解】

忠恕之道是孔子思想的重要内容，待人忠恕，是仁的基本要求，它贯串于孔子思想的各个方面。

【注释】

①贯：贯穿，贯通。如以绳串物。②忠恕：据朱熹注，尽自己的心去待人叫作忠，推己及人叫作恕。

【译文】

孔子说："曾参呀！我的学说贯串着一条最高原则。"曾参答道："是的。"

孔子走出去以后，其他学生问道："这是什么意思？"曾参说："夫子的学说只不过是忠和恕罢了。"

【论语的智慧】

孔子对弟子曾参说："我的思想行为是贯通一致的"。曾子点头称是，孔子走出后，其他学生问："老师是什么意思呢？"曾子回答："老师所讲求的，不过是忠和恕罢了。"

子贡问孔老夫子："老师，有没有一个字，可以作为人终身可以奉行的原则？"夫子回答："恕。"唯有宽恕、宽容可作为人一生的座右铭。于是俗语中就有了"忍一时风平浪静，退一步海阔天空""宰相肚里能撑船"等极富哲理的妙语。

宽容地待人接物，偶尔闭上一只眼睛，能够让你的内心更平静。

从几何中，我们可以得到对"宽"的认知，知道"宽"与"长"的组合，能形成平面。而与"高"再做组合，就能成就一个立体的"容器"。平面是简单的，立体才是多样的。平面地思维，就会拘泥于自己的视野，从而放不开自己的心胸。只有立体地思考，才会发现自己的渺小。有人曾说过："陆地上最广阔的是海洋，比海洋还广阔的是天空，比天空更广阔的是人的胸怀。"

佛典中记载了这样一个故事。有位老禅师住在深山中。一日他很晚才踏着月光回家，到家时发现有个小偷正在行窃。老禅师初见之时起了些微嗔怒之意，想将小偷抓住，但佛法的教诲令他放弃了这个念头，他选择了仁慈与宽容：脱下身上的长袍，静静地候在门外。等小偷出来之时，老禅师对小偷说："你大老远来看望，可我实在穷，没什么好让你拿的，就把这件长袍送你吧。"说着便将长袍塞在小偷手里。小偷有些惊慌，抓着长袍跑了。老禅师看着小偷远去的背影，又看看头上的明月，叹了口气："但愿我能将这轮明月送给他。"第二日，当老禅师打开门时，发现他的长袍整整齐齐地放在门口，老禅师庆幸自己选择了仁慈，说道："我终于送了一轮明月给他。"

"宽容"两字包含着人生的大道至理。一个人的心中，如果装不下"宽容"，生活就会如在刀锋上行走。宽容不仅是一种雅量、文明和胸怀，更是一种人生的境界，宽容了别人就等于宽容了自己，宽容他人的同时，也创造了自己生命的美丽。

宽容仿佛一方磨刀石，磨砺着你的意志，磨亮了你生命的锋芒。宽容是一种美。深邃的天空容忍了雷电风暴一时的肆虐，才有了风和日丽；辽阔的大海容纳了惊涛骇浪一时的猖獗，才有了浩渺无垠；苍茫的森林忍耐了弱肉强食一时的规律，才有了郁郁葱葱。有位哲人说过这样一番话：天空收容每一片云彩，不论其美丑，故天空广阔无比；高山收容每一块岩石，不论其大小，故高山雄伟壮观；大海收容每一朵浪花，不论其浊清，故大海浩瀚无垠。这无疑是对宽容的一种诠释。

人们每天穿梭于茫茫人海中，面对一个小小的过失，一个淡淡的微笑、一句轻轻的歉意，带来的是包涵和谅解，这就是宽容。宽容了别人，等于善待了自己。学会宽容，这样才能使自己的生活变得轻松、快乐。经历过风风雨雨，才能够领悟到人生的苦与乐、爱与恨、取舍与得失。

宽容是一个人的良好的心理素质的表现，也是一个人的处世经验和待人艺术的体现。学会宽容就要不断地提高自身的心理素质，以宽宏大量和豁达大度去容忍别人和容纳自己，遇事要想得开，看得透、拿得起、放得下；得之淡然，失之泰然。人生有太多的无奈和遗憾，如果凡事都计较得失，人生还会有什么乐趣？

4.16　子曰："君子喻于义①，小人喻于利。"

【题解】

这里从义利的角度来区别君子小人。小人是追求个人利益，而君子亦会追求个人利益，但会先考虑所得是否合于义，以义为原则来规范自己的行为。这种义利观在中国历史上影响深远。

【注释】

①喻：通晓，明白。

【译文】

孔子说："君子所了解的在义，小人所了解的在利。"

【论语的智慧】

"君子"一词在儒家的理论里几乎是完美人格的象征，"君子喻于义"，就是说君子做事情只会看它是否符合道义。儒家思想非常讲究仁义道德，如果一件事是坏的，是违背道德的，那么就算你告诉君子这件事他会得到多少好处，他也不会去干的。小人就不一样了，"小人喻于利"，这句话就是说小人在做一件事时，他只会考虑利害关系，凡是能从中得利的他就去做。所以中国有句古话叫作："杀头的生意有人做，亏本的买卖没人干。"还有一句话说"重金之下必有勇夫"，也可以从侧面印证"小人喻于利"的实事。

所以，君子常常取义，而小人往往取利。君子做事情时考虑仁义道德，最低层次也是我们老百姓平时最爱说的"对得起自己的良心"；小人绝对不会这样，他们唯利是图，心里哪里还有仁义道德的位置？我们常说读史能明智，看了王安石的经历之后，我们就会更加明白君子与小人的区别。

北宋时，王安石推行新法，任用了吕惠卿等小人，而排挤司马光等保守派。司马光写信给王安石说："忠信的人，在您当权时，虽然说话难听，觉得很可恨，但以后您一定会得到他们的帮助；而那些谄媚的人，虽然顺从您，让您觉得很愉快，一旦您失去权势，他们当中一定会有人为了自己的私利出卖您。"

对于王安石的变法，司马光是反对的，因为他是坚定的保守党。然而作为一个与王安石多年同朝为官的老朋友，他很推崇王安石的人品学问，因此尽管他们政见不同，他还是向王安石提出了善意的忠告。他要王安石远离小人，并凭着他的知人之明，告诉王安石在他的周围出现了一批德行操守欠缺的人，司马光甚至直指吕惠卿，认为此人"奸巧非佳士"，"诚文学辨慧，然用心不正""使安石负谤于中外者，必此人也"。他有一段话，是强调用人的重要性的："治在得人，不在变法""苟得其人，则无患法之不善。不得其人，虽有善法，失先后之施矣。故当急于求人，而缓于立法也"。也正因为此，朝中重臣纷纷去职，这样做的结果是：首先，朝中出现了权力真空，于是，一大批赞成变法的人物被迅速提拔，这种提拔方式不免泥沙俱下，鱼龙混杂。在这被提拔的人物中，不乏一些品德败坏的阴谋家、野心家，他们以赞成变法为晋身之阶，大量地攫取权力，以满足自己的权力欲望。这些人的出现，给新法蒙上了一层阴影，给社会造成了极大的危害。其次，反对的声音听不到了，自然是全国江山一片好，纵然王安石是多么富有智慧，在这种情况下，也不免迷失方向。

说到王安石最终变法失败，惨遭他人的陷害，我们就不得不提及一个人，他就是吕惠卿，一个积极推行变法的人，也是最后陷王安石于不义的人。吕惠卿，字吉甫，福建晋江人，其人博学多才，精明机敏，极富辩才，城府深沉，处事果敢；生性狂傲，有以天下为己任之志；文学辨慧，有扬雄、司马相如之才。宋仁宗嘉祐二年（1057年），王安石知常州军州事，与吕惠卿相识，论及时弊，两心相通；议及革新，志同道合。王安石大喜，引为同怀知己，以忘年之友待之，并荐于欧阳修，得欧阳修器重，调入京都。吕惠卿与王安石结交十多年，事王安石以师礼，虚怀自处，如出门下。吕、王其才互补，其智相依，在这场风云激荡的"变法"之中，吕惠卿成为变法派中仅次于王安石的二号人物。但吕惠卿实在是一个城府很深而又阴险狡猾的小人，他是一个为了自己的利益而不惜牺牲一切的人。在他的策划下，皇帝信赖的、被誉为"朝臣典范"的司马光被扳倒了。为了独掌大权，他对昔日的恩师、新党的领袖、新政的设计师王安石反戈一击。这一年是熙宁六年（1073年），当时出现了一系列的自然灾害，而从此年夏季到次年春季的大旱更叫人心悸。而在那个年代，自然灾害往往被看成是上天对统治者的惩戒。王安石的政敌用"天变"来攻击他，而此时的吕惠卿却诬告王安石参与谋反，但这个罪名实在是太荒谬了，事实证明王安石与谋反无关，王安石在罢相之后很快又恢复了相位。然而，吕惠卿是一个不达目的誓不罢休的人，他再一次陷害王安石，他把保存好的王安石的一些私人信件交给了皇帝，有几封信中有"无使上知（不要让皇上知道）"这样的字样，在当时这就足以构成欺君之罪了，王安石知道自己在京城已无法待下去了，加上痛失爱子，心灰意冷，请求辞官归隐，得到了皇帝的准允，他于熙宁九年（1076年）回到了金陵，政治生涯因此而结束。这正应验了司马光信中的话，王安石养了一条恶狗，现在成了气候，要反过来咬主人了。

人们常说世态炎凉、人走茶凉，就是针对这样的势利小人而言的。当我们得势的时候，他们就会依附过来；可是人的一生总会有不如意，等到无酒也无肉时，他们就会做树倒猢狲散状。但是老天有时候也还是公平的。得意的时候没有敌人，也没有朋友；失意的时候有敌人，也有朋友。因此从中我们能得知谁才是真正的朋友。那些在我们顺境之时也许从未来"表示"的人，也许正是孔子眼中的君子，而当我们失意时没准就是这些我们平时料想不到的人来安慰和鼓励我们。这样的人刚正不阿，是真君子，也是孔子所说的大丈夫。平时有酒肉招待的"朋友"，一旦看你失意生怕你找他借钱的人，就是"喻于利"的小人。

4.17　子曰："见贤思齐焉，见不贤而内自省也。"

【题解】

这是孔子勉励人以贤人为榜样，不断学习；以贤人为标准，坚持自我反省。

【译文】

孔子说："看见贤人就应该想着向他看齐；见到不贤的人，就要反省有没有类似的毛病。"

4.18　子曰："事父母，几谏①，见志不从，又敬不违，劳而不怨②。"

【题解】

孔子在这里讲到孝敬父母的具体做法。侍奉父母，要恭敬无违，父母有过失要委婉地劝说，父母不听时，子女仍要对他们毕恭毕敬，毫无怨言。

【注释】

①几：轻微，婉转。②劳：劳心，担忧。

【译文】

孔子说："侍奉父母，对他们的缺点应该委婉地劝止，如果自己的意见没有被采纳，仍然对他们恭敬，不加违抗。虽然忧愁，但不怨恨。"

【论语的智慧】

孔子说："侍奉父母，对他们的缺点应该委婉地劝止，如果自己的意见没有被采纳，仍然对他们恭敬，不加违抗。虽然忧愁，但不怨恨。"

与家人相处时，应当兼顾情义，尤其是做子女的，应该以不伤害父母为前提。如果对父母无情，则必陷于大不义的境地。懂得了这些，在面对父母的过错时也就没有什么怨言了。

即使因父母的过错而导致矛盾，也不可能斩断父母子女间的亲情，只要互相体谅，子女用爱去感化父母，矛盾都是可以化解的。下面这则小故事正好说明了这个道理。

晚饭过后，母亲忙着似乎永远也忙不完的家务。刚上五年级的女儿大声嚷嚷道："妈妈，问您个问题，您的心愿是什么？"

母亲先是一愣，接着不耐烦地回答："心愿很多，跟你说没用。"

女儿执拗地要求："您就说说看，这对我很重要。"

母亲看见女儿坚持的样子就回答说："好吧，就说给你听听。第一，希望你努力学习，保持好成绩；第二，希望你听话，不让大人操心；第三，希望你将来考上名牌大学；第四……"

女儿打断母亲的回答："哎，妈妈，您不要总是说对我的期望，说说您自己的心愿吧？"

母亲有滋有味地历数着，沉浸在对美好未来的种种设想之中："我嘛——一是希望身体健康，青春长驻；二是希望工作顺心，事业有成；三是希望家庭和睦，美满幸福；四是……"

女儿再次打断母亲的回答："妈妈，您说的这些又大又空，说点儿实际的吧，比如您想要……"

母亲好像猛然发现了什么似的，有些恼火地打断女儿的话："我就知道你跟我玩心眼儿，一定是老师留了关于心愿的作文题目，你写不出来就想到我这里挖材料对不对？实话告诉你吧，我的心愿多着呢！我想要别墅，我想要小轿车，我想要高档时装，看，我的手袋坏了，还想要一只真皮手袋，你看这些实际不实际？这些你都能满足我吗？跟你说顶什么用？好了，心愿说完了，你去写作业吧。"

女儿回到自己的房间，母亲觉得有些话还意犹未尽，又站起身推开女儿的房门。女儿正在写作业，串串泪珠滚落，不停地用手背擦着，母亲的无名火又上来了，比刚才的声音还要高出几个分贝，吼道："你还觉得挺委屈是不是？你想偷懒是不是？你故意气我是不是？"

女儿解释："妈妈，我不是……"

"还敢顶嘴！告诉你，9点钟之前写不完这篇作文有你好瞧的！"母亲很权威地命令着，一扭身"嘭"地把门关上。

第二天晚上吃完饭，女儿照例进屋写作业，母亲照例重复着每日必做的家务。蓦然间，她发现茶几上多出一束鲜花，鲜花旁放了一个包装袋，包装袋上放了一张小纸条，纸条上面写着：

妈妈：

今天是您的生日，我用平时攒的零花钱和这两年的压岁钱给您买了一只真皮手袋。让您高兴，这是我最大的心愿。

想给您一份惊喜却不小心惹您生气的孩子

母亲的手颤抖了，呆呆地坐在沙发上说不出一句话。

对于如何对待父母缺点的问题，为人子女的不仅要晓之以理，更要动之以情。对父母的过错与缺点一味地包容与袒护也是不对的，要选择适宜的方法与时机向父母讲明，但须注意劝说的态度要温和，不能对父母横加指责，要善于运用亲情的力量改变父母。

但是，当子女规劝父母，而父母不听怎么办？孔子说，在这种情况下，仍要对父母表示恭顺，虽然为父母不能改正错误和缺点而内心担忧，但却不能心怀怨恨。

说到自己的父母，也有可能是君子或者小人，如何能够让他们远离小人的习气而靠近君子的行为呢？这就要劝谏他们放弃不良习惯，委婉说服。即使说服不了，那么照样要对他们恭敬行孝，任劳任怨。因为他们毕竟是自己的父母亲人，绝不能因为他们不明白道义而有过失就不行孝顺。否则，自己连孝都做不到，又怎么去要求父母行义合道呢？也许在自己的孝心感召和耐心劝说下，父母真正会认识到自己的错误而改过自新的。

4.19 子曰："父母在，不远游，游必有方。"

【题解】

"父母在，不远游"是先秦儒家关于孝道的具体标准之一，对后世影响深远，以至于成了做子女的处世进退必须先考虑的前提。这种孝的原则在今天虽然已经失去了实际意义，但是行止之间心存父母之亲还是必要的。

【译文】

孔子说："父母活着的时候，子女不远游外地；即使出远门，也一定要有确实的去处。"

【论语的智慧】

孔子这句话的本义是："父母在时，不做远行。若不得已要远行，也该有个方位。"孝顺并不是束缚你的绳索，当你远游时，要告诉父母你在什么地方，这样一来，父母有什么事情，也能及时通知你，以免留下什么遗憾。这才是孝道。

古代交通不便，音信传达非常困难。如果父母因为某些原因急切地想见到子女，一旦耽误了时间，那将留下无可弥补之恨。所以古时的孝子顾虑到这一点，就不外出游学或做官等。我们都熟知的"包青天"包拯就是这样一位孝子。

包拯是庐州合肥（今安徽合肥市）人，历史上的包拯不像戏曲中所说的那样是由嫂子养大的，实际上他是由自己的父母养大的。父亲包仪，曾任朝散大夫，死后追赠刑部侍郎。包拯少年时便以孝闻名，性直敦厚，在宋仁宗天圣五年，即1027年中了进士，当时28岁。他先任大理寺评事，后来出任建昌（今江西永修）知县，因为父母年老不愿随他到他乡去，包拯便马上辞去了官职，回家照顾父母。他的孝心受到了官吏们的交口称颂。

几年后，父母相继辞世，包拯这才在乡亲们的苦苦劝说下重新踏入仕途。包拯主动辞去官职，回家孝敬父母，足见其对父母的孝心。时至今日，他也堪为当今天下儿女们的表率。

时代发展了，通信工具也迅速更新换代，真正实现了"天涯若比邻"的美好理想。此时，远游者更有必要音信常通，使家人知道其在何处，这种道理古今是相通的。

有一个小伙子大学毕业后，留在了繁华的北京城，有了一份很不错的工作。他常常给父母打电话聊聊自己的近况，以免父母担心。每年他都给远在千里之外的父母寄几次钱物，尽管父母还能自己劳动。每逢过节，他都要回家看望父母，因为这，他错过了很多外出旅游的机会。况且，北京的火车票通常都是供不应求的，即使没有座位，他也要站几千里地回家。同事们都笑他"傻"，对此，他只是一笑了之。因为，在他心目中，能够回家见见父母，同父母说上几句话，就是世界上一道最美的"风景"。其实，别人又怎么会知道，他最大的爱好就是旅游，他的电脑里有许许多多的风景图片……

这个小伙子可算是真正的孝子了，他的"傻"其实是世界上最宝贵的一种精神，他是真正领悟了孝的精神内涵。

古语说："树欲静而风不止，子欲养而亲不待。"这是做人子女者最深切的一个痛。但是，既知现在何必当初？趁着父母有生之年，多关心父母才是正道，不要等到想孝顺却找不到人时再后悔。

4.20 子曰："三年无改于父之道，可谓孝矣。"

【题解】

已见于《学而》篇11。

4.21 子曰："父母之年，不可不知也。一则以喜，一则以惧。"

【题解】

这里是说关心父母的年龄也是孝道之一，因为父母年高虽可喜，但在世之日渐短，尽孝应当及时。

【译文】

孔子说："父母的年纪不能不知道，一方面因其长寿而高兴，另一方面又因其年迈而有所害怕。"

【论语的智慧】

孔子说："父母的年纪不能不知道，一方面因其长寿而高兴，另一方面又因其年迈而有所害怕。"为什么要恐惧呢？因为人的一生只是有限的几十个春秋，每过一个生日也就等于向垂暮的晚年迈进了一步。这是南怀瑾先生对孔子的解读。

有这样一个令人深思的故事。一次，桑托到邮局给朋友发电报。在他身边坐着一位老太太，她把头低低地俯在电报纸上。她在上面写了些字，随后把电报纸拿到眼前，眯缝着眼睛看。看过之后，把纸揉成了一团，又拿了一张新的，重新填写，写完了又揉成一团，然后又伏在桌子上，想要再填写一张。桑托想要帮助这位老太太填写，可是她怎么也不肯。她自己又拿了一张电报纸，打算再重新填写。后来她叹了口气说："我就住在这儿附近，但我把眼镜丢在家里了，可是，往五层楼上爬很吃力，不戴眼镜又写不了……您若是不急着走的话，请替我写一下。"桑托拿过电报纸，老太太一字一句地说出华盛顿的地址。然后，沉默片刻，叹息地说："请写上：亲爱的妈妈，祝您生日快乐。到我们这儿来吧。吻您。薇娜嘉·谢尔盖。"桑托看了看老太太，问她："您的母亲还健在吗？"老太太冷笑一下说："妈妈——就是我。""啊？""明天就是我的生日，女儿她很可能忘了给我发贺电，因此，我就决定用她的名义给我发电报，免得邻居们责怪她。她是我的好女儿，大家都很尊重她，她在贝尔实验室当工程师。"桑托想象得出来，她的女儿一定是整天很忙碌、很操心，在实验室和家里都有好多事情要做的人。可能，女儿过去有时候忘记了给妈妈发贺电，老人就会抱怨："你看，孩子们不需要我们了，把我们忘记了……"

"女儿不会忘记向您祝贺的，不过偶然情况总是免不了……"

老太太抬起一双忧伤的眼睛望着桑托，低声说："她已经忘记12年了。"

桑托还能对老人家说什么呢？用什么语言来安慰她？是不是要责怪她的女儿呢？可是，老太太已经平静下来了，她对他说："对不起，请您帮我买一张带玫瑰花的贺电专用电报纸，我的女儿干什么都喜欢漂亮的。"

多么让人悲伤的事情！辛劳了一辈子的老人到老了还是没有享受到她心中的幸福生

活。父母从来不会忘记儿女的生日，可是做儿女的有几个能记得自己父母的生日呢？现在不少人能记得朋友或者是恋人、伴侣的生日，在他们生日的那天还不忘买礼物表示一下，可惜的是我们唯独忘记了对我们有养育之恩的父母的生日，更不要说买什么礼品来祝贺他们添寿了！正如孔子所言，趁着父母都还健在的时候及时表达我们的爱吧，哪怕是一个简单的电话或者一声亲切的问候。千万不要让自己悔恨终生。

4.22　子曰："古者言之不出，耻躬之不逮也①。"

【题解】

孔子在这里提出力行的重要性，不轻易说话，是因为要说到做到。孔子主张谨言慎行，就是要重承诺。古人不轻易说话，更不说随心所欲的话，以说空话、说大话为耻，这才是知荣知耻。

【注释】

①逮：及，赶上。

【译文】

孔子说："古代的君子从不轻易地发言表态，他们以说了而做不到为可耻。"

4.23　子曰："以约失之者鲜矣①。"

【题解】

孔子在这里谈的是自我约束和节制在为人处事上的重要性。一个人要想减少过失，自我约束是必不可少的。

【注释】

①约：约束，拘谨。

【译文】

孔子说："因为约束自己而犯错误，这样的事比较少。"

【论语的智慧】

孔子说："因为约束自己而犯错误，这样的事比较少。"

胡适先生解释说：约，是约束，可以理解成约之以礼。谨慎的人过失比较少，放荡的人则容易犯错。所以，只有时刻进行自我约束、自我管理，失败的事情才能变少。

孔子还说，凡是那些反省自己、检点约束自己而又肯上进向学的人，我一定要教他，这种人是值得教的。

时刻反省自己的良知，用自己的良知与处世标准进行自我约束和管理，才能减少过失，无愧于心。自我约束是减少错误最有力的道德力量，因为一个人做了违背道德信义的事，首先受到的是来自内心的惩罚。而正直和诚实就是一个人的良知，是一个人心中的审判官。

卢梭小时候，家里很穷，为求生计，只好到一个伯爵家去当小用人。伯爵家的一个侍女有条漂亮的小丝带，很讨人喜爱。一天，卢梭在没有人的时候，从侍女床头拿走小丝带，跑到院里玩赏起来。

正在这时候，有个仆人从他身后走过，发现了卢梭手中的小丝带，立刻报告了伯爵。伯爵大为恼火，就把卢梭叫到身旁，厉声追问起来。卢梭紧张极了，心想，如果承认丝带是自己拿的，那一定会被辞退，以后再找工作，可就更难了。他结巴了好一会儿，最后竟撒了个谎，说丝带是小厨娘玛丽永偷给他的。伯爵半信半疑，就让玛丽永过来对质。善良、老实的小玛丽永一听这事，脑瓜子顿时蒙了，一边流泪，一边说："不是我，绝不是我！"可卢梭呢？却死死咬住了玛丽永，并把事情的所谓"经过"编造得有鼻子有眼。

这下子，伯爵更恼火了，索性将卢梭和玛丽永同时辞退了。当两人离开伯爵家时，一位长者意味深长地说："你们之中必有一个是无辜的，说谎的人一定会受到良心的惩罚！"

果然，这件事给卢梭带来了终身的痛苦。40年后，他在自传《忏悔录》中坦白说："这种沉重的负担一直压在我的良心上……促使我决心撰写这部忏悔录。""这种残酷的回忆，常常使我苦恼，在我苦恼得睡不着的时候，便看到这个可怜姑娘前来谴责我的罪行……"

良心的惩罚是最痛苦的煎熬，是人生痛苦的根源之一。背负着良心的惩罚会让你苦恼得寝食不安。要做到坦荡荡，唯有让自己的心充满正直、诚实。当正直和诚实的阳光照耀着你的心灵时，阴霾就会远离你的世界。

天是心中那片天，神是心中那尊神。心中有原则，做事就不会为得失所迷，心情就不会为得失所累。为人处世要对得起自己的良心，不要让灵魂受审判。

我们每个人都在努力做使自己生活更有意义的事，并且在向着未来的目标奋进。但是，生活在现实的世界中，我们绝不应该采取仅使今天感到愉快的态度而丝毫不顾及明天可能发生的后果。我们的感情大都容易倾向于获得暂时的满足，所以，我们要善于做好自我约束。

那些让人感到暂时满足的事，通常就是对我们身心最有害的事情。因此，在追求一种有意义的生活时，我们应当努力预测自己所从事的事情对将来可能产生的后果。不论你现在如何享受目前的生活，深谋远虑总会有益于你考虑未来。那些总是失败的人一再使用"我没有另外的选择，我不得不这样"这种借口。而实际上是他们不愿付出短期不自由的代价，换取享受长期的更大的报偿。一个没有养成自我约束习惯的人，可能屈从于一种诱惑而反复地从事一种不该做的事，这种错误的后果甚至严重到能长期影响一个人的成败。

要具备自我约束的能力，必须不断地分析自己的行动可能带来的长期后果；同时必须不屈不挠地按照自己为了长期的最大利益的决定而行动。用了同样的努力，有人成功了，有人则失败了。他们可能都知道成功的途径，但他们之间有一个主要的不同在于，成功者总是约束自己，去做正确的事情，而失败的人总是容忍自己的感情占上风。一个人如果没有养成自我约束的习惯，就可能付出高昂的代价。每一个人必须具有自我约束能力，不让别人用次要的计划或无关的事情拉你离开轨道。我们必须养成一种把那些对创造性过程没有好处的东西全部阻挡在外的习惯。对任何职业都一样，取得成功的结果直接依赖于我们坚持用在一贯紧张的、不间断的创造性思维上的时间量。也就是说，自我约束、专心致志，是通向成功的必经之路。

4.24 子曰："君子欲讷于言而敏于行①。"

【题解】

这里讲的是人的活动最重要的就是"言"和"行"，言的准则是要慎重、实在，当然说话就要慢一些，行的准则是要落实，当然就要快一些。

【注释】

①讷：说话迟钝。这里的意思是要说话谨慎。

【译文】

孔子说："君子说话应该谨慎，而行动要敏捷。"

【论语的智慧】

子曰："君子欲讷于言而敏于行。"包咸注："讷，迟钝也。言欲迟而行欲疾。"朱熹引谢良佐注曰："放言易，故欲讷；力行难，故欲敏。"由此，可以想到几层不同的含义。言行一致，孔子把巧言令色看作小人所为，自然不喜欢言过其实的人，这是我们做人的准则。我们不做言语的巨人，行动的矮子。从历史来看，言行飞扬跋扈之人多半下场悲惨。飞黄腾达之时，要懂得谦虚谨慎，收藏锋芒，免遭小人记恨；失意的时候，要懂得忍辱负重，卧薪尝胆，以图东山再起。此外，言语的讷者，行动的敏者，才是真正的智者。

身为律师的小刘多年前参加了一场不是很轻松的国际谈判，最后一天一直谈到深夜一点钟，双方还在谈判桌上僵持不下。对方有一个人出言不逊，小刘想，我们怎么可以让他这么放肆呢？

于是，小刘马上回敬一句，同样略带讽刺的意味，于是，气氛马上僵硬了起来。还好，对方有一个人说："大家累了！休息5分钟吧！"他这一句话，化解了尴尬的场面。

同时，小刘也立刻惊觉自己犯了兵家大忌，为了逞一时口舌之快，把谈判的有利位置拱手让给了别人。当然，经过了5分钟的缓冲时间，协议后来很快便达成了。

"话到快时留半句，理从真处让三分"，从此以后，小刘将它装框搁在办公桌上，以时时警醒自己。

"说理三分"，讲的其实是一种技巧。你若有理，聪明人一点就通，不用十分，三分足够了，不必画蛇添足；碰到愚蠢之人（或一时走进死胡同的人），你费再多口舌也无用，何必执着，不妨让他自己慢慢去悟；至于蛮汉，他本不讲理，你即使讲上十二分，也无异于是对牛弹琴——岂止是对"牛"呢，说不定是在对"虎"弹琴，弹得他上了火，后果就不堪设想了。

诗曰：不智之智，名曰真智。蠢然其容，灵辉内炽。用察为明，古人所忌。学道之士，晦以混世。不巧之巧，名曰极巧。一事无能，万法俱了。露才扬己，古人所少。学道之士，朴以自保。在人生的谈判桌上，"讷者"有时才是最杰出的谈判家。

有这样一个故事，说某单位里有一个好斗的女孩子，很多同事在她主动发起攻击之后，不是辞职就是请调。一天，她的矛头指向了一个平日只是默默工作、话并不多的女孩子。谁知那位女孩只是默默地笑着，一句话没说，只偶尔问一句："啊？"最后，好斗的那个女孩主动鸣金收兵了，但也已经被气得满脸通红，一句话也说不出来。

过了半年，这位好斗的女孩子也主动辞职了。

很多人或许都会觉得那个沉默的女孩子修养实在太好了，其实不是这样，而是那位女孩子听力不大好，虽然理解别人的话不至于有困难，但总是要慢半拍，而当她仔细聆听别人的话语并思索个中意思时，脸上会出现无辜、茫然的表情。当那个好斗的女孩子对她发作那么久，那么费力，她回应对方的却是这种表情和"啊？"的不解的声音，难怪好斗的女孩斗不下去，只好收兵了。

仔细想一下，这个故事可以告诉人们一个事实：面对沉默，所有的语言力量都消失了！

在生活中，你可以不去攻击他人，但保护自己的防卫网一定要有，这种时候有个很好的做法就是：装聋作哑！

聋哑之人是不会和人起争斗的，因为他听不到也说不出。别人也不会找这种人斗，因为斗了也是白斗。他如果还一再挑衅，只会凸显他的好斗与无理取闹，因此面对你的沉默，这种人多半会在几句话之后就仓皇地且骂且退，离开现场！如果你还装出一副听不懂的样子，那么更能让对方败走！不过大部分人都不聋不哑，一听到不顺耳的话就会回嘴，其实一回嘴就中了对方的计。

世界纷繁复杂，真真假假，看着聪明的人其实愚蠢至极；看着英俊潇洒的却是外强中干；看着是占尽便宜其实是满盘皆亏。《老子》中写道："大真若屈，大巧若拙，大辩若讷。"其意思是说，最正直的东西好像是弯曲一样，最灵巧的东西好像是笨拙一样，最卓越的辩才好像是口讷一样，所以，要想成为最杰出的谈判家，口才只是其中一个要素，内在修养才是最重要的。

4.25　子曰："德不孤，必有邻。"

【题解】

这句话是孔子对于人们修养道德的勉励，有德的人是永远不会孤立的。

【译文】

孔子说："品德高尚的人不会孤独，一定有志同道合的人和他做伴。"

【论语的智慧】

《里仁》中多半是孔子和弟子阐述心中的"仁"的境界和修养的对话，但是做到真正意义上的"仁"又谈何容易？也许我们追寻了许久，可那"仁"还在灯火阑珊处。孔子在这里说"德不孤，必有邻"是什么意思呢？古人对这一段的解释多半是要我们找寻到一个"仁爱"的地方居住，像"孟母三迁"的道理一样。如果这样解释，那么圣人的修养恐怕就要大打折扣了。因为真正修养高的人不会去要求外界的环境适应他，更不会去要求别人，而是反躬自己！也不是说圣人就不喜欢住在一个不仁义的地方，而是指他能够在要求别人的同时以更高的标准要求自己。孔子是要我们做人处世要有很高的修养和德行，这样，周围的事物和人就会被你所感化。这样的解读更符合孔子常常内省而求诸己身的性格特征以及道德修养。

孔子告诉我们，如果真为道德而活，绝对不会孤苦伶仃，一定有与你同行的人、有你的朋友。有时候我们责怪我们的朋友，抱怨没有人喜欢自己，难道这仅仅是我们友人的过错吗？恐怕未必吧。

有这样一个故事：马戏团团长克莱特，一连好几天都在为一群猴子烦恼不已。原因是这些猴子是刚从山上捕获的，由于野性难改，不好驯服，已有好几个驯兽师被这些猴子气坏了。驯兽师纷纷抱怨，那些野猴子实在太难对付了，不如放弃对它们的驯服吧。驯兽师还举实例来说明，他们说的都是实话。

他们曾经用了许多方法来驯服这些野猴子。比如，给它们东西吃，可是它们光吃不干活。如果它们学骑自行车，或者做些简单的倒立爬竹竿等动作，再或者就是对着观众们乐一乐也行啊，可是它们一见驯兽师便躲得远远的。后来驯兽师试着将它们和家猴关在一起，希望家猴能够和它们沟通，引导它们学习表演。可是，那些野猴子竟然将家猴打得遍体鳞伤，家猴们也不敢跟它们待在一起。

就在克莱特决定听从驯兽师们的建议，放弃对这些野猴的驯服工作时，他突然觉得还是亲自去看一看再下决定的好。

经过一段时间的观察后，克莱特竟然有了一个惊人的发现。为了测试这个发现是否正确，他召集了所有驯兽师来到现场见证。克莱特首先让人将所有驯兽师的仿真照拿出来，仿真照跟真人差不多高，每人都有两张照片，一张面带怒色，一张笑容满面。这些仿真照一拿出来，便在驯兽师中引起了一阵骚动。但是为了弄清团长克莱特的真正意图，他们没有吭声，而是静静地站在一边观望。

克莱特首先将驯兽师那些面带怒色的照片，一张张地拿去给猴子们看。结果猴子们一个个吓得连滚带爬地逃走了，有的还试图用爪子去撕碎那张照片。然后，克莱特将驯兽师那些笑容满面的照片一张张地拿去给猴子看。结果奇迹出现了，只见那些平时野性难改的猴子，竟然安静了下来，并且还冲那张照片笑了笑，尽管猴子笑得很难看，但那滑稽的样子还是将在场的所有人都逗乐了。

最后，克莱特团长转向满腹狐疑的驯兽师们，慢慢地说："你们现在都看到了吧，猴子需要的是你们真诚的笑脸，而不是你们的满脸怒色。也许你们不明白，我是怎样弄到这些照片的。这些照片是我暗中让人拍下来的，那些满脸怒色的照片是你们在驯猴子时的模样，而那些满面笑容的照片，则是你们从我这里领取薪水时的模样。现在问题已经十分明确了，如果你怀着领薪水时的心情去工作的话，工作起来就没那么困难了。"

在生活中，其实我们每个人都有这样两张照片，当获益时，就满面笑容；当需要自己付出时，便满脸怒色。如果我们以获益时的笑脸去对周围人报以微笑，那么我们将会收获更多的笑容。这就是要我们先反省自己的德行，再去要求他人的回报。如果一个人对别人根本毫无爱心，就像那群驯兽师一样，连动物都讨厌这样的人，更何况我们人类自己呢？

4.26　子游曰："事君数①，斯辱矣；朋友数，斯疏矣。"

【题解】

子游的这段话间接地表达了孔子关于服务于君王和交往朋友的见解。侍君交友都要双方情愿、良好的沟通和互动，不可单方面地去勉强。

【注释】

①数：屡次，频繁。可以译为烦琐。

【译文】

子游说："对待君主太烦琐，就会受侮辱；对待朋友太烦琐，反而会被疏远。"

【论语的智慧】

每个人都有自己的上级，每个人都有自己的朋友，可是与他们友好相处却不是一件好办的事。这里孔子就是要教导我们怎样和上级、朋友相处。子游是孔子的弟子，孔子说他文学很好。子游说："对待君主太烦琐，就会受侮辱；对待朋友太烦琐，反而会被疏远。"这个建议很有实际意义，结合我们的人生经验就能看出它的深刻性来。有的人很够朋友，很正直，对上司的毛病也直言不讳。可是日子久了，他发现：为什么上司不欣赏我呢？怎么连我的朋友也远离我呢？我做错了什么吗？

如何把握与上级相处的分寸呢？换句话说就是你怎么能做到既向你的上级提醒他的错误，又不让他恼火。"犯上"的关键是把握合适的火候，像做菜一样，火太大会把菜烧焦，火太小又夹生。

虽然行仁之道，义所当然，但是要讲究方法。譬如魏徵和唐太宗之间的一段趣事正可以说明这个道理。魏徵的直谏使太宗感到钦佩，但是就像是一个孩子总害怕遇到自己严厉的父亲一样，太宗对魏徵是又敬又怕。敬佩他的人品与学识，害怕他总是不给自己面子，当面指出自己的错误。

有一次，太宗正在御花园玩鸟，魏徵知道他把小鸟给藏在怀里面，所以故意不走，非要拉住皇帝讲个不停。太宗拿魏徵没有办法，找不到借口支走魏徵，只好一直隐忍不发。等到魏徵终于走了，太宗赶快拿出小鸟，结果小鸟已经气绝身亡！太宗大为生气，回到长孙皇后那里就表示要治魏徵的罪。长孙皇后也真是个好皇后，赶紧劝太宗，她说："魏徵之所以敢这样也是因为遇到你这样的开明皇上啊。何况魏徵是朝中忠臣、重臣，皇上你要是因为一只小鸟就把他给杀了，那么皇上的圣明还有人会相信吗？以后还有大臣敢给你提建议吗？"从此，太宗再也不提杀死魏徵的话了。

当领导的要有过人的气度，同时身为下属的也要选一个好"老板"，魏徵之所以能成为魏徵，那也还要有唐太宗这样的好"老板"，这还不够，还要有长孙皇后这样的好"老板娘"，否则他早就一命呜呼了。当然作为一个下属，无论你的"老板"是否开明，在给他提建议的时候总要注意方法，方法不对可能小命不保，更不要说让他听得进去了。方法正确的话则会收到立竿见影的效果。

春秋时期，一位君主下令要在三年内兴建一座九层高的楼台，群臣怎么劝说都无济于事，君主后来又下了一道命令，敢劝阻建九层台者斩首。这样一来便没人敢劝他了。

一位大臣前来求见，君主正要发作，大臣却抢先说他能把几个棋子摞起来，上面还能再摞九个鸡蛋。君主

魏徵像

听了，觉得这事儿挺新鲜，立即要大臣露一手让他开开眼界。大臣也不推辞，就把九个棋子摞在一起，接着又小心翼翼地把鸡蛋往棋子上摞。放第一个，第二个……

大臣故意做出非常紧张、战战兢兢的样子，一旁的宫女、侍从大气也不敢出，君主禁不住大叫道："危险！"大臣一听，便停下动作，从容不迫地说："这算什么危险，还有比这更危险的事哩！"君主疑惑地问："什么事比这还危险？"

大臣便掂掂手中的鸡蛋，慢吞吞地说："建九层楼台就比这危险百倍。此事恐三年难成，且三年中征用全国的人力，使男不能耕，女不能织，老百姓没有收成，国家也穷困了。国家穷困了，他国便会趁机打进来，大王您也就完了。您说这不是比在棋子上摞鸡蛋更危险吗？"

君主怔了一怔，细一思索，确实很有道理。以前诸大臣苦口婆心地规劝也是这个意思，但一听见那些批评的言语，就只觉得心烦。现在有了这个生动的例子，大臣的意见也不难接受啊。于是，君主下令停工。

正因为生存不是一件容易的事，所以人们最多的感慨是活着累、做人难。领导有领导的难处，下属也有下属的难言之隐。最重要的是大家能互相体谅，这样能避免许多不愉快的事情的发生。

公冶长篇第五

5.1　子谓公冶长①："可妻也②。虽在缧绁之中③，非其罪也。"以其子妻之④。

【题解】

这里通过孔子把自己的女儿嫁给公冶长一事，说明公冶长是个贤德之人。这也是孔子对公冶长做的较高评价，虽然并没有说明公冶长做了哪些具体的事情，不过从其所谈的内容看，作为公冶长的老师，孔子对他有全面的了解。孔子在这件事表明了他的不同于流俗的择人标准。

【注释】

①公冶长：齐国人（或说鲁国人），姓公冶，名长，孔子的学生。②妻：把女儿嫁给他。③缧绁：捆绑犯人的绳索。这里指监狱。④子：儿女，此处指女儿。

【译文】

孔子谈到公冶长时说："可以把女儿嫁给他。虽然他曾坐过牢，但不是他的罪过。"便把自己的女儿嫁给了他。

5.2　子谓南容①："邦有道不废，邦无道免于刑戮。"以其兄之子妻之②。

【题解】

孔子把自己的侄女嫁给南容，也表明了南容的贤明与仁德。在这里，孔子说得比较具体，南容善于处世，在治世能有作为，在乱世能保全自己，这也反映了孔子的择人标准之一。

【注释】

①南容：姓南宫，名适，字子容。孔子的高材生。②兄之子：孔子的哥哥孔皮，此时已去世，故孔子为侄女主婚。

【译文】

孔子评论南容时说："国家政治清明时，他不会被罢免；国家政治黑暗时，他也可免于刑罚。"就把自己兄长的女儿嫁给了他。

5.3　子谓子贱①："君子哉若人！鲁无君子者，斯焉取斯？"

【题解】

从这段话可以看出，孔子很重视社会环境对人的影响。孔子在这里称赞子贱为君子，接下来说，子贱的君子之德是在鲁国养成的，鲁国如无君子，子贱也无法养成君子的品德。

【注释】

①子贱：姓宓，名不齐，字子贱，是孔子的学生。

【译文】

孔子评论子贱说："这个人是君子啊！如果鲁国没有君子，他从哪里获得这种好品德的呢？"

5.4　子贡问曰："赐也何如？"子曰："女，器也。"曰："何器也？"曰："瑚琏也①。"

【题解】

在《公冶长》这一篇中，孔子对一些学生做了评价，主要是勉励和赞扬，同时也表明了孔子评价人的标准。此处孔子把子贡比作瑚琏（古代的一种贵重而华美的祭器），用来说子贡才智出众。

【注释】

①瑚琏：古代祭祀时盛粮食的器具，很珍贵。

【译文】

子贡问孔子："我这个人怎么样？"孔子说："你好比是一个器具。"子贡又问："是什么器具呢？"孔子说："宗庙里盛黍稷的瑚琏。"

【论语的智慧】

　　"瑚琏"是古代的玉器，是用来供于庙堂之上的，是"高""贵""清"的象征。平常，瑚琏都是被锁在柜子里藏起来、保护起来的。只有在国家大典的时候，才被请出来亮相。辜鸿铭先生说，人对于好的东西往往深藏不露、保护起来。对于子贡，孔子是非常赞赏的，尤其赞赏子贡是一个如瑚琏般深藏不露的人。

　　《史记》中记载，孔子曾经拜访过老子，向他请教礼。老子告诫孔子说："一个聪明而富于洞察力的人身上经常隐藏着危险，那是因为他喜欢批评别人。雄辩而学识渊博的人也会遭遇相同的命运，那是因为他暴露了他人的缺点。因此，一个人还是节制为好，即不可处处占上风，而应采取谨慎的处世态度。"

　　老子还告诫孔子说："君子盛德，容貌若愚。"这里的盛德是指"卓越的才能"。整句话的意思是，那些才华横溢的人，外表上看与愚鲁笨拙的普通人毫无差别。此外，据《庄子》的记载，当杨子去请教老子时，老子也谆谆告诫他不要太盛气凌人，而是要谨言慎行、谦虚待人。无论谦虚还是谨慎，可能会让有些人觉得是消极被动的生活态度。实际上，倘若一个人能够谦虚诚恳地待人，便会得到他人的好感；若能谨言慎行，更会赢得人们的尊重。

　　老子还告诫世人："不自见，故明；不自是，故彰；不自伐，故有功；不自矜，故长。"这句话的大意是，一个人不自我表现，反而显得与众不同；一个不自以为是的人，会超出众人；一个不自夸的人会赢得成功；一个不自负的人会不断进步。

　　如果一个人锋芒毕露，一定会遭到他人的忌恨和非议，甚至引来杀身之祸。历史上和现实生活中的这种例子比比皆是。

　　汉末时期的杨修才智过人，是曹营的主簿，他是个思维敏捷的才子，也是个有名的敢于冒犯曹操的官员。

　　刘备亲自攻打汉中，惊动了许昌，曹操也率领四十万大军迎战。曹刘两军在汉水一带对峙。曹操屯兵日久，进退两难，适逢厨师端来鸡汤。曹操见碗底有鸡肋，有感于怀，正沉吟间，夏侯惇入帐禀请夜间号令。曹操随口说："鸡肋！鸡肋！"人们便把这当作号令传了出去。行军主簿杨修即叫随行军士收拾行装。装备归程。夏侯惇大惊，请杨修至帐中细问。杨修解释说："鸡肋者，食之无肉，弃之可惜。今进不能胜，退恐人笑，在此无益，来日魏王必班师矣。"夏侯惇也很信服，营中诸将纷纷打点行李。曹操知道后，怒斥杨修造谣惑众，扰乱军心，便把杨修斩了。

　　后人有诗叹杨修，其中有两句是："身死因才误，非关欲退兵。"这是很切中杨修之要害的。原来杨修为人恃才放旷，锋芒毕露，数犯曹操之忌。曹操兵出潼关，到蓝田访蔡邕之女蔡琰。蔡邕是曹操的好友，盛孚才名，但因哭董卓之尸被王允下狱缢死。蔡琰字文姬，原是卫仲道之妻，后被匈奴掳去，于北地生二子，作《胡笳十八拍》，传入中原。曹操深怜之，派人去赎蔡琰。匈奴王惧曹操势力，送还蔡琰。曹操把蔡琰许配给董祀为妻。曹操当日去访蔡琰，看见屋里悬一碑文图轴，内有"黄绢幼妇，外孙齑臼"八个字。曹操问众谋士谁能解此八字，众人都不能答，只杨修说已解其意。曹操叫杨修先不说破，让他再思解。告辞后，曹操上马行三十里，方才省悟，原来此含隐语"绝妙好辞"四字。曹操也是绝顶聪明的人，却要行三十里才思考出来，可见急智捷才远不及杨修。

　　曹操曾造花园一所。造成，曹操去观看时，不置褒贬，只取笔在门上写一"活"字。杨修说："门内添活字，乃阔字也。丞相嫌园门阔耳。"于是翻修。曹操再看后很高兴，但当知是杨修析其义后，内心已忌杨修了。又有一日，塞北送来酥饼一盒。曹操写"一合酥"三字于盒上，放在台上。杨修入内看见，竟取来与众人分食。曹操问为何这样，杨修答说，"你明明写'一人一口酥'嘛，我们岂敢违背你的命令？"曹操虽然笑了，内心却十分厌恶。

曹操怕人暗杀他，常吩咐手下的人说，他好做杀人的梦，凡他睡着时不要靠近他。一日他睡午觉，把被蹬落地上，有一近侍慌忙拾起给他盖上。曹操跃起来拔剑杀了近侍，然后又上床睡。不久他起来后，假意问是谁杀了近侍。大家告诉他实情。他痛哭一场，命厚葬之。因此众人都以为曹操梦中杀人。只有杨修知曹操的心，于是便一语道破天机。凡此种种，皆是杨修的"聪明"犯着了曹操。杨修之死，在于他的锋芒毕露，不知藏锋露拙。

杨修是历史的一面镜子。他的死殊为可惜，可他的死确实使后人清醒。

5.5 或曰："雍也仁而不佞①。"子曰："焉用佞？御人以口给②，屡憎于人。不知其仁，焉用佞？"

【题解】

孔子向来不赞成花言巧语的佞人。孔子针对他人对冉雍的评价，表达了自己的见解。他认为为人之道在于有仁德，根本不需要伶牙俐齿。仅仅靠空言善说来处世的人，只能招人讨厌。如果没有仁德，花言巧语有什么用呢？

【注释】

①雍：冉雍，字仲弓，孔子的学生。佞：能言善说，有口才。②御：抵挡，这里指争辩顶嘴。口给：应对敏捷，嘴里随时都有供给的话语。

【译文】

有人说："冉雍这个人有仁德，但没有口才。"孔子说："何必要口才呢？伶牙俐齿地同他人争辩，常常被人讨厌。我不知道他是否可称得上仁，但为什么要有口才呢？"

5.6 子使漆雕开仕①，对曰："吾斯之未能信。"子说。

【题解】

孔子的教育理念是"学而优则仕"，学好知识，就去为官做事。孔子是鼓励学生从政做事的。他让学生漆雕开去出仕，但漆雕开觉得自己尚未达到"学而优"的程度，没有充分的把握，他想继续学礼，晚点去做官，孔子很满意他这种谦谨的态度。

【注释】

①漆雕开：姓漆雕，名开，字子若。孔子的学生。

【译文】

孔子叫漆雕开去做官。他回答说："我对这事还没有信心。"孔子听了很欢喜。

5.7 子曰："道不行，乘桴浮于海①。从我者，其由与？"子路闻之喜。

子曰："由也好勇过我，无所取材。"

【题解】

这段对话表达了孔子对于自己不能行道于天下的感叹，也说出了对学生仲由的信任和深厚情感。孔子说当他有一天只好乘筏到海外去的时候，只有子路可以一同随从。他既表扬了子路的好勇，又指出了子路的不足。

【注释】

①桴：用来在水面浮行的木排或竹排，大的叫筏，小的叫桴。

【译文】

孔子说："如果主张的确无法推行了，我想坐着木排漂流海外。跟随我的，恐怕只有仲由吧？"子路听了这话很高兴。孔子说："仲由这个人好勇的精神大大超过我，但不善于裁夺事理。"

5.8　孟武伯问："子路仁乎？"子曰："不知也。"又问，子曰："由也，千乘之国，可使治其赋也。不知其仁也。""求也何如？"子曰："求也，千室之邑，百乘之家，可使为之宰也①；不知其仁也。""赤也何如②？"子曰："赤也，束带立于朝，可使与宾客言也。不知其仁也。"

【题解】

在这里孔子对自己的三个学生进行了评价，认为他们各有专长，有的可以管理军事，有的可以管理内政，有的可以办理外交。在孔子看来，最重要的标准——仁，他的学生们还没有达到，这也反映了为仁之难。

【注释】

①宰：古代县、邑一级的行政长官。卿大夫的家臣也叫宰。②赤：公西赤，字子华，孔子的学生。

【译文】

孟武伯问："子路算得上有仁德吗？"孔子说："不知道。"孟武伯又问一遍。孔子说："仲由啊，一个具备千辆兵车的大国，可以让他去负责军事。至于他有没有仁德，我就不知道了。"又问："冉求怎么样？"孔子说："求呢，一个千户规模的大邑，一个具备兵车百辆的大夫封地，可以让他当总管。至于他的仁德，我弄不清。"孟武伯继续问："公西赤怎么样？"孔子说："赤呀，穿上礼服，站在朝廷上，可以让他和宾客会谈。他仁不仁，我就不知道了。"

5.9　子谓子贡曰："女与回也孰愈①？"对曰："赐也何敢望回？

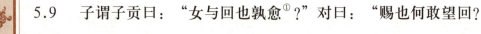

回也闻一以知十，赐也闻一以知二。”子曰：“弗如也！吾与女弗如也②。”

【题解】

颜回是孔子最为器重的学生，他不仅勤于学习，而且善于融会贯通，能闻一知十。所以素来对学生严格要求的孔子也对他大加赞赏。

【注释】

①愈：胜过，超过。②与：许，同意，赞成。

【译文】

孔子对子贡说：“你和颜回相比，哪个强一些？”子贡回答说：“我怎么敢和颜回相比呢？颜回他听到一件事就可以推知十件事；我呢，听一件事，只能推知两件事。”孔子说：“赶不上他，我同意你说的赶不上他。”

【论语的智慧】

孔子最喜欢颜回，几次表示像颜回这样的人早死真是老天爷不公，人们常说的“由来才命两相妨”也不是全无道理，有很多天才都是英年早逝，否则还要有更大的成就才是。孔子有一天大概很清闲，和子贡聊天。他说：“子贡，你说老实话，你自己觉得你和颜回哪一个厉害？”这是孔子在问子贡他和同窗颜回哪个人的学业好。子贡是一个非常聪明而且有自知之明的人，仿照子贡的回答，南怀瑾先生非常幽默地解释说：“哎呀，老师你饶了我吧。我哪里敢和他相提并论啊？你告诉我们一，颜回就能参悟到十。而我也就知道一二而已。”孔子说：“你啊，在学业上还真不如他。不仅你不如他，连我也不如他。”当然这是孔子的自谦语，但是不得不说颜回一定是一个悟性极高、道德极好的学生，做老师的人最高兴的事莫过于得天下英才而教之。我们要学习的就是子贡的精神，他自己也是成就很高的，非常有才华，品行也不错，但是他没有骄傲。这在很多事情上都有反映，比如还有几次他对孔子声誉的维护，他不允许人家说他比孔子的学问要好。换了今天的人，没准还巴不得有人恭维自己呢！正好顺水推舟，让自己得一个青出于蓝而胜于蓝的美名。只要自己能出名，哪里还管得了老师的死活啊？

一般来说聪明人都容易骄傲，觉得自己就是天下第一，从来不肯低头。这是人类的通病，更是聪慧者常犯的错误，所以子贡的谦虚也就显得格外宝贵。

乾隆三十八年，毕秋帆任陕西巡抚。赴任的时候，经过一座古庙，毕秋帆进庙内休息。一个和尚坐在佛堂上念经，有人报巡抚毕大人来了，这个和尚纹丝不动，只顾念经。毕秋帆当时刚四十出头，正是英年得志，自己又中过状元，名满天下，见老和尚这样傲慢，心里很不高兴。老和尚念完一卷经之后，离座起身，合掌施礼，说道：“老衲适才佛事未毕，接待疏慢，望大人恕罪。”

毕秋帆说：“佛家有三宝，老法师为三宝之一，何言疏慢？”

随即，毕秋帆上坐，老和尚侧坐相陪。

交谈中，毕秋帆问：“老法师诵的何经？”

老和尚说："《法华经》。"

毕秋帆说："老法师一心向佛，摒除俗务，诵经不辍，这部《法华经》想来应该烂熟如泥，不知其中有多少个'阿弥陀佛'？"

老和尚听了，知道毕秋帆心中不满，有意出这道题为难他，于是不慌不忙，从容地答道："老衲资质鲁钝，随诵随忘。大人文曲星下凡，屡考屡中，四书想来也应该烂熟如泥，不知其中有多少个'子曰'？"毕秋帆听了不觉大笑，对老和尚的回答极为赞赏。

献茶之后，老和尚陪毕秋帆观赏菩萨殿宇，来到一尊弥勒佛的佛像前，毕秋帆指着弥勒佛的大肚子对老和尚说："你知道他这个大肚子里装的是什么吗？"

老和尚马上回答："满腹经纶，人间乐事。"

毕秋帆不由连声称好，接着问他："老法师如此捷才，取功名容易得很，为什么要抛却红尘，皈依佛门？"

老和尚回答说："富贵如过眼烟云，怎么比得上西方一片净土？"

两人又一同来到罗汉殿，殿中十八尊罗汉各种表情，各种姿态，栩栩如生。毕秋帆指着一尊笑罗汉问老和尚："他笑什么呢？"

老和尚回答说："他笑天下可笑之人。"

毕秋帆一顿，又问："天下哪些人可笑呢？"

老和尚说："恃才傲物的人，可笑；贪恋富贵的人，可笑；倚势凌人的人，可笑；钻营求宠的人，可笑；阿谀逢迎的人，可笑；不学无术的人，可笑；自作聪明的人，可笑……"

毕秋帆越听越不是滋味，连忙打断他的话，说道："老法师妙语连珠，针砭俗子，下官领教了。"说完深深一揖，便带领仆从离寺而去。

著名的古希腊大哲学家苏格拉底学识渊博，然而他从来不会自满，他流传下来的名言警句有一句很有意思："我唯一知道的就是我一无所知。"一个人有了这样的成就还能谦虚得如几岁的孩童，真是难得。"谦受益，满招损"，这是古人留给我们这些后世之人的智慧。如今整个社会风潮是讲究有个性、要自信，然而很多人将自信理解成了骄傲自大，这真是自己的损失。

5.10　宰予昼寝。子曰："朽木不可雕也，粪土之墙不可杇也①。于予与何诛②？"子曰："始吾于人也，听其言而信其行；今吾于人也，听其言而观其行。于予与改是。"

【题解】

宰予在孔子学生中以善于言辞著称，有时还夸夸其谈。孔子于是便借"昼寝"一事把他责备了一番，并且提出要准确判断一个人，既要听其言，还要去观其行，看看他的言行是否一致。

【注释】

①杇：涂饰，粉刷。后起字作"圬"。②与：语气词。诛：意为责备、批评。

【译文】

宰予在白天睡觉。孔子说："腐朽了的木头不能雕刻，粪土一样的墙壁不能粉刷。对宰予这个人，不值得责备呀！"孔子又说："以前，我对待他人，听了他的话便相信他的行为，现在，我对待他人，听了他的话还要观察他的行为。我是因宰予的表现而改变了对人的态度的。"

【论语的智慧】

孔子说："以前，我对他人，听到他的话便相信他的行为；现在，对于他人，听到他的话还要观察他的行为。""听其言而信其行"，这是考查一个人的正确方法，与朋友相交也是如此。如果仅凭他的舌绽莲花，你就把他当作至交好友，这样是很容易判断失误的。比如，有的朋友平日里对你满嘴的甜言蜜语，可实际上他是口蜜腹剑，与你相交完全是为了某种龌龊的目的，大事一了，马上一拍两散。他是"满载而归"，而你——吃了个大大的"黄连"。相反，有的人虽不会说漂亮话，却能为你两肋插刀。

从前有一个仗义的人，广交天下朋友。临终前对他儿子讲，如果有难以解决的事情时，可以去找你洛河的李叔帮忙。儿子想了想，问父亲为何要找那个不太说话、平时又不苟言笑的李先生，为什么不去找平时与父亲交往颇多的那些人呢？

父亲听完后笑笑说："别看我自小在社会闯荡，结交的人多如牛毛，其实我这一生就交了两个真正的朋友。一个是你徐州的刘伯伯，可惜他住得太远怕是不能及时帮忙；一个就是你李叔。其他的不足所托啊。"

儿子纳闷不已，因为他始终不明白为何平时那么多经常来往的"和善"的叔叔伯伯们不是父亲真正的朋友。他的父亲看出儿子的疑虑后贴在他的耳朵边交代一番，然后对他说，你按我说的去见见我的这些朋友，朋友的含义你自然就会懂得。

儿子先去了他父亲认定的朋友李叔那里，对他说："我是某某的儿子，现在正被他人追杀，情急之下投身你处，希望予以搭救！"那位李叔一听，容不得思索，赶紧叫来自己的儿子，喝令儿子速速将衣服换下，并将自己儿子脱下的衣服穿在了眼前这个朋友的"逃犯"儿子身上，而让自己儿子穿上了朋友的"逃犯"儿子的衣服。

儿子又去了他父亲说的一位不是真朋友的人那里，把同样的话叙说了一遍。这个"朋友"听了，对眼前这个求救的"逃犯"说："孩子，我不是不救你，只是事情太大了，你看我也没有什么门路，要不你再到别处看看……"

儿子明白了：在你生死攸关的时刻，那个能与你肝胆相照，甚至不惜牺牲自身利益搭救你的人，才可以算作真正的朋友，虽然他平时看起来不见得比他人"和善"。这就是"一个朋友"的选择。

人们常说："在家靠父母，出外靠朋友。"朋友在一个人的社会活动中无疑是非常重要的。所以在选择朋友时更要格外注意考查他的行为，而不能仅仅依靠他所说的话就断定对方是否能成为自己的朋友。

5.11　子曰："吾未见刚者。"或对曰："申枨^①。"子曰："枨也欲，焉得刚？"

【题解】

孔子认为，人的欲望过多，便容易屈服而不刚强了。"刚"不是指血气之勇，而是刚强坚毅的内心力量和道德意志。孟子后来对这种"刚"也有所阐明，是"贫贱不能移，富贵不能淫，威武不能屈"。

【注释】

①申枨：孔子的学生，姓申，名枨，字周。

【译文】

孔子说："我没有见过刚毅不屈的人。"有人回答说："申枨是这样的人。"孔子说："申枨啊，他的欲望太多，怎么能刚毅不屈？"

【论语的智慧】

如果人们想要过一种"心灵的生活"，那么就应该放弃对名利的欲望。一个有欲望的人是刚强不起来的。

佛经上有一句话，叫作"无欲则刚"，意思是说，一个人如果没有什么欲望的话，他就什么都不必怕了。和尚在寺院里修炼一辈子，最后没有一个不想上西天的；道士整日闭关打坐，最后没有一个不想白日飞升的，可见虽然"无欲则刚"，但要做到"无欲"是一件多么困难的事。"欲"，实际就是一种生活目标，一种人生理想。古人常言："海纳百川，有容乃大；壁立千仞，无欲则刚。"这是对山河雄伟的赞美，说明海的广大，山的挺拔。其也可比喻人的胸怀宽广、大度，既要有宽容的性格，又要为人正直，不要有任何的私欲，要大公无私，方可站得稳，行得正，无私则无畏。

有一则寓言，说的是有位书生准备进京赶考，路过鱼塘时正巧渔夫钓了一条大鱼，这位书生便问渔夫是如何钓到的。渔夫得意地说，这当然需要一些技巧，刚开始因鱼饵太小，大鱼根本不理我，于是我把小饵换成大饵，没一会儿大鱼就上钩了。书生听后，感叹说：鱼啊，鱼啊，塘里小鱼小虾这么多，让你一辈子都吃不完，你却挡不住诱惑，偏要去吃渔夫送上门的大饵，你是因贪欲而死啊！

读完这则寓言，想想现在的一些人，对待名利，就像大鱼看到了快到嘴边的鱼饵，生怕咬晚了被他人叼走，拼死奋力地抢夺。有的沽名钓誉，弄虚作假，有的跑官、买官，不择手段，有的见钱眼开，唯利是图，有的追求享乐，腐化堕落。老子说得好，"见谷而止为德"。邪生于无禁，欲生于无度。手中有权者一旦忽略了世界观的改造，而"疾小不加诊，浸淫将遍身"，到头来必然出大事、栽大跟头。

时下，有这样一种不良的倾向，常听见有些领导干部发这样的牢骚："我年龄偏大，职务偏低，工作干好干坏是一个样了，反正我已是无所求了……"言下之意，他们不图什么，淡泊人生，似乎达到了一种很高尚的人生境界。其实不然，这种工作、事业上的不思进取、不求上进的人生态度，是非常消极有害的，最终只能导致自己无所作为。

其实，有求与无求本是不可分割的统一体，能否正确对待有求与无求，反映了一个人的思想品德、人格情操的高尚和低下。品德高尚的人，名利上无所求，事业上却是生命不息，奋斗不止；品德低下的人，看重的是名利地位，追求的是个人利益，一旦满足不了个人私欲，工作上就怨天尤人，不思进取。

清人陈伯崖曾说过："人到无求品自高。"他所说的无求，并不是前面有些人所说的，在工作、事业上缺少追求，甘居人后。而是告诫人们，在面对名利和低级趣味的生活时，要无所求，对待事业和人生，却需要孜孜不倦地追求。有所不求才能有所求。

陆游祠

"无欲则刚""淡泊名利"，这才是无求的最高境界。那种碌碌无为、不求有功但求无过的人生是庸人的哲学。一个人只有抛开名缰利锁和低级趣味的困扰，去追求高尚的事业和完美的人生，才能胸怀磊落、大展宏图、有所作为。

南宋爱国诗人陆游对待有求与无求的人生态度，堪称我们的典范。他为官一贯坚持"忧民怀凛凛，谋己耻营营"的高洁操守，出仕三十年"不殖一金产"，辞官引退后"身杂老农间"，生活贫困，囊中羞涩，仍然"足迹不踏权门"，不为自己的事有求于人。仅仅无求于人还不够，他还时常教导当时为吉州吏（现为江西省吉安）的儿子，要有求于己、有所贡献。他对儿子有四条要求：一为政要清廉，"汝为吉州吏，但饮吉州水，一钱亦分明，谁能肆谗毁？"二为人要正直，"岂为能文辞？实亦坚操履。"三治学要勤勉，"相从勉讲学，事业在积累。"四办事要仁义，"仁义本何常？蹈之则君子。"这就是一个父亲对儿子的耿耿"有求"。从陆游身上，我们可以看到有求与无求的和谐统一。

这无疑对今天的人们有很大的启迪意义。

世间万事万物都归于一个"淡"字，清淡明志，雅淡抒节，平淡处世。人生在世，难道不应该从这个"淡"字中，品尝出一些"无求与有求"的深邃哲理吗？

5.12 子贡曰："我不欲人之加诸我也①，吾亦欲无加诸人。"子曰："赐也，非尔所及也。"

【题解】

子贡这里所讲的，与前面《里仁》篇的"己所不欲，勿施于人"相照应，表明了他的志向。

【注释】

①加：有两种解释，一是施加，二是凌辱，今从前义。

【译文】

子贡说："我不愿他人把不合理的事加在我身上，我也不想把不合理的事加在他人身上。"孔子说："赐呀，这不是你可以做得到的。"

5.13 子贡曰："夫子之文章，可得而闻也；夫子之言性与天道①，不可得而闻也。"

【题解】

子贡认为，孔子讲礼乐诗书等知识是有形的，可以听闻学到，但是关于人性与天道的理论，很少听闻孔子说到，显得深微难知。

【注释】

①天道：天命。《论语》中孔子多处讲到天和命，但不见有孔子关于天道的言论。

【译文】

子贡说："老师关于《诗》《书》《礼》《乐》等文献的讲述，我们能够听得到，但老师关于人性和天命方面的言论，我们从来没听到过。"

5.14 子路有闻，未之能行，唯恐有闻。

【题解】

这几句形象地表述了子路的急切率直，勇于力行。

【译文】

子路听到了什么事，还没有来得及去做，只怕又听到另有什么事要去做。

【论语的智慧】

子贡问什么是君子，孔子回答说，君子一定会把实际行动放在言论的前面。而孔子的学生中，子路最怕听孔子对他讲话，因为他怕自己听了而做不到，有愧于为学。由此可见对真正的君子来说，实践是何等的重要。梁漱溟先生完全同意孔子的看法，认为真正的君子就应少说空话、多做实事。也因为此，后人称梁先生为君子儒。

有一则广为流传的"纸上谈兵"的故事，想必大家都不陌生。

公元前 262 年，秦昭襄王派大将白起进攻韩国，占领了野王（今河南沁阳），截断了上党郡（今山西长治）和韩都的联系，上党形势危急。上党的韩军将领不愿意投降秦国，打发使者带着地图把上党献给了赵国。

赵孝成王（赵惠文王的儿子）派军队接收了上党。过了两年，秦国又派大将军王龁率兵围住上党。

赵孝成王听到消息，连忙派廉颇统领 20 多万大军去救上党。他们才到长平（今山西高平县西北），上党已经被秦军攻占了。

廉颇见状连忙守住阵地，叫兵士们修筑堡垒，深挖壕沟，跟远来的秦军对峙，准备做长期抵抗。

王龁想尽快攻下长平，于是几次三番向赵军挑战，可廉颇说什么也不跟他们交战。王龁想不出什么法子，只好派人回报秦昭襄王，说："廉颇是个富有经验的老将，不轻易出来交战。我军老远到这儿，长期下去，就怕粮草接济不上，怎么好呢？"

秦昭襄王请范雎出主意。范雎说："要打败赵国，必须先叫赵国把廉颇调回去。"

秦昭襄王说："这哪能办得到呢？"

范雎说："让我来想办法。"

几天后，赵孝成王就听到左右纷纷议论，说："秦国就是怕让年轻力强的赵括带兵；廉颇不中用，眼看就快投降啦！"

他们所说的赵括，是赵国名将赵奢的儿子。赵括小时候爱学兵法，谈起用兵的道理来，头头是道，自以为天下无敌，连他父亲也不放在眼里。

赵王听信了左右的议论，立刻把赵括找来，问他能不能打退秦军。赵括说："要是秦国派白起来，我还得考虑一下。如今来的是王龁，他不过是廉颇的对手。要是换上我，打败他不在话下。"

赵王听了很高兴，就拜赵括为大将，去接替廉颇。

蔺相如听后对赵王说："赵括只懂得读父亲的兵书，不会临阵应变，不能派他做大将。"可是赵王对蔺相如的劝告听不进去。

当时赵括的母亲也向赵王上了一道奏章，请求赵王别派他儿子去。赵王把她召了来，问她什么理由。赵母说："他父亲临终的时候再三嘱咐我说：'赵括这孩子把用兵打仗看作儿戏似的，谈起兵法来，就眼空四海，目中无人。将来大王不用他还好，如果用他为大将的话，只怕赵军断送在他手里。'所以我请求大王千万别让他当大将。"

赵王不相信这些话，还是让赵括带兵出征了。

公元前260年，赵括领兵20万到了长平，廉颇验过兵符后，回邯郸去了。

赵括统率着40万大军，声势十分浩大。他把廉颇规定的一套制度全部废除，下了命令说："若秦国再来挑战，必须迎头打回去。敌人打败了，就得追下去，杀得他们片甲不留。"

那边范雎得到赵括替换廉颇的消息，知道自己的反间计成功，就秘密派白起为上将军，去指挥秦军。白起一到长平，布置好埋伏，故意打了几阵败仗。赵括不知是计，拼命追赶。白起把赵军引到预先埋伏好的地区，派出精兵25000人，切断赵军的后路；另派5000骑兵，直冲赵军大营，把40万赵军切成两段。赵括这才知道秦军的厉害，只好筑起营垒坚守，等待救兵。秦国又发兵把赵国救兵和运粮的道路切断了。

赵括的军队，内无粮草，外无救兵，守了40多天，兵士都叫苦连天，无心作战。赵括带兵想冲出重围，秦军万箭齐发，把赵括射死了。赵军听到主将被杀，也纷纷扔了武器投降。40万赵军，就在只会"纸上谈兵"的主帅赵括手里全军覆没了。

赵括虽饱读兵书，对兵法了如指掌，但真正打起仗来却无法将平时侃侃而谈的兵法应用于实际的战争当中，最终死于沙场。

所以，对于做人做事的道理，夸夸其谈是不行的，只有配以足够的实践，才能彻底参悟个中道理。否则，等到大事临头，则悔之晚矣。

5.15 子贡问曰："孔文子何以谓之文也[①]?"子曰："敏而好学，不耻下问，是以谓之文也。"

【题解】

《逸周书·谥法》："学勤好问曰文。""文"是个美谥。一般人聪敏多不爱好学习，位高就耻于向地位、身份、知识不如自己的人求教。而孔文子聪明而好学，不耻下问，乐于求教，所以能得到"文"的美谥。

《论语》大讲堂

一〇四

【注释】

①孔文子：卫国大夫，姓孔，名圉，"文"是谥号。

【译文】

子贡问道："为什么谥孔文子'文'的称号呢？"孔子说："他聪明勤勉，喜爱学习，不以向比自己地位低下的人请教为耻，所以谥他'文'的称号。"

5.16 子谓子产^①："有君子之道四焉：其行己也恭，其事上也敬，其养民也惠，其使民也义。"

【题解】

孔子赞美子产具有君子的四种德行。

【注释】

①子产：姓公孙，名侨，字子产，郑国大夫。做过正卿，是郑穆公的孙子，为春秋时郑国的贤相。

【译文】

孔子评论子产说："他有四个方面符合君子的标准：他待人处世很谦恭，侍奉国君很负责认真，养护百姓有恩惠，役使人民合乎情理。"

5.17 子曰："晏平仲善与人交^①，久而敬之。"

【题解】

孔子在这里称赞齐国大夫晏婴善于跟人交朋友，越是相处久了，他人对他越是尊敬，这是很不容易的。

【注释】

①晏平仲：名婴，谥号为平，齐国的大夫。

【译文】

孔子说："晏平仲善于与人交往，相识时间久了，他人更加尊敬他。"

【论语的智慧】

孔子说："晏平仲善于与人交往，相识时间久了，他人更加尊敬他。""久而敬之"这四个字是什么意思呢？就是说晏子和老朋友交往，越是相处得久，越是"相敬如宾"。我们现代人乍听这句话觉得没有什么了不起，甚至会认为这个就算会交友了吗？好朋友不是更亲密无间吗？其实这句话蕴藏着很高明的交往艺术。比如，有的人因为和老朋友交情深厚，相处起来无所顾忌，时间久了，一对"死党"变成"最熟悉的陌生人"。像晏子这样的大政治家都推崇"久而敬之"的交友之道，可见它确有深刻的道理。

在文坛，两位世界级文学大师的故事不幸地从反面印证了晏子的正确。

加西亚·马尔克斯是1982年诺贝尔文学奖获得者，巴尔加斯·略萨则是当时被人们认为随时可能获得诺贝尔文学奖的西班牙籍秘鲁裔作家。他们堪称当时世界文坛最令人瞩目的一对冤家。他俩第一次见面是在1967年。那年冬天，刚刚摆脱"百年孤独"的加西亚·马尔克斯应邀赴委内瑞拉参加一个他从未听说过的文学奖项的颁奖典礼。

当时，两架飞机几乎同时在加拉加斯机场降落。一架来自伦敦，载着巴尔加斯·略萨，另一架来自墨西哥城，它几乎是加西亚·马尔克斯的专机，两位文坛巨匠就这样完成了他们的历史性会面。因为同是拉丁美洲"文学爆炸"的领军人物，他们彼此仰慕、神交已久，所以除了相见恨晚，便是一见如故。巴尔加斯·略萨是作为首届罗慕洛·加列戈斯奖的获奖者来加拉加斯参加授奖仪式的，而马尔克斯则专程前来捧场。所谓一见如故，他们手拉着手登上了同一辆汽车。他们不停地交谈，几乎将世界置之度外。此后，他们形影不离地在加拉加斯度过了"一生中最有意义的4天"，制订了联合探讨拉丁美洲文学的大纲和联合创作一部有关哥伦比亚—秘鲁关系的小说的计划。

作为友谊的黄金插曲，略萨邀请马尔克斯顺访秘鲁，后者谓之求之不得。在秘鲁期间，略萨和妻子为他们的第二个儿子举行了洗礼，马尔克斯自告奋勇，做了孩子的教父。孩子取名加夫列尔·罗德里戈·贡萨洛，即马尔克斯外加他两个儿子的名字。

但是，正所谓太亲易疏。多年以后，这两位文坛宿将终因不可究诘的原因反目成仇、势不两立，以至于1982年瑞典文学院不得不取消把诺贝尔文学奖同时授予马尔克斯和略萨的决定，以免发生其中一人拒绝领奖的尴尬。当然，这只是传说之一。后来，没有人能再把他们撮合在一起。

当我们怀着无比遗憾的心情看完了他们的故事后，不得不感慨"君子之交淡如水"这句话是多么正确，而孔子之所以推崇晏子的交友之道也有其深刻的人生体悟在里面，相信一个没有太多人生经历的人是不会理解其中深意的。当我们明白了这一点，也就会懂得友情不能一气用光，用心经营才是首选，而方法就是文火慢炖。

5.18　子曰："臧文仲居蔡①，山节藻棁②，何如其知也③？"

【题解】

臧文仲在当时被人们称为"智者"，而孔子却认为他不智。因为按照周礼，占卜吉凶的大龟为国君所藏，而刻有山形的斗拱和画有水藻的梁柱是国君的庙饰，而臧文仲却加以擅用，是违反礼制的。

【注释】

①臧文仲：姓臧孙，名辰，"文"是他的谥号。春秋时鲁国大夫。居蔡：蔡，国君用以占卜的大龟。蔡这个地方产龟，因此把大龟叫蔡。居，做动词用，藏的意思。臧文仲藏了一只大龟。②山节藻棁：节，柱上的斗拱；棁，房梁上的短柱。山节藻棁，把斗拱雕成山形，在棁上绘上水草花纹。古时是装饰天子宗庙的做法。③知：通"智"。孔子认为臧文仲为大龟盖豪华的房子，为僭越行为，不智。

【译文】

孔子说:"臧文仲为名叫蔡的大乌龟盖了一间房子,中有雕刻成山形的斗拱和画着藻草的梁柱,他这算一种什么样的聪明呢?"

5.19 子张问曰:"令尹子文三仕为令尹①,无喜色;三已之,无愠色。旧令尹之政,必以告新令尹。何如?"子曰:"忠矣。"曰:"仁矣乎?"曰:"未知,焉得仁?"

"崔子弑齐君②。陈文子有马十乘③,弃而违之④。至于他邦,则曰:'犹吾大夫崔子也。'违之。之一邦,则又曰:'犹吾大夫崔子也。'违之,何如?"子曰:"清矣。"曰:"仁矣乎?"曰:"未知,焉得仁?"

【题解】

孔子是强调"仁"的本体性的,仁是天地之道最本质的事物,也是最根本的做人之道。仅有忠和清还谈不上仁。在孔子看来,"忠"和"清"都只是仁的一些外在行为,应该从根本的仁德上去努力做好。

【注释】

①令尹:楚国的官名,相当于宰相。子文:姓斗,名毅於菟,字子文,楚国贤相。三仕三已的"三"不是实指,只是概数,可译为"几"。②崔子:崔杼,齐国的大夫,曾杀掉他的国君齐庄公。弑:古代在下的人杀掉在上的人叫弑。③陈文子:齐国大夫,名须无。④违:离开。

【译文】

子张问道:"楚国的令尹子文几次担任令尹的职务,没有显出高兴的样子;几次被罢免,也没有怨恨的神色。他当令尹时的政令,一定交代给下届接位的人。这个人怎么样?"孔子说:"可算得上对国家尽忠了。"子张问:"算得上有仁德吗?"孔子说:"不知道,这怎么能算仁呢?"

子张又问:"崔杼杀了齐庄公。陈文子有四十匹马,他都丢弃不要,就离开了。到了另一个国家,说:'这里的执政者和我国的崔子差不多。'又离开了。再到了一国,说:'这里的执政者和我国的崔子差不多。'还是离开了。这人怎么样?"孔子说:"很清白。"子张说:"算得上有仁德吗?"孔子说:"不知道,这怎么能算有仁德呢?"

【论语的智慧】

令尹子文是春秋时期楚国的著名宰相,姓斗,名毅於菟。这里是孔子和弟子子张的对话。子张说:"老师,楚国人子文三次做宰相,三次被罢免,但是他三起三落时没有任何的喜色也没有任何的怒色。这样的人怎么样?"南怀瑾先生说,孔子向来对这样的人很钦佩,他们的修养可以说非常之高,宠辱不惊且淡泊明志,不是一般人能做到的。

我们平常看到的情况多半是"人逢喜事精神爽",遇到高兴的事谁能不喜形于色呢?但是这个楚国宰相没有。三次下台,一般人肯定是心灰意冷或者心有不甘,但是他依然故我,丝毫不见怒色、忧色。这就是人生的修养。富贵名利当然人人都想要,但是得之则喜、失之若惊就谈不上什么高境界。这是孔子的富贵名利观,在老子的《道德经》一书中也有类似的表述:

"宠辱若惊,贵大患若身。何谓宠辱若惊?宠为下,得之若惊,失之若惊,是谓宠辱若惊。何谓贵大患若身?吾所以有大患者,为吾有身,及吾无身,吾有何患?故贵以身为天下,若可寄天下;爱以身为天下,若可托天下。"

万物发展有其规律,到极致时就会走向反面,到鼎盛时就会走向衰败。熊熊燃烧之火,离快要熄灭的时候已经不远了。因而,对于功名利禄不必强求,老子还有一句话比较适合欲争夺名利的人:"夫唯不争,天下莫之能争也。"对名利,我们也许会发现"有心栽花花不开,无心插柳柳成荫"的现象。这本不足道,世间万物无常,更何况名利之物呢?别人能给你的东西,他们也就能随时拿走。所以不要为了他们的馈赠而喜悦,也不要为了他们的拿走而心生怨恨。我们看一位古人的为官之道,也就更能明白楚国宰相子文的心境。

孙叔敖原来是位隐士,被人推荐给楚庄王,三个月后做了令尹(宰相)。他善于教化引导人民,因而使楚国上下和睦,国家安宁。

有位狐丘老人,很关心孙叔敖,特意登门拜访,问他:"高贵的人往往有三怨,你知道吗?"

孙叔敖问:"您说的三怨是指什么呢?"

狐丘老人说:"爵位高的人,别人忌妒他;官职高的人,君王讨厌他;俸禄优厚的人,会招来怨恨。"

孙叔敖笑着说:"我的爵位越高,我的态度越谦卑;我的官职越大,我的欲望越小;我的俸禄越优厚,我对别人的施舍就越多。我用这样的办法来避免三怨,可以吗?"

狐丘老人感到很满意,于是走了。

孙叔敖按照自己说的做了,避免了不少麻烦,但也并非是一帆风顺,他曾几次被免职,又几次被复职。有个叫肩吾的隐士对此很不理解,就登门拜访孙叔敖,问他:"你三次担任令尹,没有感到喜悦;你三次离开令尹之位,也没有露出忧色。我对此感到疑惑,现在看你的气色又是如此平和,你的心里到底是怎样想的呢?"

孙叔敖回答说:"我哪里有什么过人的地方啊?我认为官职爵禄的到来是不可推却的,离开是不可阻止的。得到和失去都不取决于我自己,因此才没有觉得喜悦或忧愁。况且我也不知道官职爵禄应该落在别人身上呢,还是应该落在我的身上。落在别人身上,那么我就不应该有,与我无关;落在我身上,那么别人就不应该有,与别人无关。我的追求是顺其自然,悠闲自得,哪里有闲工夫顾得上什么人间的贵贱呢?"

肩吾对他的话很钦佩。

孙叔敖后来得了重病,临死前告诫儿子说:"楚王认为我有功劳,因此多次想封赏我土地,我都没有接受。我死后,楚王为了奖励我生前的功绩,一定会封给你土地,你千万不要接受富饶的土地。在楚国和越国之间,有个地方叫寝丘。这个地方土地贫瘠,名字也很不好听。楚国人信奉鬼神,越国人讲求吉祥,都不会争夺这个地方,因此这个地方可以长久拥有。"

孙叔敖死后,楚王果然要封给他儿子一块相当好的土地,他儿子辞谢不受,只请求寝

《论语》大讲堂

一〇七

丘之地，楚王答应了他的请求。按照楚国的规定，分封的土地不许传给下一代，唯有孙叔敖儿子的封地可以世代相传。

"宠辱不惊，淡泊明志"是我们常常挂在嘴边的话，但是要做到又谈何容易呢？凡人常有的是宠辱若惊，既不淡泊也不明志。这样的人生修养需要很豁达的心胸才能做得到，但是并不是因为我们平凡就达不到这境界，人生境界的高低不在于个人社会地位的高低，而在于眼界的高下。如果你的胸怀够宽广，能够承载很多得意与失意之事，那么你就靠近了圣人所描述的境界。

5.20 季文子三思而后行①。子闻之，曰："再，斯可矣。"

【题解】

孔子在这里又给人们一个重要的提示，凡事都有一个度，慎重如果过了头就变成怯懦了。"三思而后行"是一句传世名言，很多人奉之为处事方法。但是，孔子早就告诉人们，凡事考虑利与弊就行了，思考太多，便会犹豫不决。后人对此已有领会："文子生平盖祸福利害之计太明，故其美恶两不相掩，皆三思之病也。其思之至三者，特以世故太深，过为谨慎；然其流弊将至利害徇一己之私矣。"

【注释】

①季文子：鲁国的大夫，姓季孙，名行父，"文"是谥号。

【译文】

季文子办事，要反复考虑多次后才行动。孔子听到后，说："考虑两次就可以了。"

【论语的智慧】

我们每个人大概都被长辈教导过："做事情不要太莽撞，三思而后行！"众人都认为这是孔子的意思，南怀瑾先生认为这其实是一个误解。季文子姓季孙，名行父，谥文，是鲁国的大夫。这个人性格过于谨慎，不敢冒险，凡事没有十拿九稳的概率他就不会去干。这样的人总是思虑过多，做起事情来瞻前顾后。孔子听说以后说了这样的话："不用思考那么多，两次就可以了。"

生活中，我们就会发现孔子的方法是最合适的：第一，它节约了时间成本；第二，它也不是想到了就去做，它还要我们思考，避免了因为盲目冲动而犯错。回过头来再看季文子的做法，显然太谨慎了。谨慎本来不是一件坏事，而且很有必要，但是凡事过头了也就等于还没有达到标准一样，也就是孔子说的"过犹不及"。北大教授、著名学者季羡林在《季羡林谈人生》一书中也曾批评过这样的做法，觉得浪费了时间不说，还往往让人错失良机。过分谨慎不是理性的标志，而是谨小慎微的性格，这样的人难免会落入小家子气的俗套。

有时候一个大好的机会摆在你的面前，你左思右想，想自己到底该不该去把握呢？你这样想的时候就已经远离了机遇。俗话说得好："当你在为没有抓住机遇老人的头发而暗自后悔的时候，你只能摸到它的秃头了！"一个哲学家的故事就深刻地说明了这个道理。

有一位哲学家正在房间里埋头忙于做自己的学问。

这时，一个喜欢他的女子大胆地敲开了他的房门："让我做你的妻子吧，错过我你将再也找不到比我更爱你的女人了。"

哲学家虽然也很喜欢她，但仍回答说："让我考虑考虑！"

事后，哲学家将结婚和不结婚的好坏一一列举出来比较，可是发现好坏均等，这让他不知该如何抉择。

于是，他陷入长期的思考之中，迟迟无法做出决定。

最后，他终于得出一个结论：人若在面临抉择而无法取舍的时候，应该选择自己尚未经历过的那一个。哲学家想："不结婚的情况我是清楚的，但结婚会是怎样的情况我还不知道。对！我该答应那个女人的请求。"

于是，哲学家来到女子的家中，对女子的父亲说："你的女儿呢？我已经决定娶她为妻。"

女子的父亲冷冷地回答："你来晚了10年，她现在已经是三个孩子的妈妈了。"

哲学家听了，整个人近乎崩溃，他万万没有想到向来自以为傲的谨慎，最后换来的竟然是一场悔恨。

后来，哲学家抑郁成疾，临死前他将自己所有的著作丢入火堆，只留下一段对人生的批注——"如果将人生一分为二，那么前半生应该是不犹豫，后半生是不后悔。"

这个哲学家犯的毛病就是考虑过多。像他这种人活在自己的世界里，自认为自己的每一个决定都很合理，可是就是在这样的"理性"中，他们失去了太多的机遇。人生中的很多问题都需要我们用心去思考，然而不是花费的时间越多就越能取得成效，所以遇到需要决定的时候，我们也要有勇气对自己说一句："不必三思而后行，两思就可以了。"

5.21 子曰："宁武子，邦有道则知^①，邦无道则愚。其知可及也，其愚不可及也。"

【题解】

这里表现了孔子的一个基本思想：既积极进取，又洁身保身。他称道宁武子在"邦无道"的情况下处世的"愚"，实际上是一种智慧，这种大智若愚的思想对后世影响深远。

【注释】

①宁武子：姓宁，名俞，谥号为"武"，卫国的大夫。

【译文】

孔子说："宁武子这个人，在国家政治清明时就聪明，国家政治黑暗时就装傻，他的聪明是他人可以做得到的，他的装傻，他人是赶不上的。"

【论语的智慧】

现代人骂起人来很恶毒，有时候会脱口而出"愚不可及"，说这个人笨得可以，简直无药可救。"愚不可及"出自《论语》。孔子的原意真的是骂人愚蠢吗？宁武子是卫国大夫。孔子在这里说的话翻译成今天的话就是："宁武子这个人在国家政治清明的时候表现得非常机智，在国家政治黑暗的时候他就表现出很愚蠢的样子。他的聪明智慧我们也许能达到，

但是他的糊涂我们却是怎么也赶不上的。"这样的一段话等于在夸赞宁武子这个人很会做人做事，有点儿后世郑板桥"难得糊涂"的味道。其实，这不过是一种假糊涂而已，其内在是一颗真聪明的心。为什么要装糊涂呢？大多是由于形势所迫，不得已而为之，例如楚庄王即位之初就是如此。

楚庄王是战国时楚国国君，在他即位的前三年里，从不过问朝政，日夜沉浸在田猎与酒色歌舞之中，甚至贴出布告："哪一个胆敢向我提意见，立即斩首，决不宽恕。"其时，邻国不断前来侵犯，国内的许多大臣也贪赃枉法，玩忽职守。一些忠于国事的大臣很是忧虑，可是，谁也不敢向他进谏。

大夫伍举看到朝政日益腐败，心中非常着急，冒死进宫求见庄王。此人个子不高，但语言机智而又风趣。他知道，如果直接向庄王提出看法，必然会碰钉子，便想了个巧妙的办法。庄王好猜谜语，他就给庄王准备了一个谜语。

伍举来到宫中，此时庄王正在饮酒作乐。庄王看见伍举来了，笑着说："你是来喝酒的，还是来听音乐的？"伍举说："都不是。我有一件事不明白，特地来请教大王。"

庄王问："什么事？"

伍举说："附近山上飞来一只大鸟，已经三年不飞也不叫，不知什么原因，也不知道这是只什么鸟？"

庄王说："这不是一只平凡之鸟。它三年不飞，一飞必定冲上九重云霄；它三年不叫，一叫就会令人吃惊。你去吧，你的意思我已经明白了。"

可是数月之后，庄王仍不改逸乐故态，继续过着荒淫无度的生活。大夫苏从认为这样继续下去，后果将不堪设想。他决心不用伍举的委婉方式，进宫直截了当地劝说庄王。

庄王说："你没有见到我颁布的命令吗？"

苏从说："见到过。我身为国家的重臣，享受着优厚的待遇，如果贪生怕死而不敢指出君王的过失，那不是忠臣。如果我的死能促使大王清醒过来，那我愿意一死。"

此语一出，楚庄王猛然起立，撤去歌舞乐队，立即临朝听政。他从此重用伍举及苏从两人，并经过调查核实，把在这三年中趁机营私舞弊的几百名官员尽数清除，把忠于职守的几百人予以提拔。庄王亲政以后，政治清明，百姓安乐。就在这一年，庄王兴兵灭庸（位于今湖北竹山），不久又起兵攻宋，缴获的战车有五百多辆。楚国迅速强大起来。

我们看楚庄王，在刚即位的三年里他看起来毫无作为，其实他不过是在装傻罢了。

事实上，在这三年的时间里，庄王并没有因游乐而迷失本性。他只是假装沉迷逸乐，以便观察官吏们的真心，选用真正忠心而又有才德的人来辅佐国政。在此期间，楚国也得到休养生息。三年一过，条件成熟，静极而动，一飞冲天。庄王用意之深，他人难及。

楚庄王于外洒脱果敢，形象英武；于内智谋深沉，心思缜密，是春秋五霸中最具霸王姿态的人物。他当初为什么装作昏君呢？这是因为条件不成熟，楚庄王刚即位的时候年龄不大，改革的阻力也较大，所以他表面上放纵自己，而且显得胸无大志。有的人装疯卖傻则是因为自己正处于别人的要挟之下，自己的命运与前途都在他人手中捏着，这样就不免要行事谨慎，偶尔装一下糊涂在所难免，正好也可分散对手的注意力。

孔子曾说过"刚、毅、木、讷，近仁"的话，而老子也说过真正的智者都是大智若愚的模样。在这一点上，古今中外的名人们似乎有着惊人的相似，美国已故总统富兰克林·罗斯福如此表达他的为人哲学："不懂得隐藏自己智巧的人是一个真傻瓜。"因此说大巧若拙，大智若愚，此乃真聪明、真智慧，只不过用一张假糊涂的脸来遮掩自己的真聪明罢了。

5.22　子在陈^①，曰："归与！归与！吾党之小子狂简^②，斐然成章，不知所以裁之。"

【题解】

孔子在陈住了三年，曾经受困，甚至缺粮，自然知道他的道难以实行，于是大发感慨，回去有很多事情可做，尤其是那些胸怀志向、各具才能的弟子，更需要孔子的培养、教导。孔子说这段话时，正当鲁国季康子执政，想要召回冉求去协助办理政务。所以，孔子说了这些话。

【注释】

①陈：国名，大约在今河南东部和安徽北部一带。②吾党：我的家乡。党是古代地方组织的名称，五百家为党。狂简：志大而富于进取，但不切实际。

【译文】

孔子在陈国，说："回去吧！回去吧！我家乡的那些青年，抱着进取大志，文采斐然，我还不知怎样去指导他们呢！"

5.23　子曰："伯夷、叔齐不念旧恶^①，怨是用希。"

【题解】

孔子在这里讲的是他的忠恕之道。他称赞伯夷、叔齐的"不念旧恶"，就是不搞秋后算账，为人处事以和为贵，这种思想给后世以深远的影响。伯夷、叔齐虽然反对殷纣王的暴虐，但又认为周武王伐纣是"以暴易暴"，故不食周粟，饿死首阳山。

【注释】

①伯夷、叔齐：孤竹君的两个儿子。父亲死后，互相让位，都逃到周文王那里。周武王起兵伐纣，他们认为这是以臣弑君，拦在马前劝阻。周灭商统一天下后，他们以吃周朝的粮食为耻，逃进山中以野草充饥，饿死在首阳山中。

【译文】

孔子说："伯夷、叔齐这两兄弟不记旧仇，因此他人对他们的怨恨很少。"

【论语的智慧】

孔子对于伯夷、叔齐这两个人一向就是非常敬佩的，这里他又来夸赞他们两位了。他们什么样的美德让孔子大为褒扬呢？"不念旧恶"，就是胸怀广博，对伤害过自己的人能够不记仇，很宽容，而且"怨是用希"，就是不把仇恨放在心里面，能够不怨天尤人，心底无私地自宽。如此，那些曾经伤害过他们的人渐渐也会被他们所感化。

古希腊神话中有一位大英雄叫海格里斯。一天他走在坎坷不平的山路上，发现脚边有

个袋子似的东西很碍事，于是踩了那东西一脚，谁知那东西不但没有被踩破，反而膨胀起来，加倍地扩大着。海格里斯恼羞成怒，拿起一根碗口粗的木棒砸它，那东西竟然长大到把路堵死了。

正在这时，从山中走出一位老人，对海格里斯说："朋友，快别打它，忘了它，离它远去吧！这个叫仇恨袋，你不犯它，它便小如当初；你侵犯它，它就会膨胀起来，挡住你的路，与你敌对到底！"

我们在茫茫人世间，难免与他人产生误会、摩擦。在我们轻动仇恨之时，仇恨袋便会悄悄成长，你的心灵就会背负上报复的重负而无法获得自由。

报复会把一个好端端的人驱向疯狂的边缘，使你的心灵不能得到片刻安静，也会使你美丽的容颜变得丑陋。

有一位好莱坞的女演员失恋后，怨恨和报复心使她的面孔变得僵硬而多皱纹，她去找一位最有名的化妆师为她美容。这位化妆师深知她的心理状态，中肯地告诉她："你如果不消除心中的怨和恨，我敢说全世界所有美容师都无法美化你的容貌。"

圣人说："怀着爱心吃蔬菜，要比怀着怨恨吃牛肉好得多。"

如果我们的仇人了解到我们因对他的怨恨而使我们精疲力竭，使我们疲倦而紧张不安，使我们的外表受到伤害，使我们得了心脏病，甚至也使我们折寿的时候，他们是不是会拍手称快呢？

即便我们不能爱我们的仇人，至少我们要爱我们自己。我们要使仇人不能控制我们的快乐、我们的健康和我们的外表。就如莎士比亚所说的："不要由于你的敌人而燃起一把怒火，就让心中的烈焰烧伤自己。"

所以，要想生活中永远拥有安静和快乐，永远不要去尝试报复的行为，因为如果我们那样做，受到伤害的只有自己。不要浪费时间去做那些毫无意义的报复，不要让自己的心因为报复而变得更加痛苦。

报复是人性中的一处心理死结，它像一个盘踞在人内心深处的毒瘤。当人能控制它时，它就不会带来危害，可一旦它失去控制，就会给人带来致命的伤害。

当我们恨我们的仇人时，就等于给了他们制胜的力量。而这种力量会让我们自己寝食难安、心烦意乱，最终会导致疾病和情绪失控，这样看来报复让我们对他人的打击不能实现，反倒对自己的身心是一种摧残。

释迦牟尼说：以恨对恨，恨永远存在，以爱对恨，恨自然消失。耶稣也劝导世人"爱你的敌人"。

所以，面对生活中的伤害时，不要产生报复的心理，更不要采取报复的手段，要心胸开阔，提高自制能力，用一颗豁达的心去化解一切怨恨，让大家都生存在宽容的阳光和清风下。

5.24 子曰："孰谓微生高直①？或乞醯焉②，乞诸其邻而与之。"

【题解】

孔子通过微生高从邻居家借醋给前来讨醋的人这件小事，认为他用意委曲，有做作之嫌，不是真正的直率。

【注释】

①微生高：鲁国人，姓微生，名高。当时人们认为他是直人。②醯：醋。

【译文】

孔子说："谁说微生高这个人直爽？有人向他借点儿醋，他却向自己邻居那里讨点来给人家。"

5.25　子曰："巧言、令色、足恭，左丘明耻之^①，丘亦耻之。匿怨而友其人，左丘明耻之，丘亦耻之。"

【题解】

在这段话里，孔子表达了他的憎恶。他对巧言令色、过分恭顺的行为，以及心中藏着怨恨，表面却显得要好的行为深感憎恶，认为这些行为是可耻的。

【注释】

①左丘明：鲁国史官，姓左丘，名明。一说姓左，名丘明。相传是《春秋左氏传》和《国语》的作者。

【译文】

孔子说："花言巧语，面貌伪善，过分恭敬，这种人，左丘明认为可耻，我也认为可耻。把仇恨暗藏于心，表面上却同人要好，这种人，左丘明认为可耻，我也认为可耻。"

【论语的智慧】

有一种人是我们都很讨厌的，孔子也非常厌恶。这种人气量狭小却又故作宽宏，他们通常表面和善大度，对待他人永远只会表现他阳光的一面，而将他的阴暗与冷漠、自私等蒙上一层面纱。

这里孔子说，一个人讲一些虚妄的、好听的话，脸上表现出好看的、讨人喜欢的样子，看起来对人很恭敬的样子，但不是真心的。用我们老百姓的话说更直白：嘴上一套，背地里是另一套。这样的人就叫"两面三刀"。接着孔子说："这样的小人左丘明耻之，我也耻之。"

南怀瑾先生解释说，"匿怨而友其人"就是明明对人有仇怨，可是不把仇怨表示出来，暗暗放在心里，还去和所怨恨的人故意周旋，像这样的人，他的行径就太不对，用心也太险恶了。

这种人用心之险恶不是一般人所能达到的，凡夫俗子通常都是把心情写在自己的脸上，哪里有那么多的精力工于心计呢，这样活着的人未免太辛苦了。但是总有些人不是这样想的，比如郑庄公。

郑庄公的母亲姜氏生有两个儿子，老大就是庄公，老二叫共叔段。姜氏对共叔段特别偏爱，几次请求郑武公立共叔段为世子，武公都没有同意。

武公死后，郑庄公继位。姜氏见扶植共叔段的计划失败，转而请求庄公将京邑封给共叔段，庄公不好推辞，只好答应了。

郑国大夫祭仲知道后，立即面见庄公说："分封的都城，它的周围超过三百丈的，就会对国家有害。按照先王的制度规定，国内大城不能超过国都的三分之一，中城不能超过国都的五分之一，小城不能超过国都的九分之一。现在将京邑封给共叔段，不合法度。这样下去恐怕您将控制不住他。"

庄公答道："母亲喜欢这样，我怎么能让她不高兴呢？"

祭仲又说："姜氏哪里有满足的时候！不如早想办法处置，不要使她的权欲滋长蔓延，蔓延了就很难解决，就像蔓草不能除得干净一样。"

庄公沉吟了一会儿，说："多行不义必自毙。你姑且等着吧！"

其实，郑庄公心里早已有了对付共叔段的计划。他知道自己现在力量还不够强大，共叔段又有母后的支持，要除掉共叔段还比较困难，不如先让他尽力表演，等到其罪恶昭显后，再进行讨伐，一举除之。

共叔段到了京邑后，将城进一步扩大，还逐渐把郑国的西部和北部的一些地方据为己有。

公子吕见此情形十分着急，对庄公说："国家不能使百姓看到有两个君主统治的情况出现，您要怎么办，请早下决心。要把国家传给共叔段，那么就让我奉他为君；如果不传给他，就请除掉他，不要使百姓产生二心。"

庄公回答说："你不用担心，也不用除他，他将要遭受祸端啦。"

此后，共叔段又将他的地盘向东北扩展到与卫国接壤。此时，大将子封又来见庄公，说："应该除掉共叔段了，让他再扩大土地，就要得到民心了。"

庄公说："他多行不义，人民不会拥护他。土地虽然扩大了，但一定会崩溃的。"

共叔段见庄公屡屡退让，以为庄公怕他，更加有恃无恐。他集合民众，修缮城墙，收集粮草，修整装备武器，编组战车，并与母亲姜氏约定日期，让姜氏作为内应，企图偷袭郑国都城，篡位夺权。

庄公对共叔段的一举一动早已看在眼里，并有防备。当他得知共叔段与姜氏约定的行动日期后，就命大将子封率领二百乘兵车提前进攻京邑，历数共叔段的种种罪行，京邑的百姓也起来响应，反攻共叔段，共叔段弃城而逃，后畏罪自杀。他的母亲姜氏也因无颜见庄公而离开宫廷。

这一段故事来自于左丘明的《左传》，读过这段文章的人应该还能记得文章的标题"郑伯克段于鄢"。注意标题中的一个字——"克"，这就是春秋笔法，微言大义。也就是说从这样非常简单的一个字，我们可以看出来左丘明的态度，他是不赞成郑庄公这个人的。因为"克"字是对敌人才用的字眼，这样类似的情况在《左传》中还有很多。如果按照孔子的思想，应是讲究友爱兄弟的，也就是说弟弟再有过错郑庄公也不能放纵他继续错，更不能杀了他，而应该给他讲道理，要他做好自己的本分，毕竟他们是血浓于水的亲兄弟。但是郑庄公不仅没有规劝，反而用了假装糊涂与欲擒故纵的计谋，他表面上装作很有度量，对他的弟弟和母亲也是一忍再忍，可背地里早已经做好了杀弟逼母的准备。不过，我们作为一个普通的凡夫俗子，还是要本着仁爱的精神，因为爱他人才会被他人所爱。想一想，郑庄公的内心肯定不会快乐。他成了名副其实的孤家寡人，失去了胞弟，也失去了母亲，这样的人就算是能呼风唤雨又如何？毕竟他再也没有与他流着一样血液的亲人了。活着，还是简单一点儿好。对他人好，对自己也好，这就是幸福人生的开始。

5.26 颜渊、季路侍①。子曰："盍各言尔志？"子路曰："愿车马、衣轻裘与朋友共②，敝之而无憾。"颜渊曰："愿无伐善、无施劳。"子路曰："愿闻子之志。"子曰："老者安之，朋友信之，少者怀之。"

《孔子圣迹图》之《农山言志》

【题解】

在这里，孔子和他的弟子们表述了各自的志向。子路的回答显示了他讲义气的豪爽本色；颜回的志向则反映了谦逊、注重自我修养的品格；而孔子的志向实际上就是追求成仁。

【注释】

①季路：子路。②轻：经前人考证，"轻"字不当有。

【译文】

颜渊、季路站立在孔子身旁。孔子说："你们为什么不各自谈谈自己的志向？"子路说："我愿意拿出自己的车马、穿的衣服，和朋友们共同使用，即使用坏了也不遗憾。"颜渊说："我愿意不夸耀自己的长处，不宣扬自己的功劳。"子路说："我们希望听听老师的志向。"孔子说："我愿老年人安度晚年，朋友之间相互信任，年幼的人得到照顾。"

5.27 子曰："已矣乎！吾未见能见其过而内自讼者也。"

【题解】

孔子在这里感叹人们有过失而不去反省，即使见到自己的过错也会去掩饰推诿，不会在内心里责备检讨自己。他认为要有这种内省自责的意识，才能去及时改正进步。

【译文】

孔子说："算了吧！我从未见过看到自己有错误便能自我责备的人。"

【论语的智慧】

孔子说："算了吧！我从未见过看到自己有错误便能自我责备的人。"这是孔子教育学生们要"修持涵养"，也就是注重修养。而"自讼"正是修养的一个不可缺少的部分。所谓"自讼"，说简单些，就是由内心对自己进行自我审判。怎么审判呢？就是内心进行情感与理性、天理与人欲的权衡，找出自己的缺点，时时进行自我反省。

对于很多人来说，看到他人的缺点容易，而发现自己的缺点似乎很难。这正如《伊索寓言》中那两只口袋的故事。故事说，普罗米修斯创造了人，又在他们每人脖子上挂了两只口袋，一只装他人的缺点，另一只装自己的缺点。他把那只装他人缺点的口袋挂在胸前，另一只则挂在背后。因此人们总是能够很快地看见别人的缺点，而自己的缺点却总看不见。

佛教主张："与其一天到晚批判评断他人，倒不如回过头来好好地检视自己，把对他人的要求落实在自身的实践上，这样对自己的修行才有真正的帮助。"

所谓的悔过自新的论题，逐渐被重视和强化起来了。"过"自然是失"正"、失"诚"的行为表现，理学家们既然承认这是现实的客观存在，而其目的又在于纠正这种行为表现，那么最好的途径之一就是通过"自讼"的心理情结，化"过"为"正"，从而求得本性的复归。这种复归因为是通过自我之"自讼"而实现的，因而称之为"自新"。而所谓"新"，因化既往之失为今后之不失，故曰"新"，但对人的本性与良知来说，则不过是新的回"复"而已。

关于"过"与"改"与"自讼"的关系，古代典籍早有论述。在先秦时期，人们就已普遍地认识到人会有"过"（犯错误），从而将"改过"视为一种善德。如《左传》宣公二年载，士季就对晋灵公说过："人谁无过？过而能改，善莫大焉。"在《论语》中孔子极其强调"改过"的重要，反复讲"过则勿惮改"。但是如何才能"改过"呢？根据"君子求诸己"的原则，孔子及其弟子主张自省，孔子感叹地说："已矣乎！吾未见能见其过而内自讼者也。"所谓"内自讼"，就是自我责备。思孟学派的先导、孔子的及门弟子曾参，更是以自省著称。"自省"是一种心理活动，伴随着自省活动之一——因"过"而"内自讼"时，应该产生"悔"的情绪，并由"悔"进而走向"改"。

夏朝时，一个背叛的诸侯有扈氏率兵入侵，夏禹派他的儿子伯启抵抗，结果伯启被打败了。他的部下很不服气，要求继续进攻，但是伯启说："不必了，我的兵比他多，地盘也比他大，却被他打败了，这一定是我的德行不如他，带兵方法不如他的缘故。从今天起，我一定要努力改正过来才是。"从此以后，伯启每天很早便起床工作，粗茶淡饭，照顾百姓，任用有才干的人，尊敬有品德的人。过了一年，有扈氏知道了，不但不敢再来侵犯，反而自动投降了。

像伯启这样，肯虚心地检讨自己，马上改正有缺失的地方，那么最后的成功，舍他其谁呢？

当然"自讼"于既过之后，又不如防于未过之前。防的办法，说难也难，说简单也简单，只是戒慎恐惧。所谓"慎之又慎，日慎一日"。

有这样一则寓言，内容大致如下：

猫头鹰急促而忙碌地在树林里飞着。一旁的斑鸠好奇地问："老兄，你究竟在忙什么？"猫头鹰气喘吁吁地回答："我在忙着搬家。"斑鸠疑惑不解地再问："这树林不是你的老家吗？你干吗还要再迁移搬家呢！"此时，猫头鹰叹着气说："在这个树林里，我实在住不下去了，这里的人都讨厌我的叫声。"

听完猫头鹰的话，斑鸠带着同情的口气说："你唱歌的声音实在聒噪，令人不敢恭维，尤其是晚上更是扰人清梦，所以大家都把你当作讨厌的人物。其实，你只要把声音改变一下，或者在晚上闭上嘴巴不要唱歌，在这林子里，你还是可以住下来的。如果你不改变自己的叫声或戒除夜晚唱歌的习惯，即使搬到另外一个地方，那里的人还是照样会讨厌你的。"

这则故事的确让人感触颇深。在现实生活中，人们常常抱怨环境或他人对自己不好，却很少反省自己，所以就想借着换个环境或结交新的朋友来改变尴尬的境遇。就以工作为例吧，社会上有一种很常见的现象就是员工频繁辞职，被问及原因时，大多数人的回答是人际关系不好相处或工作不顺心。但是，你不妨仔细想想，这种人际关系的不顺畅或职场的不如意，究竟是自己的因素还是他人的因素所造成的？相信现在的职场中人很少会考虑这些，在工作遇到挫折的时候，这些人只会站在自己的立场思考问题，只是一味地认为自己周边的环境与自己本身所具备的才华格格不入，认为自己没有一个施展才华的舞台，埋怨上级处事不公，总认为自己这匹千里马没有遇到好的伯乐，其实这都是自己为自己找的借口。很多人只是一味地追求自己所想象的工作及生活，却忽略了现实本身所存在的弊端，往往把自己的定位点定得太高，对自己所追求的目标过于理想化，而真正行动时却常常碰壁，继而为自己的失败找借口。这种例子屡见不鲜。

许许多多的事情都可以表明我们缺乏对问题的思考和自我反省，以及对社会、对自身条件的认识。所以我们在遇到问题，抱怨周围环境或他人对自己不好时，首先应该想想自己在问题中所处的角色。先从自身出发，如果原因是出自本身的话，那么唯有改变自己才能让问题迎刃而解。否则，你所做的一切都是徒劳无益的。

5.28　子曰："十室之邑，必有忠信如丘者焉，不如丘之好学也。"

【题解】

在这里，孔子以自身成就为例，强调了学习的重要性。他认为自己忠信的资质与常人一样，而自己好学，方异于常人，故也是在勉励人们要有好学的精神。

【译文】

孔子说："就是在只有十户人家的小地方，一定有像我这样又忠心又守信的人，只是赶不上我这样好学罢了。"

雍也篇第六

6.1　子曰："雍也可使南面①。"

【题解】

古代以面向南为尊位，孔子这句话是对弟子冉雍的高度评价，认为冉雍具备从政为官的才能。

【注释】

①南面：古时尊者的位置是坐北朝南，天子、诸侯、卿大夫等听政时皆面南而坐。此以"南面"代指人君之位。

【译文】

孔子说："冉雍这个人啊，可以让他去做一个部门或一个地方的长官。"

6.2　仲弓问子桑伯子①，子曰："可也，简。"仲弓曰："居敬而行简，以临其民，不亦可乎？居简而行简，无乃大简乎②？"子曰："雍之

言然。"

【题解】

从这段师生之间的对话中，表明了孔子是主张做事简要不烦，但这种简要不是指内心随便马虎、简单处事，而是要内心严谨慎敬畏、做事简约、不烦扰人民。

【注释】

①子桑伯子：鲁人。有人认为是《庄子》中的子桑户，未必可靠。②无乃：岂不是。

【译文】

仲弓问子桑伯子这个人怎么样，孔子说："这个人不错，他简单得很好。"仲弓说："如果思想严肃认真，而且行为简约不烦，这样来治理百姓，不也可以吗？如果思想粗疏，行为又简约，那不是太简单了吗？"孔子说："你的话很对。"

6.3 哀公问："弟子孰为好学？"孔子对曰："有颜回者好学，不迁怒①，不贰过②，不幸短命死矣③，今也则亡④，未闻好学者也。"

【题解】

孔子在这里深深赞许了颜回的好学。颜回的好学不仅仅指他爱好学习，而且还包括他不迁怒、不贰过的心性修养。

【注释】

①不迁怒：不把对此人的怒气发泄到彼人身上。②不贰过："贰"是重复、一再的意思。这是说不犯同样的错误。③短命死矣：颜回死时年仅 31 岁。④亡：通"无"。

【译文】

鲁哀公问："你的学生中谁最爱好学习？"孔子回答说："有个叫颜回的最爱学习。他从不迁怒于他人，也不犯同样的过错。只是他不幸短命了。现在没有这样的人了，再也没听到谁爱好学习的了。"

鲁哀公与孔子对话

【论语的智慧】

鲁哀公问："你学生中最好学的是谁？"孔子说，只有颜回。南怀瑾先生解释说，孔子认为继承学问道统的是颜回，他不一定有帝王之才，却有师道的风范。颜回足为人师的学问、德业在哪里呢？"不迁怒，不贰过"，但是"不幸短命死矣"，可惜已经死了。"今也则亡"，现在就没有了。"未闻好学者也"，再也找不到第二个好学的人了。我们现在要讨论的是"不迁怒"，这个很难做到，需要极高的修养。我们通常看到的都是"迁怒"的现象，明明是自己在外边受了气，根本不关家人的事，但是这口恶气不出心里就不会痛快，于是对着家里人乱发火。踢猫效应说的就是这个道理。

A是一家公司的市场部主管。一日，A开车上班时因为堵车心情不好，而且还被警察罚款，来到公司后他一脸阴沉。这时，A的下属B向A汇报工作，B就成了A的情绪宣泄对象。B莫名其妙地被上司批评了一顿，本来很好的心情一下子也变坏了，而且一整天都闷闷不乐。晚上下班回家，B的儿子C看到父亲回来，很得意地将自己在幼儿园画的画拿给父亲看，希望得到父亲的表扬。B的心情很烦躁，不仅没有表扬儿子，反而骂了他一顿，说他瞎胡闹。C被父亲莫名其妙骂了一顿，心里十分委屈，却又不知道如何发泄。这时，他家的小猫经过他面前，C狠狠地踢了猫咪一脚。

情绪失控的后果很可怕，有时候能让一个人失去理性的判断，做事不够冷静，甚至会酿成悲剧。下面台球选手的遭遇我们应引以为鉴。

1936年9月7日，世界台球冠军争夺赛在纽约举行。路易斯·福克斯的得分一路遥遥领先，只要再得几分便可稳拿冠军了。就在这个时候，他发现一只苍蝇落在主球上，他挥手将苍蝇赶走了。可是，当他俯身击球的时候，那只苍蝇又飞回主球上，他在观众的笑声中再一次起身驱赶苍蝇。这只讨厌的苍蝇破坏了他的情绪，更为糟糕的是，苍蝇好像是有意跟他作对，他一回到球台，它就又飞回到主球上来，引得现场的观众哈哈大笑。

路易斯·福克斯的情绪恶劣到了极点，他失去了理智，愤怒地用球杆去击打苍蝇，球杆碰到了主球，裁判判他击球，他因此失去了一轮机会。此后路易斯·福克斯方寸大乱，连连失误，而他的对手约翰·迪瑞则越战越勇，终于赶上并超过了他，最后摘得桂冠。第二天早上人们在河里发现了路易斯·福克斯的尸体，他投河自杀了！

处于情绪低潮当中的人们，容易迁怒周遭所有的人、事、物，这是自然而然的。情绪的控制，有待智慧的提升，所以很多时候，我们对待不如意，只需要很简单的三个字："不迁怒！"

情绪会传染，当人们不开心的时候，身边的人很容易就成了宣泄的对象，很多时候我们会找比我们弱的人进行发泄，以此平衡自己的情绪。同样地，被发泄者也会继续将这些负面情绪传递给他人，以此类推。

科学家通过研究发现，原来心情舒畅、开朗的人，若同一个整天愁眉苦脸、抑郁难解的人相处，不久也会变得情绪沮丧起来。一个人的敏感性和同情心越强，越容易感染上坏情绪，这种传染过程是在不知不觉中完成的。如果一个情绪并不低落的学生，和另一个情绪低落的学生同住一间宿舍，这个学生的情绪往往也会低落下来。在家庭中，若某人情绪低落，他（她）的配偶最容易出现情绪问题。科学家们发现，只需要20分钟，一个人就可以受到他人低落情绪的传染。

在生活中有这么一种人，总想让他人的喜怒哀乐与自己"同步"。当他们心情愉快时，希望周围的人也跟着自己高兴；当他们心情不好时，别人也不能流露出一点儿欢乐。否则，轻者耿耿于怀，重者便寻衅以"制伏"对方。这种情绪上以自我为中心的做法是极其不好的，因为它会严重破坏和谐的社会及家庭关系，并造成许多不良后果。

有的人自己心情不好时，也不允许单位里其他同事说笑或进行正常的娱乐活动。他会不时地干涉他人、扰乱他人，破坏周围欢乐的气氛。时间久了，他会因此而不受欢迎并成为孤家寡人，陷入孤立的状态之中。其实，当你高兴时，他人不一定都有高兴的事；而当你心情很坏时，别人兴许心境极佳呢！所以，总想让别人的情绪围着自己转，是不现实的。若是一个人高兴，全天下的人都眉开眼笑；而一个人悲伤，所有人心情都低沉，这岂不是太滑稽了吗？

理解了这个朴素的道理，也就明白了"不迁怒"的重要性，更要学会在实践中用行动来坚持它。如果我们能慢慢修炼自己，不迁怒于人，久而久之，自己的性格也会发生转变，个人修养也会得到提高。当然这是"不迁怒"的质变过程了。

6.4 子华使于齐①，冉子为其母请粟②。子曰："与之釜③。"请益，曰："与之庾④。"冉子与之粟五秉⑤。

子曰："赤之适齐也，乘肥马，衣轻裘，吾闻之也，君子周急不继富。"

【题解】

这里表达了孔子主张君子应当周济穷困的人，给他们雪中送炭，而不是去给富有的人锦上添花，让他们更加富有。孔子的这种思想带有一定的普适意义。

【注释】

①子华：孔子的学生，姓公西，名赤，字子华，鲁国人。②冉子：姓冉，名求，字子有，鲁国人。粟：小米。③釜：古代量器，六斗四升为一釜。④庾：古代量器，二斗四升为一庾。⑤秉：古代量器，十六斛为一秉；一斛为十斗。

【译文】

子华出使齐国，冉有替子华的母亲向孔子讨要一些小米。孔子说："给她六斗四升。"冉有请求再增加一些，孔子说："再给她二斗四升。"冉有却给了她八百斗。

孔子说："公西赤到齐国去，骑肥马，穿着又轻又暖和的皮袍。我听人说：君子应该救济有紧急需要的穷人，而不应该给富人添富。"

6.5 原思为之宰①，与之粟九百，辞。子曰："毋！以与尔邻里乡党乎②！"

【题解】

此处还是反映了孔子以仁爱之心待人，自己有所富余可以去周济邻里乡党中穷困的人。

【注释】

①原思：姓原，名宪，字子思，孔子的学生。宰：家宰，管家。②邻里乡党：古代地方单位的名称。五家为邻，二十五家为里，一万二千五百家为乡，五百家为党。

【译文】

原思做了孔子家的总管，孔子给他报酬小米九百斗，他推辞不要。孔子说："不要这样推辞！多余的就给你的邻里乡亲吧！"

6.6 子谓仲弓曰^①："犁牛之子骍且角^②，虽欲勿用，山川其舍诸？"

【题解】

孔子在这里用牛做比喻，讲举贤的观点，人的出身并不是最重要的，重要的在于自己应有君子的道德和出色的才干。只要具备了德才兼备的条件，就会受到社会的重用。但是从另一方面来看，作为执政者来讲，选拔重用人才要"英雄不问出处"，不能因出身低贱而轻弃贤才。

【注释】

①子谓仲弓：有两种解释，一是孔子对仲弓说；二是孔子对第三者议论仲弓，今从前说。②犁牛：耕牛。骍且角：祭祀用的牛，毛色为红，角长得端正。骍，红色。

【译文】

孔子对仲弓说："耕牛生的小牛犊长着红色的毛皮，两角整齐，虽然不想被用来当祭品，山川之神难道会舍弃它吗？"

【论语的智慧】

孔子对仲弓说："耕牛生的小牛犊长着红色的毛皮，两角整齐，虽然不想被用来当祭品，山川之神难道会舍弃它吗？"这是孔子在告诫仲弓：你心里不要有自卑感，不要介意家庭出身如何，只要你有真才实学，别人不用你，天地之神都不会答应的。作为孔子的学生，冉雍与颜渊、闵子骞、冉伯牛并以德行而著称，其德才兼备，为时人所推崇。冉雍终于得到季氏的认可，像老师的中年时代一样，出任季氏总管家臣的职务。

天生我材必有用，每个人都有独一无二的价值，这种价值并不会因为你暂时遭遇挫折而贬值。就如同一支有潜力的股票，暂时的跌落并不会让它被淘汰出局，等到时机成熟，它依然能够成为"绩优股"。

世界足坛曾有这样一个故事。1954年，巴西的男女老少几乎一致认为，巴西足球队定能斩获世界杯赛的冠军。然而，天有不测风云，足球比赛的魅力就在于难以预测。在半决赛时，巴西队意外地输给了法国队，结果没能将金灿灿的奖杯带回巴西。

球员们比任何人都更明白，足球是巴西的国魂。他们懊悔至极，感到无脸去见家乡父老。他们知道，球迷们的辱骂、嘲笑和扔汽水瓶子是难以避免的。

当飞机进入巴西领空之后，球员们更加心神不安，如坐针毡。可是，当飞机降落在首都机场的时候，映入他们眼帘的却是另一番景象：巴西总统和2万多名球迷默默地站在机场，人群中有两条横幅格外醒目：

"失败了也要昂首挺胸"。

"这也会过去"。

球员们顿时泪流满面。总统和球迷们都没有讲话，默默地目送球员们离开了机场。

球员们对"失败了也要昂首挺胸"的理解是比较深刻的，可相比之下，对"这也会过去"的理解却不够透彻……

四年后，巴西足球队不负众望赢得了世界杯冠军。

回国时，巴西足球队的专机一进入国境，16架喷气式战斗机立即为之护航。当飞机降落在道加勒机场时，聚集在机场上的欢迎者多达3万人。在从机场到首都广场将近20千米的道路两旁，自动聚集起来的人超过了100万人。这是多么宏大的、激动人心的场面啊！人群中也有两条横幅格外醒目：

"胜利了更要勇往直前"。

"这也会过去"。

球员们对"胜利了更要勇往直前"很容易理解，对"这也会过去"的理解依然朦朦胧胧……

后来，巴西足球队的队长断断续续向一些人请教应该怎样理解"这也会过去"的含义。

真是无巧不成书。队长请教的一位老者微笑着说，"这也会过去"的两个横幅都是他写的。他给队长讲了下面的故事。

据说，伟大的所罗门王有一天晚上做了一个梦。

一位智者在梦里告诉他一句至理名言，这句至理名言涵盖了人类的所有智慧。能使他得意的时候不会趾高气扬、忘乎所以；失意的时候能够百折不挠，奋发图强，始终保持勤勤恳恳、兢兢业业的状态。

但是，醒来之后他却怎么也想不起来那句至理名言。于是，所罗门王找来了最有智慧的几位老臣，向他们讲了那个梦，要求他们把那句至理名言想出来，并拿出一枚戒指，说："如果想出来那句至理名言，就把它镌刻在戒面上。我要把这枚戒指天天戴在手指上。"

一个星期过后，几位老臣兴奋地前来送还钻戒，戒面上已刻上了一句勉励人胜不骄败不馁的至理名言：

"这也会过去"。

是啊，"这也会过去"！挫折总会过去，如果有真才实干，再加上不懈的努力，不久的将来，你依然能傲视"群雄"。

6.7　子曰："回也，其心三月不违仁，其余则日月至焉而已矣。"

【题解】

颜回是孔子的最得意门生，因为他能将"仁"贯串于自己的一切思想与行动当中，对孔子以"仁"为核心的思想有深入的理解，孔子以"仁"为修身为学的最高境界，认为自己都难以达到。所以，孔子赞扬他"三月不违仁"，而其余的学生"则日月至焉而已"都已经是带有鼓励的评价。

【译文】

孔子说："颜回呀，他的心中长久地不离开仁德，其余的学生，只不过短时间能做到这点罢了。"

6.8　季康子问："仲由可使从政也与？"子曰："由也果，于从政乎何有？"曰："赐也可使从政也与？"曰："赐也达，于从政乎何有？"曰："求也可使从政也与？"曰："求也艺，于从政乎何有？"

【题解】

从上文可以看出，孔子对弟子们的特点和优点，一清二楚，流露出一种亲密无间的师生关系。端木赐、仲由和冉求，在从事国务活动和行政事务方面，都各有所长。他们都是孔子所培养的为国家做事的人才，能够辅佐君主或大臣从事政治活动。孔子对他的三个学生都给予较高评价，认为他们已经具备了从政并担任重要职务的能力。

【译文】

季康子问："仲由可以参与政事吗？"孔子说："仲由办事果断，参与政事有什么困难呢？"又问："端木赐可以参与政事吗？"孔子说："端木赐通情达理，参与政事有什么困难呢？"又问："冉求可以参与政事吗？"孔子说："冉求多才多艺，参与政事有什么困难呢？"

【论语的智慧】

一般认为，能从政的人必须有"果、达、艺"这三个特点，为什么这么讲呢？我们可以从季康子与孔子的问答中看出来。季康子，鲁国的大夫、权臣。有一天他来"挖墙脚"了，来向孔子"咨询"其得意弟子能否从政。他先问子路是否适合做官，孔子回答他说："子路很果敢，做事情有决断，很刚毅。只要是他想到的事情他就会立刻去做，很有行动力，并且不会后悔。让他统御三军做一个将帅，可以决胜于千里之外。但是如果让他从政，恐怕不是很合适，因为他太容易下决断，过刚易折。"

紧接着他又问起了非常厉害的子贡。孔子认为子贡是一个很通达的人，而通达的人通常就不一定愿意做官了。所以孔子认为子贡也不适合，因为他把一切都看得通透，不把任何功名利禄放在眼里。其实这样的人做一个文学家或者大思想家很合适。因为他们想问题比较深刻，对人情世故很了解，在文化领域容易取得成功。

季康子眼看着孔子接连拒绝了两个，赶紧又问他冉求怎么样。冉求是最多才多艺的，用现在的话来讲就是很会交际，这个人什么都会。你让他陪你跳支舞没问题，唱首歌、弹个琴都不在话下，很有点儿名士的风度。但是这样的人容易做事马虎，责任心不强，所以也不能从政。其实，这是孔子在故意拒绝季康子，因为季氏在鲁国很不受老百姓欢迎，孔子当然也就不愿意让他的弟子去那儿当官了。

我们看，如果把孔子这三个弟子的优点集于一身，那真是一个大政治家的料。"果、达、艺"，做事果敢有决断力，同时心胸广阔还多才多艺，这不正是做政治家的条件吗。

这里是孔子的推脱之词，也是孔子的谦虚态度，他不好说自己的学生都很能干，做大臣没问题。后来这三个人全部当官了。子路还是冉求的上级，子贡就更能干了。他做生意赚大钱，做官也行，做外交家非常出色，他出去走了一趟就摆平了"国际问题"，保全了鲁国，挑起了吴越战争。

据司马迁《史记》中记载，当初齐国发兵要攻打鲁国，鲁国是孔子的母国，父母之邦就要陷入战争，孔子很着急，想不出来要派谁出去游说。子路是个急性子，这时候他自告奋勇说让他去，孔子没答应；后来子张也想去，孔子还是没答应，最后让子贡去了。子贡不辱使命，让齐国和吴国打了起来，最后又让晋国与越国夹攻吴国，就这样鲁国被保全了。司马迁说子贡一出，"乱齐、破吴、强晋而霸越"，由此可见子贡很能干。

孔子的弟子中确实有很多能干的，而且道德也很高。虽然孔子在这里否定了他们几个，其实孔子内心是知道他们的本领的，所以他曾说过"子路在政事上很厉害，子贡会说话、口才好，而冉求就是多才多艺的才子了"。对于一个要从政的人而言，这三个人的特点都需要具备。第一要有宽阔的胸襟，这就是子贡的"达"，因为政事上琐事很多，遇到不顺心的事就想不开那样肯定不行。第二个条件是做事要果断。这是子路的特点。从政的人如果做起事情来拖泥带水，那显然会误事。最后一条是"艺"。有人问：从政的需要多才多艺吗？政治很枯燥，而且每天面临的事情都不是让人愉快的事。不是张三来说李四的不是，就是李四来抱怨王二没把事情做好。总之互相排挤、互相推卸责任。这样让人头疼的事就要有冉求的超然。艺术的东西多半是非常豁达的，很让人修身养性。比如你一天下来很疲惫，这个时候你下盘棋或者听听音乐，甚至读本书，等等，这些就会让你浮躁的心沉淀下来。

6.9　季氏使闵子骞为费宰①。闵子骞曰："善为我辞焉。如有复我者，则吾必在汶上矣②。"

【题解】

　　这里记述的是闵子骞逃避做官的故事，反映了他处乱世而不惊、遇恶人而不辱的超然态度，实在是极富智慧的处世哲学。宋代大儒朱熹对闵子骞的这一做法深表赞赏，他说：处乱世，遇恶人当政，"刚则必取祸，柔则必取辱"，即是刚直或者屈从都要受害取辱，孔子教导"道不同不相为谋"，闵子骞就是这样做的。

【注释】

　　①闵子骞：孔子的学生，姓闵，名损，字子骞。费：季氏的封邑，在今山东省费县西北。②汶：汶水，即山东大汶河。汶上，暗指齐国。

【译文】

　　季氏派人通知闵子骞让他当季氏采邑费城的长官。闵子骞告诉来人说："好好地为我推辞掉吧！如果再有人为这事来找我，那我一定逃到汶水那边去了。"

6.10　伯牛有疾①，子问之，自牖执其手②，曰："亡之，命矣夫！斯人也，而有斯疾也！斯人也，而有斯疾也！"

【题解】

　　这是孔子以极其沉痛的语气和他的得意门生冉伯牛的诀别，最令人痛心的是好人得恶病，孔子只能归之为天命。

【注释】

　　①伯牛：孔子的学生，姓冉，名耕，字伯牛。②牖：窗户。

【译文】

冉伯牛病了，孔子去探望他，从窗户里握着他的手，说道："没有办法，真是命呀！这样的人竟得这样的病呀！这样的人竟得这样的病呀！"

6.11　子曰："贤哉，回也！一箪食^①，一瓢饮，在陋巷。人不堪其忧，回也不改其乐。贤哉，回也！"

【题解】

孔子对弟子颜回的赞美，实际上是对一种人格、一种行为方式的表彰。此名言对后世有志于治学、修身、做事的人产生了深远的影响。这里讲颜回"不改其乐"，这也就是贫贱不能移的精神，这里包含了一个具有普遍意义的道理，就是人是要有一点儿精神的，为了崇高的理想，要能过清苦的生活而且自得其乐。

【注释】

①箪：古代盛饭的竹器。

【译文】

孔子说："颜回多么有修养啊！用一个竹筐盛饭，用一只瓢喝水，住在简陋的巷子里。他人都忍受不了那穷困的忧愁，颜回却能照样快活。多么有修养啊，颜回！"

颜回像

【论语的智慧】

颜回是孔子平生最得意的弟子，孔子在此慨叹其贤，一竹筐饭，一瓢水，身居陋巷，他人禁受不住那种愁苦，颜回却不改变他的快乐。

其实，幸福与快乐源自于内心的简约，简单使人宁静，宁静使人快乐。

人在一生中，会有许多的追求、许多的憧憬：追求真理，追求理想的生活，追求刻骨铭心的爱情；追求金钱，追求名誉和地位。有追求就会有收获，我们会在不知不觉中拥有很多，有些是我们必需的，而有些却是完全用不着的。那些用不着的东西，除了满足我们的虚荣心外，最大的可能，就是成为我们的一种负担。

古人有句话叫"大道至简"，用今天的话来说，就是"越是真理的就越是简单的"。著名的美籍华裔数学家陈省身先生有一个很有趣的"数学人生法则"，数学的一个重要作用就是九九归一，化繁为简。智者的简单，并非因为贫乏或缺少内容，而是繁华过后的一种觉醒，是一种去繁就简的境界。简单的过程是一个觉醒的过程。大道至简，健康的人生一定是一个去繁就简的人生。

古希腊的佛里几亚国王葛第士，以非常奇妙的方法在战车的轭上打了一串结。他预言：谁能打开这串结，谁就可以征服亚洲。一直到公元前334年，仍然没有一个人能成功地将结打开。这时亚历山大率领军队入侵小亚细亚，他来到葛第士绳结的车前，毫不犹豫地拔剑砍断了绳结。后来，他果然占领了比希腊大50倍的波斯帝国。在现实生活中，困扰我们的绳结同样存在，并且有可能就在我们的心中。

有一个年轻人从家里出门，在路上看到了一件有趣的事，正好经过一家寺院，便想考考老禅师。他说："什么是团团转？""皆因绳未断。"老禅师随口答道。年轻人听了大吃一惊。

老禅师问道："什么事让你这样惊讶？""不，老师父，我惊讶的是，你是怎么会未卜先知呢？"年轻人说，"我今天在来的路上，看到了一头牛被绳子穿了鼻子，拴在树上，这头牛想离开这棵树，到草场上去吃草，谁知它转来转去，就是脱不开身。我以为师父没看见，肯定答不出来，却没想到你一口就说中了。"

老禅师微笑道："你问的是事，我答的是理；你问的是牛被绳缚而不得脱，我答的是心被俗务纠缠而不得解脱，一理通百事啊。"年轻人大悟。其实，人生中不如意事十之八九，得失随缘吧，不要过分强求什么，不要一味地去苛求些什么。世间万事转头空，名利到头一场梦，想通了，想透了，人也就透明了，心也就豁然了。名利是绳，贪欲是绳，忌妒和褊狭都是绳，还有一些过分的强求也是绳。牵绊我们的绳子很多，一个人，只有摆脱这些心的绳索，才能享受到真正的幸福，才能体会到做人的乐趣。

生命各有各自的快乐，在于不同个体对各自生活的一种简单的满足。不要被世俗的绳结羁绊，听从内心真切的呼唤，便能享受属于自己的幸福。

龙王与青蛙一天在海滨相遇，打过招呼后，青蛙问龙王："大王，你的住处是什么样的？""珍珠砌筑的宫殿，贝壳筑成的阙楼，屋檐华丽而有气派，厅柱坚实而又漂亮。"龙王反问了一句，"你呢？你的住处如何？"青蛙说："我的住处绿藓似毡，娇草如茵，清泉潺潺。"说完，青蛙又向龙王提了一个问题："大王，你高兴时如何？发怒时又怎样？"龙王说："我若高兴，就普降甘露，让大地滋润，使五谷丰登；若发怒，则先吹风暴，再发霹雳，继而打闪放电，叫千里以内寸草不留。那么，你呢？青蛙！"青蛙说："我高兴时，就面对清风朗月，呱呱叫上一通；发怒时，先瞪眼睛，再鼓肚皮，最后气消肚瘪，万事了结。"

人活在世上都要扮演一定的角色，或者是"龙王"，或者是"青蛙"。或许你的生活很简单，但是你也会有自己的乐趣。

有些人，他们活着，却没有时间去感受生命；爱着，他们却不懂怎么诠释爱情；他们满足，因为他们没有奢望生活过多的给予；他们简单，不用在人前掩饰什么。他们也许连幸福是什么都不知道，然而真正快乐的就是这么一群简单的人。

人之所以不快乐，就是因为不能够活得单纯；其实，不要去刻意追求什么，不要向生命去索取什么，不要为了什么给自己塑造形象，其实，简单本身就是一种幸福。

6.12 冉求曰："非不说子之道①，力不足也。"子曰："力不足者，中道而废。今女画②。"

【题解】

从这段对话中可以看出来什么是最好的老师，最好的老师是能让学生产生希望和自信的。冉求对理论失去了信心，孔子则以学走路为喻对他进行开导和帮助。孔子告诉他，并非是他的能力不够，而是他思想上的畏难情绪在作怪，自己给自己设置了障碍，只要努力去做，肯定能够克服一切困难，达到学习的目标。

【注释】

①说：通"悦"。②画：划定界限，停止前进。

【译文】

冉求说："我不是不喜欢老师的学说，是我力量不够。"孔子说："如真的力量不够，你会半途而废。如今你却连一步都没有走。"

6.13 子谓子夏曰："女为君子儒，无为小人儒。"

【题解】

在这里，孔子提出了"君子儒"和"小人儒"之区别，并要求子夏做君子儒，不要做小人儒。"君子儒"是指懂得大道、有仁德、有高尚人格的人；"小人儒"则是指只知眼前利益，不通大道，品格平庸的人。

【译文】

孔子对子夏说："你要做个君子式的儒者，不要做小人式的儒者。"

6.14 子游为武城宰①。子曰："女得人焉尔乎？"曰："有澹台灭明者②，行不由径③。非公事，未尝至于偃之室也。"

【题解】

孔子问子游的这段话是在表彰澹台灭明，反映出他举贤才的观念：用正直诚实，公私分明的人。孔子极为重视发现贤才、使用人才。春秋时期社会处于大动荡、大变革时期，各诸侯国都重视接纳各种人才，尤其是能够帮助他们争夺封地的有用之才，但孔子赞许的是有仁德正直品质的贤才。

【注释】

①武城：鲁国的城邑，在今山东省费县西南。②澹台灭明：人名，姓澹台，名灭明，字子羽。是孔子的学生。③径：小路。

【译文】

子游担任武城地方的总管。孔子说："你在那里得到什么优秀人才了吗？"子游回答说："有个名叫澹台灭明的人，行路时不抄小道，不是公事，从不到我家里来。"

6.15 子曰："孟之反不伐①，奔而殿②。将入门，策其马③，曰：'非敢后也，马不进也。'"

【题解】

孔子高度评价了孟之反的谦逊精神，"功不独居，过不推诿"的行为，这是人类的美德之一。公元前 484 年，鲁国与齐国打仗。鲁国右翼军败退的时候，孟之反在最后掩护败退的鲁军时不愿居功。对此事，孔子给予了高度重视，讲他的故事就是宣扬他的优秀品质。

【注释】

①孟之反：又名孟之侧，鲁国大夫。伐：夸耀。②殿：在最后。③策：鞭打。

【译文】

孔子说："孟之反不喜欢自夸，打仗败了，他走在最后（掩护撤退）。快进城门时，他用鞭子抽打着马说：'不是我敢在最后走呀，是我的马不肯快跑呀！'"

6.16　子曰："不有祝鮀之佞①，而有宋朝之美②，难乎免于今之世矣！"

【题解】

孔子这段话是对于衰败的社会风气的感叹。

【注释】

①祝鮀：卫国大夫，字子鱼。他是祝官，名鮀。善于外交辞令。②宋朝：宋国的公子朝。《左传》中曾记载他因美貌而惹起祸乱的事情。

【译文】

孔子说："如果没有祝鮀那样的口才，却仅仅有公子朝那样的美貌，在当今的社会里就难以避免祸害了。"

6.17　子曰："谁能出不由户？何莫由斯道也？"

【题解】

孔子心里明知道一个良好的社会必定是有"德治"和"礼制"的。在当时已有许多人不予重视的社会制度观念，实际是具有普世价值的。孔子发出了这样的慨叹是有深深遗憾的。

【译文】

孔子说："谁能够走出屋子而不经过房门呢？为什么没有人从我指出的这条路走呢？"

6.18　子曰："质胜文则野，文胜质则史。文质彬彬①，然后君子。"

【题解】

这是孔子的传世名言。它高度概括了文与质的合理互补关系和君子的人格模式。文与质是对立的统一、相辅相成的。质朴与文采是内容与形式都要好，是同样重要的。孔子的文质思想经过两千多年的历史实践，在做人、艺术、文化等领域不断得到丰富和发展，产生了深远的影响。

《论语》大讲堂

一二八

【注释】

①彬彬：文质配合适当。

【译文】

孔子说："质朴多于文采就难免显得粗野，文采超过了质朴又难免流于虚浮，文采和质朴完美地结合在一起，这才能成为君子。"

【论语的智慧】

孔子认为质朴胜过文采，就显得粗野，文采胜过质朴，就显得虚浮。文采和质朴兼备，才能成为君子。其中"质"是朴素的本质，"文"是人们从实践中得来的由经验、见解积累而成的人文文化。一个人要想学到真正的学问，光靠书本知识是不行的，还要通过人生的经验体会做人做事的道理。这就是为什么社会上有才干、有成就，对社会有所贡献的人，并不一定都是出自学校的好学生的原因；同样，功课好的学生进入社会后也不一定能成就伟大的事业。因为，他们忽视了"社会学问"这一书本外的最重要、最实用的学问。

古时有伯乐相马的故事，后来伯乐老了，有一次，秦穆公就请伯乐推荐相马的人才。伯乐极力推荐九方皋，说他的相马水平不在自己之下。

九方皋拜见秦穆公后，就开始奉命寻找千里马。过了三个月，九方皋向秦穆公报告说："千里马已经找到了，在遥远的沙丘地方。"秦穆公问道："你找到的是一匹什么样的马呢？"九方皋回答："是一匹黄色的母马。"

秦穆公派使者去取千里马，使者报告说，九方皋相中的是一匹墨色的公马。秦穆公听了很不高兴，马上把伯乐召来，责备他说："你推荐的九方皋根本不是相马的高手，他连马的颜色和公母都分不清，怎么会找到千里马呢？"伯乐听了感慨地说："真没想到九方皋相马达到了这样专精的程度。他相马的时候，已经经历了一番去粗取精、由表及里的观察过程，他注意的是千里马应该具备的那些条件，而没有浪费自己的精力去注意马的毛色、公母这样无关紧要的细节。九方皋真正是相马的天才，远远超过了我。"

秦穆公听了伯乐的话，将信将疑，把九方皋相中的马取回来一试，果然是天下无双的千里马。

其实有很多人都纳闷伯乐为什么不推荐自己的儿子，让自己的儿子得到国君的赏识，而伯乐却肯定地说自己的儿子并不如九方皋。

原来，伯乐的年岁一大后，一心想将相马术传给自己的儿子，以免这门学问失传。可惜他的儿子不争气，从来不肯认真学习。一次，伯乐将记录着自己几十年相马经验的笔记交给他，嘱咐他一定要找到一匹千里马。于是，他的儿子就出门寻找千里马，走着走着，在路边见到了一只癞蛤蟆，他想：按笔记里所说，千里马的头骨清瘦、眼睛有神、跳跃有力。好极了！我找到千里马了！原来相马这么容易，我比父亲高明多了！

九方皋没有相马的书籍可以参考，最后找到了千里马；伯乐的儿子有父亲的言传身教，外加相马的笔记，最后却得了个啼笑皆非的结局。

由此可知，对他人的经验生搬硬套是不行的，真实的社会实践和自身体验更加重要。当然，我们可以将通过读书所获得的技巧和见解应用于实践中，使得原本有意义的经验变得更有意义。不过，除非我们能将书本知识运用于实际经验中，否则书本知识终究只是理论。

6.19 子曰："人之生也直，罔之生也幸而免^①。"

【题解】

"直"，是孔子高度重视的道德规范。他认为是人生的基本品质。直即正直，意思是耿直、坦率、正派、光明正大。同虚伪、奸诈是完全对立的。直人没有那么多坏心眼。直，符合仁的品德。与此相对，在社会生活中也有一些不正直的人，他们也能生存，甚至活得更好，这只是他们侥幸地避免了灾祸，并不能说明他们的不正直是好的。

【注释】

①罔：诬罔不直的人。

【译文】

孔子说："人凭着正直生存在世上，不正直的人也能生存，那是靠侥幸避免了祸害啊。"

6.20 子曰："知之者不如好之者，好之者不如乐之者。"

【题解】

知之、好之、乐之这是学习的三个层次，这段话强调了爱好和兴趣在人们学习中的全关重要的作用。这是孔子的教育心理学的研究成果。孔子在这里没有具体指懂得什么，看来是泛指，包括学问、技艺等。后人说：兴趣是最好的导师，说的就是这个意思。

【译文】

孔子说："（对于任何学问、知识、技艺等）知道它的人，不如爱好它的人；爱好它的人，又不如以它为乐的人。"

【论语的智慧】

南怀瑾先生说世上的人只有两种："想得到，做不到；看得破，忍不过"。想想还确实如此，尤其是后半句"看得破，忍不过"。很多人看似把人间的一切名利得失都看透了，可是临了还是要怨天尤人，还是要抱怨命不好。

谁都知道不义之财不可取，可是如果现在摆许多金钱在你面前，没有人看到你的作为，这个时候你会怎么想呢？也许看第一眼的时候还有理智，告诉自己这不是自己的，所以不能要；慢慢地，再看第二眼的时候，眼睛就红了，就会想着如果我拿到了这笔钱有多大的用处啊；再看一会儿，你就会两眼发直，觉得不拿白不拿，反正是神不知鬼不觉。这就是"看得破，忍不过"的情况。有这样一个故事：

一个人独自出门旅行，在一处山清水秀的地方迷了路。路遇沟涧，肚腹空空的他意外地抓到一条大鱼。

惊喜交加的旅客燃起一堆火，想将鱼烤熟饱餐一顿。火刚燃起，鱼还没开始烤，突然出现一只山猫飞快地叼跑了鱼。又饥又饿的游客憋足劲儿追赶那只山猫，追不上，随手捡起一块石头砸过去。实在巧，石头结结实实地磕在山猫头上，将山猫砸晕了。

欢天喜地的游客用野藤捆住山猫，重新开始烤鱼。不料，烤鱼的香气飘得太远，竟招来一群野狼，但狼不稀罕鱼的美味，虎视眈眈地盯着孤身一人的游客。急中生智的游客拎着捆绑好的山猫赶紧攀上一棵大树。狼在下，人在上，对峙了半天，饿得头昏眼花的游客不得不决定用牙齿撕咬山猫来充饥。正准备下嘴，几声枪响，几只狼应声倒地，其余的狼则落荒而逃。原来，是几个猎人听到了狼嚎赶了过来。

绝境逢生的游客下了树，望着一堆猎物，猎人们很高兴，不但当场给游客烤狼腿吃，还细心地给他指明了方向。游客踏上回程，没走多远，就遇上了一支考察队。考察队看中了游客抱着的那只山猫，想买回去做标本。游客暗自庆幸没将山猫扔掉，喜滋滋地收了两枚金币。

怀揣金币的游客脚步轻盈地继续前进，不幸再次发生了——他与两名强盗狭路相逢。强盗抢走了他的金币，万幸的是，因为他的苦苦哀求，强盗没要他的小命，只是将他揍了一顿。

强盗走了，鼻青脸肿的游客在山溪边清洗伤口时，几个警察出现了，游客赶紧领着警察朝强盗逃窜的地方追赶。强盗落网了，竟是罪行累累犯下不少重案的大盗。正因为如此，游客获得了一笔不菲的奖金。

游客辗转回到了家，得意扬扬地拿出奖金向太太炫耀。却在这时，电话响了，他的父亲突发急症。他匆匆忙忙赶到医院，奖金变成了医药费。他对太太抱怨："折腾一番后发了一笔横财，却在一瞬间两手空空。"太太说："你出门去旅游时不也是两手空空吗？"

这个人想了想，咧嘴笑了。

这个人是有名字的，他的名字叫你、我、他。你、我、他的一生，其实也是一段段的旅程，拿一生的时光来看待"旅程"所遭遇的一切，无论幸与不幸，其实都是稍纵即逝、无足轻重。真的看得破了，也就能忍得过了。

6.21　子曰："中人以上，可以语上也①；中人以下，不可以语上也。"

【题解】

根据学生智力水平的高下来安排教授的内容，这是孔子因材施教教育思想的具体表现。孔子向来认为，人的智力是有差别的，有上智、中人的区别。既然人有这么多的不同，孔子的这种思想对我国教育学的形成和发展是有益的。

【注释】

①语：告诉，讲说，谈论。

【译文】

孔子说："中等水平以上的人，可以给他讲授高深的学问；而中等水平以下的人，不可以给他讲高深的学问。"

《论语》大讲堂

一三一

【论语的智慧】

孔子认为人天生就有资质的差别，有的人很聪慧、领悟力好，比如颜回；但是也有些人就没有那么聪慧了，像孔子的另外一个弟子樊须。孔子一生弟子众多，号称弟子三千，七十二贤人。每个人都有自己的特点，智商与情商肯定也有所不同。所以孔子在总结经验的时候说："中等水平以上的人，可以给他讲授高深的学问；而中等水平以下的人，不可以给他讲高深的学问。"

这一点凡是做过老师的人定会有很深的感触。有的学生学习东西非常快，你说到一，他就能举出三来。对于这样的学生老师当然喜欢，愿意倾力相授。而有的学生就不是这样的，他多半反应较为迟钝，你说一个问题，他半天才能反应过来是怎么回事。做事情也会慢人家半拍子，但是并不代表他笨。对于这样的学生，做老师的一定不能焦急，更不能出言辱骂。所谓天道酬勤，有时候那些慢半拍的人成就反而比那些当初你认为很聪明的人高。像孔子的弟子中成就非常大的曾子，他就是反应慢的人，后来他很了不起，将孔子的学说发扬光大。

人的智慧虽然不等，人才有高下，但是如果资质稍差的人能不断努力，后来居上的事也不是没有，而且是大有人在。我们很难说那些有很大成就的人就比我们聪明，只不过人家用了十分力，我们恐怕一生都在偷懒、为自己省力，如此又怎能不输给他人呢？

孔子还说："生而知之者，上也，学而知之者，次也；困而学之，又其次也；困而不学，民斯为下矣！"（《论语·季氏》）

这与前面的话如出一辙，还是将人才分类。最聪明的人好像天生就会某样东西，就是我们所说的天赋极高，像莫扎特，据说他三岁的时候就会弹琴。莫扎特的聪明大家是有目共睹的，他可以说是一个伟大的天才。这就是第一流的人，在孔子那里应该叫天才。依靠后天的努力而学有所成的，在孔子眼里是第二流的人，也就是我们说的人才。贝多芬一生作品很多，他的作品不能不说是呕心沥血之作，每次作曲都是几易其稿。但是莫扎特就不是这样，这就是从智商上来区分的。不过这并不是说莫扎特的成就就一定比贝多芬高，这里要说的不过是人天生的天赋不同而已。再下一等的人才就是逼迫自己去学习的人，这样的人在社会上有绝大多数。最次一等的人是自己规定了要学习，到最后还是没有去做的人。其实这样的人也还真不少。

如果我们的父母给了我们与众不同的天赋，无论高也好低也罢，都不能蹉跎，并且要更加努力，一个不努力的天才会变成一个庸才。如果我们天生没有他人聪明，那么就更要学着笨鸟先飞，或许还会超过那些比我们聪慧的人。尽管输在了起跑线上，但是那仅仅是一个开始而已，最后的角逐还不一定鹿死谁手。

6.22 樊迟问知[1]。子曰："务民之义，敬鬼神而远之[2]，可谓知矣。"问仁，曰："仁者先难而后获，可谓仁矣。"

【题解】

本段孔子提出了"智""仁"等重要的观念。面对现实，以回答现实的社会问题、人生的问题为中心，这是孔子思想的一个突出特点。他提出了"敬鬼神而远之"的主张，远离了宗法传统的神权观念，他不迷信鬼神，自然也不主张以卜筮向鬼神问吉凶。所以，孔子是力求以实事求是的态度看待人生与社会的。

【注释】

①樊迟：孔子的学生，姓樊，名须，字子迟。②远：做动词，疏远，避开。

【译文】

樊迟问怎么样才算聪明，孔子说："致力于让民众走向'义'上，尊敬地对待鬼神，但要疏远它们，这样可以称得上是聪明了。"樊迟又问怎么样才叫作有仁德，孔子说："有仁德的人先付出艰苦的努力，然后得到收获，这样可以说是有仁德了。"

6.23　子曰："知者乐水①，仁者乐山。知者动，仁者静。知者乐，仁者寿。"

【题解】

这是一段孔子极其有名的言论。孔子以水和山为喻，来说明智者和仁者的内心与外表的特征是非常聪明和贴切的。孔子这里所说的"智者"和"仁者"是那些有修养的"君子"。山和水、静和动、长寿和快乐，这些理念具有普遍的意义。

【注释】

①乐：喜爱。

【译文】

孔子说："聪明的人乐于水，仁德的人乐于山。聪明的人爱好活动，仁德的人爱好沉静。聪明的人活得快乐，仁德的人长寿。"

【论语的智慧】

"知者乐水，仁者乐山"，这句话过去的人解释为一个智者喜欢水，仁者喜欢山。如果照此解释问题就大了，难道一个智者就不能喜欢山吗？南怀瑾先生对此表示怀疑，他认为孔子的意思应当是这样的："知者乐水"，就是一个智者的性情会像水一样，很有流动性，也就是我们常说的灵气。智者的气质应当是很飘逸灵动的。"仁者乐山"，山的形象在我们的心中一般是很稳定的，很稳健，有我自岿然不动的气度。我们可以结合生活的经验看：一般聪明的人多半是性格开朗、乐观的，而且很活泼，很有水的气质。一个仁者的性格多半是像大山一样沉静，仁者的性格比较内敛。

照此解释我们才能和接下来的两句连起来，感觉孔子说的时候是一气呵成的。"知者动，仁者静"，这句话也就很好理解了，如同前面所讲的，一个聪明人的性格就像水一样具有流动性，就是说这个人很灵活，像一条流动的小溪一样。仁者的个性就是大山的写照，他很宁静，不会像水一样灵动，但是他胸怀宽广。

"知者乐，仁者寿"，如同前文所解读的那样。聪明人灵活通透，对很多事情都看得很淡，因为他已经把这些看透了，看透了一切也就清楚了，所以就没有什么事能让他想不开，因此他才会"乐"。仁者的性格像大山一样宁静安详，他也像大山一样具有很博大的胸怀，一个人胸怀博大就会仁慈，对许多事不会吹毛求疵，很宽容。生活中那些长寿的老人绝大多数都是很豁达的人，没有事情是他需要斤斤计较，长久放于心头的，所以"仁者寿"。

在南怀瑾先生的解读下，我们终于明白孔子的真实意思，其实无关山水情，只不过是借助山水的秉性来表达人的区别。这样的解读才不会断章取义，更不会出现彼此解释不通、互相矛盾的现象。

6.24　子曰："齐一变，至于鲁；鲁一变，至于道。"

【题解】

孔子这段话对齐鲁两国政治社会的历史和现实做了评论。并提出了"道"的范畴。此处所讲的"道"是天下的最高原则。在春秋时期，齐国的封建经济发展较早，而且实行了一些改革，成为当时最富强的诸侯国家。与齐国相比，鲁国封建经济的发展比较缓慢，但意识形态和上层建筑保得比较完备，所以孔子说，齐国改变就达到了鲁国的样子，而鲁国再一改变，就达到了先王之道。这反映了孔子对周礼的无限崇尚之情。

【译文】

孔子说："齐国的政治一有改革，便可以达到鲁国的这个样子；鲁国一有改革，就可以达到合符大道的境界了。"

6.25　子曰："觚不觚①，觚哉！觚哉！"

【题解】

在这里，孔子用觚不觚来影射当时君不君、臣不臣、父不父、子不子的礼崩乐坏的社会现实。孔子的思想中，周礼是根本不可更动的，从井田到刑罚，从音乐到酒具，周礼规定的一切都是尽善尽美的，是神圣不可侵犯的。在这里，孔子感叹当今事物名不符实，主张"正名"。看到社会混乱的状况，孔子感时伤世。

【注释】

①觚：古代盛酒的器皿。

【译文】

孔子说："觚不像个觚的样子，这还叫觚吗！这还叫觚吗！"

6.26　宰我问曰："仁者，虽告之曰，'井有仁焉'，其从之也？"子曰："何为其然也？君子可逝也①，不可陷也；可欺也，不可罔也②。"

【题解】

因白天睡大觉而受到孔子批评的宰我，向孔子提出了一个很尖锐的问题，孔子耐心地做了答复。宰我问："井有仁焉，其从之也？"对此，孔子的回答非常令人信服。他认为"仁"中有"智"，君子是可以用合理的理由去欺骗他的，但是他不会做出不可理解的愚蠢事。

【注释】

①逝：离开的意思。②罔：诬罔，愚弄。

【译文】

宰我问道："一个有仁德的人，如果他人告诉他'井里掉下一位仁人'，他是不是会跟着跳下去呢？"孔子说："为什么要这样做呢？君子可以想办法叫他离开，不可以让他自己陷入井中，可以欺骗他，不可以愚弄他。"

【论语的智慧】

宰我问道："一个有仁德的人，如果他人告诉他'井里掉下一位仁人'，他是不是会跟着跳下去呢？"孔子说："为什么要这样做呢？君子可以想办法叫他离开，不可以让他自己陷入井中；可以欺骗他，不可以愚弄他。"宰我的话是对老师的学问有怀疑。

孔子对弟子这样的问话并没有感到气愤，想象一下，或许当时他听了还觉得很有意思。一个做学问成为君子的人，并不是一个傻瓜，懂得应变。孔子自己在修订《周易》时就很赞同《易经》中"适度"的道理。我们对宰我的疑问可以这样回答：你当着我的面欺骗是可以的，我也能够接受，这不是因为我看起来很笨，而是仁慈。我不忍心当面拆穿你，这就是君子与其他小人的区别。但是如果你都识不穿人家骗你的把戏，那就是真正的笨蛋，那还谈什么君子呢？不知道，这是不可以的。如果把孔子的话总结起来大概是这样的：做人不能因为这个世界有不少坏人，我们就放弃仁义道德——这也是孔子学说思想的中心点。君子的内心有自己的气节和信念，只要他懂得适应变化就不会感到寂寞和痛苦。同时，一个君子在有了自己的中心观点后他也不容易被周遭的事物所改变，达到"外化内不化"的境界。做学问也好，做人也好，最怕的是抠死理，陷在外部的环境中不懂变通，这样就让自己变成一个很不灵活的人，那叫迂腐。

从前人们赞扬愚公移山的执着，但是他的这种精神换在今天，我们就得认真思考，这样做值得吗，这是一个最好的方法吗？或许他的方法并不是最佳的。这样的事例很多，比如刻舟求剑与守株待兔。与之相反的是另外一个古老的故事，它就是司马光砸缸救人，倘若司马光因循的是惯有的思维方式，那么结果可能就没有那么好了。人生在世，做人做事固守原则与信念是不能变的，但是同时还应当懂得适时变通，否则自己不是成了一个盲目的蛮牛了吗？

《易经》有云："穷则变，变则通，通则久。"一意孤行，明知不可为而为，费尽辛苦，却一点儿效果没有，这个世界上没有那种"只注重过程，不注重结果"的人。既然没有什么结果，那还是及早变通为妙，不会变通者必然死路一条。古老的地球依旧运转，按着那永恒的规律；苍老的岁月依然向前，却不停地转换着方向。世界的一切都在变化着，人生的许多时刻都面临选择，是坚持执着，还是在坚持中讲究灵活的变通？这是值得我们每个人思考的问题。

一代钢琴大师贝多芬是执着的，他凭借着从小对音乐的热爱和对旋律的热情，顽强抵抗着他的耳疾，最终，是他的执着成就了他的胜利。然而，一代文豪鲁迅先生为什么不执着于从医的梦想而毅然拿起了笔，走向文坛呢？那是因为当时国人精神上的治疗远比肉体的创伤治疗要更为重要，所以，他选择改变，选择拯救灵魂。生活的路不是目光可以穷尽的，执着的信念会增添你途中的信心，让你坚持到底，灵活的变通也可以让你免除荆棘的伤害和避开人生中的陷阱。当站在人生的十字路口时，你可以用执着的信念衡量内心的抉择，用变通的方式来实现自己的价值；当面临人生的快意时，你可以用信念鼓舞自己勇敢前进，用变通使自己更加具备实力。现代的生活，不确定性似乎是它最特殊的旋律，它用高科技带动历史的转轮飞速前进，如果一味地坚持着执着的理性而不与实际情况相联系，那么刻舟求剑这样的事就会上演，它带来的也只是更多的遗憾，但一味地变通，使自己在这个崇尚个性的时代失去了自我，这又将是怎样一种不可名状的悲哀呢？人生是路，执着是路标，变通是步伐，用路标指引步伐前进的方向，才能让我们更加快速地迈向人生成功的彼岸。如果说执着是一种信念，那么变通则是一种智慧与手段，没有前者的坚持则万事不成，没有后者的变化则凡事必然遇阻。

所以我们看孔子的真实意思其实是这样的：一个真正的君子、做人成功的人，他不惧怕周遭世界的变化，也不会担心环境的恶劣，因为他知道自己能够做到适应变化，并且能在变化中保持自己的中心思想不动摇。做到了这样，也就不用担心有人骗你说井里有仁义道德，你要不要跳下去的问题，因为你的内心有自己的见解，并懂得如何应对这样的事情。

6.27 子曰："君子博学于文，约之以礼，亦可以弗畔矣夫①！"

【题解】

这句话清楚地说明了孔子的教育目的。他当然不主张离经叛道，那么怎么做呢？他认为应当广泛学习古代典籍，而且要用"礼"来约束自己。说到底，他是要培养懂得"礼"的君子。

【注释】

①畔：通"叛"。矣夫：语气词，表示较强烈的感叹。

【译文】

孔子说："君子广泛地学习文献典籍，再用礼来加以约束，这样也就不会离经叛道了。"

6.28 子见南子①，子路不说②。夫子矢之③，曰："予所否者④，天厌之！天厌之！"

【题解】

孔子在这里对天发誓，他去见南子并没有做什么不正当的事。这一事件显示出孔子师生的平等、亲切的关系。孔子在这里又提到了"天"这个概念，这只是他为了说服子路而发的誓。从这里可以看出孔子是一个十分真实的人，不像后世的假道学。

子见南子

【注释】

①南子：卫灵公夫人。当时把持着卫国的政治，行为不端。关于她约见孔子一事，《史记·孔子世家》有较生动的记载。②说：通"悦"。③矢：通"誓"。④所……者：相当于"假如……的话"，用于誓词中。

【译文】

孔子去见南子，子路不高兴。孔子发誓说："我假若做了什么不对的，让上天厌弃我吧！让上天厌弃我吧！"

【论语的智慧】

南子是卫国国君的宠妃，她是个倾国倾城的美人，但是在外面的名声不太好。这里子路生气的事就是关于这个美人的。从前的一些学者是这样解读这一段的：孔子去会见了南子，子路很不高兴。子路是个急性子，而且耿直，这一次他大概是劈头盖脸地质问他的老师了，一点儿也不给孔子面子。急得孔子赌咒发誓说："我要是做了什么伤天害理的事，那真是要天打五雷轰！"乍看起来没有什么不合适的，但是南怀瑾先生对此却有不同的理解。

在南怀瑾先生看来事情的经过是这样的：子路听说孔子去见了南子，很着急也很生气，主要是担心老师的声誉被毁。但是孔子并不这样认为，他说："子路啊，你不要人云亦云。难道你不知道人言可畏吗？别人说南子不好——是个天厌之人，但是我见了她觉得她很好，并不是外面所传说的那样。"

在这里我们能够看到一个智者的修养：背后不胡乱说他人是非，而且让谣言止于智者。关于这一点，古今中外的思想家空前一致。

社交圈中有一群人，他们喝着自己的茶酒，扯着他人的闲篇儿，或透露一些他人的隐私，或影射一下他人的人格，不管直接散布，还是委婉传播，不管加油添醋，还是扬沙子泼凉水，都是对人际关系的一种亵渎、一种践踏。

然而，经常说是非给他人听的人，不知哪一天连听的人也会成了他的批评对象，因此慢慢的大家都会对他敬而远之。有些人一听到些杂琐的、无关痛痒的话，就会一传再传，慢慢地加油添醋使整个事件严重起来，或许这个谣言传到当事者耳中，会成了天大的笑话。

有一家人准备在家中打一口井，便请邻居帮忙。无聊之士，在闲话传来传去中，将有人帮他家打井变成了他从井中挖出了一个人。

爱谈论他人私事的人，大多有点儿不成熟，并且有点儿心理上的畸形。

他们的生活是无聊空虚、无所事事的，却偏偏要无中生有，惹出事端。

《论语》大讲堂

一三七

他们四处收罗信息，广集材料，以作为茶余饭后相互交流的谈资，并乐于传播扩散，我们称他们为大嘴巴。

偷窥之欲，人皆有之，有人明显，有人隐蔽。隐私，是传闲话的一大重头戏。尤其男女之事，总是让"有心者"倍加关注。月华与清俊由于某个项目的合作交往频繁，传闲话的人就故弄玄虚地传出他们之间有了什么不能公开的秘密，甚至有板有眼，有枝有叶，形象生动。有些人原本没有"红杏出墙"，在"热心人"的指引下倒是走上了伊甸园之路。大嘴巴往往会神秘兮兮地对你说："这事我就告诉你，千万不能对别人说……"他对每个人都视为知己地传播他的新发现，并且，擅自想象并将想象当作铁的事实。

"小喇叭""传声筒"是讨厌的，因为这些可能会引起家庭、恋人或领导和同事之间的矛盾、猜疑……你偶尔开玩笑说一句什么话，他们"听者有心"，将它制造成特别新闻，以至于给你造成不必要的麻烦、恼怒、误会和痛苦。大嘴巴在你所处的社交圈中绝不会漏过一个人，不管你说什么、做什么，他都能自成一体地创造一些情节和事端。对这样的人，人们是不敢轻易与之密切交往的。大嘴巴正是摸准了这种心理，得以暗施奸计。一方面他们设法取悦领导，另一方面对异己加以打击。他们深知，要扳倒、搞臭一个人，如果用正当手段达不到目的，就在一般人想不到的地方下手。有的时候，越是离奇的传闻越是有人相信，一个正人君子做了谁也没想到的龌龊之事，人们能不对他失望吗？大嘴巴利用此心理，其险恶用心常可得逞。

大嘴巴大多喜欢说些"趣闻"。有时，他不是原创者，而是传着别有用心的人所制造的谣言。他们大多是极不负责任地说说而已，从不考虑事情的来龙去脉，也不会进行理性的判断和分析。

谣言的起始端就是口。上帝给了每个人一张嘴，有些人三缄其口，金口难开，有些人却大用特用，造出一堆又一堆的"传说"、小道消息、秘密报告，接连不断砸向他人，直到把有些人砸倒了，这些话才收进语言的垃圾堆里，这些人就是赫赫有名的大嘴巴。

面对闲言闲语我们要有足够的理性，千万不能火上浇油，也不要轻易相信这些人云亦云的事物，就像孔子一样，他用自身的言行给子路上了一课，也给我们上了一堂深刻的人生课。

6.29　子曰："中庸之为德也①，其至矣乎！民鲜久矣②。"

【题解】

"中庸"是儒家思想的核心范畴之一。但在《论语》中，却仅此一处提及。从孔子称"中庸"为至德，可见他对这一思想的重视。中庸属于哲学范畴，也是道德行为的高度适度状态，是最高的德行。宋儒说，不偏不倚谓之中，平常谓庸。中庸就是不偏不倚的平常的道理。中庸又被理解为中道，中道就是不偏于对立双方的任何一方，使双方保持均衡状态。中庸又称为"中行"，中行是说，人的气质、作风、德行都不偏于一个方面，对立的双方互相牵制，互相补充。中庸是一种高度和谐的思想。调和与均衡是事物发展过程中的一种状态，这种状态是相对的、暂时的，但是人们所追求的。孔子揭示了事物发展过程的这一状态，并概括为"中庸"。

【注释】

①中庸：孔子学说的一种最高道德标准。中，折中，调和，无过之也无不及。庸，平常，普通。②鲜：少。

【译文】

孔子说："中庸作为一种道德，该是最高的了！但人们已经长久缺乏这种道德了。"

【论语的智慧】

孔子说，中庸作为道德，是最高的境界了，人们很久没有达到了。庸指平常的行为，即有普遍妥当性的所能实现的行为；中庸即实用理性，着重在平常的生活实践中建立起人间正道和不朽理则。

中庸即为人处世之道，很多人将中庸与明哲保身、圆滑世故联系起来，为中庸之道贴上了一个不光彩的标签。其实，中庸之道体现在做人做事等方面，可以用外圆内方的做人哲学来加以阐释。

老子的理想道德是自然，是天地，天圆地方；孔子的理想道德是中庸，是适度，是不偏不倚，两者有着共通之处。中庸即在圆与方之间保持一种和谐，外圆内方、深浅有度是一门微妙的、高超的处世艺术，它可使人们在正义和现实的天平上保持微妙的平衡。

中庸，并非老于世故、老谋深算者的处世哲学。人生就像大海，处处有风浪，时时有阻力。是与所有的阻力做正面较量，拼个你死我活，还是积极地排除万难，去争取最后的胜利？生活是这样告诉我们的：事事计较、处处摩擦者，哪怕壮志凌云，聪明绝顶，也往往会落得个壮志未酬泪满襟的结果。

提及中庸智慧的运用，不由得让人想起许多历史人物，如南怀瑾一直推崇的冯道。他曾事四姓、相六帝，在时事变乱的八十余年中，始终不倒，令人称奇。首先，此人品格行为炉火纯青，无懈可击，清廉、严肃、淳厚、宽宏；其次，深谙中庸处世之道，深浅有度，中正平和，大智若愚。冯道有诗云："莫为危时便怆神，前程往往有期因。须知海岳归明主，未必乾坤陷吉人。道德几时曾去世，舟车何处不通津。但教方寸无诸恶，狼虎丛中也立身。"

真正谙熟中庸之道的人是大智慧与大容忍的结合体，有勇猛斗士的威力，有沉静蕴慧的平和，对大喜悦与大悲哀泰然不惊。行动时干练、迅速，不为感情所左右；退避时能审时度势、全身而退，而且能抓住最佳机会东山再起。中庸而非平庸，没有失败，只有沉默，是面对挫折与逆境积蓄力量的沉默。

清朝名臣曾国藩位高权重，趋炎附势的人很多，他对此总是淡然处之，既不因被人奉承而喜，也不因人谄谀献媚而恼。曾国藩的一个手下对那些趋炎附势、溜须拍马的人非常反感，总想找机会教训他们一下，于是就在一次批阅文件时，将其中一位拍马的官员狠狠讽刺了一番。曾国藩看过该批阅后，对手下说，那些人本来就是靠这些来生存的，你这种做法无疑是夺了他们的生存之道，那么他们必然也将想尽办法置你于死地。曾国藩的一番话让手下恍然大悟、冷汗淋漓。

人在社会中，不可能远离是非，因此行事必须深浅有度，适可而止。中庸的处世方式最好的诠释便是"知性好相处"。曾国藩深谙人情之道，倘若拒绝被人拍马，则必是孤家寡人无人可用，倘若沉醉在逢迎之中，则会让那些颇有见地的人才流失。因此他采用了淡然处之的方法，耳中美言，胸有丘壑。

古语道："处治世宜方，处乱世宜圆，处叔季之世当方圆并用；待善人宜宽，待恶人宜严，待庸众之人当宽严互存。"处在太平盛世，待人接物应严正刚直，处天下纷争的乱世，待人接物应随机应变、圆滑老练，处在国家行将衰亡的末世，待人接物要方圆并济、交相使用；对待善良的人，态度应当宽厚，对待邪恶的人，态度应当严厉，对待一般平民百姓，态度应当宽厚和严厉并用。这才是中庸之道的注解。

黄炎培先生有几句深刻的座右铭："理必求真，事必求是；言必守信，行必踏实；事闲勿荒，事繁勿慌；有言必信，无欲则刚；和若春风，肃若秋霜；取象于钱，外圆内方。"保持中庸、深浅有度、恰如其分是为人处世的最高境界，过于锋芒毕露往往为世俗所不容，过于委曲求全又被视为软弱，只有外圆内方、刚柔相济，才能在纷繁复杂的人际关系中周旋有术，游刃有余。

中庸的处世方式，在不违反各人根本原则的前提下，像一道润滑剂，把人与人之间因棱角的摩擦而可能产生的矛盾及时化解。宽广的胸襟和"大智若愚"的智慧，能让人们在变幻莫测的世事沧桑面前处变不惊，这便是中庸之妙！

6.30 子贡曰："如有博施于民而能济众，何如？可谓仁乎？"子曰："何事于仁，必也圣乎！尧、舜其犹病诸①！夫仁者②，己欲立而立人，己欲达而达人。能近取譬，可谓仁之方也已。"

【题解】

这里孔子继续阐述他提出的"仁"的概念。他认为一个仁爱的人一定是善于为他人着想的。"己欲立而立人，己欲达而达人"是实行"仁"的重要原则。"推己及人"就做到了"仁"。在以后的内容里，孔子还说"己所不欲，勿施于人"等。这些都说明了孔子关于"仁"的基本主张。对此，我们到后面还会提到。总之，这是孔子思想的一个重要方面，是社会基本伦理准则，在今天同样具有重要价值。

【注释】

①尧、舜：传说中上古时代两位天子，是孔子推崇的圣人。病：心有所不足。②夫：助词，用于句首，提起下文。

【译文】

子贡说："如果一个人能广泛地给民众以好处，而且能够帮助众人生活得很好，这人怎么样？可以说他有仁德了吗？"孔子说："哪里仅仅是仁德呢，那一定是圣德了！尧和舜大概都难以做到！一个有仁德的人，自己要站得住，同时也帮助他人能站得住；自己要事事通达顺畅，同时也使他人事事通达顺畅。能够从身边的事实中找到例子一步步去做，这可以说是实行仁道的方法了。"

述而篇第七

7.1 子曰："述而不作，信而好古。窃比于我老彭①。"

【题解】

孔子一生是自觉地致力整理文化遗产，普及文化教育的。在这里，孔子总结自己的事业是"述而不作"，是他对传统的尊重，后人不必把保守的帽子扣在前人头上。

退修诗书

孔子谦称"述而不作"，并没有让后人奉为原则，而且，孔子是述而且作的，以"仁"解"礼"就是孔子的创作。孔子的创作还不只这一点，在教育上他一贯是鼓励有所发扬，有所创新的。

【注释】

①老彭：商代的贤大夫彭祖；一说指老子和彭祖两人。比于我：以我比，把自己与老彭相比。

【译文】

孔子说："阐述而不创作，相信并喜爱古代文化，私下里我把自己和老彭相比。"

7.2 子曰："默而识之①，学而不厌，诲人不倦，何有于我哉？"

【题解】

这几句讲为学和为师的基本原则。"默而识之"，讲的是要用心，学能不厌的关键是学出乐趣。诲人不倦的关键是对学生有爱心。在这个三方面孔子都为后世留下了伟大的楷模。"学而不厌，诲人不倦"已经成为流传千古的名句，对中国教育思想的形成与发展产生了不可磨灭的影响。

【注释】

①识：通"志"，记住。

【译文】

孔子说："把所见所闻默默地记在心上，努力学习而从不满足，教导别人而不知疲倦，这些事我做到了多少呢？"

7.3 子曰:"德之不修,学之不讲,闻义不能徙,不善不能改,是吾忧也。"

【题解】

这几句孔子谈的自我修养就是日新的过程。这个过程就是不断地去做,每天都要有进步。春秋无义战,天下大乱。孔子慨叹世人不注重自身的修养与提高,不能迁善改过,对此,他常以为忧虑。他把仁德修养、学习明礼、见义勇为和知过能改几个问题提出来,引起世人的注意。

【译文】

孔子说:"不去培养品德,不去讲习学问,听到义在那里却不能去追随,有缺点而不能改正,这些都是我所忧虑的。"

7.4 子之燕居^①,申申如也^②,夭夭如也^③。

【题解】

有人说这几句表明孔子即便在闲居时,也十分注重个人思想情操的修养,但这不是其本义。这几句恰恰是描写了孔子闲居时十分舒适自如的本色,孔子绝不是后世那种板着面孔的假道学,我们看看孔门弟子和孔子的真实关系和情感就知道了。

【注释】

①燕居:安居,闲居。②申申:舒展齐整的样子。③夭夭:和舒之貌。

【译文】

孔子闲居在家的时候,显得舒展整齐而又和乐适意。

7.5 子曰:"甚矣吾衰也!久矣吾不复梦见周公^①。"

【题解】

孔子慨叹自己已经没有好梦,在对梦境淡去的叹息中,表露了自己步入暮年而痛感实现理想的希望已经十分渺茫的心情。

周公是孔子最景仰的人之一,孔子以继承了自尧舜禹汤文武周公以来的道统自命,自觉地肩负起了光大古代礼乐文化的重任。这句话,表明了孔子对周公的思念之情,也表明了他对周礼的念念难忘。

【注释】

①周公:姓姬,名旦,周武王之弟,鲁国国君的始祖。他是孔子最敬佩的古代圣人之一。

【译文】

孔子说:"我衰老得很厉害呀!我已经好久没有梦见周公了。"

7.6　子曰："志于道，据于德，依于仁，游于艺①。"

【题解】

这是孔子教导弟子进德修业的秩序和方法，层次分明，像一个教学大纲。《礼记·学记》曾说："不兴其艺，不能乐学。故君子之于学也，藏焉，修焉，息焉，游焉。夫然，故安其学而亲其师，乐其友而信其道，是以虽离师辅而不反也。"这个解释阐明了这里所谓的"游于艺"的意思是优游其中的意思。孔子培养学生，就是以道为方向，以德为立脚点，以仁为根本，以六艺为涵养之境，使学生能够得到全面的发展。

《孔子圣迹图》之《梦见周公》

【注释】

①艺：指六艺，包括礼、乐、射、御、书、数。

【译文】

孔子说："以道为志向，以德为根据，以仁为依靠，而游憩于礼、乐、射、御、书、数六艺之中。"

7.7　子曰："自行束脩以上①，吾未尝无诲焉。"

【题解】

孔子所说的这段话，表明了他诲人不倦的精神和"有教无类"的教育思想。有很多人解释这段话是说要交十束干肉做学费，还有人说那必定是中等以上的人家之子弟才交得起，贫民人家是交不出十束干肉的。其实，孔子这里说的是学生要有向学的心志，只要有志于学，孔子就会教。孔子是中国历史上第一个将教育普及到贫民的人，他的"有教无类"是身体力行的。

【注释】

①束脩：一束干肉，即十条干肉，是古代一种最菲薄的见面礼。

【译文】

孔子说："只要是主动给我十条干肉作为见面礼物的，我从没有不给予教诲的。"

7.8　子曰："不愤不启①，不悱不发②。举一隅不以三隅反，则不复也。"

【题解】

这里孔子既讲了教学方法，也讲了学习方法，主要是讲教育者要激发学生的主动思考的能力，让受教育者开启活泼的心灵、生动的智慧，能够独立思考。在《雍也》一篇第21中，孔子说："中人以上，可以语上也；中人以下，不可以语上也。"这里进一步阐述了"启发式"的教学思想。他反对"填鸭式"的机械教学做法。要求学生能够"举一反三"，这是符合教学的基本规律的。

【注释】

①愤：思考问题时有疑难想不通。②悱：想表达却说不出来。发：启发。

【译文】

孔子说："教导学生，不到他冥思苦想仍不得其解的时候，不去开导他；不到他想说却说不出来的时候，不去启发他。给他指出一个方面，如果他不能由此推知其他三个方面，就不再教他了。"

【论语的智慧】

孔子说："教导学生，不到他冥思苦想仍不得其解的时候，不去开导他；不到他想说却说不出来的时候，不去启发他。给他指出一个方面，如果他不能由此推知其他三个方面，就不再教他了。"这句话其实就是想告诉人们一个简单的道理，人们在经过学习后，应该具备一种举一反三的能力，能由一个道理而推知其他的道理。如果不能做到这点，那再怎么教也没用。

保罗和史蒂芬一同外出游玩。到了目的地后，保罗在酒店里看书，史蒂芬便来到熙熙攘攘的大街上闲逛，忽然他看到路边有一个老妇人在卖一只玩具猫。

那老妇人告诉他，这只玩具猫是她们家的祖传宝物，因为家里儿子病重，无钱医治，才不得已要将此猫卖掉。

保罗随意地抱起猫，猫身很重，似乎是用黑铁铸造的，然而，聪明的保罗一眼便发现，那一对猫眼是用珍珠做成的。他为自己的发现狂喜不已，便问老妇人："这只猫卖多少钱？"

老妇人说："因为要为儿子医病，所以3美元便卖。"

保罗说："那么我就出1美元买这两只猫眼吧。"

老妇人在心里合计了一下，认为比较合适，就答应了。保罗欣喜若狂地跑回酒店，笑着对正在埋头看书的史蒂芬说："我只花了1美元，竟然买下了两颗大珍珠，真是不可思议！"

史蒂芬发现这两个猫眼的的确确是罕见的大珍珠，便问保罗是怎么回事，保罗把自己买猫眼的事情讲给他听。听了保罗的话，史蒂芬眼睛一亮，急切地问："那位老妇人现在在哪里？"

史蒂芬按照保罗讲的地址，找到了那位卖猫的老妇人。他对老妇人说："我要买这只猫。"

老妇人说："猫眼已经被别人先行买去了，如果你要买，出2美元就可以了。"

史蒂芬付了钱，把猫买了回来。保罗嘲笑他道："兄弟呀，你怎么花2美元去买这个没眼珠的猫呢？"

史蒂芬却坐下来把这只猫翻来覆去地看，最后，他向服务员借了一把小刀，用小刀去刮铁猫的一个脚,当黑漆脱落后,露出金灿灿的黄金,他高兴地大叫道:"保罗,你看,果然不出我所料,这猫是纯金的啊!我们可以想象,当年铸这只猫的主人,一定怕金身暴露,便将猫身用黑漆漆了一遍,就如同一只铁猫了。"见此情景,保罗后悔莫及。

史蒂芬笑道:"你虽然能发现猫眼是珍珠,但你却缺乏一种思维的联想,分析和判断事情还不全面。你应该好好想一想,猫眼既然是珍珠做成的,那么猫的全身会是不值钱的黑铁所铸吗?"

虽然上面事例颇显夸张,但也说明了这样一个道理:只有养成举一反三、深入思考的习惯,才会激发出智慧,才会更幸运。创造性思维是大脑思维活动的高级层次,是智慧的升华,是大脑智力发展的高级表现形态。当我们在思考问题时,如果能够运用这样的思维联想方式,那么知识和财富的宝库将会在不经意间向我们打开。

7.9　子食于有丧者之侧,未尝饱也。

【题解】

这句表明孔子富有广博的同情心,他身上所体现的"礼"是发自内心的情感,是人道主义的,他对于生命有极高的尊重。

【译文】

孔子在有丧事的人的旁边吃饭,从来没有吃饱过。

7.10　子于是日哭,则不歌。

【题解】

此句表达了孔子是一位感情真挚而且深厚的人,伟大的人性情感必定是细腻而且长久的。这也从一个侧面反映出孔子的日常生活,即在没有哀戚的事情时,孔子是很快乐的,经常唱歌。

【译文】

孔子如果在这一天哭泣过,就不再唱歌。

7.11　子谓颜渊曰:"用之则行,舍之则藏,唯我与尔有是夫[①]!"

子路曰:"子行三军,则谁与[②]?"子曰:"暴虎冯河[③],死而无悔者,吾不与也。必也临事而惧,好谋而成者也。"

【题解】

孔子与弟子的问答表明,他非常珍惜生命,自觉地要履行生命的使命。人生总免不了有进有退,但是理想抱负时刻不能放弃。孔子又提出不赞成"暴虎冯河,死而无悔"的子路的有勇无谋的做法,那样是不能成就大事的。孔子也提倡"勇",但真正的勇不是蛮干,而是"临事而惧,好谋而成",要智勇兼备才能成就事业。符合"勇"的规定。

【注释】

①夫：语气词，相当于"吧"。②与：同……一起，共事。③暴虎：空手与老虎搏斗。冯河：赤足蹚水过河。冯，通"凭"。

【译文】

孔子对颜渊说："如果用我，就去积极行动；如果不用我，就藏起来。只有我和你才能这样吧！"

子路说："如果让您率领三军，您愿找谁一起共事呢？"孔子说："赤手空拳和老虎搏斗，徒步涉水过大河，即使这样死了都不后悔的人，我是不会与他共事的。我所要找的共事的人，一定是面对事情谨慎戒惧，善于谋划而且能完成的人。"

7.12　子曰："富而可求也①，虽执鞭之士②，吾亦为之。如不可求，从吾所好。"

【题解】

这里孔子讲的是富贵是不可以追求的，在经济落后的社会里，富贵有很大的偶然性，不是仅靠努力就能够得到的，而对于道的追求，则是只要努力就可以有成绩。孔子在这里还有一个意思，就是只有合乎于道的富贵才可以去追求；不合于道的富贵就不能去追求。从这里也可以看出，孔子不反对富有和做官，但一定要符合于道。

【注释】

①而：用法同"如"，表示假设的连词。可求：可以求得，指道理上可以求得。②执鞭之士：古代的天子、诸侯和官员出入时手执皮鞭开路的人。意思指地位低下的职事。

【译文】

孔子说："财富如果可以求得的话，即使是做手拿鞭子的差役，我也愿意。如果不可以求得，我还是做自己所爱好的事。"

7.13　子之所慎：齐①，战，疾。

【题解】

战争和祭祀是国家的大事，疾病是个人的大事，孔子都十分谨慎。这反映了孔子对于人生的珍惜。

【注释】

①齐：通"斋"，古代祭祀之前，先要整洁身心，叫作斋戒。

【译文】

孔子所谨慎小心对待的事有三件：斋戒、战争、疾病。

7.14 子在齐闻《韶》①，三月不知肉味。曰："不图为乐之至于斯也！"

【题解】

孔子对音乐的素养很深，具有极高的音乐鉴赏能力。

《韶》乐是赞美舜的乐章，是当时的经典古乐。他听了《韶》乐以后，在很长时间内品尝不出肉的滋味，这当然是一种夸张的说法，表明了孔子对于音乐教化的重视。

《孔子圣迹图》之《在齐闻韶》

【注释】

①《韶》：相传是大舜时的乐章。

【译文】

孔子在齐国听到《韶》这种乐曲，很长时间即使吃肉也感觉不到肉的香味，他感叹道："没想到音乐欣赏竟然能达到这样的境界！"

【论语的智慧】

孔子在齐国听到《韶》乐，沉浸在那美妙的意境之中，三个月都食不甘味，他说："想不到音乐之美，竟能到如此境界啊。"

《韶》乃舜时古乐曲名，也有人认为是赞颂舜的功德的曲子。好的音乐，的确令人永世难忘。辜鸿铭先生曾说过，中国人过的是一种"心灵的生活"。人的一生，会为了生存等各种事情而奔波劳累，如果仅止于此，生活将是单调而乏味的。世界本身丰富多彩，自然的山山水水、人间美妙的艺术，都会让自己的灵魂得到休憩和陶冶。

音乐是一种细腻而丰富的艺术表现形式，它对人的智力发育和情操陶冶都有很大的作用。从古至今，很多人都认识到了音乐这种艺术的重要性。就拿孔子来说，他就是十分幸运的，因为，他有一位伟大的母亲，而他的母亲懂得用音乐艺术去教育、感染少年时代的孔子。这对他以后的发展是十分重要的。

孔母这种音乐养成教子法，在孔子身上是十分成功的。孔子在母亲的教育下，很小就懂得了礼仪规矩，懂得了音与音之间存在的节拍，符与符之间存在的规律。孔子从音律的协调关系得到了启示：音律调节好，才能演奏出悦耳的音乐；人际关系调整好，才能安守本分，克己复礼。

应该说，孔子的成才和成功与他的母亲颜征在的培养教育，有着很大的关系。由于她教子有方，培养出了千古流芳的孔圣人，所以世人称颜征在为"圣母"。

早在孔子还不懂事的时候，颜征在就买来了很多乐器，有时自己为儿子吹弹，有时请人为儿子演奏，有时让儿子自己摆弄。邻里乡人不解其意，颜征在对人们说，孩子现在还不懂事，但天长日久，他就会喜欢这些礼器。做人要讲根基，办事要按规矩，无规矩不成方圆，礼器最讲礼仪与规矩，无章法演奏不出动听的乐曲。所以用这些礼器能让孩子早一点儿懂得礼仪、音律、等级，对他日后的成长是至关重要的。

在母亲的引导和教育下，孔子对音乐有了浓厚的兴趣，很小就学会了吹、拉、弹、唱。邻里有了婚丧等红白喜事，他挟着乐器跑去奏乐。长大后，孔子对音乐的爱好有增无减，简直到了胜过吃肉吃饭的地步。他在齐国听了《韶》乐，一连学了三个月，吃饭连肉味都觉不出了。他说："真没想到学音乐会使人达到这个境界！"可见孔子对音乐有很强的感悟能力。

还有一次，孔子向鲁国乐官师襄子学琴，他弹一支名曲，一连弹奏了十日也不调换别的曲子。师襄子建议他换个曲子，孔子说："我已经熟悉这支曲子了，但还没有领悟弹奏它的技术。"过了些时候，师襄子说："你已经掌握了弹奏这支曲子的技术，可以弹别的了。"孔子又说："我还没有领悟它的用意。"又过了一段日子，孔子仍在弹那首曲子，师襄子不耐烦地说："你已经了解它的用意了，可以换一支曲子了。"孔子说："我还没有领悟它所描写的人物形象呢。"又过了一些时候，孔子终于停下不弹了，他默然有所思，看向远处，说："我可能领悟到了，这个人又高又大、皮肤很黑、眼睛向上看，好像要统一四方，这不就是周文王吗？"师襄子听了非常惊讶地说："这支曲子就叫作《文王操》啊！"

从此，孔子对音乐钻研得更深了，他不仅以音乐陶冶情操，还对音乐有了很深的研究，他从音乐中能悟出许多深刻的道理。后来他还整理出了"六经"之一的《乐经》。

音乐是人类共有的精神食粮。古代《晋书·乐志》说："是以闻其宫声、使人温良而宽大；闻其商声，使人方廉而好义；闻其角声，使人恻隐而仁爱；闻其徵声，使人乐养而好使；闻其羽声，使人恭俭而好礼。"这说明音乐中的"五音"可以把握人的性格与行为。

德国伟大的音乐家贝多芬认为：音乐是比一切智慧、一切哲学更高的启示。古时，人们在进行强体力劳动时，为了减轻精神上的负担，会发出"嗨唷！嗨唷！"的声音，特别是在集体劳动时，更用歌唱的节奏来统一步伐和着力点。劳动号子就是这样产生的。再如持续时间较长的重复性劳动，为避免单调及精神上的疲劳，人们也会自然地发出种种歌声来调剂精神。如采茶、放牧、摇船、插秧的歌唱，虽然节奏并不一定与劳动动作合拍，但因有了歌唱的调节，也会使人感到轻松并减少寂寞感、枯燥感。

研究发现，音乐还有促进人们智力发展的作用。它的主要作用是通过音乐来锻炼人们的想象力，促进思维能力的发展，使得五官四肢协调反应能力、再造想象力及创造性思维得到增强。在熟练迁移、触类旁通的作用下，其对音乐以外的其他学科的研究，也有着促进功能。

音乐对人们道德、意志、品格、情操来说，也会在"随风潜入夜，润物细无声"的情况下有所影响。虽然，我们不能完全像我国古代儒家那样，把音乐艺术对道德的作用扩大到相当巨大的地位，正所谓"乐者，德之华也""审音而知乐，审乐而知政"，但多听高尚的音乐，确实会使人们的情趣高洁起来，多听铿锵雄壮的声音，也会使人们意志坚强起来，情绪高昂起来。

7.15　冉有曰："夫子为卫君乎[①]？"子贡曰："诺，吾将问之。"入，曰："伯夷、叔齐何人也？"曰："古之贤人也。"曰："怨乎？"曰："求仁而得仁，又何怨？"出，曰："夫子不为也。"

【题解】

孔子反对一切破坏礼制秩序的战争，认为为了个人欲望而使成千上万的百姓遭殃，是极大的不仁。卫国灵公太子之子辄即位后，其父与其争夺王位，展开了战争。子贡想试探孔子的态度，因为这件事恰好与伯夷、叔齐两兄弟互相让位的历史形成鲜明对照。这里，孔子赞扬了伯夷、叔齐，这也就表明了对卫出公父子不义之战的不满。

【注释】

①为：帮助，赞成。卫君：卫出公辄。辄是卫灵公之孙，太子蒯聩之子。蒯聩得罪了卫灵公的夫人南子，逃亡晋国。灵公死，辄为君。晋国想借把蒯聩送回之机攻卫国，被卫国抵御，蒯聩归国也被拒绝。这种情势客观上造成蒯聩与辄父子争夺君位的印象，与伯夷、叔齐互相推让君位恰成对比。子贡引以发问，试探孔子对卫出公辄的态度。

【译文】

冉有说："老师会赞成卫国的国君吗？"子贡说："嗯，我去问问老师吧。"子贡进入孔子房中，问道："伯夷和叔齐是怎样的人呢？"孔子说："他们是古代贤人啊。"子贡说："他们会有怨悔吗？"孔子说："他们追求仁德，便得到了仁德，又怎么会有什么怨悔呢？"子贡走出来，对冉有说："老师不会赞成卫国国君的。"

7.16　子曰："饭疏食①，饮水，曲肱而枕之②，乐亦在其中矣。不义而富且贵，于我如浮云。"

【题解】

在这里，孔子表明的是自己对于人生快乐的理解，再次申明了自己坚持以仁义为主体的理想。孔子提倡"安贫"，是为了"乐道"，认为"饭疏食，饮水，曲肱而枕之"的生活对于有理想的人来讲，可以说是乐在其中的。同时，他还提出，不义的富贵荣华，如天上的浮云一般。

【注释】

①饭：吃。名词用作动词。疏食：糙米饭。②肱：胳膊。

【译文】

孔子说："吃粗粮，喝清水，弯起胳膊当枕头，这其中也有着乐趣。而通过干不正当的事得来的富贵，对于我来说就像浮云一般。"

【论语的智慧】

孔子说："吃粗粮，喝清水，弯起胳膊当枕头，这其中也有着乐趣。而通过干不正当的事得来的富贵，对于我来说就像浮云一般。"一个人要修养到家，得先能够不受外界物质环境的诱惑，才能摆脱虚荣的惑乱，外物于我不是不重要，而是我已经不再被它们所控制，凡俗世界的一切要看我是否愿意要它们，这个修养很了不起。

孔子从不标榜自己不喜欢名利，他也喜爱富贵，但是君子爱财，取之有道。"不是什么样的富贵名利我都要，这是小人的行径。"这是一个圣人的自白，也是一个正人君子所应秉持的做人做事的态度。对此孟子也有与孔子类似的看法。

战国时期，孟子名气很大，府上每日宾客盈门，其中大多是慕名而来的求学问道之人。有一天，接连来了两位神秘人物，一位是齐国的使者，一位是薛国的使者。对这种人物，孟子自然不敢怠慢，小心周到地接待了他们。

齐国的使者给孟子带来一百两金子，说是齐王所赠的一点儿小意思。孟子见其没有下文，坚决拒绝齐王的馈赠。

隔了一会儿，薛国的使者也来求见。他给孟子带来五十两金子，说是薛王的一点儿心意，感谢孟子在薛国发生大乱的时候帮了大忙。孟子吩咐手下人把金子收下。左右的人都十分奇怪，不知孟子葫芦里卖的是什么药。

孟子的弟子陈臻对这件事大惑不解，他问孟子："齐王送你那么多的金子，你不肯收，薛国才送了齐国的一半，你却接受了。如果你刚才不接受是对的话，那么现在接受就是错了，如果你刚才不接受是错的话，那么现在接受就是对了。"

孟子回答说："都对。在薛国的时候，我帮了他们的忙，为他们出谋划策，平息了一场战争，我也算个有功之人，为什么不应该受到奖励呢？而齐国人平白无故给我那么多金子，是有心收买我，君子是不可以用金钱收买的，我怎么能收他们的贿赂呢？"

左右的人听了，都十分佩服孟子的高明见解和高尚操守。

名利与钱财是世人所喜爱，也是让世人疲于奔命而又心甘情愿的奇怪的事物。但是人不能违背自己的良心与道义去拿不属于自己的东西，所以不义之财就算被你拿到了，将来也会要你十倍于它去偿还。

7.17 子曰："加我数年①，五十以学《易》②，可以无大过矣。"

【题解】

孔子对于《周易》的学习表明他具有活到老、学到老、乐天知命而又积极进取的精神。孔子说，"五十而知天命"，这里说"五十以学《易》"，学《易》和"知天命"都是对于人生意义的探求，对于天人之际的思索。他认真研究《易》，是为了使自己的言行符合于"天命"。《史记·孔子世家》中说，孔子"读《易》，韦编三绝"。他非常喜欢读《周易》，曾把穿竹简的皮条翻断了很多次。孔子坚持学习、自强不息的奋发进取的精神，值得后人学习。

【注释】

①加：这里通"假"字，给予的意思。
②《易》：《易经》，又称《周易》，古代一部用以占筮（卜卦）的书，其中卦辞和爻辞是孔子以前的作品。

《孔子圣迹图》之《读易有感》

【译文】

孔子说："给我增加几年的寿命，让我在五十岁的时候去学习《易经》，就可以没有大过错了。"

7.18　子所雅言①：《诗》《书》、执礼，皆雅言也。

【题解】

此句是就孔子从事主要活动所用的语言来说明孔子对于文明传统的尊重。语言是一种文化的工具，中国的语言文字是中华文明的一大特征，孔子对此是非常尊重的。

【注释】

①雅言：古代西周人的语言，即标准语，相当于今天的普通话。

【译文】

孔子有用雅言的时候，读《诗经》《尚书》和执行礼事，都用雅言。

7.19　叶公问孔子于子路①，子路不对。子曰："女奚不曰②：其为人也，发愤忘食，乐以忘忧，不知老之将至云尔③。"

【题解】

子路没有回答他人打听孔子的问话，也很难回答，孔子自己几句朴实平易的话无意当中向我们展现了一个乐观进取、具有伟大人格和人生境界的圣人形象。孔子自述其心态"发愤忘食，乐以忘忧"，这是求知日新到了忘我忘情的境界，这种人格和境界为后世树立了榜样、开辟了方向，让人们能够充实地去走好自己的人生之路。

【注释】

①叶公：楚国大夫沈诸梁，字子高。封地在叶邑，今河南叶县南三十里有古叶城。②奚：何，为什么，怎么。③云尔：云，如此；尔，通"耳"，而已。

【译文】

叶公问子路孔子是个怎样的人，子路没有回答。孔子说："你为什么不这样说：他的为人，发愤用功到连吃饭都忘了，快乐得忘记了忧愁，不知道衰老将要到来，如此等等。"

【论语的智慧】

孔子的一生都是学习的一生，他从15岁立志学习，一直到去世都在孜孜以求。而且孔子本人对自己的人生定位也非常准确，他认为自己是一个为了发愤求学，常常连自己腹中饥饿都没有感觉的人，有时候连吃饭都忘了；一旦学问上有所获益，又会快乐得忘记忧愁，连日渐衰老的威胁也忘了。孔子的为学精神是永远年轻的，因此能够"苟日新，日日新，又日新"。因为终生不倦地学习，他才能时时保持进步的状态，才能达到新的境界。

中国古代曾有"江郎才尽"的故事，它警示人们要有不停学习的精神。南北朝时期，梁朝有个名叫江淹的金紫光禄大夫。江淹年轻时家境贫寒，好学不倦，诗和文章都写得很好，成为当时负有盛誉的作家，中年为官以后，有一天晚上，他梦见一个自称郭璞的人，对他说："我的五彩笔在你处多年，请你还给我吧！"江淹听了这话以后，到自己怀中去摸，摸到了五彩笔便还给了郭璞，从此以后，江淹写诗、文便再也没有优美的句子了。

据史学家考证，江淹确有其人，他的诗文到后来退步是真有其事，但他一落千丈的根本原因不是上面说的那个还五彩笔的传说。他早年家境贫寒，所以学习刻苦，"留情于文章"，而且非常注意向前辈、有成就的人学习，"于诗颇加刻画虽天分不优，而人工偏至"，也就是说他虽缺乏做学问的条件，但加倍去努力、去钻研。他的成就，不是天意神授，而是来自于勤和思，勤奋不怠，好学不倦，这就是他前半生誉满朝野的根本原因。到了后半生，官做大了，名声也大了，认为平生所求皆已具备，功名既立，需及时行乐了。于是由嬉而随，耽于安乐，自我放纵，再不求刻苦砥砺了。他说自己性有三短，其中的"体本疲缓，卧不肯起""性甚畏动，事绝不行"等就属于"随"的劣性。"随"导致他事业心消磨，他只"望在五亩之宅，半顷之田"，什么治国平天下的雄心壮志都烟消云散了。后来学疏才浅，诗文褪色，"绝无美句"，这是必然的结局。

学习是一件终生的事情，它也正如逆水行舟一样，不进则退。有大学问的人，贵在勤勉和持之以恒的努力。在一点儿成就面前就沾沾自喜、满足现状，再聪明的人也会有江郎才尽的那一天。

7.20 子曰："我非生而知之者，好古，敏以求之者也。"

【题解】

孔子再一次声明自己是经过后天努力学习而有成就的，否定自己是生而知之的人，这既是一种谦逊的美德，更是给了他的学生以极大的鼓励和希望。有没有"生而知之者"，这里不做讨论，但孔子用自己的实践告诉人们，他之所以成为学识渊博的人，在于他对于古代的典章制度和文献图书有真切的爱好，而且勤奋学习。连孔子都说自己是"敏以求之"，理智的人们就不要再相信炫耀天才、宣扬奇迹的神话。

【译文】

孔子说："我并不是生下来就有知识的人，而是喜好古代文化，勤奋敏捷去求取知识的人。"

7.21 子不语怪、力、乱、神。

【题解】

孔子的言谈中从来没有对暴力、祸乱、奇迹、魔力和神的崇信，他"敬鬼神而远之"。孔子大力提倡"仁德""礼治"等道德观念，对于现实社会、人类生存、人生意义，孔子都是非常重视的，所以中国文化有合情合理、现实而为了人生的特点。

【译文】

孔子不谈论怪异、勇力、叛乱、鬼神。

7.22 子曰："三人行，必有我师焉。择其善者而从之，其不善者而改之。"

【题解】

孔子这句极为著名的话，已经成为中国人民的一句格言。这句话的道理很简单，就是谦虚好学，可是做起来非常不容易，因为人往往自以为是，免不了虚荣和傲慢。孔子之所以能成为伟大的思想家和教育家，离不开这种谦虚好学的精神。能够虚心向他人学习，这种精神已经十分可贵，更可贵的是，不仅要师人之善，而且要以别人的缺点为借鉴，这是平凡而伟大的真理，对于指导我们处事待人、修身养性、增长知识，都是有益的。

【译文】

孔子说："三个人同行，其中必定有人可以作为值得我学习的老师。我选取他的那些优点而学习，如发现他的那些缺点则引以为戒、加以改正。"

【论语的智慧】

唐代大散文家韩愈有一篇著名的文章，名字叫《师说》，里面有一段著名的话："闻道有先后，术业有专攻，如是而已。"没有人是全能全知，所以才会有"三人行，必有我师焉"。孔子的这句话大家非常熟悉，连三岁小儿也能脱口而出，但是恐怕没有几个人敢拍着胸脯说"我已经做到了"。不同的人有不同的专长，总有一点会强于他人：农民能教会我们种庄稼，告诉我们关于农业的知识；工人能够告诉我们一件产品具体生产的细节与功用，等等。我们每个人需要学习的东西很多，如果你把自己放得太高，你的眼睛看到的必然不会全面，你的眼界也不会宽广。南怀瑾先生认为这句话体现了孔子的伟大。因此无论做人还是做事，我们都要向他人特别是周围的人学习，切忌骄傲自满，爱迪生与阿普顿的故事就说明了这个道理。

美国发明家爱迪生，年轻时曾和普林斯顿大学数学系毕业生阿普顿在一起工作，并住在同一个房间里。

阿普顿总觉得自己有学问，从不把卖报出身的爱迪生放在眼里。而爱迪生是个沉默寡言的人，从不炫耀自己，对阿普顿的自负和卖弄，从心里感到厌烦。为了让阿普顿把态度放谦虚一些，爱迪生把一只梨形的玻璃灯泡交给阿普顿，请他算算容积是多少。

阿普顿拿着那个玻璃灯泡，轻蔑地一笑，心想："想用这个难住我，未免太天真了！"

他拿出尺子上下量了量，还依照灯泡的样式列出一道道算式，数字、符号写了一大堆。他算得非常认真，画了一张张草图，脸上渗出了细细的汗珠。

过了一个多钟头，爱迪生见阿普顿还在那儿算个不停，便忍不住笑着说："不用那么费事，还是换个别的方法算吧！"

阿普顿固执地说："不用换，等一会儿我就能得到答案了。"

又过了半个钟头，阿普顿对自己的计算似乎还不放心，还在那里低头核算。爱迪生有

《论语》大讲堂

一五三

些不耐烦了，拿过玻璃灯泡，倒满了水交给阿普顿说："去把这些水倒进量杯……"

不等爱迪生说完，阿普顿立刻就明白了什么是既简单又准确的方法，他那冒着汗的脸，"刷"地红了。他终于知道了，爱迪生确实不愧为伟大的发明家。

阿普顿是普林斯顿大学数学系的毕业生，计算是他的内行。当碰到"计算玻璃灯泡容积"的问题时，由于他受固有的思维方式影响，自然而然地拿出尺子对灯泡量了又量，算了又算，他没有想到打破定式，采用其他简便的方法。爱迪生则不同，他能突破习惯性思维的束缚，采用快捷的方法，立即精确地求得了灯泡的容积。

每个人在做事之前都必须明确一个事实：你并不是万能的。明白了这一点，你做起事情来就会谦虚得多，也就会避免因盲目自大而发生错误。知道每个人对于我们自身来讲"总有一点强过你"，我们才能真正学会谦虚。

7.23　子曰："天生德于予，桓魋其如予何^①？"

【题解】

这句表现了孔子崇高的自信和清醒的使命感。公元前 492 年，孔子从卫国去陈国时经过宋国。桓魋听说后，要带兵去杀害孔子。当时孔子正与弟子们在大树下演习周礼，桓魋派人砍掉大树，而且要杀孔子，孔子离开了宋国，在逃跑途中，紧张的学生们劝他快点儿逃走，孔子说了这句话。这实际上是孔子自觉历史使命感和崇高的理想所产生的浩然之气，以及临危不惧的大勇。

《孔子圣迹图》之《宋人伐木》

【注释】

①桓魋：宋国的司马（主管军政的官）。孔子离开卫国去陈国，经过宋国，和弟子们在大树下演习礼仪，桓魋想杀孔子，砍掉大树，孔子于是离去。弟子催他快跑，孔子说："天生德于予，桓魋其如予何！"

【译文】

孔子说："我的品德是上天所赋予的，桓魋能把我怎样呢！"

7.24　子曰："二三子以我为隐乎？吾无隐乎尔！吾无行而不与二三子者，是丘也。"

【题解】

前面讲孔子是如何好学的，而这里讲孔子的教育之道是注重言传身教。孔子为万世师表，树立了作为教师的职业道德的楷模，一是靠身教，不表白什么，也不要有任何保留；二是把学习融入日常生活，循循善诱，诲人不倦，让学生亲身去体验和感悟。

【译文】

孔子说："你们大家以为我对你们有什么隐瞒不教的吗？我没有什么隐瞒不教你们的。我没有一点不向你们公开的，这就是我孔丘的为人。"

7.25　子以四教：文、行①、忠、信。

【题解】

这里是讲孔子教学的内容和由浅入深的顺序。孔子注重历代古籍、文献资料的学习和教学，但仅有书本知识还不够，还要重视社会实践活动，特别是要注意学识与人品并重。从《论语》书中所记，我们可以看到孔子带领他的学生周游列国，让学生在实践中学习知识、增长才干。但书本知识和实践活动还不够，还要养成好的人品，忠、信的德行，总起来讲，就是书本知识、社会实践和人格道德修养三个方面。

【注释】

①行：做名词用，指德行。

【译文】

孔子以四项内容来教导学生：文献典籍、履行所学之道的行动、忠诚、守信。

7.26　子曰："圣人，吾不得而见之矣，得见君子者斯可矣①。"子曰："善人，吾不得而见之矣，得见有恒者斯可矣②。亡而为有，虚而为盈，约而为泰，难乎有恒矣。"

【题解】

这里表明了孔子对当时现实的感叹，对于春秋末期"礼崩乐坏"的社会状况，孔子认为在此社会背景下，难以找到他理想中的"圣人""善人"，而那些"虚而为盈，约而为泰"的人却比比皆是，在这样的情况下，能看到"君子""有恒者"，也就是在进步的过程中不断追求的人就心满意足了。

【注释】

①斯：就。②有恒：有恒心。这里指有一定的操守。

【译文】

孔子说："圣人我是不能看到了，能够看到君子，这也就可以了。"孔子又说："善人我是看不到的了，能看到有一定操守的人就可以了。没有却装作有，空虚却装作充盈，本来穷困却装作宽裕，这样的人很难去抱持一定的操守了。"

7.27　子钓而不纲①，弋不射宿②。

【题解】

孔子钓鱼而不用网，习射而不射已经入巢栖息的鸟。这种做法，是将仁德之心推及一切事物，这是一种最朴实的生活态度，但足以见出孔子仁德的境界。

【注释】

①纲：动词，用大绳系住网，断流以捕鱼。②弋：用带生丝的箭来射鸟。宿：归巢栖息的鸟。

【译文】

孔子只用鱼竿钓鱼，而不用大网来捕鱼，用带绳的箭射鸟，但不射归巢栖息的鸟。

7.28　子曰："盖有不知而作之者，我无是也。多闻，择其善者而从之；多见而识之①，知之次也②。"

【题解】

这是孔子关于学习的方法论，他主张对自己所不知的，应该多闻、多看，努力学习。

孔子反对那种本来什么都不懂，却在那里凭空造作的做法。注重实践，反对空谈，他自己是这样做的，同时也要求他的学生这样去做。

【注释】

①识：通"志"，记住。②次：《论语》中出现过八次，均当"差一等""次一等"讲。

【译文】

孔子说："大概有自己不懂却凭空造作的人吧，我没有这样的毛病。多听，选择其中好的加以学习；多看，全记在心里。这样的知，是仅次于'生而知之'的。"

7.29　互乡难与言①，童子见，门人惑。子曰："与其进也，不与其退也，唯何甚！人洁己以进，与其洁也，不保其往也。"

【题解】

正是抱着人都可教，错都可改，凡事"成人之美"的愿望，孔子才能有"诲人不倦""有教无类"的教育态度。

孔子知道互乡这个地方，人难打交道，很多道理可能行不通了。所以他说："与其进也，不与其退也""人洁己以进，与其洁也，不保其往也"，这从一个侧面反映出孔子与人为善的处事态度和宽容精神。

【注释】

①互乡：地名，今在何处，已不可考。

【译文】

互乡这地方的人难以交谈，孔子却接见了互乡的一个童子，弟子都觉得疑惑。孔子说："我是赞成他求上进，不赞成他退步，何必做得太过呢？人家把自己收拾得整洁干净而来要求上进，就应该赞成他的这种做法，而不要总是抓住他的过去不放。"

【论语的智慧】

有一次，孔子来到互乡。互乡风气甚差，很多人不讲道理。一个少年请见，孔子居然接见，学生觉得困惑。孔子说："我鼓励他上进，不赞成他退步。何必太过计较？别人洁己求进、虚心请益，我们就该肯定他的努力，而不必记住他过去的缺失。"可见孔子有着广阔的胸襟，他经常反省自己，而能给别人机会。即使是面对坏人，孔子仍然能毫不犹豫地给他们悔过的机会。

宽恕他人的过错，给他人改过自新的机会，往往能够改变他的一生。托尔斯泰曾说过，幸福的家庭是相似的，不幸的家庭各有各的不幸。

错误在所难免，宽恕就是神圣，给别人机会其实也是给自己机会，虽然这个错误的确很大。

宽恕别人，就是善待自己。因为仇恨只能永远让我们的心灵生活在黑暗之中；而宽恕，却能让我们的心灵获得自由，获得解放。宽恕他人，可以让生活更轻松愉快；宽恕他人，可以让我们有更多的朋友。先知耶肋米亚说："不论大小，人人都要认识我。因为我宽恕他们的过犯，我不再记忆他们的罪恶！"

7.30　子曰："仁远乎哉？我欲仁，斯仁至矣。"

【题解】

在这里孔子坚信，只要愿意以"仁"的标准要求自己，持续不变地按照"仁"的规范来行动，那么就能达到"仁"的境界了。

从孔子的言论来看，仁离我们很近，人天生的本性之中就有仁的成分，因此为仁只要诚心去做。"我欲仁，斯仁至矣。"这种认识的基础，是靠道德的自觉，要经过不懈的努力，就有可能达到仁的境界了。这里，孔子强调了人的主观能动性。

【译文】

孔子说："仁德难道离我们很远吗？我想要求得仁德，这仁德就来了。"

7.31　陈司败问①："昭公知礼乎？"孔子曰："知礼。"孔子退，揖巫马期而进之，曰："吾闻君子不党，君子亦党乎？君取于吴为同姓②，谓之吴孟子③。君而知礼，孰不知礼？"巫马期以告。子曰："丘也幸，苟有过，人必知之。"

【题解】

孔子对鲁昭公娶同姓之女这一失礼的行为故作不知，表明了他是"为尊者讳"。表面上他自身出现了矛盾。在这种情况下，孔子承认错误说："丘也幸，苟有过，人必知之。"事实上他通过这种方式已经表示了鲁昭公失礼，但孔子的做法没有失礼。

【注释】

①陈司败：陈国主管司法的官，姓名不详，也有人说是齐国大夫，姓陈名司败。②吴：国名。鲁为周公之后，吴为太伯之后，都是姬姓。③吴孟子：鲁昭公夫人，本应叫吴姬，因同姓不婚，故去掉她的姓（姬），改称吴孟子。

【译文】

陈司败问："鲁昭公知道礼吗？"孔子说："他知礼。"孔子走出去后，陈司败向巫马期作了个揖，请他走近自己，说："我听说君子不因关系亲近而偏袒，难道君子也有偏袒吗？鲁君从吴国娶了位夫人，是鲁君的同姓，于是称她为吴孟子。鲁君若算得上知礼，还有谁不知礼呢？"巫马期把此话告诉了孔子。孔子说："我孔丘真幸运，如果有错误，他人一定会指出来让我知道。"

7.32　子与人歌而善，必使反之，而后和之。

【题解】

孔子注重生活的艺术化，作为音乐爱好者，音乐也是他授课的内容之一。上音乐课的时候，同样充满平易近人的态度。

【译文】

孔子与别人一起唱歌，如果唱得好，一定请他再唱一遍，然后自己又和他。

7.33　子曰："文，莫吾犹人也①。躬行君子，则吾未之有得。"

【题解】

孔子一直否认自己是生而知之的，在这里，仍然强调身体力行。对于"文，莫吾犹人也"一句，在学术界还有不同解释。有的说此句意为"讲到书本知识我不如别人"；有的说此句应为："勤勉我是能和别人相比的。"我们这里采用了"大概我和别人差不多"这样的解释。

【注释】

①莫：大概，差不多。

【译文】

孔子说："就书本上的学问来说，大概我同别人差不多。身体力行地去做一个君子，那我还没有达到。"

7.34　子曰："若圣与仁，则吾岂敢？抑为之不厌①，诲人不倦，则可谓云尔已矣②。"公西华曰："正唯弟子不能学也。"

孔子认为学而不知满足是知，教诲别人不知疲倦是仁，两者结合起来是圣的境界。

之前，孔子已经谈到"学而不厌，诲人不倦"，这里又说到"为之不厌，诲人不倦"，他的思想其实是一致的。他感到，说起圣与仁，他自己还不敢当，但朝这个方向努力，他会不厌其烦地去做，而同时，他也不感疲倦地去教诲别人。这是他的由衷之言。

【注释】

①抑：折的语气词，"只不过是"的意思。②云尔：这样说。

【译文】

孔子说："如果说到圣和仁，我怎么敢当！不过是朝着圣与仁的方向去努力做而不厌倦，教导别人不知疲倦，则可以说是这样罢了。"公西华说："这正是我们学不到的。"

7.35　子疾病^①，子路请祷^②。子曰："有诸^③？"子路对曰："有之。《诔》曰^④：'祷尔于上下神祇^⑤。'"子曰："丘之祷久矣。"

《孔子圣迹图》之《孔子延医》

【题解】

从孔子一贯的言论看，他是相信人的尊严和仁道的力量的，不相信祈祷天神地祇是可以治病的。这里又是他不相信鬼神的一个例证。

孔子患了重病，子路为他祈祷，孔子对此举并不加以反对，而且说自己已经祈祷很久了。这段文字不说明他是一个迷信天地神灵的人；也不是在表明他对鬼神的怀疑态度，而只是表现出孔子对生死与疾病泰然处之的乐观态度。

【注释】

①疾病：疾，指有病。病，指病情严重。②请祷：向鬼神请求和祷告，即祈祷。③诸："之于"的合音。④《诔》：向神祇祷告的文章。⑤尔：你。祇：地神。

【译文】

孔子病得很重，子路请求祈祷。孔子说："有这回事吗？"子路回答说："有的。《诔》文中说：'为你向天地神灵祈祷。'"孔子说："我早就祈祷过了。"

【论语的智慧】

孔子有一次生病了，子路很着急，他去为孔子求神保佑。孔子后来听说了，就问子路："我听说你为我求神去了？有没有这回事啊？"子路回答他："有这么一回事，老师。"孔子说："要是这样就能让我不生病的话，那么我在神面前已经求了很久了！"孔子的意思是说，如果求神能管用的话，那么我还会生病吗？每个人都跑到神的面前跪拜，要自己不生病还要让自己平安、发财、升官、婚姻美满，神应该怎么做？每个人都答应吗？显然不能。如果张三去求神把李四给拉下水，李四再去求神让张三下马，那么神应该听谁的呢？既然不能有求必应，那么也就无所谓神与不神了。这就是孔子要告诫子路的地方。在《论语》中还有孔子说的一段话："子不语怪、力、乱、神。"也就是说孔子平时不爱谈这些鬼神的东西，他说："未能事人，焉能事鬼？"这就是我们的圣人，他不说自己是否相信有鬼神，而是避而不谈，因为他认为一个人做任何事情都要依靠自己，而不是靠烧香拜神就能解决的。苏东坡的一个故事就说明了这个道理。

佛印禅师与苏东坡同游灵隐寺，来到观世音菩萨的像前，佛印禅师合掌礼拜。

忽然，苏东坡问了一个问题："人人皆念观世音菩萨，为何菩萨的手上也和我们一样，挂着一串念珠？观世音菩萨念谁？"

佛印禅师答道："念观世音菩萨。"

苏东坡又问道："为何亦念观世音菩萨？"

佛印禅师答道："菩萨比我们更清楚，求人不如求己。"

求人不如求己，想成功是每个人的愿望，但是这个愿望的实现非要借助自己的信念不可。因而，一个人养成独立自主的坚强意志就显得尤为重要，人活着就应该自立自强，有人认为可以依靠父母，还有人认为可以依靠自己的伴侣，可是没有哪一种依赖是能安全长久的，只有你自己才能陪伴你走完一生。依靠别人的帮助最不可靠，因为别人能给你的也就能随时拿走，这就是这个世界的游戏规则。"在这个世界上最坚强的人是孤独的、只靠自己站着的人。"这是挪威著名戏剧家易卜生对于人生所做出的一个断言。穿越世纪的风尘，这句话依然掷地有声，因为它揭示了一个亘古不变的真理：你的命运只藏在自己的心里，你就是主宰一切的上帝。

美国前总统约翰·肯尼迪的父亲深知这个道理，因此他从小就注意对儿子独立精神的培养。有一次他赶着马车带儿子出去游玩。在一个拐弯处，因为马车速度很快，猛地把小肯尼迪甩了出去。当马车停住时，儿子以为父亲会下来把他扶起来，但父亲却坐在车上悠闲地掏出烟吸起来。

儿子叫道："爸爸，快来扶我。"

"你摔疼了吗？"

"是的，我自己感觉已站不起来了。"儿子带着哭腔说。

"那你也要坚持自己站起来，重新爬上马车。"

儿子挣扎着自己站了起来，摇摇晃晃地走近马车，艰难地爬了上来。

父亲摇动着鞭子问："你知道我为什么让你这么做吗？"

儿子摇了摇头。

父亲接着说："人生就是这样，跌倒，爬起来，奔跑，再跌倒，再爬起来，再奔跑。在任何时候都要全靠自己，没人会去扶你的。"

从那时起，父亲就更加注重对儿子的培养，如经常带着他参加一些大的社交活动，教他如何向客人打招呼、道别，与不同身份的客人应该怎样交谈，如何展示自己的精神风貌、气质和风度，如何坚定自己的信仰等。有人问他："你每天要做的事情那么多，怎么有耐心教孩子做这些鸡毛蒜皮的小事？"

谁料约翰·肯尼迪的父亲一语惊人："这些怎么能算是无足轻重的事呢？我是在训练他

如何做总统。"

雨果曾经写道："我宁愿靠自己的力量打开我的前途，而不愿求有力者的垂青。"只要一个人是活着的，他的前途就永远取决于自己，成功与失败，都只系于自己身上。而依赖作为对生命的一种束缚，是一种寄生状态。英国历史学家弗劳德说："一棵树如果要结出果实，必须先在土壤里扎下根。同样，一个人首先需要学会依靠自己、尊重自己，不接受他人的施舍，不等待命运的馈赠。只有在这样的基础上，才可能做出成就。"将希望寄托于他人的帮助，便会形成惰性，失去独立思考和行动的能力，将希望寄托于某种强大的外力上，意志力就会被无情地吞噬掉。

为了训练小狮子的自强自立，母狮子会故意将它推入深谷，使其在困境中挣扎求生。在残酷的现实面前，小狮子挣扎着一步一步从深谷之中走了出来。它体会到了"不能依靠别人，只能凭借自己的力量前进"的道理，它逐渐成熟了。

人生的风风雨雨，只有靠自己去体会、感受，任何人都不能为你提供永远的庇荫。你应该掌握前进的方向，把握住目标，让目标似灯塔般在高远处闪光；你应该独立思考，有自己的主见，学会自己解决问题。你不应该相信什么救世主，不应该信奉什么神仙或皇帝，你的品格、你的作为，你所有的一切都是你自己行为的产物，并不能靠其他什么东西来改变。

电影《肖申克的救赎》相信大家一定不陌生，还记得那句"强者自救，圣人救人"的警世恒言吗？像孔子那样的圣人几千年才有一位，但强者在每个时代都有。勇敢地扔掉你依赖的那根拐杖，你才能学会奔跑！自立自强的人生，才是值得我们向往与崇敬的人生。

美国石油大亨老洛克菲勒是这样教育孩子的：

有一天，他把孩子抱上一张桌子，鼓励他跳下来，孩子以为有爸爸的保护，就放心地往下跳。谁知往下跳的时候，爸爸却走开了，小洛克菲勒摔得很重，在地上大哭起来。这时，老洛克菲勒语重心长地对儿子说："孩子，不要哭了，以后要记住，凡事要靠自己，不要指望别人，有时连爸爸也是靠不住的！从现在就开始学会独立地生活吧！"

洛克菲勒家族中的孩子，从小就不准乱花钱，每一个孩子可支配的少量零花钱也要记账。他们在学校读书时，一律在学校住宿，大学毕业后，都是自己去找工作。直到他们在社会中锻炼到能经得起风浪以后，上一辈人才把家产逐步交给他们。

正是因为洛克菲勒家族教育子女特别认真，注重培养孩子的独立生活能力，才使孩子养成了独立、自强的习惯。所以洛克菲勒家族里没有出过"败家子"，使其家族历经几个世纪的风雨而依然繁盛如初，没有像美国其他的跨国财团和豪门大族那样仅仅经历几十年或一二百年就衰落了。

人们常说"富不过三代"，可是洛克菲勒家族改写了这条定律，那些守不住先辈打拼下来的产业和财富的人都是懦弱无能的后代。人，要靠自己活着，而且必须靠自己活着，在人生的不同阶段，尽力达到理应达到的自立水平，拥有与之相适应的独立精神。这是当代人立足社会的根本基础，也是形成自身"生存支援系统"的基石。因为缺乏独立自主个性和自立能力的人，连自己都管不了，还能谈发展和成功吗？即使你的家庭环境所提供的"先赋地位"是处于天堂云乡，你也必得先降到凡尘大地，从头做起，以平生之力练就自立自强的能力。

7.36 子曰："奢则不孙^①，俭则固^②。与其不孙也，宁固。"

【题解】

孔子在奢与俭两者的取舍之间，表现出了圣者的理智，把握好了度。春秋时代各诸侯、大夫等都僭越礼制，生活极为奢侈豪华，他们的生活享乐标准和礼仪规模都与周天子没有区别，孔子认为，这些越礼、违礼的行为，还不如简陋的好，节俭就会让人感到寒酸固陋，但与其越礼，则宁可寒酸固陋，保持礼的尊严。

【注释】

①孙：通"逊"，恭顺。不孙，即为不顺，这里指"越礼"。②固：简陋、鄙陋，这里是寒酸的意思。

【译文】

孔子说："奢侈豪华就会显得不谦逊，省俭朴素则会显得寒碜。与其不谦逊，宁可寒碜。"

7.37 子曰："君子坦荡荡，小人长戚戚。"

【题解】

君子胸怀坦荡，问心无愧，自然光明磊落，小人身陷于私欲，纠缠于得失之中，两者相比，生活境界大不相同，当然，君子与小人的根本差别还是在于人生目标和人生信仰的不同。

【译文】

孔子说："君子的心地开阔平坦宽广，小人却总是心地局促带着烦恼。"

【论语的智慧】

孔子说这句话的意思是：君子坦荡、达观，无论得意或艰困，都能做到俯仰无愧；小人常为名利所绊，患得患失，所以悲切、忧愁。梁漱溟先生对此进一步说，这也是告诉人们为人处世不要成天捉摸别人、猜疑别人，以致使自己患得患失。

有一则寓言，说的是"疑人偷斧"的故事。一个人丢失了斧头，就怀疑是邻居的儿子偷的，从此后他便每天观察邻居儿子的言谈举止、神色仪态。这样一观察，他觉得邻居的儿子怎么看都是偷斧子的样子，思索的结果进一步强化了他原来的假想，于是他断定贼就是邻居儿子。可是过了不久，他在山谷里找到了自己砍柴时丢失的斧头，这时候他再看那个邻居的儿子，竟然一点儿也不像偷斧子的贼了。这个人无疑是一个爱成天捉摸别人的人，一开始他就给自己下了个结论，然后走进了猜疑别人的死胡同。要不是后来找到了斧子，不知道他还会做出什么事情呢。

古人云："长相知，不相疑"，反之，不相知，必定长相疑。疑神疑鬼的人，看似怀疑别人，实际上是在怀疑自己，缺乏自信。有些人在某些方面自认为不如别人，因而总以为别人在议论自己，看不起自己，算计自己。有些人以前由于轻信别人，在交往中受过骗，蒙受过巨大精神损失和情感挫折，结果万念俱灰，不再相信任何人。一个人自信越足，越容易信任别人，越不易产生猜疑心理。

猜疑是人性的弱点之一，历来是害人害己的祸根。生活中我们经常遇到这样的事情，因为猜疑，夫妻离异；因为猜疑，朋友反目；因为猜疑，大打出手，导致悲剧。不知你是否曾有过这样的体会，当几个同事聚在一起，悄悄说话时，你会怀疑他们是在讲你的坏话；你告诉朋友一个秘密后，你会不停地想他是否讲给别人听；一位朋友对你的态度冷淡了些，你会觉得他可能对你有了看法，就拿最简单的上网来说，你很好的一个网友突然离线了，连个再见也没说，你就怀疑他是不是不想你了，烦了；你的男朋友一连几天没打电话给你，你就觉得他变心了，就生气，伤心难过……如果你有这些情况，那么可以说你真的疑心较重了。

同事们之间的议论有好多话题，你应该先想一想自己真能有那么大的吸引力，让别人有那么大的兴趣去议论你吗？其实这些都是你在自寻烦恼。朋友是你信得过的朋友，那就不用担心他会向别人说你的秘密。朋友对自己态度冷淡了，可能是他自己有心事，情绪不好，正需要你去关心一下呢。好友突然离线，最大的原因可能是停电、掉线，或是有别的原因，需要你的理解。男朋友没给你打电话，可能这些天很忙，在加班……

猜疑像一条无形的绳索，它会捆绑住我们的思路，使我们远离朋友。如果疑心过重的话，那么就会因一些根本没有或不会发生的事而忧愁烦恼，郁郁寡欢，其结果是可能无法结交到朋友，变得孤独寂寞，对身心健康是极为有害的。

有时候，哪怕是一点点的猜疑，也可能让你失去最珍贵的东西。电视剧《中国式离婚》中，女主人公李小枫，原本是那么一个善良理性的人，她和丈夫宋建平感情一直很好，直到她下岗做了全职太太，整天无所事事，就老担心老公会被别的女人勾引。宋建平是一位相当出色的外科医生，而且很稳重，本来他们在一起可说是幸福美满，可李小枫却变了，她开始捕风捉影，胡乱猜疑。某天打丈夫手机，关机，她就怀疑丈夫是不是跟哪个女人在一起，其实人家一直在手术室做手术呢。她查丈夫的手机短信，一对小两口跟老宋开玩笑的信息让她看了，非说是他的情人，还不依不饶的，非得让老宋如实交代，搞得宋建平百口莫辩。本来宋建平对她绝无二心，可是由于李小枫的猜疑心理使宋建平的生活一团糟，甚至不能正常工作，导致最后宋建平万念俱灰，提出去新疆支边。正是李小枫无端的猜疑，把一个好好的丈夫推出了家门，把自己的生活也搞得乱七八糟。这正是"君子坦荡荡，小人长戚戚"。

再如《三国演义》中曹操刺杀董卓失败后，与陈宫一起逃至吕伯奢家。曹吕两家是世交，吕伯奢一见到曹操到来，本想宰牲口款待他，可是曹操听到磨刀之声，又听说要"缚而杀之"，便大起疑心，以为要杀自己，于是不问青红皂白，拔剑误杀无辜。

可悲呀！成天捉摸别人的人是最愚蠢的。一个人一旦掉进了猜疑的陷阱里，便容易处处神经过敏，对他人对自己心生疑虑，损害正常的人际关系。我们每一个人，都应该拓宽我们的胸怀，来增加对他人的信任，排除不良心理，敞开心扉，将心灵深处的猜测和疑虑公之于众，增加心灵透明度，求得彼此之间的了解沟通，增加相互信任，消除隔阂。我们应无视小人传播的流言，因为猜疑之火往往在小人的煽动下，越烧越旺，导致人失去理智，酿成恶果。

因此，面对流言蜚语时，我们千万要冷静，坦诚相待。须知，"长相知，不相疑；不相疑，才能长相知"。

7.38 子温而厉，威而不猛，恭而安。

【题解】

这是孔子的学生对孔子最全面、最深刻的印象。

这是十分亲切、十分实在而又十分具有尊严的形象，我们都会觉得十分平易，但其实是极难达到的境界。越是日常生活中自然的状态，越反映出一个人真实的面貌。孔子做人确实是到了最好的境界。

【译文】

孔子温和而严厉，有威仪而不凶猛，谦恭而安详。

泰伯篇第八

8.1 子曰："泰伯^①，其可谓至德也已矣。三以天下让，民无得而称焉。"

【题解】

大德无名，大功不争，孔子认为让贤是一种高尚的美德，上古时代的首领辛勤劳苦，便有让贤之事。传说古公亶父知道三子季历的儿子姬昌有德，便想传位给季历，泰伯也想让位，与二弟仲雍一起避居吴地。古公亶父死后泰伯也不回来奔丧，后来又断发文身，表示终生不回来了，把君位让给了季历，季历之后传给姬昌，即周文王。武王时，灭了殷商，统一了天下。孔子津津乐道这个故事，表达了他的理想，而让位者显示出的明智与仁德，老百姓也是无比崇敬的。

【注释】

①泰伯：又叫太伯，周朝祖先古公亶父的长子。古公有三个儿子：太伯、仲雍、季历。季历的儿子就是姬昌（周文王）。传说古公预见到姬昌的圣德，想打破惯例把君位传给幼子季历。姬长子太伯为使父亲愿望实现，便偕同仲雍出走他国，使季历和姬昌顺利即位，后来姬昌统一了天下。

【译文】

孔子说："泰伯，那可以说是道德最崇高的人了。他多次把天下辞让给季历，人民简直都找不出恰当的词语来称颂他。"

8.2 子曰："恭而无礼则劳，慎而无礼则葸^①，勇而无礼则乱，直而无礼则绞^②。君子笃于亲^③，则民兴于仁；故旧不遗，则民不偷^④。"

【题解】

凡事过犹不及，孔子重视适度合宜，讲究尺度，人情味和理性要完美结合，恭、慎、勇，这些德目的实践要符合中庸的准则，它们之间互相联系，互相补充，否则就会出现"劳"、"葸""乱""绞"。

【注释】

①葸：拘谨、畏惧的样子。②绞：说话尖刻，出口伤人。③笃：厚待，真诚。④偷：淡薄，不厚道。

【译文】

孔子说："一味恭敬而不知礼，就未免会劳倦疲乏；只知谨慎小心，却并不知礼，便会胆怯多惧；只是勇猛，却并不知礼，就会莽撞作乱；心直口快却不知礼，便会尖酸刻薄。君子能用深厚的感情对待自己的亲族，民众中则会兴起仁德的风气；君子不遗忘背弃他的故交旧朋，那民众便不会对人冷淡漠然了。"

【论语的智慧】

孔子说："一味恭敬而不知礼，就未免会劳倦疲乏；只知谨慎小心，却并不知礼，便会胆怯多惧；只是勇猛，却并不知礼，就会莽撞作乱；心直口快却不知礼，便会尖酸刻薄。君子能用深厚的感情对待自己的亲族，民众中则会兴起仁德的风气；君子不遗忘背弃他的故交旧朋，那民众便不会对人冷淡漠然了。"

孔子最注重道德修养，而此句中恭而无礼的"礼"不仅仅指礼貌，更是指一种礼的精神，一种思想文化的内涵。外在的礼貌固然重要，但是如果没有内在的精神做支撑，那么这个人活在社会上是很辛苦的。就比如，有的人做事情很小心，就怕得罪人，然而过分的小心就会变成畏首畏尾，变得无能。有的人虽然有勇气、有冲劲，但属于头脑发热型的，很容易将事情搞砸。而有些人倒是坦诚直率得很，但是这种人也容易因为过分较真而误事。

明代冯梦龙在《古今谭概》中讲了一个"好好先生"的故事。东汉末年有个叫司马徽的人，无论别人讲什么事，他一律回答"好"。久而久之，别人送他一个"好好先生"的绰号。"好好先生"讲面子不讲人格，讲人情不讲原则，认为"坚持原则是非多，碰着硬茬麻烦多，平平稳稳好处多，拉拉扯扯朋友多"。这种人把这些当作自己的道德准则身体力行地贯彻下去，不但误己，还能害人。因为这种人态度恭敬，永远都不愿也不会指出他人的错误。

孔子说："道德伪善者（所谓的好好先生）是偷道德的贼。"

唐代有个文学家叫苏味道，曾经官居相位，向来以处世圆滑、模棱两可而著称。他对人总是一副恭敬的样子，别人问他对某件事情的看法，他从来都不会给出一个准确的答案，时人称之为"苏模棱"。他经常对他周围的人传授他的处世"真经"，叫作"处事不欲决断明白，若有错误，必贻咎谴，但模棱以持两端可矣"。结果，他历来为人所讥笑。

这种早就为孔子所唾弃的"好人主义"，时至今日，我们中的少数人仍然奉之为宝贝。在工作上，各管各事，事不关己，高高挂起。如此，你好我好，大家都好，一团和气，表面上是"团结"了，可道德呢、良知呢？这样只会造成正气不伸，邪气蔓延，黄钟毁弃，瓦釜雷鸣的局面。可见这种外表恭敬的人，其危害是何其巨大！知道了这些再反观自己平时的一些做法，相信你对自己应该怎样做一定会很明白了。

8.3 曾子有疾，召门弟子曰："启予足^①！启予手！《诗》云：'战战兢兢，如临深渊，如履薄冰^②。'而今而后，吾知免夫！小子！"

【题解】

因病而得出人生的经验，这也是一种学习，与《孝经》"身体发肤，受之父母，不敢毁伤，孝之始也"的意思相同。

曾子借用《诗经》里的诗句来说明自己一生谨慎小心，避免损伤身体，能够对父母尽孝。据《孝经》记载，孔子曾对曾参说过："身体发肤，受之父母，不敢毁伤，孝之始也。"这是说，孝子应当小心爱护父母给予自己的身体，头发和皮肤都不能损伤，自爱是孝的开始。

【注释】

①启：通"启"。②"战战兢兢"三句：见《诗经·小雅·小旻》。

【译文】

曾子生病，把他的弟子召集过来，说道："看看我的脚！看看我的手！《诗》上说：'战战兢兢，好像面临着深渊，好像走在薄薄的冰层上。'从今以后，我才知道自己可以免于祸害刑戮了！学生们！"

8.4 曾子有疾，孟敬子问之^①。曾子言曰："鸟之将死，其鸣也哀；人之将死，其言也善。君子所贵乎道者三：动容貌，斯远暴慢矣；正颜色，斯近信矣；出辞气，斯远鄙倍矣^②。笾豆之事^③，则有司存^④。"

【题解】

曾子对孟敬子讲执政要修身。曾子用鸟将死鸣哀来比喻人将死言善，一方面表白自己对孟敬子没有恶意，另一方面也告诉孟氏，作为君子应当重视的三个方面。礼义之始在于正容体，齐颜色，顺辞令。

【注释】

①孟敬子：鲁国大夫仲孙捷。②鄙倍：鄙陋，错误。倍：通"背"，悖理，错误。③笾豆：祭礼中使用的器皿，笾是竹制的，豆是木制的。笾豆之事，在此指代表礼仪中的一切具体细节。④有司：主管祭祀的官吏。

【译文】

曾子生病了，孟敬子去探望他。曾子说："鸟将要死时，鸣叫声是悲哀的；人将要死时，说出的话是善意的。君子所应当注重的有三个方面：使自己的容貌庄重严肃，这样可以避免他人的粗暴和怠慢，使自己面色端庄严正，这样容易使人信服；讲究言辞和声气，这样就可以避免粗野和错误。至于礼仪中的细节，自有主管部门的官吏在那里。”

8.5　曾子曰：“以能问于不能，以多问于寡；有若无，实若虚；犯而不校①。昔者吾友尝从事于斯矣②。”

【题解】

这与《公冶长》篇中“不耻下问”的思想是一致的。曾子完全继承了孔子的思想学说。“问于不能”“问于寡”都表明了谦逊的学习态度。能够“问于不能”“问于寡”是明智的态度，没有知识、没有才能的人并不是一无是处的，在他们身上总有值得学习的地方。所以，善于学习的人既要向有知识、有才能的人学习，又要向少知识、少才能的人学习。曾子还提出“有若无”“实若虚”，希望人们始终保持谦虚不自满、虚怀若谷的态度。曾子说“犯而不校”，表现出忍让精神，宽阔的胸怀，这是值得学习的。

【注释】

①校：计较。②吾友：有人说指颜渊。

【译文】

曾子说：“有才能却向没有才能的人请教，知识广博却向知识少的人请教；有学问却像没学问一样，满腹知识却像空虚无所有；即使被冒犯，也不去计较。从前我的一位朋友就曾这样做了。”

【论语的智慧】

曾子夸赞他昔日同窗颜回道：“我的同学颜回那才是真正有学问的人，明明自己的修养与知识都在很多人之上，但是他每次总是谦虚地向他人请教，做到了老师说的不耻下问。”这一点很难得，因为现代人都比较自负，认为自己就是最优秀的，哪里能放下身份向他人请教呢？尤其一些有才华的人那就更不肯放下身份了，何况是让他们向一个“不如自己”的人请教。也正因为如此，所以曾子才夸赞颜回的品德。

一个人越是学问高的时候反而会表现得越谦恭，这是知识与修养给他带来的改变。当年大哲学家柏拉图就有这样的事情。有人问他：“像您这样的大哲学家为什么还要那么谦虚呢？”柏拉图说：“据我所知，人的知识就像是一个圆圈，圆圈里面的是你已经知道的知识，圆圈外面代表的是你的未知。你会发现圆圈越大的人就越会发现自己的知识很不足。”这一点就像人们说的，越是成熟的稻穗越是往下弯腰，所以一个人的学问越高也就越发显得谦虚。著名书法家柳公权的故事就说明了这个道理。

明媚的阳光像少女的手抚摩着浓密的树叶，树下留下了一块大大的凉爽绿荫，绿荫中的石几上摆放着笔墨纸砚，几位小朋友正在兴高采烈地举行着一次别开生面的“笔会”。“大家看，这个‘飞’字多么有力。”一位小朋友得意扬扬地说。“我写的‘凤’也非常流畅圆润。”另一位小朋友看着自己的字也不住地摇头晃脑。这时，面色微红、目光炯炯的柳公权手持狼毫笔，神气十足地说：“大家看我的。”于是在铺好的宣纸上端端正正地写下了“会写飞凤家，敢在人前夸”的大字。写完傲气十足地把笔一丢，站在那里噘着小嘴，颇有些得意忘形的样子。

正在这时，一位卖豆腐的老人正好路过，便好奇地走过来，端详了一会儿柳公权的字，又看了看柳公权，皱了皱眉头，说："这字写得太无力了，好像我的豆腐一样，软绵绵的，没有筋骨。"

柳公权一听，心里有些不服气，怒气冲冲地说："有本事你写几个字，让我们也来见识见识。"

老人爽朗地笑了笑，慢悠悠地说："不敢，不敢，我是个粗人。"老人敲了敲手中的梆子，说道："我只是个卖豆腐的，不会写字，可是有人用脚都写得比你好得多呢！不信，你到城里看看吧。"说完老人敲着卖豆腐的梆子就走了。柳公权听了有些怀疑："用脚写的字有那么好吗？"

第二天，柳公权特意起了个大早，急匆匆地独自去了城里。刚一进城，他就看见一棵大槐树下挤满了围观人群，从人群中不时地传出阵阵喝彩声。柳公权好不容易挤进了人群，只见一位失去双臂的黑瘦老人赤着双脚，坐在地上，左脚压纸，右脚夹笔，正在挥洒自如地书写着对联，笔下的字似群马奔腾，又似龙飞凤舞，围观的人们无不为之震惊，赞叹不已。他跑向前去"扑通"一声跪在这位老人的面前，诚恳地对那位无臂老人说："我柳公权愿拜您为

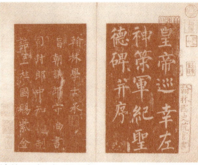

神策军碑 唐 柳公权

师，请老师告诉学生写字的秘诀。"老人慌忙地示意柳公权起来，沉思了片刻，语重心长地说："我是个孤苦的人，没有双手，只靠双脚来生活，怎能枉为人师，误人子弟呢？"说完老人在地上铺上了一张纸，然后用右脚写下了几个字："写尽八缸水，砚染涝池黑；博取百家长，始得龙凤飞。"柳公权顿时恍然大悟，向这位老人道谢后，便回家了。从此以后，他更加勤苦练字，手上磨起了厚厚的茧子，衣肘补了一层又一层。他还经常登门拜访当时的书法名家，向他们虚心求教，让朋友、陌生人指出自己书法中的不足之处。功夫不负有心人，经过苦练，柳公权终于成了流芳千古的书法家。

学问高时意气平，人生活在社会上必须要有"空杯"的心态。你只有将自己的姿态放低，才能从别人那里学到知识、智慧。大海之所以能成为大海就因为它总是在最低处，因而所有的溪流都汇集到大海的怀抱中。知识越是渊博的人，胸怀就会变得越宽广，这样他获取的东西就会越多。

8.6　　曾子曰："可以托六尺之孤①，可以寄百里之命②，临大节而不可夺也。君子人与③？君子人也。"

【题解】

曾子认为，能够有德才担当辅佐国君、执掌国政的人，这种人才是君子。还要在生死关头坚守节操，决不屈节降志，这就是真正的具有君子品格的人。

①六尺之孤：古人以七尺指成年，六尺指十五岁以下。②百里：指方圆百里的诸侯大国。③与：通"欤"，表疑问的语气词。

【译文】

曾子说："可以把幼小的孤儿托付给他，可以将国家的命脉寄托于他，面对安危存亡的紧要关头，却能不动摇屈服。这样的人是君子吗？这样的人是君子啊。"

8.7　曾子曰："士不可以不弘毅①，任重而道远。仁以为己任，不亦重乎？死而后已，不亦远乎？"

【题解】

伟大人格的形成是需要长期修养锻炼的，不能凭一时的勇气。曾子这段话对后世人才的成长影响很大，其中"任重道远""死而后已"等语早已被人们作为成语使用。

【注释】

①弘毅：宏大刚毅。

【译文】

曾子说："士人不可以不宏大刚毅，因为他肩负的任务重大而路程遥远。把实现仁德作为自己的任务，难道不是重大吗？到死方才停止下来，难道不是遥远吗？"

【论语的智慧】

人之生路，变化无常，任何一条路上都会布满荆棘与坎坷，我们必须选定一个目标，坚毅地走下去。如果没有刚强的毅力，不能坚持自己的抱负，我们就会在人生之路上徘徊不前，直至终老。

人生之路有千百条，但每一条路都只能走向一个既定的目标。一个人，不可能同时向南又向北。路只能一步一步地走，目标只能一个一个地实现。你如果什么都想要，最终便什么也得不到。太多的幻想，往往使人不知如何选择。当你还在举棋不定时，别人或许已经到达目的地了。托尔斯泰说："人生目标是指路明灯。没有人生目标，就没有坚定的方向；而没有方向，就没有生活。"

也许你觉得自己已经错过了太多的机会，岁月不饶人，你没有为目标奋斗的激情了。可事实上，只要你开始，就永远都不会晚。

在美国的一个小镇上，一位作家拜访了一位84岁的老学者。在学者那狭窄的书房里，作家向学者倾诉了内心的困惑。

学者："你应该抓紧现在和未来的日子。"

作家："是的，我在尽力。但是，我已经浪费了几十年。"

学者摇摇头："达尔文说他贪睡把时间浪费了，却写了《物种起源》；奥本海默说他锄地拔草把时间浪费了，后来却成为'原子弹之父'；海明威说他打猎、钓鱼把时间浪费了，最终却获得了诺贝尔奖；居里夫人说她为孩子和家务浪费了时间，然而她不但发现了镭，而且还把孩子教育成了科学家。"

作家大喊："这些人都是天才！我只是个平凡人，愚蠢的平凡人！"

"你有权评定你自己是愚蠢的平凡人。但我说，只要有确定的目标，在任何时间，做任何事，都不会妨碍思考和研究，甚至有助于思考和研究。他们自以为浪费了时间，实际上并没有浪费。"

"但是，我年纪大了。"

"我70岁那年，拟完成一个需要10年才能完成的研究计划。当时，我向一位30多岁的年轻朋友谈到这个计划，他笑了笑。我知道他为什么笑。在他看来，70岁的老人，时日已不多，还能做些什么。10年过去了，我的工作如期完成，仍然在实验室里忙着。"学者挺了挺胸，笑了。

"你那位年轻的朋友呢？"作家问。

"不再年轻，已经中年啦！"

"对他来说，这10年来，应该是黄金年龄，相信有很不错的记录。"

"没有，他也承认过去的10年是空白，真正的空白。"

"为什么？"

"依旧庸庸碌碌地生活。10年，一眨眼就过去了。"

学者的这一番话，如当头一棒，作家呆了。

在人生的竞技场上，无论一个多么优秀、素质多么好的人，如果没有确立一个鲜明的人生目标，也很难取得事业上的成功。许多人并不乏信心、能力、智力，只是没有确立目标或没有选准目标，所以没有收获成功。这道理很简单，正如一位百发百中的神射手，如果他漫无目标地乱射，就不会在比赛中获胜。

人生之路，无须苛求，只要不断进取，找到适合于自己的坐标，路就会在你脚下延伸，智慧就会得以充分发挥，生命就会焕发光彩。

8.8　子曰："兴于《诗》，立于礼，成于乐。"

【题解】

孔子在此提出了从事文化教育的基本程序和三方面内容。诗、礼、乐，而且指出了这三者的不同作用。它要求学生不仅要讲个人的修养，而且要有全面、广泛的知识和技能。

《孔子圣迹图》之《作猗兰操》

【译文】

孔子说："从学习《诗》开始，把礼作为立身的根基，掌握音乐使所学得以完成。"

8.9　子曰："民可使由之，不可使知之。"

【题解】

这段文字的标点有不同的意见。如康有为、梁启超等人认为应标为："民可使,由之;不可使,知之。"意谓:"百姓的知识水平提高了,就给他们政治自由;如尚未达到这一水准,就先教育他们。"康、梁的用心是想通过他们的阐发,让孔子的这段名言能够真正彰显光辉,而不至于被后人错误地批评为愚民政治观。

孔子思想上有"爱民"的内容,但是治国自有治国的方策。他提出的观点被后人从当时的治国之策上来断句解读。我们不能从现代的社会情况出发去要求前人。

【译文】

孔子说:"可以使民众由着我们的道路去做,不可以让他们知道为什么要这样做。"

8.10 子曰:"好勇疾贫①,乱也。人而不仁,疾之已甚②,乱也。"

【题解】

本句与上文联系起来表达了孔子分析社会的辩证思想,好勇而不安贫,这就不利于社会的安定,而对于那些不仁的人过于痛恨,也会惹出祸乱。所以,合度是非常重要的。

【注释】

①疾:恨,憎恨。②已甚:太过分。已,太。

【译文】

孔子说:"喜欢勇敢逞强却厌恶贫困,是一种祸害。对不仁的人憎恶太过,也是一种祸害。"

8.11 子曰:"如有周公之才之美,使骄且吝,其余不足观也已。"

【题解】

这段话说明孔子看人强调的是德才兼备而且谦逊大方。

【译文】

孔子说:"即使有周公那样美好的才能,如果骄傲而吝啬,那其他方面也就不值得一看了。"

【论语的智慧】

孔子说:"即使有周公那样美好的才能,如果骄傲而吝啬,那其他方面也就不值得一看了。"

这其中,才能资质属于才的方面,骄傲吝啬属于德的方面。也就是说,如果一个人才高八斗而德行不好,那么圣人连看也不会看他一眼,只有德才兼备才是完美的人才。如果二者不可兼得,德是熊掌,才是鱼。孟子舍鱼而取熊掌,圣人舍才而取德。

可以说，孔子的人生哲学注重养成道德的品行。无论做人做事都要以道德作为基础，只有品德高尚的人才能获得真正的成功。

有一位老锁匠一生修锁无数，技艺高超，收费合理，深受人们敬重。渐渐地，老锁匠年纪大了，为了不让自己的技艺失传，他决定为自己物色一个接班人。最后老锁匠挑中了两个年轻人，准备将一身技艺传给他们。一段时间以后，两个年轻人都学会了不少东西。但两个人中究竟谁能真正得到真传，老锁匠决定对他们进行一次测试。

老锁匠准备了两个保险柜，分别放在两个房间里，让两个徒弟去打开，谁花的时间短谁就是胜者。结果大徒弟只用了不到10分钟就打开了保险柜，而二徒弟却用了半个小时，众人都以为大徒弟必胜无疑。

老锁匠问大徒弟："保险柜里有什么？"大徒弟眼中放出了光亮："师父，里面有很多钱，全是百元大钞。"问二徒弟同样的问题，二徒弟支吾了半天说："师父，我没看见里面有什么，您只让我打开锁，我就打开了锁。"

老锁匠十分高兴，郑重宣布二徒弟为他的正式接班人。大徒弟不服，众人不解，老锁匠微微一笑说："不管干什么行业都要讲一个'信'字，尤其是我们这一行，要有更高的职业道德。我收徒弟是要把他培养成一个高超的锁匠，他必须做到心中只有锁而无其他，对钱财视而不见。否则，心有私念，稍有贪心，登门入室或打开保险柜取钱易如反掌，最终只能害人害己。我们修锁的人，每个人心上都要有一把不能打开的锁。"

老锁匠的话着实耐人寻味，他把道德作为选择徒弟的最终标准，所以二徒弟虽比大徒弟才能差，但最终因为品德高尚而被师父选为接班人。

依胡适先生所说，孔子教育学生注重自身的道德修养显然涉及伦理道德教育，目的当然还是建立良好的人际关系。在孔子的心目中，有高尚道德的人是有仁爱之心的人，也就是能博济众施之人，是能为他人着想的人。

新加坡前总理李光耀在全面总结儒家学说的基础上指出，儒家思想的核心是"忠、孝、仁、爱、礼、义、廉、耻"，并以此八种德行作为新加坡政府的"治国之纲"和新加坡每一位公民都必须具有的道德品质。他的这一举动已经在新加坡取得了极大的成功。

子曰："骥不称其力，称其德也。"就是说："对于千里马，不称赞它的力气，要称赞它的品质。"尚德不尚力，重视品质超过重视才能，这是儒家的人才思想，也正是我们今天选拔人才的标尺。

西莱·福格认为，决定一个人价值和前途的不是聪敏的头脑和过人的才华，而是正直的品德。品德就是力量，它比知识就是力量更为正确。

我们的确可以看到这样一种现象，一个人如果品质不好、能力差也就算了，对别人、对社会的危害还不会太大。恰恰是一个能力非常强、智商非常高的人，如果品质败坏、野心很大，那他造成的危害就会非常大，有时候甚至会达到致命的程度，断送一个单位、一家公司，甚至一个国家。我们或许会感叹他们的才能，但是很难尊敬他们，就好比我们对待敏捷的扒手或拦路抢劫的强盗一样。

反之，一个人品质很好，能力虽然差了点儿，但他只要虚心好学，提高自己，也就会逐渐有所进步，把事情做得更好。当然，需要特别注意的是，我们不能因此走向另一个极端，忽略人的能力，不尊重知识，不尊重人才。毕竟，德行是行走人生的前提，才能是创造人生的手段，两者结合，才能使一个人的人生绚烂多姿！

8.12　子曰："三年学，不至于谷^①，不易得也。"

【题解】

从这段话可以看出，孔子重视的是以学本身为乐，虽然孔子办教育的主要目的，是培养治国安邦的人才，古时一般学习三年为一个阶段，此后便可出仕做官，但孔子更看重的是以学为目的的人。

【注释】

①至：想到。谷：小米，这里指做官得俸禄。

【译文】

孔子说："读书三年，没想到去做官得俸禄，这是难得的。"

8.13　子曰："笃信好学，守死善道。危邦不入，乱邦不居。天下有道则见^①，无道则隐。邦有道，贫且贱焉，耻也；邦无道，富且贵焉，耻也。"

【题解】

这段文字论说的是从政者的进退之道与人品问题。

这是孔子给弟子们传授的为官且保身之道。"天下有道则见，无道则隐"；"用之则行，舍之则藏"，孔子不主张无意义献身。此外，他还提出应当把个人的贫贱荣辱系于国家的兴衰存亡之上，这才是为官的要点。

【注释】

①见：通"现"。

【译文】

孔子说："坚定地相信我们的道，努力学习它，誓死守卫保全它。不进入危险的国家，不居住动乱的国家。天下有道，就出来从政；天下无道，就隐居不仕。国家有道，而自己贫穷鄙贱，是耻辱；国家无道，而自己富有显贵，也是耻辱。"

8.14　子曰："不在其位，不谋其政。"

【题解】

孔子的这句话，成为后人在社会生活中经常引用的原则。"不在其位，不谋其政"涉及"名分"问题，名不正则言不顺，不在其位而谋其政，有僭越之嫌，"不在其位，不谋其政"就是要"安分守己"。为维护社会稳定，就要有秩序，这是一个有用的管理学原则。

【译文】

孔子说："不在那个职位上，就不考虑它的政务。"

【论语的智慧】

孔子说过，不担任这个职务，就不去过问这个职务范围内的事情。孔子的这段话并不是简单的推卸责任的话，事实上，他是在告诉我们工作中要重视把做人和做事结合起来，不要越俎代庖去做不属于自己做的事。

孔子这两句话，"不在其位，不谋其政"，是为政的基本修养。表面看来，好像帝王可以利用这两句话实行专制，要人少管闲事。事实上有道理在其中，因为自己不处在那个位置上，对那个位置上的事情，就没有体验，而且所知道的资料也不够，不可能洞悉内情。

孔子的话，使我们懂得应以分工协作的角度来理解自己在一个组织乃至社会中的作用，不要不知天高地厚地去做"主人"；学会经常提醒自己不要自以为是地认为真理总是在自己一边。我们也应明白一个道理，只有在其位的人，才是承担相应责任的角色，才能更好地处理这个岗位的事务。越俎代庖或事必躬亲的做事方式只能降低办事效率，浪费我们的精力。否则福特发明的生产流水线也不会沿用至今。

三国时，蜀国主簿杨仪"以家论国"劝谏诸葛亮，"治理政治有一定制度，上下不能超越权限而相互侵犯。"虽然，诸葛亮身具旷世之才，可他事必躬亲，超出主管政事之权限。长此下去，很可能使自己的健康受损，最终办事效率降低。杨仪于是想出一个办法劝谏诸葛亮，他说："一家中主人负责持家，男奴负责种地，女奴负责做饭，鸡专门负责报晓，狗专门吠叫防盗，牛的任务是背运货物，马的任务是干走远路的活。家内职责明确，主人的需求也应满足了。可一天，主人要自己包揽所有家务，不再分派任务给其他人。于是，主人耗时耗力，弄得身疲力乏。究其因，他丢掉了当家做主的规矩。"诸葛亮听后，深悟"齐家治国平天下"的道理。放权于别人，并不失为政之道理。

"不在其位，不谋其政"。各司其职，才能出效率，出成绩！再如，汉宣帝的丞相吉丙遇到死者横躺在马路上都不予过问，但对农民赶着牛大口喘气而忧心忡忡。陈平不愿意了解钱谷的数字，他认为那自有人管。他们是懂得了不同的位置有不同职能的道理——在其位，谋其政；不在其位，不谋其政。

历史上，多少前车之鉴，已给了我们"刻骨铭心"的启示。因此现代社会中，能够在复杂的竞争中，适时收敛自己的锋芒，将本分行事与适时突破相结合，做到"爱岗敬业"，我们就能在自己的生存之圈里游刃有余！

8.15 子曰："师挚之始①，《关雎》之乱②，洋洋乎盈耳哉！"

【题解】

这是孔子对鲁国太师挚演奏《关雎》乐章的赞叹，寄寓了孔子的礼乐教化思想。

【注释】

①师挚之始：师挚，鲁国乐师，名挚。始，乐曲的开始，一般由太师演奏。挚是太师，所以说师挚之始。②乱：乐曲的结尾。

【译文】

孔子说:"从太师挚开始演奏,到结尾演奏《关雎》乐曲的时间里,美妙动听的音乐都充盈在耳边。"

8.16　子曰:"狂而不直,侗而不愿^①,悾悾而不信^②,吾不知之矣。"

【题解】

在这里,孔子对虚伪的和不可理喻的品质提出了批评。

"狂而不直,侗而不愿,悾悾而不信"都是两头不占的坏品质,孔子对此十分反感和不理解。这是因为,这几种品质既不真实又不符合中庸的基本原则,所以孔子说:"吾不知之矣。"

【注释】

①侗:幼稚,无知。愿:谨慎老实。②悾悾:诚恳的样子。

【译文】

孔子说:"狂妄而不正直,幼稚而不谨慎,看上去诚恳而不守信用,我不知道有的人为什么会这样。"

8.17　子曰:"学如不及,犹恐失之。"

【题解】

这是讲积极的学习态度。孔子自己对学习知识的要求十分强烈,这句话是他对自己勤奋好学、至老不衰的求学精神的生动写照,他也同时这样要求他的学生。这"学如不及,犹恐失之",与"学而不厌"一起成为好学者的座右铭。

【译文】

孔子说:"学习就像追赶什么似的,生怕赶不上,学到了还恐怕会丢失。"

【论语的智慧】

一个人真正用心做学问,就会像孔子说的那样,总觉得自己还不够充实,还有许多进步的空间。就好像去追赶什么,总怕赶不上,赶上了又怕被甩掉,以这样的求学精神还是怕原有的学问修养会退失。这在说明积极做学问的同时,还说明一个道理,就是总有很多知识是你没有学到的,所以做学问不要骄傲自满。

一名徒弟跟着一位名师学习技艺,几年之后,徒弟觉得自己的技艺达到炉火纯青的地步了,足以自立门户,因此收拾好行囊,准备和大师辞别。

大师得知了这个消息之后问道:"你确定你已经学成了,不需要再学习了吗?"

徒弟指了指自己的脑袋自豪地说:"我这里已经装满了,再也装不下了。"

"哦,是吗?"大师随即拿出一只大碗放在桌上,命徒弟把这只碗装满石头,直到石头在碗中堆出一座小山后,大师问徒弟:"你觉得这只碗装满了吗?"

"满了。"徒弟很快地回答。

大师于是从屋外抓起一把沙子，撒入石头的细缝里，然后再问一次："那么现在呢，满了吗？"

徒弟考虑了一会儿，恭恭敬敬地回答道："满了。"

大师再取了案头上的香灰，倒入那看似再也装不下的碗中，看了看徒弟，然后轻声问："你觉得它真的满了吗？"

"真的满了。"徒弟回答道。

大师没有再多说什么，只拿起了桌上的茶壶，慢慢地把茶水倒入碗中，而水竟然一滴也没有溢出来。

徒弟看到这里，总算明白了师父的良苦用心，赶紧跪地认错，诚心诚意地请求大师再次收自己为徒。

"学无止境"，生有涯而知无涯，学习是没有尽头的，除非你自己限制自己。

著名的数学家华罗庚说过："人，活到老，要学到老。"是的，人生就是在不断探索中得到升华，从而才会有辉煌出现的，像文坛的几位巨匠：冰心、巴金、金庸……他们都深知这个道理，而且始终如一地贯彻下去，因此才会有如此大的成就。我们熟知的金庸先生更是在80岁高龄之际提笔修改了《射雕英雄传》，使这部经典名作再次遇热，受到众人瞩目。

不只是他们，国外的著名人士也是在不断学习、不断积累中才创作出许多著作的。马克思和恩格斯就是最好的例证。他们耗尽毕生心血共同完成的《资本论》使广大读者得到启迪，他们也成为世人的榜样。

学习是光明，无知是黑暗。试想，谁愿意面对黑暗不见天日？没有人。那么，只有天天做学问，时时不忘学点儿知识，我们才能走向光明，使人生更亮丽。

只有在不断求知的过程中，我们才会真正得到乐趣。波兰著名钢琴家阿瑟·鲁宾斯坦，他3岁时学琴，4岁登台演奏，直到95岁他未曾间断过对艺术的追求。因为他深知学无止境，艺术无止境，不间断的创作会使心灵得到净化，从而也增加其本身的魅力。

意大利艺术大师达·芬奇说："微小的知识使人骄傲，丰富的知识则使人谦虚，所以空心的禾穗总是高傲地举头向天，而充实的禾穗则低头向着大地，向着它们的母亲。"

达到的境界越高，越会感到自己的不足，因此，我们应把握住生命的每分每秒，弥补这些不足，趁着还小要多多学习。

人外有人，天外有天，巅峰之上，还可以再创巅峰。这一切的前提是——学无止境！

8.18 子曰："巍巍乎，舜禹之有天下也，而不与焉①。"

【题解】

这里孔子所讲的称颂舜禹的话，是别有所感的。当时社会混乱，礼崩乐坏，弑君、篡位者屡见不鲜。孔子赞颂传说时代的"舜、禹"，表明对古时大同之世的认同，他借称颂舜禹，抨击现实中的这些问题。

【注释】

①不与：不参与其富贵，即不图自己享受。

【译文】

孔子说："多么崇高啊！舜、禹拥有天下（却是为百姓勤劳），而不是为了自己享受。"

8.19 子曰："大哉尧之为君也！巍巍乎！唯天为大，唯尧则之①。荡荡乎，民无能名焉②。巍巍乎其有成功也！焕乎其有文章③！"

【题解】

这一段孔子用最美好的言辞对传说时代的尧大加赞赏。尧是中国传说时代的圣君，孔子在这里用极美好的语言称赞他，尤其对他的礼仪文明愈加赞美，表达了他对古代先王的崇敬，抒发了自己理想不能实现的心情。

【注释】

①则：效法。②名：形容，称赞。③文章：指礼仪制度。

【译文】

孔子说："尧作为国家君主，真是伟大呀！崇高呀！唯有天最高最大，只有尧能效法于上天。他的恩惠真是广博呀！百姓简直不知道该怎样来称赞他。真是崇高呀，他创建的功绩，真是崇高呀！他制定的礼仪制度，真是灿烂美好呀！"

8.20 舜有臣五人而天下治。武王曰："予有乱臣十人①。"孔子曰："才难，不其然乎？唐虞之际，于斯为盛。有妇人焉②，九人而已。三分天下有其二，以服事殷。周之德，其可谓至德也已矣。"

【题解】

孔子认为，治国安邦关键在于人才，所以他十分重视举荐贤才。有了人才，国家就可以得到治理，天下就可以太平。用人在贤，得人在德，在历史发展过程中，杰出人物、优秀人物都发挥了巨大作用，这与人民群众的作用，都是不可忽视的。

【注释】

①乱臣：据《说文》，"乱，治也。"此处所说的"乱臣"，应为"治国之臣"。②妇人：传说是指太姒，文王妻，武王母，亦称文母。

【译文】

舜有五位贤臣，天下就得到了治理。武王说过："我有十位能治理天下的臣子。"孔子说："人才难得，不是这样吗？唐尧、虞舜时代以及周武王时，人才最盛。然而武王十位治国人才中有一位还是妇女，所以实际上只有九人而已。周文王得了天下的三分之二，还仍然服侍殷朝，周朝的道德，可以说是最高的了。"

8.21　子曰："禹，吾无间然矣^①。菲饮食^②，而致孝乎鬼神^③；恶衣服，而致美乎黻冕^④；卑宫室，而尽力乎沟洫^⑤。禹，吾无间然矣。"

【题解】

以上这几段，孔子对于尧、舜、禹给予了高度评价，并对他们所处的时代充满了向往。

【注释】

①间然：意见。间：空隙。②菲：薄。③乎：相当于"于"。④黻冕：古代祭祀时的衣帽。⑤沟洫：沟渠，指农田水利。

【译文】

孔子说："禹，我对他没有批评了。他自己的饮食吃得很差，却用丰盛的祭品孝敬鬼神；他自己平时穿得很坏，却把祭祀的服饰和冠冕做得华美，自己居住的房屋很差，却把力量完全用于沟渠水利上。禹，我对他没有批评了。"

子罕篇第九

9.1　子罕言利与命与仁^①。

【题解】

这是弟子关于孔子谈话情况的印象。孔子平时所言多是平常话。

【注释】

①罕：稀少。

【译文】

孔子很少（主动）谈论功利、天命和仁德。

9.2　达巷党人曰^①："大哉孔子！博学而无所成名。"子闻之，谓门弟子曰："吾何执？执御乎？执射乎？吾执御矣。"

【题解】

孔子作为百科全书式的渊博学者，说出了这样诙谐的话。

【注释】

①达巷党人：达巷，地名。党，五百家为党，达巷党，即达巷里（或屯）。

【译文】

达巷里有人说："孔子真是伟大啊！学问广博，可惜没有使他树立名声的专长。"孔子听了这话，对弟子们说："我干什么好呢？是去驾马车呢？还是去当射箭手呢？我还是驾马车吧！"

9.3 子曰："麻冕①，礼也；今也纯②，俭③，吾从众。拜下，礼也；今拜乎上，泰也④；虽违众，吾从下。"

【题解】

此段表明了孔子对于礼仪改革的有坚持、有变通的开明态度。

【注释】

①麻冕：麻织的帽子。②纯：黑色的丝。③俭：用麻织帽子，比较费工，所以说改用丝织是俭。④泰：骄纵。

【译文】

孔子说："用麻线来做礼帽，这是合乎礼的，如今用丝来做礼帽，这样省俭些，我赞成大家的做法。臣见君，先在堂下磕头，然后升堂磕头，这是合乎礼节的，现在大家都只是升堂磕头，这是倨傲的表现。虽然违反了大家的做法，但是我还是主张要先在堂下磕头。"

9.4 子绝四：毋意①，毋必，毋固，毋我。

【题解】

此段孔子提出了个人在认识、判断客观事物方面的四个原则。这是对自我的超越。"绝四"是孔子自制自知的表现，这涉及人的理智和价值观念。人只有做到这几点才可以增加智慧，修养高尚的道德人格。

【注释】

①意：通"臆"，主观地揣测。

【译文】

孔子坚持杜绝了四种毛病：不凭空臆测，不武断绝对，不固执拘泥，不自以为是。

9.5 子畏于匡①，曰："文王既没，文不在兹乎？天之将丧斯文也，后死者不得与于斯文也②；天之未丧斯文也，匡人其如予何③？"

【题解】

这段记载的是孔子在匡地蒙难的事，《史记·孔子世家》有载。孔子能临危而不惧，就在于他有坚定的信念。外出游说时被围困，这对孔子来讲已不是第一次，当然这次是误会，他强调使命感，认为自己是周文化的继承者和传播者。当孔子屡遭困厄时，他并不是感到人力的局限性，而把人的尊严等同于天，表明他强烈的自信。

【注释】

①子畏于匡：匡，地名，在今河南省长垣县西南。畏，受到威胁。公元前496年，孔子从卫国到陈国去经过匡地。匡人曾受到鲁国阳虎的掠夺和残杀。孔子的相貌与阳虎相像，匡人误以孔子就是阳虎，所以将他围困。②与：参与。③如予何：奈我何，把我怎么样。

《孔子圣迹图》之《匡人解围》

【译文】

孔子在匡地被拘围，他说："周文王死后，文明礼乐不就在我这里吗？上天如果要消灭这种文明礼乐，那我这个后死之人也就不会掌握这种文明礼乐了；上天如果不想灭除这种文明礼乐，匡地的人能把我怎么样呢？"

9.6 太宰问于子贡曰①："夫子圣者与？何其多能也？"子贡曰："固天纵之将圣②，又多能也。"子闻之，曰："太宰知我乎！吾少也贱，故多能鄙事。君子多乎哉？不多也。"

【题解】

此段再一次表明当时孔子并不承认自己是天生的圣人。

作为孔子的学生，子贡认为自己的老师是天纵之才，是上天赋予他多才多艺的。但孔子这里否认了上天赋予这一点。他说自己少年低贱，要谋生，就要多掌握一些技艺，这表明孔子的诚实和伟大。

【注释】

①太宰：官名，辅佐君主治理国家的人。②纵：使，让。

【译文】

太宰向子贡问道："夫子是圣人吗？为什么他这样多才多艺呢？"子贡说："这本是上天想让他成为圣人，又让他多才多艺。"孔子听了这些话，说："太宰知道我呀！我小时候贫贱，所以学会了不少鄙贱的技艺。君子会有很多技艺吗？不会有很多的。"

【论语的智慧】

孔子出身不是很好，家里很贫穷，他也要养家糊口，但是贫穷的生活反而锻炼了孔子的意志，也让孔子学会了许多做人的道理。我们平时也常说"穷人的孩子早当家"，确实很有道理。所以现代的青年人必须明白吃苦不见得是坏事，人不磨不成器，人生在早年的时候经受一些痛苦的磨难不但不是坏事，反而有助于个人的成长。有不少人甚至认为年轻的时候如果一帆风顺，对于自己的成长非但无益反而有害。我们纵观古今中外那些在历史上留下美名的人，就会发现他们都是历经磨难才成才的。

贫穷不是我们不去奋斗的理由，也不是我们追求理想的"绊脚石"，相反，如果你换一个角度来看，它或许更能激发我们的斗志，使我们获益更多。台湾著名作家李敖说："怕苦，苦一辈子；不怕苦，苦半辈子。"也许我们能从这句简单的话语中体会到人生的道理。法国伟大的思想家卢梭就曾公开表示让他收获最大的学校是"苦难"。古今中外这样的名人不胜枚举，比如美国最伟大的总统之一林肯，也是一位出身贫苦的人，但是他没有被困苦的环境所困，最终走进了白宫，成为一统美国的历史人物。德国也有一位这样的领导人，他就是施罗德。

1944年4月7日施罗德出生在北威州的一个工人家庭，他出生后第三天，父亲就死在罗马尼亚。母亲带着他们姐弟二人，一家三口相依为命。

生活的艰难使母亲欠下许多债。一次，债主又逼上门来，母亲抱头痛哭。年幼的施罗德拍着母亲的肩膀安慰她说："别伤心，妈妈，总有一天我会开着奔驰车来接你的！"40年后，他的母亲终于等到了这一天。施罗德担任了下萨克森州州长，开着奔驰车把母亲接到一家大饭店，为老人家庆祝80岁生日。

1950年，施罗德上学了。因交不起学费，初中毕业他就到一家零售店当了学徒。贫穷带来的被轻视和瞧不起，使他立志要改变自己的人生："我一定要从这里走出去。"他想学习，他在寻找机会。1962年，他辞去了店员之职，到一家夜校学习。他一边学习，一边到建筑工地当清洁工。这样不仅收入有所增加，而且圆了他的上学梦。

四年夜校结业后，1966年他进入了格丁根大学夜校学习法律，圆了上大学的梦。

毕业之后，他当了律师。32岁时，他成了汉诺威霍尔律师事务所的合伙人。回顾自己的经历，他说，每个人都要通过自己的勤奋努力，而不是通过父母的金钱来使他接受教育，这对个人的成长至关重要。

通过对法律的研究，他对政治产生了兴趣。他积极参加政党的集会，并加入了社会民主党。此后，他逐渐崭露头角、平步青云。1969年，他担任社会民主党哥廷根地区青年社会主义者联合会的主席，1980年当选议员。1990年他当选为下萨克森州州长，并于1994年、1998年两次连任。政坛得志，没有使他放弃做联邦政治家的雄心。1998年10月，他走进联邦德国总理府。

这个世上有很多事都不是那么绝对的，事情有很多面。在你眼里看起来是坏的事情，也许在别人眼里就是一件好事。比如，你出身贫苦，但是如果你努力，你也许会比同龄人要早熟，意志坚定，勤奋，这些都是贫苦带给人们的好处。出身富贵之家是很多人的意愿，但是富贵的环境也许会消磨你的意志，容易让人玩物丧志，就像唐代大诗人韦应物，他的出身很好，然而养成了游手好闲的恶习，幸而后来痛改前非，否则也不会有在文学上的成就了。这就说明事情不会那么绝对，如果我们的出身不好千万不要自暴自弃，而应自立自强，这样才不辜负父母给你的生命。

9.7 牢曰①："子云：'吾不试②，故艺。'"

【题解】

这一段与上一段的内容一致，同样用来说明孔子"我非生而知之"的思想。他不认为自己是"圣人"，也不承认自己是"天才"，他说他的多才多艺是由于年轻时身份低下，生活比较清贫，为了谋生所以掌握了这许多的技艺。

【注释】

①牢：孔子的学生，姓琴，名牢。②试：用。

【译文】

牢说："孔子说过：'我不曾被国家任用，所以学得了一些技艺。'"

9.8 子曰："吾有知乎哉？无知也。有鄙夫问于我，空空如也，我叩其两端而竭焉①。"

【题解】

这也是孔子自谦之辞。

孔子本人是十分诚实和谦虚的。事实上人也不可能对世间所有事情都十分精通，因为人的精力毕竟是有限的。但孔子有一个分析问题、解决问题的基本方法，这就是"叩其两端而竭"，只要抓住问题的两端，研究到底，就能解决。这种方法，体现了儒家的中庸思想，是一种十分有意义的思想方法。

【注释】

①叩其两端而竭焉：指孔子就农夫所问的问题，从首尾两头开始反过来叩问他，一步步问到穷竭处，问题就不解自明了。叩，叩问。两端，指鄙夫所问问题的首尾。竭，尽。

【译文】

孔子说："我有知识吗？没有。有一个边远地方的人来问我，我对他谈的问题本来一点儿也不知道。我从他所提问题的正反两端去探求，尽了我最大的力量来帮助他。"

【论语的智慧】

孔子的谦虚在《论语》中有很多处表现，我们说最高的知就是"无知"。为什么要这样讲？因为要一个人骄傲是很容易的，但是让一个人谦恭却很难。古话有"文人相轻"，说文人之间互相看不起对方的文章与学问。其实，何止是文人啊？很多人都有这个心理，总觉得这个事情只有让我来做才能做得好，别人他一概瞧不上。我们身边自负的人比比皆是，但是真正谦恭的人却很少见。

在一个经常交织着风雨雷电的古老星球中，住着两位仙人，一位叫自负，另一位叫谦虚。有一次，自负仙人自认为自己比谦虚仙人了得，就想去挑战谦虚，想战胜在这星球唯一能与他抗衡的谦虚仙人。见到谦虚，自负自认为一定能战胜谦虚，总纠缠着他不放，谦虚为了不伤和气，也就勉强接受了他的挑战，不过不是动武，而是提出要赌一场。赌什么呢？经过一番讨论后，他们决定赌谁能在另一个星球中走向成功。主意已定，两人便一同向未来的地球飞去了。

来到地球后，他们各自化作一个寻工者，来到同一家公司应聘，当踏进此公司时，自负就向谦虚夸下海口说他一定会被这家公司聘用。谦虚什么也没说。进入面试室后，自负改不了自身的毛病，一坐下来就跷起二郎腿滔滔不绝地说着他的宏伟蓝图，还把工作人员递给他的一份企划案批得一无是处；而谦虚保持着他一贯的态度，对企划案礼貌地提出不同的意见，遇到不明白的地方还虚心地询问工作人员。面试后，自负很是得意，认为自己留给工作人员的印象一定不错，肯定能被聘用。心里越发瞧不起谦虚，甚至想象着回到星球后如何大张旗鼓地庆祝自己赌赢了。过了一会儿，面试结果出来了，工作人员宣布正式聘用谦虚。听到这个宣布，自负很不服气地对工作人员说："我哪样不比他强，为什么不选我呢？"工作人员只说了一句话："因为你太自负了。"最后自负低着头，灰溜溜地走出了这家公司。自负仙人知道自己输了，沉着脸，低着头，飞回那古老星球。这场打赌以"谦虚使人走向成功，自负使人走向失败"而告终。

一个人如果把自己放得太高，眼睛里就看不到地上的万事万物，而只能看见天上的白云。脚跟都沾不着地面的人，怎么能踏实做事呢？

9.9　子曰："凤鸟不至①，河不出图②，吾已矣夫！"

【题解】

孔子为恢复礼制而辛苦奔波了一生，结果并未如愿，到了晚年，他看到周礼的恢复似乎已经成为泡影，于是发出了天下非其时的哀叹。

【注释】

①凤鸟：传说中的一种神鸟。凤鸟出现就预示着天下太平。②河图：传说圣人受命，黄河就出现图画，即八卦图。《尚书·顾命》孔安国注："河图，八卦。伏羲王天下，龙马出河，遂则其文以画八卦，谓之河图。"

【译文】

孔子说："凤凰不飞来了，黄河中没有出现图画，我这一生也就完了吧！"

9.10　子见齐衰者、冕衣裳者与瞽者①，见之，虽少，必作②；过之，必趋③。

【题解】

孔子对于周礼十分熟悉，时时处处以礼待人，他知道遇到什么人该行什么礼，对于尊贵者、家有丧事者和盲者，都以礼相待。孔子之所以这样做，并尽量身体力行，是因为他想恢复礼治的理想社会。

【注释】

①齐：丧服，古时用麻布制成。衣：上衣。裳：下服。瞽：盲。②作：站起来，表示敬意。③趋：快步走，亦表示敬意。

【译文】

孔子见到穿丧服的人、穿戴着礼帽礼服的人和盲人，哪怕他们很年轻，孔子也一定会站起身来；经过这些人身边，他一定快步走过。

9.11　颜渊喟然叹曰①："仰之弥高②，钻之弥坚。瞻之在前，忽焉在后。夫子循循然善诱人③，博我以文，约我以礼，欲罢不能。既竭吾才，如有所立卓尔④，虽欲从之，末由也已⑤。"

【题解】

此段记叙了颜渊对孔子学问道德博大精深、难以捉摸的赞叹。这是颜渊极力推崇自己的老师，视孔子的学问与道德是永远学不完的。此外，他还总结了孔子对学生的教育方法，"循循善诱"则成为后世为人师者所遵循的原则之一。

【注释】

①喟然：叹气的样子。②弥：更加，越发。③循循然：有步骤地。④卓尔：高高直立的样子。尔，相当于"然"。⑤末：无。

【译文】

颜渊感叹着说："我的老师啊，他的学问道德，抬头仰望，越望越觉得高，努力钻研，越钻研越觉得深。看着好像在前面，忽然又像在后面了。老师善于有步骤地引导我们，用各种文献来丰富我们的知识，用礼来约束我们的行为，使我们想要停止学习都不可能。我已经用尽自己的才力，似乎有一个高高的东西立在我的前面。虽然我想要追随上去，却找不到可循的路径。"

9.12　子疾病，子路使门人为臣①。病间②，曰："久矣哉，由之行诈也！无臣而为有臣。吾谁欺？欺天乎？且予与其死于臣之手也，无宁死于二三子之手乎？且予纵不得大葬③，予死于道路乎？"

【题解】

儒家对于葬礼十分重视，尤其重视葬礼的等级规定。对于死去的人，要严格地按照周礼的有关规定加以埋葬。不同等级的人有不同的安葬仪式，违反了这种规定，就是大逆不道。孔子反对学生们按大夫之礼为他办理丧事，是为了恪守周礼的规定。

【注释】

①为臣：臣，指家臣、总管。孔子当时不是大夫，没有家臣，但子路叫门人充当孔

子的家臣，准备由此人负责总管安葬孔子之事。②病间：病情减轻。间，空隙，引申为有时间距离，再引申为疾病稍愈。③大葬：指大夫的隆重葬礼。

【译文】

孔子病重，子路让孔子的学生充当家臣准备料理丧事。后来，孔子的病好些了，知道了这事，说："仲由做这种欺诈的事情很久啦！我没有家臣而冒充有家臣。我欺骗谁呢？欺骗上天吗？况且我与其死在家臣手中，宁可死在你们这些学生手中啊！而且我纵使不能按照大夫的葬礼来安葬，难道会死在路上吗？"

9.13 子贡曰："有美玉于斯，韫椟而藏诸①？求善贾而沽诸②？"子曰："沽之哉！沽之哉！我待贾者也。"

【题解】

孔子一直主张好学、修身是为了见用于社会。本章表示了他的求仕心情。

"待贾而沽"说明了这样一个问题，孔子自称是"待贾者"，他一方面四处游说，以宣扬礼治天下为己任，期待着各国统治者能够行仁道于天下；另一方面，他也随时准备着自己能走上治国之位，依靠政权的力量去推行礼。

【注释】

①韫椟：藏在柜子里。韫，藏。椟，木柜子。②贾：商人。贾又通"价"，价格。取后一义，善贾便成了"好价钱"。沽：卖。

【译文】

子贡说："这儿有一块美玉，是把它放在匣子里珍藏起来呢？还是找位识货的商人卖掉呢？"孔子说："卖掉它吧！卖掉它吧！我在等待识货的商人啊！"

【论语的智慧】

子贡是孔子的弟子中很特殊的一位，有时他们师生之间的谈话也很特殊。子贡有一天和孔子开玩笑逗乐，他说："有一块美玉在这里，老师，你说我是把它当宝贝藏起来好呢，还是出个高价把它给卖了好呢？"孔子一听就懂了，他说："还是卖了吧！放在这里也无人知晓，更没有发挥它的价值。我在这里等人来买，可是卖不出去，没有人要！"这是孔子的自嘲，他感到礼乐崩溃而自己无法力挽狂澜，又不能像道家人物那样去归隐，因而有时难免会心生感慨，觉得大道不行，自己觉得无可奈何而又无能为力。不过通过孔子的话我们能看出，一个人要想让别人接受自己，真的是很难。你就算有再高的才干，也要设法让他人知道，因为只有这样，你才能有机会发挥你的才干，但这不是要你去沽名钓誉。千里马的故事就说明了人要学会推销自己的道理。

有一匹千里马，身材瘦小，但却矫健如飞，可日行千里。这匹千里马混在众多马匹之中，没有多少人知道它有与众不同的奔跑能力，因为它看起来实在太瘦弱。马场的马一匹匹被买主买走，这匹千里马始终没有被人相中。但千里马并不为之所动，在心里甚至耻笑那些庸庸之辈，对那些买主更是不屑一顾，认为他们目光短浅，与其被他们挑中，自己宁愿永远这样待着。马场的老板对这匹马渐渐地没有了信心和耐心，给它的草料数量和质量越来越糟糕。但千里马仍然信心很足，它相信总有一天，伯乐会相中它的。

有一天伯乐真的来了，他在马场转了半天，来到了这匹千里马面前。千里马高兴极了，心想，这下机会来了。伯乐拍了拍马背，要它跑跑看。千里马见伯乐如此举动，心里很是不快，心想："如果是伯乐，肯定一眼就会相中我，为什么还不相信我，还要我跑给他看呢？这个人一定不是真伯乐！"于是千里马拒绝奔跑。伯乐失望地摇摇头，走了。

又过了一段时间，马场的马只剩下千里马了。老板见它可怜，本想骑着它回老家去，好好饲养它，可千里马就是不走。无奈之下，老板只好把千里马杀了，拿到街上去卖马肉。

千里马至死也不明白，世人为什么要这样对待它。

千里马的一生非常悲惨，"怀才不遇"，终年混迹于平庸之辈中，普通人不能看出它的不凡之处，伯乐也错过了提拔它的机会。但是，造成这悲剧的究竟是谁呢？是马场主吗？是伯乐吗？都不是。千里马应该反省自身，假如它抓住机会，站出来，表现出自己与众不同的优秀品质，假如它能让自己比那些平庸的凡马显得更高贵、更光彩，假如在伯乐面前它能够放下架子，奔跑起来，用速度与激情证明自己的实力，恐怕它早就可以离开马场这个狭窄的空间，到属于自己的广阔领域大展拳脚，有一番作为了。孟尝君的做法就非常值得今人借鉴。

战国时，齐王受秦国和楚国的挑拨，认为孟尝君的名望高过他自己，而且在齐国专权，就罢免了孟尝君的相位。孟尝君的门客知道这个消息，纷纷散去，只有冯谖一个人留了下来。

冯谖对孟尝君说："请给我一辆车，让我到秦国去，我一定会让你重新受到齐王的重用，增加封地，你愿意相信我吗？"

孟尝君于是准备了车子和礼物，派他去秦国。

冯谖对秦昭王说："天下的游士驱车入秦，都想使秦国强盛，使齐国削弱；而驱车入齐的，却都想使齐国强盛，使秦国削弱。这是因为秦、齐两国势不两立，谁能称雄谁就能拥有天下。"

秦昭王听了，恭敬地问道："怎样才能使秦国称雄呢？"

冯谖反问道："大王知道齐国罢免孟尝君的事吗？"

秦昭王答："知道。"

冯谖说："辅佐齐国，使之在天下举足轻重，都是孟尝君的功劳。现在齐王听信他人的诽谤，罢免孟尝君。孟尝君心生怨恨，一定会背叛齐国。如果他能投奔秦国，齐国的人心自然随之倒向秦国，齐国的国土就在秦王掌握之中了，岂止是称雄而已？大王应该赶快派使者带着厚礼，去迎聘孟尝君，千万不要错失良机。否则，如果齐国醒悟过来，再次重用孟尝君，那么秦、齐两国谁能称雄天下，就未可预料了。"

秦昭王听了很高兴，当即派出十辆车，载着百镒黄金去齐国迎聘孟尝君。

冯谖辞别秦昭王，先行赶回齐国，游说齐王："天下的游士驱车入齐的，都想使齐国强盛，使秦国削弱；驱车入秦的，则想使秦国强盛，使齐国削弱。这是因为齐、秦两国势不两立，一旦秦国强盛，齐国就会因此削弱。现在我听说秦国派遣专使，带十辆车，载着黄金百镒来迎聘孟尝君。孟尝君不去秦国就罢了，一旦他去辅佐秦王，天下人都会去归附他。到那时秦国强盛，齐国削弱，齐国的临淄、即墨地区就危险了。大王何不在秦国使者到来之前，恢复孟尝君的相位，增加他的封邑，向他表示歉意呢？这样做，孟尝君一定会欣然接受。秦国再强大，又怎么能强请别国臣子去当丞相呢？"

齐王说："好。"

他立即召见孟尝君，恢复他原来的相国之位和封地，还增加了一千户封邑。秦国使者恰好在这时来到齐国，听说此事，只好返回秦国。

冯谖凭三寸不烂之舌，说服秦王派出十辆车，又载百镒黄金去迎聘刚刚被齐王解除相国之位的孟尝君；之后，冯谖又去面见齐王，报告秦王要重用孟尝君的事情，同时劝说齐王恢复孟尝君的相位。孟尝君就这样在门客冯谖的奔走下重新获得官位，等于孟尝君不用自己宣传自己，借冯谖之嘴轻而易举地把自己推销出去。

然而有些人似乎到现在还没有认识到宣传的作用，他们不擅长推销自己，总是期待别人来发现他的才干，如此，也许一辈子都在自怨自艾中度过了。

有句俗话："酒香不怕巷子深。"这句话不知误了多少英雄。要有多么浓郁的芳香才能从深巷里传到人们的鼻端呢，又有多少人能够静下心来寻找这芳香的源头呢？只怕最终也不过是"长在深巷无人识"。那些慨叹怀才不遇的人，不知何时才会醒悟，有能力就要表现出来，有本事就得发挥出来，不吭声，不行动，无作为，谁会知道你胸中的丘壑，谁会将你这颗钻石从沙砾中拣出来呢？

富有谦虚精神，羞于启齿，不擅长表现自己是很多中国人的共同特点。我们总是满怀希望地等着，等着伯乐从远方来发现我们、提拔我们。只可惜千里马常有，而伯乐不常有。并不是所有领导、上司都独具慧眼，将机会拱手送上。在你做白日梦的时候，别的千里马，甚至九百里马、八百里马早就迎风疾驰，获得了展示自己的舞台。

一切都要靠你自己去主动争取，美好的东西不会主动跑到你面前来，就算天上掉下馅饼，也要你主动去捡，而且你还必须抢先别人一步。金子如果被埋在土里将永远不会闪光。如果要闪光只有两种可能：一种是被矿工侥幸发掘；另外一种是通过自己的力量破土而出。如果你努力，如果你是真金，这种可能几乎等于必然。

绝大多数人都有自己的理想和目标，但人生的第一步是必须学会醒目地亮出自己，为自己创造成功的机会。

人们总是根据外表来评判一个事物，那些为人们所看不见的事物因此就什么意义也没有。千万不要将你自己淹没在人群中，或者躲在被人们遗忘的角落里。站出来吧！利用各种机会把自己表现出来吧！让自己显得比那些乏味的人和胆小的人看上去更加大气、更加光彩夺目，然后出现在公众面前，像磁铁一样吸引各方的注意。把自己推销出去，也就等于你成功了一半。

9.14　子欲居九夷^①。或曰："陋，如之何？"子曰："君子居之，何陋之有？"

【题解】

孔子认为一个人有了良好的仁德修养，是不怕外部环境的艰苦的；强调了修养过程中的人的主体作用。

中国古代，中原地区的人把居住在东面的人称为夷人，认为此地闭塞落后，当地人也愚昧不开化。孔子在回答某人的问题时说，只要有君子去这些地方住，传播文化知识，开化人们的愚蒙，那么这些地方就不会闭塞落后了。

《论语》大讲堂

一八七

【注释】

①九夷：泛指东方少数民族。

【译文】

孔子想到九夷去居住。有人说："那地方非常鄙陋，怎么能居住呢？"孔子说："有君子住在那儿，怎么会鄙陋呢？"

9.15　子曰："吾自卫反鲁^①，然后乐正，《雅》《颂》各得其所^②。"

【题解】

孔子的话表明，他的确对《诗经》做了分类整理。

【注释】

①自卫反鲁：反，通"返"。孔子从卫国返回鲁国是在鲁哀公十一年冬。②《雅》《颂》：《诗经》中两类不同的诗的名称，同时也是两类不同的乐曲的名称。

【译文】

孔子说："我从卫国回到鲁国，才对音乐进行了整理，《雅》和《颂》都各有了适当的位置。"

9.16　子曰："出则事公卿，入则事父兄，丧事不敢不勉，不为酒困，何有于我哉？"

【题解】

"出则事公卿"，是为国尽忠；"入则事父兄"，是为长辈尽孝。忠与孝是孔子特别强调的两个道德规范。它是对所有人的要求，而孔子本人就是这方面的身体力行者。在这里，孔子谦说自己还要勉力去做到这几点。

【译文】

孔子说："出外便服侍公卿，入门便侍奉父兄，有丧事，不敢不勉力去办，不被酒所困扰，这些事我做到了哪些呢？"

9.17　子在川上曰："逝者如斯夫！不舍昼夜。"

【题解】

这句是《论语》中的名言。孔子面对奔流不息的大河，发出了时不我待的感慨。

【译文】

孔子站在河边，说："消逝的时光就像这河水一样呀，日夜不停地流去。"

【论语的智慧】

"逝者如斯夫！不舍昼夜。"这一段是整个《论语》中最为动人的，很有哲学意蕴，意境也很美。

孔子有一天带着学生郊游去了，就像今天的踏青。就拿今天的三峡举个例子吧，比如他们一帮人走到了夔门这个地方，孔子看着滔滔的江水心生感慨："逝者如斯夫！不舍昼夜。"这个世界上的万物大概都是和时间一样吧，像眼下的江水，每天没日没夜地奔流，从来不会为任何人稍做停留，真是无情啊！

《孔子圣迹图》之《在川观水》

时光的流逝确实无情也无奈，它能让一个英雄白发苍苍，也能让一个倾国倾城的美人容颜不再。岁月像一把无情的刻刀，它让我们每个人的脸上都留它的痕迹，每个人都成为它的雕塑作品。滚滚长江东逝水，浪花淘尽英雄，面对时光我们每个人都显得那么渺小，难怪古人常说我们是沧海一粟。在看到眼前奔流不息的江水时，人难免会觉得人生苦短。时间每时每刻都在流逝，就像那从不停歇的流水一样无情，没有人能让它们停下匆忙的脚步。可是，就是这样的流逝依然不能引起我们的重视，人们在繁忙的生活中，似乎感觉不到"逝者如斯夫"。

从某种意义上来讲，人类的历史就是在时光中建造，我们每个人的历史也同样如此，时间既能建造一切，亦能摧毁一切。所以一寸光阴一寸金，寸金难买寸光阴。

著名的《兴趣》杂志对人一生在时间的支配上做过一次调查，结果是这样的：站着，30年；睡觉，23年；坐着，17年；走着，16年；跑着，1年零75天；吃饭，7年；看电视，6年；闲聊，5年零258天；开车，5年；生气，4年；做饭，3年零195天；穿衣，1年零166天；排队，1年零135天；过节，1年零75天；喝酒，2年；如厕，195天；刷牙，92天；哭，50天；说"你好"，8天；看时间，3天。

英国广播公司也曾委托人体研究专家对人的一生进行了"量化"分析，有些数字可以作为上面推算的补充：沐浴，2年；等候入睡，18周；打电话，2年半；等人回电话，14周；无所事事，2年半。以上推算和量化分析并不完全准确，而且有些数字也不具有很强的说服力和可信性，但为我们大致列出了一个生命的账单。

古时有一首《莲花落》的词写道："人生七十古稀，我年七十为奇，前十年幼小，后十年衰老，中间只有五十年，一半又在夜里过了。算来只有廿五年在世，受尽多少奔波烦恼……"

二十五年，倘若再除去劳碌纷争，属于我们的欢笑时光就更少得可怜了。

时间是一个老实人，永远只说老实话，对任何人都如此。不为谁停留也不为谁改变，这个世界上恐怕只有时光的脚步才能有如此的气魄。白驹过隙，人的一生很快就要在它的流逝中结束，新的生命又开始诞生，生生不息，这就是人类固有的命运。

9.18 子曰："吾未见好德如好色者也。"

【题解】

孔子的原意是说"好德"之难，难在自觉和有恒，这并没有要借"好德"来"禁欲"

《论语》大讲堂

一八九

的意思。

【译文】

孔子说："我没有见过像好色那样好德的人。"

【论语的智慧】

孔子说："我没有见过像好色那样好德的人。"这句话真是精彩极了，简直比"食色，性也"还要精彩。"食色，性也"固然经典，但那不过是告子同孟子争论人性问题时所做的一个判断而已，但这句"好德如好色"就不同了，从这句话中，我们可以想象得到孔子那一副心急如焚、真情流露的样子，这更贴近现实而非圣人化的孔子，更具有说服力，真是妙极！

这应该是孔子常说的话。既然孔子说不曾见好德如好色的人，可知他不相信好德之心是天生的，但同时他又认为这个是可以培养的。如果培养得纯熟了，自然流露，那就如好色之心一般，毫无勉强。言下之意就是人应该好德如好色。为了消除一部分人的疑虑，有必要对这个"好色"做一番解释。

很多人一听到"色"就会联想到下流的事情，其实不然，"色"是万物生灵所共有的本能，"好色"更是人的本性，应该固持。"好色"从本质上来说，不是一个坏词。孟子说过："人少则慕父母，知好色则慕少艾，有妻子则慕妻子，仕则慕君，不得于君则热中。"就是说人年幼时爱父母，男女小朋友在一起玩，谁也不会想到男女之事上去；身体成熟时，就开始喜爱年轻美貌的女子，有了老婆孩子就会想着老婆孩子，当了官就一心忠于君王，如果官运不顺就把心思转到家庭中来。同样是与"少艾"有关，《诗经》中也说："知慕少艾，执手偕老。"

好色，其实是一个人生理和心理上最正常最健康的倾向。人不近色，则人性失；人性失，则不能为人。孔子说过人要"戒色"，"戒色"是教导人们不要沉迷于色而害己害人。但他并不支持人"禁色"。孔子说"好德如好色"，就是肯定了好色是善，同时，好色也是好美，"美"引领世人向善。就像歌德所说："伟大的女性，引领我们飞升！"所以我们必须培养出美好的道德，并使美好的道德变成一种习惯，就像好色之心一样自然流露。

我们的祖先在几千年前就讲过"修身、齐家、治国、平天下"的古训，为什么把修身放在第一位呢？那就是不论你找人办事，还是做任何事，修身是前提，没有修身的铺垫，一切都无异于空中楼阁。而修身则更倾向于道德问题。道德是调整人们之间关系的行为规范的一种。人们生活环境中存在着两种"法"，第一种是国家的法律法规，第二种就是思想道德。当一个人缺乏道德观念的时候，就会产生不道德的行为。不道德行为的积累，最后引起的质变，无疑是受法律的制裁。由此得出结论：一个不会做人的人，永远不会完成任何高尚的理想和事业。"怎么做好人"和"怎么做一个有道德的人"是一致的。

一个人如果缺"德"，无论他有多渊博的知识、多强的能力、多高的水平，都不能称得上是一个完善的人。一个人的形象是由无数的人生小事组成的，一件小事透露的是一个人的整体素养和道德水平。中国传统文化强调"人"与"事"联系的必然性，认为"什么样的人就会做出什么样的事"。有这样一个故事：

瑞士有一家钟表店门庭冷落，不甚景气。一天，店员贴出了一张广告，上面说：本店有一批手表，走时不太精确，24 小时慢 24 秒，望君看准择表。

广告一经打出，很多人都迷惑不解，更有店主的好友打电话询问。店主坦率地说："诚实是我开店的原则，我不会为了个人私利而损害大家的利益。"正是因为店主有着非同一般的品格，他才能做出这样的决定。

出人意料的是，在广告打出后不久，表店的生意开始好转，门庭若市，生意兴隆，很快销完了库存积压的手表。

很多顾客正是被店主诚实的做人态度所感动的。俗话说，做人要美，做事要精，立业先立德，做事先做人。做任何事情，都是从学做人开始的。如果连人都做不好，还谈何事业？

修身就是要使人品正，正则"品"端，直则"人"立。人们择友要看人品，考察干部要看人品，聘员工要看人品，娶妻嫁夫要看人品，选合作伙伴要看人品，帮助人也要看人品。试想一个人品不正的人，谁会帮助他？

子曰："已矣乎！吾未见好德如好色者也。"

孔子说："完了完了！我从来没有见过像好色那样好德的人。"这是在《论语·卫灵公》中孔子所说的话。

同样的一句话在《论语》里面出现两遍，恐怕绝不是偶然。可见，孔子对道德崇尚至极。好色本是一种感性反应，而好德却是一种理性反应，是经过培养或约束之后形成的理性习惯。如果平时生活中多注意锻炼，好德完全可以如好色般自然流露。这种道理有点儿类似条件反射。

所以，"德"是我们唯一的财富，真正的智者都懂得：人最可靠的支柱是道德修养。因此，从现在开始我们要把好德之心放在首位，如好色之心一般自然流露出来，以此立身、正身。

9.19　子曰："譬如为山，未成一篑①，止，吾止也。譬如平地，虽覆一篑，进，吾往也。"

【题解】

孔子在这里说的是，在治学与修身及做事上，要有一股锲而不舍的韧劲，孔子在这里用堆土成山这一比喻，说明功亏一篑和持之以恒的深刻道理，他鼓励自己和学生们无论在做人和做事上，都应该坚持不懈，高度自觉。这对于立志有所作为的人来说，永远都是十分重要的警句。

【注释】

①篑：土筐。

【译文】

孔子说："好比堆土成山，只差一筐土就完成了，这时停下来，是我自己要停下来的。又好比平整土地，虽然只倒下一筐土，如果决心继续，还是要自己去干的。"

9.20　子曰："语之而不惰者①，其回也与②！"

【题解】

颜回对老师的教导句句皆能领会，所以从无懈怠的感觉。

【注释】

①语：告诉。②与：通"欤"。

【译文】

孔子说："听我说话而能始终不懈怠的，大概只有颜回吧！"

9.21　子谓颜渊，曰："惜乎！吾见其进也，未见其止也。"

【题解】

这是孔子用死去的学生颜渊的勤奋刻苦精神，来激励其他学生们好学上进。颜渊是一个十分执着、勤奋且刻苦的人，他在生活方面是最低要求，一心用在学问的增长和道德修养的日新方面。但他却不幸过劳早死了。对于他的死，孔子自然十分惋惜和悲痛。他经常以颜渊为榜样提醒其他学生们。

【译文】

孔子谈到颜渊，说："可惜啊！我看到他不断地前进，没有看到过他停止。"

9.22　子曰："苗而不秀者有矣夫①！秀而不实者有矣夫②！"

【题解】

这里孔子是借自然界的庄稼的生长、开花到结果这一过程中苗不开花、开了花不结实这一现象，比喻一个人建功立业之难。有的人很有根底，但不能坚持始终，最终没有成就。在这里，孔子还是希望他的学生既能坚持勤奋学习，最终又能有所成就。

【注释】

①苗：庄稼出苗。②秀：吐穗开花。实：结果实。

【译文】

孔子说："有只长苗而不开花的吧！有开了花却不结果实的吧！"

9.23　子曰："后生可畏，焉知来者之不如今也？四十、五十而无闻焉，斯亦不足畏也已。"

【题解】

这是孔子勉励年轻人的名言。他从正反两个方面来提醒年轻人珍惜时光，努力进取。年轻人的优势在于年轻，但可惧的是很快会变老，常言道"青出于蓝而胜于蓝""长江后浪推前浪，一代更比一代强"。社会在发展，人类在进步，孔子的这种今胜于昔的思想是一贯的。

【译文】

孔子说："年轻人是可敬畏的，怎么知道他们将来赶不上现在的人呢？一个人如果到了四五十岁的时候还没有什么名望，这样的人也就不值得敬畏了。"

9.24　子曰："法语之言①，能无从乎？改之为贵。巽与之言②，能无说乎？绎之为贵③。说而不绎，从而不改，吾未如之何也已矣。"

【题解】

孔子在这里告诫人们，对待批评要能听得进去，对待表扬要能自省，这才是正确的态度。

这里讲的第一层是言行一致的问题。听从那些正确的话只是第一步，而真正需要的是依照正确的意见去改正自己的错误。第二层讲的是忠言逆耳，而顺耳之言也要仔细辨别是非真伪。孔子所讲的这两点对于我们今天还有极大的借鉴意义。

【注释】

①法：正道。②巽：恭也，即恭顺谦敬之言，意译为温和委婉的表扬话。③绎：抽出事物的条理，加以分析鉴别。

【译文】

孔子说："合乎礼法原则的话，能够不听从吗？但只有按它来改正错误才是可贵的。恭顺赞许的话，听了能够不高兴吗？但只有分析鉴别以后才是可贵的。只顾高兴而不加以分析，表面听从而不加以改正，我也没有什么办法来对付这种人的了。"

9.25　子曰："主忠信，毋友不如己者，过则勿惮改。"

【题解】

此段与《学而》篇第8重复，故译文略。

9.26　子曰："三军可夺帅也①，匹夫不可夺志也②。"

【题解】

这是孔子流传千古的说明人格可贵的名言。意思是说：一个人的理想、志向和意志是极为可贵的，人格的崇高和意志的坚强都是做人的最高尊严，不容侵犯。我们说的"理想"，在孔子时代称为"志"，就是人的志向、志气。"匹夫不可夺志"，反映出孔子对于"志"的高度重视，将它与三军之帅相比。对于一个人来讲，他有自己的志向和独立人格，他应维护自己的尊严，不怕任何威胁利诱，始终坚持自己的"志向"。孔子这思想促成了中国人"人格"观念的形成。

【注释】

①三军：古代大国三军，每军一万两千五百人。②匹夫：一个男子汉，泛指普通老百姓。

【译文】

孔子说："一国的军队，可以强行使它丧失主帅；一个男子汉，却不可能强迫夺去他的志向。"

【论语的智慧】

"匹夫不可夺志"是我们常常挂在嘴边的话，这句话可以有很多的意思，最深层次的含义可以理解为一个人的信仰与一个民族的灵魂是不能被摧垮的。我们小的时候就学习过这样的诗句："射人先射马，擒贼先擒王。"为什么要"先擒王"呢？就是孔子说的"三军可夺帅也"，一个部队的士气、战斗力很大程度上就是靠一个将帅的作用。俗话说得好，兵熊熊一个，将熊熊一窝。另外，和行军打仗相同的是，人不能没有自己的思想，如果你把自己的东西都掏空了，那么你很快将面临灭亡的危险。大到一个民族而言，它要有自己的民族信仰与信念，如果一个民族连自己的文化都失去了，那么这个国度也就危险了。小到自己的气节操守，丢失了同样可怕。所以我们看历史上那些占领他人家园与国家的人，他们总是想方设法要把自己的文化灌输给对方，目的就是要让弱小方的文化变弱、消失。我们中华民族的文化是博大精深的，任何外来的文化不但没有将我们自己的文化夺走，反而都被我们的文化同化。一个民族也好，一个人也罢，三军打仗也好，最要紧的是要有自己的信念。

著名学者朱自清先生就有着"匹夫不可夺志"的精神。当国民党发动全面内战后，大肆搜刮，物价飞涨，老百姓苦不堪言。时任清华大学教授的朱自清也背了一身的债，冬天里连一件棉衣都做不起，一家人只能喝稀粥度日，他的小儿子因营养不良而夭亡了。

1948年8月12日，朱自清先生因患重病不幸去世，临终前他对妻子说："有一件事必须记住，我是在拒绝购买美援面粉的声明上签过字的，你们即使饿死，也不要买它。"

妻子含着泪点点头，朱自清欣慰地闭上了眼睛。

不仅是朱自清，中国的许多名人都有坚持信仰的精神。马寅初说："我虽年近八十，明知寡不敌众，自当单枪匹马，出来应战，直到战死为止，决不向专以压服不以理说服的那种批判者们投降。"文天祥说："人生自古谁无死，留取丹心照汗青。"一介书生面对滔滔人海，不人云亦云，不盲从，敢于相信真理，相信自己的志向，"虽千万人，吾往矣"，这就是"匹夫不可夺志"的精神！

9.27 子曰："衣敝缊袍①，与衣狐貉者立②，而不耻者，其由也与？'不忮不求，何用不臧③？'"子路终身诵之。子曰："是道也，何足以臧？"

【题解】

这一段记述了孔子对他的弟子子路既表扬又提醒的两句话。他这是因材施教，希望子路不要满足于目前已经取得的成绩，因为仅是不贪求、不忌妒是不够的，还应该有更高更远的志向，成就一番大的德业。

【注释】

①衣：穿，做动词用。敝：破旧。缊袍：用乱麻衬在里面的袍子。②狐貉：用狐和貉的皮做的裘皮衣服。③不忮不求，何用不臧：见《诗经·卫风·雄雉》。忮，妒害。臧，善，好。

【译文】

孔子说："穿着破旧的絮棉袍子，与穿着狐貉裘皮衣服的人站在一起，而不觉得羞耻的，大概只有仲由吧！《诗经》上说：'不忌妒，不贪求，为什么不好呢？'"子路听了，从此常常念着这两句话。孔子又说："仅仅这个样子，又怎么算得上好呢？"

【论语的智慧】

孔子说在他的弟子当中，只有子路一个人能做到这样的气度——站在一个穿着高级皮衣的人面前，他丝毫不会觉得自己寒酸。

这个气度太难养成了。比如你穿得很寒酸去参加一个派对，恐怕你心里不会很好受，就像莫泊桑的小说《项链》中写到的一样，女主人公是从朋友那里借来的一条项链。也许我们也不愿让自己那样穷酸地去和一帮珠光宝气的人站在一起。其实"穷酸"这个词很有讲究，人一旦受穷就容易变得"酸"。那么子路这个人气度高贵在什么地方？开始他很穷，当然后来他做了官，也发达了，但是当时子路可以站在那些达官贵人的面前而丝毫不觉自卑，这样的气度绝非一般人所能有。

从这个角度来讲，我们的身份是什么样的，不是依靠别人来评价的，而是在于我们自己的看法。一个君子不会因为别人说他一文不值，他就真的一文不值；一个小人不会因为有人拍他的马屁说他很高洁，他就真的高洁了。可以说你的身份就由你自己决定，做人要有这样的自信和气度。一位好莱坞明星的成长经历就说明了这个道理。

13岁那年，他在学校主办的一场叫作"卓别林模仿大赛"的模仿秀上获得了一等奖，回家后他立即兴致勃勃地把这个好消息告诉了母亲。兴奋之余，他忍不住还贴起了表演时的那撇小胡子，拿起雨伞，学着卓别林的模样在母亲跟前走起了八字步。末了他还得意扬扬地对母亲说："评委们都说我的模仿惟妙惟肖，简直就是卓别林重生呢！"

他等待着母亲的夸奖，母亲却反而问了他一个莫名其妙的问题："你是谁？"他一下子愕在了那里，良久他才回答："我是您儿子呀，妈妈！"接着他便听见母亲冷冷地说了声："哦，原来你不是卓别林啊！"

母亲的神情与语气无疑给他泼了一盆冷水，让他一瞬间从扬扬自得里清醒过来。"哦，原来你不是卓别林啊！"他细细揣摩着这句话，他知道母亲话里有话。

几年之后，美国好莱坞冉冉升起了一颗新星，他因独特的表演风格而在演艺界崭露头角并逐渐走向成熟。2006年3月5日，他因在《卡波特》里成功地扮演了作家杜鲁门·卡波特一角而获得了第78届奥斯卡金像奖最佳男主角奖。在他获奖后的私人日记里，他还这样写道："我要感谢我的母亲，是她，在我13岁那年改变了我，要不然，恐怕直到今天我还将跨踏在对前人的模仿里。她的话让我明白，我不应该去做世界上第二个卓别林，而应该去做世界上第一个菲利普。"

他，就是第 78 届奥斯卡金像奖最佳男主角获得者：菲利普·塞莫尔·霍夫曼。

我们每个人都要有这样的勇气，不甘于平庸。我的存在自然有存在的价值与意义，我不会因为和某个有身份的人相似就感到沾沾自喜，完全没有必要。当年一个伯爵态度傲慢地对待贝多芬，贝多芬却说了这样的一句话："你的身份不过是因为你偶然的出身，而在这个世界上让人知道贝多芬这个名字的只有我一个人！"人活着就要有这样的气度，对所有人都一样，不卑不亢，这才是一个气质高贵的人所应具有的修养。

9.28 子曰："岁寒，然后知松柏之后凋也①。"

【题解】

孔子的这句话和"匹夫不可夺志"一样，是在通过自然界的令人感动的形象来揭示人世间的哲理。孔子认为，人是要有精神的。作为有远大志向的君子，他就像松柏那样，不会垮，而且能够经受住各种各样的环境的考验。

【注释】

①凋：凋零。

【译文】

孔子说："寒冷的季节到了，才知道松柏的叶子是最后凋零的。"

【论语的智慧】

天气变冷了，满地都是枯草，这个时候你就知道松树和柏树是最有气节的——它们都是常年碧绿的。这树木也和人一样，有的人在你得意的时候紧紧围绕着你，即所谓的"酒肉朋友"。你有"酒肉"他就是你的朋友，如果你没酒也没肉，那对不起，拜拜，从此以后你们形同陌路。所以中国有句古话叫："疾风知劲草，板荡识诚臣。"意思是说，风刮得越厉害你就越能看出来哪一种草是不会倒下的，当政治格局不太稳定的时候你就能看出谁是忠臣。

在西方也有这么一句谚语："A friend in need is a friend indeed."（患难见真情。）如果你正处于困境，起码你得到了识别真正朋友的机会。

古希腊有一个叫皮西厄斯的年轻人，触犯了暴君奥尼修斯。他被推进了监狱，即将处死。皮西厄斯说："我只有一个请求，让我回家乡一趟，向我热爱的人告别，然后我一定回来伏法。"

暴君听完，笑了起来。

"我怎么能知道你会遵守诺言呢？"他说，"你只是想骗我，想逃命。"

这时，一个名叫达芒的年轻人说："噢，国王！把我关进监狱，代替我的朋友皮西厄斯，让他回家乡看看，料理一下事情，向朋友们告别。我知道他一定会回来的，因为他是一个从不失信的人。假如他在您规定的那天没有回来，我情愿替他死。"

暴君很惊讶，竟然有人这样自告奋勇。最后他同意让皮西厄斯回家，并下令把达芒关进监牢。

光阴流逝。不久，处死皮西厄斯的日期临近了，他却还没有回来。暴君命令狱吏严密看守达芒，别让他逃掉了。但是达芒并没有打算逃跑。他始终相信他的朋友是诚实而守信用的。

他说："如果皮西厄斯不准时回来，那也不是他的错。那一定是因为他身不由己，受了阻碍不能回来。"

这一天终于到了，达芒做好了死的准备。他对朋友的信赖依然坚定不移。他说，为自己信赖的人去死，他不悲伤。

狱吏前来带他去刑场。就在这时，皮西厄斯出现在门口。暴风雨和船只遇难使他耽搁了。他一直担心自己来得太晚。他亲热地向达芒致意，达芒很高兴，因为他很守信。

暴君还不算太坏，还能看到他人的美德。他认为，像达芒和皮西厄斯这样互相热爱、互相信赖的人不应该受到不公正的惩罚。

于是，就把他俩释放了。

"我愿意用我的全部财产，换取这样一位朋友。"暴君说。

英国作家王尔德说："当世人都疏远了我，而仍在我身边的人，就是我真正的朋友。"或许这可以当作一句印证《论语》的箴言来对待。

朋友就是这样的，平时看不出谁会一直守在你身边，只有刮来了一阵"疾风"，你才能看得到"劲草"的模样。我们说《论语》之所以今天还要来重温，原因之一就在于它有对人类的普遍人文关怀精神。它所讲述的道理虽然都很朴素，却与我们的生活息息相关。

9.29　子曰："知者不惑①，仁者不忧，勇者不惧。"

【题解】

在儒家传统道德中，智、仁、勇是三个重要的范畴，也是仁精神境界的不同体现。是君子的基本品质。《礼记·中庸》说："知、仁、勇，三者天下之达德也。"孔子希望自己的学生能具备这三种达德，成为有精神境界的真正的君子。

【注释】

①知：通"智"。

【译文】

孔子说："聪明的人不疑惑，仁德的人不忧愁，勇敢的人不畏惧。"

【论语的智慧】

孔子将人分为三大类："知、仁、勇"，这也是儒家的核心观念，被称为"三达德"。

"知者"顾名思义就是智慧的意思。有些人确实很聪明，还很通透，就是我们平时所说的能看到事物本质的人，他们从来就不会感到迷惑。因为一个智者既然能够将一切花花世界的颜色都看清了，那么他还有什么需要困惑的呢？有的人为了名利的得失而心情或上或下，这就是"不智"，因为如果你看淡了这些，就会明白有的东西是生不带来死不带走的。读懂了人生，人也就没有必要再为这些东西而绞尽脑汁、蝇营狗苟。就像庄子所说的"挟心而与天下游"，你带着一颗"机心"去面对这个多变的世界，你怎么能不感到痛苦彷徨呢？

因而说智者就是把这些都看得通透了的人，所以他们也就不会被外面的世界所迷惑。聪明的一休也曾有过这样的烦恼。

有一段时间，一休和尚独坐参禅，默然不语。师父看出其中玄机，微笑着领他走出寺门。寺外，一片大好的春光。放眼望去，天地间弥漫着清新的空气，半绿的草芽，斜飞的小鸟，动情的小河……

一休深深地吸了一口气，偷偷地看着师父，师父正安静地打坐于半山坡上。

一休有些纳闷，不知道师父葫芦里卖的什么药。

过了一个下午，师父起身，没说一句话，打个手势，他把一休领回寺内。

刚入寺门，师父突然跨前一步，轻掩两扇木门，把一休关在寺外。

一休不明白师父的意思，独坐门外，思考师父的意思。

很快天色就暗了下来，雾气笼罩了四周的山冈、树林、小溪，鸟语水声也不再清晰。

这时，师父在寺内朗声叫一休的名字。

一休推开寺门，走了进去。

师父问："外面怎么样？"

"全黑了。"

"还有什么吗？"

"什么也没有了。"

"不"，师父说，"外面，清风、绿野、花草、小溪……一切都在。"

一休忽然领悟了师父的苦心。

这就是"智"。再来看"仁"，孔子说"仁者不忧"。为什么他会这样讲？因为一个仁慈的人他不会对他人吹毛求疵，他容易原谅他人，也容易看淡事情的得失成败。仁者是不会过度去强求结果的，因为他的胸怀很宽广，所以对很多事情就容易看得开，不会斤斤计较。我们看一些得道的高僧或道人，他们的身上就有"仁者不忧"的特点。

最后一个修养是"勇者不惧"。儒家思想中的"勇"不是我们平时所说的"勇"，如果仅仅是因为在力量上胜过他人，那不算真的勇气，这是一种蛮勇之谓。见义勇为也不算真的"勇"，它是儒家思想中的一个重要部分，但是不能代表全部的含义。见义不为这就是"不勇"。儒家的"勇"包含了很多的内涵，既有"义"的成分，还有正直、刚正的含义。一个人为了正义而不畏权贵，不惧怕他人的威胁，比如揭露蓝田惊天大骗局的女学者，为了道义而把自己的安危置于不顾，这是真正的勇者。因为他们的内心所秉持的是人间的正义，所以他们不会惧怕黑暗的势力，这样的人才算得上真正的勇者，而不是我们平时看到的拿着斧头或大刀就要和人火拼的几个彪形大汉。他们也不怕死，也能将生死置之度外，但是他们不是为了正义，所以不是儒家思想中的勇者。

9.30　子曰："可与共学，未可与适道；可与适道，未可与立^①；可与立，未可与权^②。"

【题解】

孔子的话说明，立志于道的人应该坚持自新，人的能力发展不平衡；要能够通达应变，要寻求志同道合的人共同发展，在与人交往中能够通权达变是很高的境界了。

【注释】

①立：立于道而不变，即坚守道。②权：本义为秤锤，引申为权衡轻重，随机应变。

【译文】

孔子说："可以和他一同学习的人，未必可以和他走共同的道路，可以和他一同走共同的道路，未必可以和他事事依礼而行，可以和他事事依礼而行，未必可以和他一起变通灵活处事。"

【论语的智慧】

"可与适道，未可与立。"有些人可以共赴事业，但是没有办法共同建立一个事物，无法共同创业。我们如果已经经历了人生几十个春秋，再回过来看孔子的这些话就会感到他真的是一个圣人，太了不起了。人间的道理都被他说遍了，也全被他说中了。当然这些都是要有自己的经验才能感受得到，否则是不得要领的。历史上明太祖朱元璋起初很反对孟子，他觉得孟子是看不起贫苦出身的人的，于是要打倒孟子。可是后来他经历了一些人和事之后，他改变了自己的看法，觉得圣人之言还真有道理。我们看《论语》也一样，当时不觉得它有多了不起，可是走过了人生的一些春秋后自然就会心生敬畏。这一点就好像自己小时候不听话一样，父母要我们好好学习，我们觉得他们很唠叨、烦人，于是不听，最终学业无成，悔恨终生。到这个时候才体会到父母言论的正确，也才体会到他们的良苦用心。但是此时悔恨已经晚了，只好用来教育自己的下一代。但是他们能不能听还是另外一码事，你用自己血的教训来对他们谆谆教诲，人家未必领情，这不得不说是一个遗憾。

"可与立，未可与权。"有些人可以共同创业，但不能给他权力，无法和他共同权变。这在历史上很多故事中可以看到，有些人学问、道德都不错，做别人的部下很好，但是一旦你放大权到他的手里就坏事。

王安石与赞元禅师交情犹如兄弟，一个出家当了和尚，另一个做了宰相，王安石每个月都要写信给赞元，而赞元始终不打开来看。有一天王安石问他能不能学道，赞元禅师说："你只有一个条件可以学道。但有三个障碍永远去不了，只好再等一世，来生再说学道的事吧！"王安石听了很不痛快，要他说明。赞元禅师便说："你'秉气刚大，世缘深'。你的气大，又热心于人世的功名事业，成功与失败，没有绝对的把握，你心里永远不会平静，哪里能够学道呢？并且你脾气大，又容易发怒。做学问，重理解，对学道来说，是'所知障'，你有这三个大毛病，怎么可以学道？不过，不大重视名利，而且生活习惯很淡泊，很像一个苦行僧，你只有这一点比较近道而已。所以说你可以先研究修道的理论，等来生再说吧！"我们看了这一段对话，再研究一下王安石的一生与历史上宋神宗时代的成败得失，便可以了解到孔子所说的这三句话的分量了。

人们常说"道不同，不相为谋"，其实深究孔子的原意来看，他并不是要我们"排斥"那些与我们志趣不同的人，而是要我们根据不同的目标选择与不同的人共事。比如，通常与并不适合我们的好友一起做事情，因为会碍于情面反而有很多事不好开口，最后因为沟通不畅把事情搞砸，又要责怪对方——尽管心里面可能会认为自己也有做不到的地方，但是人的自私的心理会让我们把责任推到朋友的身上。这样一来，朋友也做不成了，索性不如刚开始的时候就不要拉他"下水"，做个纯粹的知己岂不更好？因而说，朋友分三六九等。有的人你可以和他开开玩笑、说说天气，但是别指望他能给你怎样的教诲；有的人与你志趣相投，平时可以一起读书下棋，但是却未必能与你一同开创事业。所以我们要理解孔子的"道不同，不相为谋"，不是说志趣不同就"你走你的阳关道，我过我的独木桥"，而是要我们能根据不同的事情区别对待我们的朋友，千万不要把朋友的定义下得那么狭隘，以为是朋友就要一起赴汤蹈火，这是一种误读。

9.31　"唐棣之华，偏其反而。岂不尔思？室是远而①。"子曰："未之思也，夫何远之有？"

【题解】

这里记录的是孔子对古代流传的几句逸诗的评论，只要坚持，目标就不远了。

【注释】

①"唐棣之华"四句：这是逸诗。上两句用以起兴。唐棣，木名。华，通"花"。偏其反而，翩翩地摇摆。反，翻转摇摆。

【译文】

"唐棣树的花，翩翩地摇摆，难道不思念你吗？是因为家住得太远了。"对于这四句古诗，孔子说："那是没有真正思念啊，如果真的思念，有什么遥远的呢？"

乡党篇第十

10.1　孔子于乡党①，恂恂如也②，似不能言者；其在宗庙朝廷，便便言③，唯谨尔。

【题解】

《乡党》篇是弟子们对孔子日常言行的记录。此段记载了孔子在不同场合的不同言谈举止，孔子因时因地制宜，但都能有礼而得体。

【注释】

①乡党：古代地方组织的名称。五百家为党，一万二千五百家为乡。②恂恂：恭顺貌。如：相当于"然"。③便便：明白畅达。

【译文】

孔子在本乡的地方上，非常恭顺，好像不太会说话的样子。但他在宗庙和朝廷里，说话明白而流畅，只是说得很谨慎。

10.2 朝，与下大夫言，侃侃如也①；与上大夫言，訚訚如也②。君在，踧踖如也③，与与如也④。

【题解】

这里描述了孔子在不同的场所、与不同的人谈话所表现出的不同的神态。在重要的国事场所要庄严、郑重，对不同的人都要尊重而又恰到好处。

【注释】

①侃侃：温和快乐。②訚訚：形容辩论时中正，讲理而态度诚恳。③踧踖：恭敬而小心的样子。④与与：行步安详。

【译文】

上朝的时候，跟下大夫谈话，显得温和而快乐；跟上大夫谈话时，显得正直而恭敬。君主临朝时，他显得恭敬而不安，走起路来却又安详适度。

10.3 君召使摈①，色勃如也②，足躩如也③。揖所与立④，左右手，衣前后，襜如也⑤。趋进⑥，翼如也。宾退，必复命曰："宾不顾矣。"

【题解】

此章描述了孔子奉君命接待外宾时的外交场所的神态举止，对人尊敬，自己保持尊严。

【注释】

①摈：通"傧"，接待宾客。②勃如：显得庄重。③躩如：脚步快的样子。④所与立：同他一起站着的人。⑤襜：衣裳前，即遮蔽前身的衣服。如：衣服摆动的样子。⑥趋进：快步向前。一种表示敬意的行为。

【译文】

鲁君召孔子去接待使臣宾客，他的面色庄重矜持，步伐轻快。向同他站在一起的人作揖，向左向右拱手，衣裳随之前后摆动，却显得整齐。快步向前时，好像鸟儿舒展开了翅膀。宾客告退了，他一定向君王回报说："客人已经不回头了。"

10.4 入公门，鞠躬如也①，如不容。立不中门②，行不履阈③。过位，色勃如也，足躩如也，其言似不足者。摄齐升堂④，鞠躬如也，屏气似不息者⑤。出，降一等，逞颜色，怡怡如也；没阶，趋进，翼如也；复其位，踧踖如也。

【题解】

此段内容继续描述孔子在朝廷上的言行举止，都是严守礼制，充满了庄重敬畏的情感态度。

【注释】

①鞠躬：此不做曲身讲，而是形容谨慎恭敬的样子。②中门：中于门，表示在门的中间。"中"用作动词。③阈：门限，即门槛。④摄齐：提起衣裳的下摆。齐，衣裳的下摆。⑤屏气：憋住气。

【译文】

《孔子圣迹图》之《敬入公门》

孔子走进朝廷的大门，显出小心谨慎的样子，好像没有容身之地。他不站在门的中间，进门时不踩门槛。经过国君的座位时，脸色变得庄重起来，脚步也快起来，说话的声音低微得像气力不足似的。他提起衣服的下摆走上堂去，显得小心谨慎，憋住气，好像不呼吸一样。走出来，下了一级台阶，面色舒展，怡然和乐。走完了台阶，快步向前，姿态好像鸟儿展翅一样。回到自己的位置，是恭敬而不安的样子。

10.5　执圭①，鞠躬如也，如不胜。上如揖，下如授。勃如战色，足蹜蹜②，如有循。

享礼③，有容色。

私觌④，愉愉如也。

【题解】

这一部分记载了孔子在朝堂上的仪态举止。

以上诸段，集中记述了孔子在朝、在外事场所和在乡的言谈举止、音容笑貌，给人留下十分生动而深刻的印象。孔子在不同的场合，对待不同的人，容貌、神态、言行都有所不同，但是有一点是相同的，就是他一贯的庄重和敬畏之情。在家乡时，他谦逊、和蔼；在朝廷上，则态度庄敬而有威仪，不卑不亢，光明正大；在国君面前，温和恭顺，庄重严肃又诚惶诚恐。这些都为人们深入研究孔子，提供了生动的第一手资料。

【注释】

①圭：一种玉器，上圆下方。举行典礼时，君臣都拿着。②蹜蹜：脚步细碎紧凑，宛如迈不开步一样。③享礼：使者向所访问的国家献礼物的礼节。④觌：会见。

【译文】

（孔子出使到别的诸侯国，行聘问礼时）拿着圭，恭敬而谨慎，好像拿不动一般。向上举圭时好像在作揖，向下放圭好像在交给别人。神色庄重，战战兢兢，脚步紧凑，好像在沿着一条线行走。

献礼物的时候，和颜悦色。

私下里和外国君臣会见时，显得轻松愉快。

10.6 君子不以绀緅饰①。红紫不以为亵服②。

当暑，袗絺绤③，必表而出之。

缁衣羔裘④，素衣麑裘⑤，黄衣，狐裘。

亵裘长。短右袂⑥。

必有寝衣⑦，长一身有半。

狐貉之厚以居⑧。

去丧，无所不佩。

非帷裳⑨，必杀之⑩。

羔裘玄冠不以吊⑪。

吉月⑫，必朝服而朝。

【题解】

这里记述了孔子日常在各种场所的衣着服饰，反映了中国发达的服饰文化。

【注释】

①绀：深青带红（天青色）。緅：黑中带红。饰：镶边，缘边。②亵服：平时在家里穿的便服。③袗絺绤：袗，单衣。絺，细葛布。绤，粗葛布。这里是说，穿粗的或细的葛布单衣。④缁：黑色。羔裘：羔羊皮袍。古人穿皮袍，毛向外，因此外面要用罩衣。古代的羔裘都是黑色的羊毛，因此要配上黑色罩衣，就是缁衣。⑤麑：小鹿，白色。⑥袂：衣袖。⑦寝衣：被。古代大被叫衾，小被叫被。⑧居：今字作踞。古人席地而坐，即蹲着坐。⑨帷裳：礼服，上朝或祭礼时穿，用整幅的布不加裁剪而成，上窄下宽，多余的布做成褶。⑩杀：减少，裁去。⑪玄冠：一种黑色礼帽。羔裘玄冠都是黑色的，古代用作吉服，故不能穿去吊丧。⑫吉月：正月初一。

【译文】

君子不用青中透红或黑中透红的布做镶边，红色和紫色不用来做平常家居的便服。

暑天，穿细葛布或粗葛布做的单衣，一定是套在外面。

黑色的衣配羔羊皮袍，白色的衣配小鹿皮袍，黄色的衣配狐皮袍。居家穿的皮袄比较长，可是右边的袖子要短一些。

睡觉一定要有小被，长度是人身高的一倍半。

用厚厚的狐貉皮做坐垫。

服丧期满之后，任何饰物都可以佩戴。

不是上朝和祭祀时穿的礼服，一定要经过裁剪。

羊羔皮袍和黑色礼帽都不能穿戴着去吊丧。

大年初一，一定要穿着上朝的礼服去朝贺。

10.7 齐，必有明衣^①，布。

齐必变食^②，居必迁坐^③。

【题解】

此段记述孔子斋戒前沐浴时的衣着和斋戒期间的生活，这些生活都保持了洁净、诚挚的精神。

【注释】

①齐：通"斋"，斋戒。明衣：斋戒沐浴后换穿的干净内衣。②变食：改变日常饮食，不饮酒，不吃韭、葱、蒜等气味浓厚的蔬菜，不吃鱼肉。③迁坐：改变卧室。古人在斋戒以及生病时，住在"外寝"，而平常居住的卧室则叫"燕寝"，与妻室在一起。

【译文】

斋戒沐浴时，一定有用麻布做的浴衣。

斋戒时，一定改变平时的饮食；居住一定要改换卧室。

10.8 食不厌精，脍不厌细^①。食饐而餲^②，鱼馁而肉败^③，不食；色恶，不食；臭恶^④，不食；失饪^⑤，不食；不时，不食；割不正，不食；不得其酱，不食。肉虽多，不使胜食气^⑥。惟酒无量，不及乱。沽酒市脯^⑦，不食。不撤姜食，不多食。

【题解】

孔子谈了他对饮食的思想，注重饮食卫生，处处遵守礼制，这都是孔子重生的具体表现，表现了对人生的热爱、对健康的珍视。

【注释】

①脍：切过的鱼或肉。②饐：食物经久发臭。餲：食物经久变味。③馁：鱼腐烂。败：肉腐烂。④臭：气味。⑤饪：煮熟。⑥食气：饭料，即主食。⑦脯：肉干。

【译文】

粮食不嫌舂得精，鱼和肉不嫌切得细。粮食腐败发臭，鱼和肉腐烂，都不吃。食物颜色难看，不吃；气味难闻，不吃；烹调不当，不吃；不到该吃饭时，不吃；切割方式不得当的食物，不吃；没有一定的酱醋调料，不吃。席上的肉虽多，吃它不超过主食。只有酒不限量，但不能喝到神志昏乱的地步。买来的酒和肉干，不吃。吃完了，姜不撤除，但吃得不多。

【论语的智慧】

追求心灵的生活，当然也要提倡健康的养生之道。饭不因为精致而饱食，肉类菜肴不因为烹调得细致味美就吃得很多。凡是饭因久放，味道变了，鱼烂了，肉腐败了，都不要吃。颜色变坏了不吃，味道变臭了不吃。煮得不熟太生，或过熟太烂了都不要吃。不是吃饭的正餐时间不吃，不照正规方法割肉不吃。放的调味品不适合不吃。肉不要吃太多，不要比吃青菜米饭还要多。只有饮酒没有限制，以不喝醉、不捣乱、不闹事为原则。买来的酒和干肉，不吃。吃完不撤去姜，但也不多吃。由此可知孔子很注重饮食的健康养生，他应该是中国最早的健康养生倡导者。

众所周知，人只有身体健康才能更好地工作和生活。古往今来，有多少仁人志士因为健康状况欠佳，没有完成自己的事业、没有实现自己的愿望。当然，也有很多人因为有一个健康的身体，不仅事业有成，而且享尽天伦之乐。

在我国历史上，共有230个皇帝，短命的多，长寿的少。乾隆皇帝是清朝第六代君主，在位60年，活到89岁，是历代皇帝中寿命最长者。他经历了康熙、雍正、乾隆、嘉庆四朝，享受了七代同堂的天伦之乐。

乾隆皇帝为什么能独享高龄呢？原来他平时很注重养生之道，并且研究出了一套养生的秘诀。他根据自己的切身体会，总结出了养生四诀："吐纳肺腑，活动筋骨，十常四勿，适时进补。"

其中"十常"：齿常叩，津常咽，耳常弹，鼻常揉，睛常转，面常搓，足常摩，腹常运，肢常伸，肛常提。

"四勿"就是：食勿言，卧勿语，饮勿醉，色勿迷。

这"十常四勿"完全符合保健养身的道理。别的不说，单言"酒色"二字。乾隆贵为天子，富甲天下，美酒盈仓，佳丽满宫。在此环境中，居然能做到不恋酒、不迷色，实属难能可贵。

乾隆自幼习骑射，曾在避暑山庄几次皇家射箭比赛中大显身手，当上皇帝后，更以骑射为乐。直到他80岁高龄时还去避暑山庄行围狩猎。骑马射箭，活动量很大，无疑是一种锻炼身体的好办法。

乾隆喜好旅游，乾隆皇帝下江南的故事，几乎是家喻户晓。他一生中曾六次下江南，三次上五台山。不少名山大川、古刹佛界都留下了他的足迹。旅游既能锻炼身体，又能调养心情，是一种很好的保健途径。

乾隆又好读书，善诗文。据说他一生作文1300多篇，写诗4万余首（自然，其中许多是由他的臣下草拟的）。乾隆喜书法，写得一手好字，其字圆润遒丽，很有功底。每到一处，必要御笔垂青。西湖十景就是由他亲手题的。它们的艺术价值姑且不论，单是这些诗文书法等爱好对乾隆健脑、强身、养性便是大有裨益的。

乾隆的起居饮食很有规律。他大约6时起床，洗漱后用早膳。上午处理政务，和大臣们议事，午后游览休息。晚饭后看书习字、作文赋诗，然后就寝。他的膳食以新鲜蔬菜为主，少吃肉类，并且从不过饱。乾隆从不抽烟，但喜饮茶。他对饮用水十分讲究，以西山泉水作为御用水。

此外，乾隆也注意进补，但适时适当，绝不乱补。所用松龄酒、龟龄集之类，主要由补脾肾、益气血为主的中

乾隆帝宫中行乐图 清 郎世宁

草药制成，这也是符合医学道理的。补肾可以滋先天，补脾可以壮后天，肾气强盛，脾胃健运，气血充盈，身体自然强壮。

由于乾隆养生有法，因此他一生身体健壮，年近 90 岁还神志清醒、活动自如，有时还以太上皇的身份过问朝政。真不愧是帝王中的典范。

现代社会，我们时不时得到消息：某公司又累死了一个人，某人英年早逝……除了压力过大、环境恶化，恐怕与他自身的健康养生观念是分不开的。

所以要想有辉煌的事业、幸福的生活，我们就必须注意自己的身体健康。拥有强健的体魄，才能提高生命质量，开拓事业和人生。

10.9　祭于公，不宿肉①。祭肉不出三日。出三日，不食之矣。

【题解】

这里说明孔子不吃三日后的肉，一定要吃新鲜的。

以上内容，记述了孔子的衣着和饮食习惯。孔子处处坚持遵循"礼"，这不仅表现在与国君和大夫们见面时的言谈举止和仪式，而且表现在衣着和饮食方面。他在祭祀时、服丧时和平时所穿的衣服都不相同，如单衣、罩衣、麻衣、皮袍、睡衣、浴衣、礼服、便服等，都有不同的礼制。在吃的方面，"食不厌精，脍不厌细"，而且对于食物，有八种他不吃。凡是有害于健康的食物他都不吃，这是重生的表现。

【注释】

①不宿肉：从公家分回的祭肉（胙），不要留着过夜。

【译文】

参加国家祭祀典礼，分到的祭肉（当天就食用）不放过夜。一般祭肉的留存不超过三天。放了超过三天，就不吃了。

10.10　食不语，寝不言。

【题解】

孔子有一套正确的保健原则，而且能持之以恒。他非常热爱生命，他在经历了颠沛流离的生活之后能活到 72 岁高龄，证明他的养生之道是相当高明的。

【译文】

吃饭的时候不谈话，睡觉的时候不言语。

10.11　虽疏食菜羹，瓜祭①，必齐如也②。

【题解】

这句说明孔子在祭祀活动中是严肃认真的。

【注释】

①瓜祭：古人在吃饭前，把席上各种食品分出少许，放在食具之间祭祖。②齐：通"斋"，斋戒。

【译文】

即使是粗米饭蔬菜汤，吃饭前也要先把它们取出一些来祭祀一番，而且祭祀要像斋戒时那样严肃恭敬。

10.12　席不正^①，不坐。

【题解】

此句说明孔子在日常生活中都保持正大的气象，恪守礼仪。

【注释】

①席：古代没有椅子和凳子，在地面上铺席子，坐在席子上。

【译文】

座席摆放得不端正，不就座。

10.13　乡人饮酒，杖者出^①，斯出矣。

【题解】

此句记述了孔子的敬老之礼。

【注释】

①杖者：指老人。《礼记·王制》："六十杖于乡。"这里说的杖者当是60岁以上的老人。

【译文】

行乡饮酒仪礼后，等老年人都出去了，自己这才出去。

10.14　乡人傩^①，朝服而立于阼阶^②。

【题解】

这句记述孔子在傩祭时穿着朝服恭立，保持敬畏的态度。

【注释】

①傩：古代一种迎神以驱逐疫鬼的风俗。②阼阶：东边的台阶，主人所站迎送宾客的地方。

【译文】

乡里人举行迎神驱疫的仪式时，孔子穿着朝服站在东边的台阶上。

10.15 问人于他邦，再拜而送之。

【题解】

此句表明孔子在与外邦人士交往时十分注重礼节。

以上6段中，记载了孔子在各种不同场所的举止言谈和表现出来的礼节、习惯。他时时处处以仁德君子的标准要求自己，坚持一切言行符合礼的规定。他的举手投足间都保持敬畏的态度和正大的气象，这既是孔子个人修养的具体表现，也是他向学生们传授知识和仁德时所身体力行的。

【译文】

托人向在其他诸侯国的朋友问候送礼，便向受托者拜两次送行礼。

10.16 康子馈药①，拜而受之，曰："丘未达②，不敢尝。"

【题解】

此句说明孔子对服药之事历来都十分慎重。

【注释】

①康子：即季康子，姓季孙，名肥，鲁哀公时的正卿。②达：通，懂得，了解。

【译文】

季康子馈赠药给孔子，孔子拜谢后接受了，却说道："我对这种药的药性不了解，不敢尝试服用。"

10.17 厩焚。子退朝，曰："伤人乎？"不问马。

【题解】

这是一段著名的记载，反映了孔子重人轻物的仁爱精神。

孔子家里的马棚失火被烧掉了。当他听到这个消息后，首先问人有没有受伤。这正像后世有人说的，儒家学说是"人学"，他只问人，不问马，表明他重人不重财，这是中国古代人道主义思想的源头。

【译文】

马厩失火了。孔子退朝回来，说："伤到人了吗？"不问马怎么样了。

10.18 君赐食，必正席先尝之；君赐腥，必熟而荐之①；君赐生，

必畜之。侍食于君，君祭，先饭②。

【题解】

孔子严守礼制，当时君主吃饭前，须要有人先尝一尝，君主才吃。孔子在与国君共餐时，都要主动先尝一下，他对礼的遵从真是一丝不苟。

【注释】

①荐：供奉。②先饭：先吃饭，表示为君主尝食。

【译文】

国君赐给食物，孔子一定会摆正席位先尝一尝。国君赐给生肉，他一定会煮熟了，先给祖先上供。国君赐给活物，他一定会养起来。陪侍国君吃饭，当国君进行饭前祭祀的时候，他先取国君面前的饭菜为他尝食。

10.19　疾，君视之，东首①，加朝服，拖绅②。

【题解】

此句表明孔子即使有了疾病，在病榻上，也不会失礼。

【注释】

①东首：头向东。②绅：束在腰间的大带。

【译文】

孔子病了，君主来探望，他便头朝东而卧，把上朝的礼服盖在身上，拖着大带子。

10.20　君命召，不俟驾行矣。

【题解】

孔子日常的一言一行，都表现出对礼制的遵守和敬畏。

【译文】

君主下令召见孔子，他不等车马驾好就先步行过去了。

10.21　入太庙，每事问。

【题解】

此与《八佾》篇第15重复，故译文略。

10.22　朋友死，无所归，曰："于我殡①。"

【题解】

此句记述了孔子对亡友的情谊和他见义勇为的人道主义精神。

【注释】

①殡：停放灵柩和埋葬都可以叫殡。这里泛指一切丧葬事务。

【译文】

朋友死了，没有人负责收敛，孔子说："由我来料理丧事吧。"

10.23　朋友之馈，虽车马，非祭肉，不拜。

【题解】

此处表明孔子重视的不是物品的本身，而是其礼制的象征意义。礼制是人的秩序，而物是为人服务的。孔子把祭肉看得比车马还重要，这是为什么呢？因为祭肉关系到"礼"的问题。用肉祭祀祖先之后，这块肉就成了完成礼制的一个载体。

【译文】

朋友的馈赠，即使是车和马，只要不是祭祀用的肉，孔子在接受时，就不行拜谢礼。

10.24　寝不尸，居不容①。

【题解】

孔子是一个通达的人，在居家之时很自然地放松休息，与他外出或待客之时的恪守礼仪、恭谨持重并不一样。

【注释】

①居：家居。容：做动词，意为讲究容仪。《汉书·艺文志》："徐生善为容。"一作"客"，当是误字。

【译文】

孔子睡觉时不像死尸一样直躺着，居家时也不讲究容仪。

10.25　见齐衰者，虽狎，必变。见冕者与瞽者，虽亵，必以貌。凶服者，式之①，式负版者②。有盛馔，必变色而作③。迅雷风烈，必变。

【题解】

此处记述的事例说明，孔子是一个心智敏锐、富于同情心、对人都十分尊重、很懂礼貌的人。

【注释】

①式：通"轼"，古代车前横木。用作动词，表示伏轼。②版：古代用木板刻写的国

家图籍。③作：站起来。

【译文】

看见穿丧服的人，即使是关系亲密的，也一定会改变态度。看见戴着礼帽和瞎了眼睛的人，即使是很熟悉的，也一定表现得有礼貌。乘车时遇见穿丧服的人，便低头俯伏在车前的横木上表示同情。遇见背负着国家图籍的人，也同样俯身在车前的横木上表示敬意。有丰盛的肴馔，一定改变神色，站起来。遇到迅雷和大风时，一定改变神色。

10.26 升车，必正立执绥①。车中，不内顾，不疾言，不亲指。

【题解】

这里记述了孔子在乘车时也遵循礼仪。

以上这几个部分，讲的都是孔子如何遵从礼仪。在日常一切活动中，他都按礼行事，对不同的人、不同的事、不同的环境，他都自然而然地表露出应有的言行和表情，一切礼仪，他都一丝不苟，而这一切都出自于他内心的真诚。

【注释】

①绥：上车时扶手用的索带。

【译文】

孔子上车时，一定站立端正，拉住扶手的带子登车。在车中，不向里面回顾，不快速说话，不用手指指画画。

10.27 色斯举矣，翔而后集。曰："山梁雌雉，时哉！时哉！"子路共之①。三嗅而作②。

【题解】

孔子借自然现象来抒发自己的感情，他一生东奔西走，却没有获得普遍的响应。这里似乎是在游山观景，其实孔子是有感而发。他感到山谷里的野鸡能够自由飞翔，自由落下，这是"得其时"，而自己却不得其时，孔子发出了这样的感叹充满了诗意。

【注释】

①共："拱"的本字。②嗅：当作"昊"，张开双翅的样子。

【译文】

孔子在山谷中行走，看见几只野鸡。神色一动，野鸡飞着盘旋了一阵后，又落在了一处。孔子说："这些山梁上的母野鸡，得其时啊！得其时啊！"子路向它们拱拱手，野鸡振几下翅膀飞走了。

先进篇第十一

11.1 子曰："先进于礼乐,野人也^①;后进于礼乐,君子也^②。如用之,则吾从先进。"

【题解】

孔子谈的是用人要唯贤是举,其标准是贤,而不看他的出身。

【注释】

①野人:乡野平民或村野粗鲁的人。②君子:指卿大夫等当权的贵族。他们享有世袭特权,可以先做官,后学习。

【译文】

孔子说:"先学习了礼乐而后做官的,是原来没有爵禄的平民,先做了官而后学习礼乐的,是卿大夫的子弟。如果让我来选用人才,那么我赞成选用先学习礼乐的人。"

11.2 子曰:"从我于陈、蔡者^①,皆不及门也^②。"

【题解】

颜回、子贡和子路等,都是孔子的得意门生,但此时都不在身边,此时,孔子发出了深深的叹息,这里流露出孔子和弟子的浓厚感情。

【注释】

①陈、蔡:春秋时的国名。孔子曾在陈、蔡之间遭受困厄。②不及门:有两种解释:一指不及仕进之门,即不当官;二指不在门,即不在孔子身边。今从后说。

【译文】

孔子说:"跟随我在陈国、蔡国之间遭受困厄的弟子们,都不在我身边了。"

11.3 德行:颜渊、闵子骞、冉伯牛、仲弓。言语:宰我、子贡。政事:冉有、季路。文学^①:子游、子夏。

【题解】

孔子对自己弟子们的才能、特点了如指掌,并能因材施教。

【注释】

①文学:文献知识,即文学、历史、哲学等方面的文献知识。这里文学的含义与今相异。

【译文】

孔子的弟子各有所长。德行好的有：颜渊、闵子骞、冉伯牛、仲弓。娴于辞令的有：宰我、子贡。能办理政事的有：冉有、季路。熟悉古代文献的有：子游、子夏。

【论语的智慧】

《孔子圣迹图》之《圣门四科》

孔子与坏人阳虎长得比较相似，所以他在陈、蔡之间曾经被人误以为是阳虎，因而被困，但是他带的一些弟子没有离开老师。这件事让孔子很感动，心生感慨，于是有了这样一段知人论事的话。他认为在他的弟子中德行与修养较好的有颜渊、闵子骞、冉伯牛、仲弓；口才好的有宰我与子贡；能从政的有冉有与季路；文学好的为子游和子夏。这一番知人论事几乎把他最优秀的弟子们说了个遍，当然还有些遗漏，比如曾点。作为一个大教育家与思想家，他对他的学生的性格与品行了如指掌，也就是我们通常所说的能识人、会察人。提到知人善任，当数北宋时的著名宰相王旦。

王旦身为宰相，权重位尊，宾客满堂。他善于观察，经常与一些名士交谈，征询其意见，察访各地得失，从中掌握每个人对时局的看法，有时还让这些人就某一问题或意见写文字材料做进一步的考核和了解。根据每个人的能力所长，每有差除，王旦就先把拟定好的三四人的候选名单密报给皇帝，让皇帝从中挑选。候选之人"争有所用，唯旦所用"。

王旦任人唯贤，宽宏大量，尊重人才，不以权谋私，而以江山社稷为重。不计较个人恩怨，推荐人才，不求全责备。寇准性情刚正秉直，多与同事不和，王旦也曾受其指责，就连真宗也不满意寇准。王旦病重，真宗询问王旦："谁可代卿者？"王旦坚定地说："以臣之愚，莫若寇准。"王旦看重寇准刚正不阿，胸怀坦荡及其治国才能。

大中祥符九年（1016年），知秦州曹玮改任秦州都部署，朝廷须派人知秦州，当时王旦推荐了李及。有人说李及没有治理边疆的才干，王旦认为李及稳重，能谨守曹玮制定的制度，不致破坏曹玮已建立起来的安定和谐的局面。诚如其然，李及治理边境业绩斐然，声誉达于京师。人们这才佩服王旦有知人之明。

王旦既能知人之贤，亦能察人之奸，他身在相位，以进贤能退不肖为己任。真宗欲以王钦若为相，王旦声称"祖宗朝未尝有南人当国者，虽称立贤无方，然须贤士乃可"，真宗遂止。王旦死后，王钦若被任为宰相，然其奸邪害政立现。王钦若对人说："为王公迟我十年做宰相。"

王旦曾与杨亿品评人物，杨亿问丁谓以后会怎样。王旦说："才则才矣，语道则末。他日在相位，使有德者助之，庶得终吉，若独当权，必为身累尔。"后丁谓为相，贬斥忠臣，而终因过被黜。

其实古来圣贤的理论看似错综复杂，但在很多地方它们都有惊人的相似之处，尤其是他们学说的宗旨是殊途同归。老子在《道德经》中就说："知人者智，自知者明；胜人者有力，自胜者强。"人们常把知人与自知放在一起，以此来说明做一个明白人的难度。像王旦这样能知人的宰相必定也是一个能自知的人，从一定程度上来说知人即自知，自知才能知人。

11.4　子曰："回也非助我者也，于吾言无所不说。"

【题解】

在这里，孔子对颜回能又快又深地领悟自己的言论表示了一定的遗憾和深深的赞许。

【译文】

孔子说："颜回不是对我有所助益的人，他对我说的话没有不喜欢的。"

【论语的智慧】

孔子认为颜回对他个人没有什么帮助，说什么话他都听。孔子之所以成为圣人，就在此。他意思是说颜回认为他说的话都对，但真的都对吗？要多加反省。"非助我者也"，这样对我没有帮助。真正对自己有帮助的，一定会有不同的好意见。根据孔子的这一段话，可以进一步引申为一个领导人最难的是容纳相反的意见。对于相反的意见我们听了以后，把自己的观点推开，就他的意见想想，也很有道理，然后与自己的意见做正反的中和，这种态度是为人处世的修养。孔子就有这种气度，认为像颜回一样，对自己的话认为句句都对，这样对于自己是不会有帮助的。

司马迁在《史记》中记载了一段孔子拜见老子的故事。临别时老子对孔子的赠言中说道，世间万物皆怕太满，满则溢。孔子很快就领悟过来了，感慨老子乃世外高人。以后他也常常这样教导他的弟子们。

有一次，子路请教老师："您有什么办法能让万物满而不溢吗？"

孔子不慌不忙地说："聪明睿智，用愚笨来调节；功盖天下，用退让来调节；威猛无比，用怯弱来调节；富甲四海，用谦恭来调节。这就是损抑过分，达到适中状态的方法。"

子路听后连连点头，接着又刨根问底道："古代的帝王除了在座位旁边放置这种鼓器警示自己外，还采取什么措施来防止自己的行为失当呢？"

孔子说道："上天生了老百姓，又给了他们国君，让他治理老百姓，不让他们失去天性。有了国君又为他设置辅佐，让辅佐的人教导、保护他，不让他做事过分。因此，天子有公，诸侯有卿，卿设置侧室之官，大夫有副手，士人有朋友，农民、工匠、商人，乃至干杂役的皂隶、放牛马的牧童，都有亲近的人来相辅佐。有功劳就奖赏，有错误就纠正，有患难就救援，有过失就更改。自天子以下，人各有父兄子弟，来观察、补救他的过失。太史记载史册，乐师写作诗歌，乐工诵读箴谏，大夫规劝开导，士人传话，平民提建议，商人在市场上议论，各种工匠呈献技艺。各种身份的人用不同的方式进行劝谏，从而使国君不至于骑在老百姓头上任意妄为，放纵他的邪恶。"

子路穷追不舍地问道："先生，您能不能举出个具体的君主来？"

孔子回答道："好啊，卫武公就是个典型人物。他95岁时，还下令说：'从卿以下的各级官吏，只要是拿着国家的俸禄的，就不要认为我昏庸老朽就丢开我不管，一定要不断地训诫、开导我。我乘车时，护卫在旁边的警卫人员应规劝我；我在朝堂上时，应让我看前代的典章制度；我伏案工作时，应设置座右铭来提醒我，我在寝宫休息时，左右侍从人员应告诫我；我处理政务时，应有巫、史之类的人开导我；我闲居无事时，应让我听听百工的讽谏。'他时常用这些话来警策自己，使自己的言行不至于走极端。"

众弟子听罢，一个个面露喜悦之色。他们从孔子的话中明白了一个道理：在任何情况下，人们都要调节自己，学会中和，才能不走向极端，走向成功。

11.5　子曰："孝哉闵子骞！人不间于其父母昆弟之言①。"

【题解】

孔子称赞闵子骞，说明了孝道有巨大的感召力，能够鼓舞人，从感情上深入人心。

【注释】

①间：空隙。用作动词，表示找空子。不间：找不到空子。

【译文】

孔子说："闵子骞真是孝顺呀！人们对于他的父母兄弟称赞他的话没有异议。"

【论语的智慧】

一个人要想真的做到不为他人言语所动那是很难的。大家结合自己的人生经验就可以看出来，人们的看法很容易为某个人的观点所左右。也许他在你面前说一次你不觉得，但是说的次数多了，你也就可能不再坚持自己的意见了。这要求我们要有自己的主心骨，也就是一个人的信念要能立得住，心中有定见就不会随波逐流。

闵子骞是孔子的弟子，也是历史上著名的大孝子，孔子也曾称赞过他的德行。他有什么德行能得到孔子的大加赞赏呢？闵子骞有一个继母，对他很不好，继母大概也是很难当的，稍微做得不好就要被人说三道四。他这个继母有点偏心，冬天的时候给她自己的孩子穿棉衣，给闵子骞穿的是芦苇做的衣服。后来被闵子骞的父亲发现了，他大为光火，决定要休妻。大概闵子骞这个人性格也比较内向，所以从来也不曾和父亲说起自己被虐待的事。此时，我们以为闵子骞应当很高兴，终于可以摆脱继母的虐待了。但是他没有，他哭着恳求父亲留下继母，他说："把继母留下只会我一个人受苦，如果把继母赶走了，那么全家人都要受苦了，大家就都没有棉衣穿了。"后来他的父亲就把他的继母留下来了。闵子骞的继母终于被他的诚心所感动，对他也非常好了。这里孔子称赞的是他不为他人言论所动。可能是当时很多人看不下去，在闵子骞的面前说他继母的坏话，可是闵子骞完全不为这些话动心，他不改初衷，这真是不同寻常。

在英国也有一个不为他人言语所动的年轻人，他是一位建筑设计师，很幸运地被邀请参加了温泽市政府大厅的设计工作。他运用工程力学的知识，很巧妙地设计了只用一根柱子支撑大厅天顶的方案。

一年后，市政府请权威人士进行验收时，对他设计的一根支柱提出了异议。他们认为，用一根柱子支撑天花板太危险了，要求他再多加几根柱子。

年轻的设计师十分自信，他说："只要用一根柱子便足以保证大厅的稳固。"他通过计算和列举相关实例详细地加以说明，拒绝了工程验收专家的建议。

他的固执惹恼了市政官员，年轻的设计师险些因此被送上法庭。

在万不得已的情况下，他只好在大厅四周增加了4根柱子。不过，这4根柱子全部都没有接触天花板，其间相隔了无法察觉的两毫米。

时光如梭，岁月更迭，一晃 300 年过去了。

300 多年的时间里，市政官员换了一批又一批，市政府大厅坚固如初。直到 20 世纪后期，市政府准备修缮大厅的天顶时，才发现了这个秘密。

消息传出，世界各国的建筑师和游客慕名前来，观赏这几根神奇的柱子，并把这个市政大厅称作"嘲笑无知者的建筑物"。最为人们所称奇的是这位建筑师当年刻在中央圆柱顶端的一行字："自信和真理只需要一根支柱。"

这位年轻的设计师就是克里斯托·莱伊恩，一个很陌生的名字。今天，能够找到的有关他的资料实在是微乎其微了，但在仅存的一点资料中，记录了他当时说过的一句话："我很自信。至少 100 年后，当你们面对这根柱子时，只能哑口无言，甚至瞠目结舌。我要说明的是，你们看到的不是什么奇迹，而是我对自信的一点坚持。"

这是对自己能力的信心，也是对个人信念的坚持。我们一般被人否定了几次以后就容易产生动摇的想法，以为自己真的错了，这时候就要坚持自己的想法。只要我们觉得是对的，那么无论是谁也不能改变自己的看法，就像闵子骞不为他人的言语所动一样，这个修养很值得我们现代人学习。现在我们每天接收到的信息太多，很难选择。如果我们没有自己的想法，别人的一句话往往就替我们决定了自己的前程，这不能不说是一种悲哀，一种被命运戏弄的无奈。

11.6　南容三复"白圭"①，孔子以其兄之子妻之。

【题解】

从孔子嫁侄女的事可以看出，孔子喜欢那些做事踏实、说话慎重的人。

【注释】

①三复"白圭"：一天三次（或多次）反复读白圭的诗。《诗经·大雅·抑》有诗句"白圭之玷，尚可磨也；斯言之玷，不可为也"。意思是白玉上面的污点，还可以把它磨掉，但说话不谨慎而出错，却是无法挽回的。南容三复"白圭"，目的是告诫自己说话要谨慎。

【译文】

南容把"白圭之玷，尚可磨也；斯言之玷，不可为也"几句诗反复诵读，孔子便把自己哥哥的女儿嫁给了他。

11.7　季康子问："弟子孰为好学？"孔子对曰："有颜回者好学，不幸短命死矣，今也则亡。"

【题解】

鲁哀公也问过同样的问题，那次孔子的回答更为详细具体。见《雍也》篇。

【译文】

季康子问："你的学生中哪个好学用功呢？"孔子回答说："有个叫颜回的学生好学用功，

不幸短命早逝了，现在没有这样的人了。"

11.8　　颜渊死，颜路请子之车以为之椁①。子曰："才不才，亦各言其子也。鲤也死②，有棺而无椁。吾不徒行以为之椁③。以吾从大夫之后④，不可徒行也。"

【题解】

这一段反映了孔子对礼的一丝不苟的严肃态度，要与礼合乃可以情合。

【注释】

①颜路：颜渊的父亲，也是孔子的学生，名无繇，字路。椁：古代棺材有的有两层：内层叫棺，外层叫椁。②鲤：孔鲤，字伯鱼，孔子的儿子。③徒行：步行。④从大夫之后：跟随在大夫行列之后。孔子曾经做过鲁国的司寇，属于大夫的地位，不过此时已去位多年。

【译文】

颜渊死了，他的父亲颜路请求孔子把车卖了给颜渊做一个外椁。孔子说："不管有才能还是没才能，说来也都是各自的儿子。孔鲤死了，也只有棺，没有椁。我不能卖掉车子步行来给他置办椁。因为我曾经做过大夫，是不可以徒步出行的。"

【论语的智慧】

孔子的爱徒颜渊死了，他的父亲颜路来找孔子，商量怎么给儿子办丧事。颜路也是孔门弟子，但是显然悟性不如他的儿子。古时候人们办丧事在棺材的外面还要再套一个东西，名字叫作"椁"。现在颜路就是来向孔子要这个"椁"，他以为孔子那么爱自己的儿子，为他出一个"椁"实在是小意思。他说："老师啊，把您的车子卖了吧，给颜渊做个椁。您也知道我们家很贫穷。"看来颜路来的时候是信心十足，打定主意要孔子卖车，然后给颜渊买椁发丧。但是他没想到孔子这样回答他："这个可不行。你是爱你自己的儿子所以才有这样的想法，但是我的儿子鲤（伯鱼）死的时候也没有这个椁啊。何况我出门办事总不能徒步吧？所以我的车子不能卖。"乍一看，似乎孔子不近人情，更不用谈什么仁义道德了。孔子的真实意思并非如此，其实孔子是教育颜路，人都已经死了还要讲究那么多干吗？活人当然要比死人重要，因此你也就不必去花费那么多钱了。而且你家里现在也没有钱，不要死要面子活受罪了。发丧要尽力而为，但是别忘了还应该量力而行。

我们平时做事情也许都注意了尽力而为，却经常忽略了量力而行的原则。有很多大师已有很大的成就，其原因之一就是因为他们懂得这个道理。

有一位武术大师隐居于山林中。由于他的名声很大，人们都千里迢迢来拜访他，想跟他学些武术方面的窍门。他们到达深山的时候，发现大师正在山谷里挑水。

他挑的不多，两只水桶都没有装满水。

按他们的想象，大师应该能够挑很大的桶，而且挑得满满的。

他们不解地问："大师，这是什么道理？"

大师说："挑水之道并不在于挑多，而在于挑得够用。一味贪多，适得其反。"

众人越发不解。

大师从他们中拉了一个人，让他重新从山谷里打了满满两桶水。

那人挑得非常吃力，没走几步，就跌倒在地，水全都洒了，那人的膝盖也摔破了。

"水洒了，岂不是还得回头重打？膝盖破了，走路艰难，岂不比刚才挑得还少吗？"大师说。

"那么大师，请问具体挑多少，怎么估计呢？"众人问。

大师笑道："你们看这个桶。"

众人看去，大师在桶里画了一条线。

大师说："这条线是底线，水绝对不能高于这条线，高于这条线就超过了自己的能力和需要。起初还需要看那条线，挑的次数多了以后就不用看那条线了，凭感觉就知道是多是少。这条线可以提醒我们，凡事要尽力而为，也要量力而行。"

看似很平凡的一条线，却包含了很多人生的道理，我们做人又何尝不是这个样子呢？尽力而不量力只会让我们陷入两难的境地——继续走，内心很痛苦；向后缩，面子又过不去。做不到的时候我们反而连原来的一点"面子"——尊严，也丧失殆尽了，还不如从一开始就认识到自己的力量，这样做起来也轻松惬意，不会落个"打肿脸充胖子"的下场。这也是为什么孔子不答应颜路的缘故。为了一时的面子而拼尽血本实在不是什么明智之举，为了死要面子而做的事情，最终都会让你受尽"活罪"，后悔不已。

11.9　颜渊死，子曰："噫！天丧予！天丧予！"

【题解】

孔子的感情比常人更为深厚，此句就抒发了孔子对自己得意门生颜渊的挚爱和痛惜之情。

【译文】

颜渊死了，孔子说："唉！上天是要我的命呀！上天是要我的命呀！"

11.10　颜渊死，子哭之恸①。从者曰："子恸矣！"曰："有恸乎？非夫人之为恸而谁为②！"

【题解】

这里描写孔子对颜渊之死的沉痛哀悼，虽然悲痛伤身，他也不顾了。

【注释】

①恸：极度悲哀。②夫：指示代词，此处指颜渊。

【译文】

颜渊死了，孔子哭得极其悲痛。跟着孔子的人说："您悲痛太过了！"孔子说："是悲痛太过了吗？不为这样的人悲痛还为谁悲痛呢？"

11.11 颜渊死，门人欲厚葬之。子曰："不可。"门人厚葬之。子曰："回也视予犹父也，予不得视犹子也。非我也，夫二三子也①。"

【题解】

在厚葬颜渊的问题上，孔子一直主张以礼办事，这是因为孔子把个体情感与社会礼制分得很清楚。他反对任何越礼的行为，是对社会秩序和礼的坚守。

【注释】

①夫：那些。

【译文】

颜渊死了，孔子的学生们想要厚葬他。孔子说："不可以。"学生们还是厚葬了他。孔子说："颜回把我当父亲一样看待，我却不能像对待儿子一样看待他。这不是我的意思呀，是那些学生们要这样办。"

11.12 季路问事鬼神。子曰："未能事人，焉能事鬼？"曰："敢问死①。"曰："未知生，焉知死？"

【题解】

这是孔子的一段极为有名的言论，显示了孔子重视现实人生、注重"有益"和"有用"的理性的、实用的生活态度。

【注释】

①敢：冒昧之词，用于表敬。

【译文】

季路问服侍鬼神的方法。孔子说："人还不能服侍，怎么能去服侍鬼神呢？"季路又说："敢问死是怎么回事。"孔子说："对生都知道得不清楚，哪里能知道死呢？"

11.13 闵子侍侧，訚訚如也；子路，行行如也①；冉有、子贡，侃侃如也。子乐。"若由也，不得其死然②。"

【题解】

这里表现的是孔子对弟子们的仁爱之心，他能"得天下英才而教育之"，是很快乐的。

【注释】

①行行：刚强貌。②然：用法如"焉"，可以译为"呢"。

闵子骞侍立在孔子身边，样子正直而恭敬；子路是很刚强的样子；冉有、子贡的样子温和快乐。孔子很高兴。但他说："像仲由这样，恐怕得不到善终。"

11.14 鲁人为长府①。闵子骞曰："仍旧贯②，如之何？何必改作？"子曰："夫人不言，言必有中。"

【题解】

孔子认为崇尚节俭、爱惜民力是施仁政的重要内容之一。

【注释】

①鲁人：指鲁国的执政大臣。长府：鲁国储藏财货的国库名。②仍：沿袭。贯：事。

【译文】

鲁国人要翻修长府。闵子骞说："照老样子不好吗？何必一定要翻修呢？"孔子说："闵子骞这个人平常不大说话，但一开口必定中肯。"

11.15 子曰："由之瑟，奚为于丘之门？"门人不敬子路。子曰："由也升堂矣，未入于室也①。"

【题解】

这里又一次记载了孔子对子路的评价，孔子对子路总是鼓励加提醒。"升堂入室"已经成为成语。

【注释】

①升堂入室：堂是正厅，室是内室。先入门，次升堂，最后入室，比喻学问的程度。

【译文】

孔子说："仲由弹瑟，为什么在我这里弹呢？"孔子的其他学生因此而不尊重子路。孔子说："仲由的学问啊，已经具备规模了，只是还不够精深罢了。"

【论语的智慧】

子路会弹瑟，因此就跑到孔子那里去卖弄，孔子听了后对子路的这种作风很不满意，于是说："仲由的瑟，何必在我这里弹奏？"其他学生听孔子这么一说，因此就瞧不起子路。看到这种情况后，孔子又觉得子路虽有错，但众人不应该那么冷落子路，于是又对学生们说："仲由嘛，他的学问已不低了，不过还不够精深罢了，就像登上了大堂，只是没有进入内室。"孔子真不愧为至圣先贤，他教会弟子知人、识人，但更加及时地告诉弟子最重要的是应该爱人。这才是重中之重！

单纯认清面前的人还不够，还要做到爱人，才能帮助迷途的人改正错误，让这个世界变得更加美好。

古时候，某城有一风流浪子，20年前曾是庙里的小沙弥，极得方丈宠爱。方丈将毕生所学全数教授，希望他能成为出色的佛门弟子。他却在一夜之间动了凡心，偷下山去，五光十色的城市迷住了他的眼目，他从此置身花柳街巷，只管放浪形骸。

夜夜都是春，却夜夜都不是春。20年后的一个深夜，他陡然惊醒，窗外月色如洗，澄明清澈地洒在他的掌心。他忽然深自忏悔，披衣而起，快马加鞭，赶往寺里。

"师父，你肯饶恕我，再收我做弟子吗？"他急切地询问。

方丈深深厌恶他的放荡，只是摇头："不，你罪过深重，必坠阿鼻地狱，要请佛祖饶恕，除非——"方丈信手一指供桌，"连桌子也会开花。"听方丈这么说，浪子失望地离去了。

第二天早上，方丈踏进佛堂的时候，惊呆了：一夜之间，佛桌上开满了大簇大簇的花朵，红的白的，每一朵都芳香逼人，佛堂里一丝风也没有。那些盛开的花朵却簌簌急摇，仿佛是焦灼的召唤。方丈瞬间大彻大悟。他连忙下山寻找浪子，却来不及了，心灰意冷的浪子重又坠入他原本的荒唐生活。而佛桌上开出的那些花儿，只开放了短短一天。

是夜，方丈圆寂，临终遗言："这世上，没有什么歧途不可以回头，没有什么错误不可以改正，一个真正向善的念头是最罕见的奇迹，好像佛桌上开出的花朵。"

让奇迹陨落的，不是错误，是一颗冰冷的、不肯原谅的、不肯爱的心。

11.16　子贡问："师与商也孰贤？"子曰："师也过，商也不及。"曰："然则师愈与？"子曰："过犹不及。"

【题解】

"过犹不及"体现了儒家思想的一个重要原则，就是"中庸之道"。

【译文】

子贡问道："颛孙师（子张）与卜商（子夏）谁超过谁？"孔子说："颛孙师有些过分，卜商有些赶不上。"子贡说："这么说颛孙师更强一些吗？"孔子说："过分与赶不上同样不好。"

11.17　季氏富于周公[①]，而求也为之聚敛而附益之[②]。子曰："非吾徒也，小子鸣鼓而攻之可也。"

【题解】

这里记述了孔子批评冉求的话，说明他即便是自己的得意门生，只要他有违礼的行为，也毫不姑息。

【注释】

①周公：泛指周天子左右的卿士。②聚敛：积聚和收集钱财，即搜刮。

【译文】

季氏比周公更富有，可是冉求还为他搜刮，再增加他的财富。孔子说："冉求不是我的

学生，你们大家可以大张旗鼓地去攻击他。"

11.18　柴也愚①，参也鲁②，师也辟③，由也喭④。

【题解】

孔子指出了四个得意门生在性格方面的特点，有的偏于志，有的偏于勇，但是都很让人喜欢。

【注释】

①柴：高柴，字子羔，孔子的学生。②鲁：迟钝。③辟：通"僻"，偏激。④喭：鲁莽，刚烈。

【译文】

高柴愚笨，曾参迟钝，颛孙师偏激，仲由鲁莽。

11.19　子曰："回也其庶乎①，屡空②。赐不受命，而货殖焉③，亿则屡中④。"

【题解】

此句表现了孔子安贫乐道的思想，对读书人经商致富有深刻的思考。

【注释】

①庶：庶几，差不多。②屡空：盛食物的器皿常常空虚，即贫困。③货殖：经营商业。④亿：通"臆"，猜测，料事。

【译文】

孔子说："颜回呀，他的道德修养已经差不多了，可是他常常很贫困。端木赐不听天由命，而去做生意，猜测市场行情往往很准。"

11.20　子张问善人之道。子曰："不践迹①，亦不入于室②。"

【题解】

孔子的学问和道德修养，是在继承优良传统的基础上取得的，他深信要跟着圣人的脚步走。

【注释】

①践迹：踩着前人的脚印走，即沿着老路走。②入于室：比喻学问和修养达到了精深地步。

【译文】

子张问成为善人的途径，孔子说："不踩着前人的脚印，做学问也到不了家。"

《论语》大讲堂

二三二

【论语的智慧】

"不践迹"，就是说做一件好事不必要看出来是善行；"亦不入于室"，就是说不要为了做好人好事而用"善"的观念把自己束缚起来。为善要不求人知，如果为善而好名，一心希望成为别人崇敬的榜样，这就不好了。

真正的善是默默无声的，把善意埋藏心底，行善无迹。

有这样一个值得我们沉思的故事。一个矿工下井刨煤时，一镐刨在哑炮上。哑炮响了，矿工当场被炸死。因为矿工是临时工，所以矿上只发放了一笔抚恤金，从此就不再过问矿工妻子和儿子以后的生活。

悲痛的妻子在丧夫之后，面对的是来自生活上的压力。她无一技之长，只好收拾行装准备回到那个闭塞的小山村去。

那时矿工所在队的队长找到了她，告诉她说矿工们都不爱吃矿上食堂的早饭，建议她在矿上支摊儿，卖点早点，一定可以维持生计。矿工妻子想了一想，便点头答应了。于是一辆平板车往矿上一支，馄饨摊儿就开张了。8毛钱一碗的馄饨热气腾腾，开张第一天就一下来了12个人，随着时间的推移，吃馄饨的人越来越多，最多时可达二三十人，而最少时从未少过12个人，而且风霜雨雪，从不间断。时间一长，许多矿工妻子都发现自己的丈夫养成了一个雷打不动的习惯：每天下井之前必须吃上一碗馄饨。妻子们百般猜疑，甚至采用跟踪、质问等种种方法来探求究竟，结果均一无所获。直到有一天，队长刨煤时被哑炮炸成重伤。

弥留之际，他对妻子说："我死之后，你一定要接替我每天去吃一碗馄饨。这是我们队12个兄弟的约定，自己的兄弟死了，他的老婆孩子，咱们不帮谁帮。"从此以后每天的早晨，在众多吃馄饨的人群中，又多了一位女人的身影。来去匆匆的人流不断，而时光变幻，唯一不变的是不多不少的12个人。

时光飞逝之间，当年矿工的儿子长大成人。而他饱经苦难的母亲两鬓斑白，却依然用真诚的微笑面对着每一个前来吃馄饨的人，那是发自内心的真诚与善良。

更重要的是，前来光临馄饨摊儿的人，尽管年轻的代替了年老的，女人代替了男人，但从未少过12个人。穿过十几年的岁月沧桑，依然闪亮的是12颗金灿灿的爱心。

行善不在于勉强为之，它是自然流露出来的。有时，行善因其不为人知而更加珍贵。

一年轻小伙吹着口哨，从一片草地走过。他看到道旁的木椅上坐着一个女孩。阳光明媚，青草如诗，而女孩的眼里却满是愁苦和忧郁。小伙随手采了一根狗尾草，微笑着送给女孩，而后吹着快乐的口哨，慢慢地走远。

一个雾蒙蒙的清晨，洒水车司机发现了一位衣衫褴褛的小男孩一直尾随其后，一条街，又一条街。司机终于忍不住好奇，停车询问。原来小男孩是个孤儿，今天是他生日，而洒水车放出的音乐，正是那首《祝你生日快乐》。司机得知原委，双眼潮湿，邀请小男孩坐在驾驶室。那个清晨，整个城市便弥漫着温馨的生日歌。

大戏剧家莎士比亚说过，慈悲不是出于勉强，它像甘露一样从天降下尘世，它不但给幸福于受施的人，也同样给幸福于给予的人。所以，行善是一种幸福。当和尚出门化缘的时候，总是一家一家地敲门，其实这也是在提醒人们，时刻不要忘了做善事。

11.21 子曰："论笃是与^①，君子者乎？色庄者乎？"

【题解】

孔子在这里告诫弟子们说话要笃实，而且要言行一致。

【注释】

①论笃是与：赞许言论笃实。这是"与论笃"的倒装说法。"与"是动词，表示赞许。"论笃"是前置宾语。"是"用于动宾倒装，无实际意义。

【译文】

孔子说："只是赞许说话稳重的人，但这种人是真正的君子呢？还是仅仅从容貌上装着庄重的呢？"

11.22 子路问："闻斯行诸？"子曰："有父兄在，如之何其闻斯行之？"

冉有问："闻斯行诸？"子曰："闻斯行之。"公西华曰："由也问'闻斯行诸'，子曰'有父兄在'；求也问'闻斯行诸'，子曰'闻斯行之'。赤也惑，敢问。"子曰："求也退^①，故进之；由也兼人^②，故退之。"

【题解】

这里的故事讲述了孔子的教育原则与方法，显示了孔子因材施教的仁爱和耐心。

【注释】

①求也退：冉有性懦弱，遇事退缩不前。②由也兼人：子路好勇过人。

【译文】

子路问："一听到就做吗？"孔子说："有父亲、兄长活着，怎么能听到就做呢？"

冉有问："一听到就做吗？"孔子说："一听到就做。"公西华说："仲由问'一听到就做吗'，您说'有父亲、兄长活着，怎么能一听到就做呢？'；冉求问'一听到就做吗'，您说'一听到就做'。我有些糊涂了，斗胆想问问老师。"孔子说："冉求平日做事退缩，所以我激励他；仲由好勇胜人，所以我要压压他。"

【论语的智慧】

我们常说教育孩子或晚辈要因材施教，这是孔子的意思。要真的做到因材施教非常难，因为我们不知不觉就会犯一个错误——以自己的喜好标准来要求所有的人，别人如果稍微达不到标准就会被我们臭骂一顿，这就从根本上犯了求全责备的错。比如，有的家长想让孩子将来做老板，可孩子并不适合当老板，但是他们还要拼命训练孩子的经商头脑，结果没有搞出什么成果来就怪罪孩子不开窍。其实，这样的孩子不一定是不开窍，也许他做个作家或者政治家都行，就是不能经商，就像美国总统林肯一样，他做生意就赔本，但是做律师就很出色。因此说因材施教很重要，这样有利于让每个人都能发挥出自己的才华。我们来看孔子是怎么教育他的弟子的。

子路问："老师，如果我听说一件事很可行，那么我想到了就去做吗？"孔子说："不行。你还有父兄在，要先照顾好你的家人再考虑怎么去做。"另外一个弟子冉有也问了老师同样的话，孔子的回答就不同了。他对冉有说："嗯，你觉得可以做的话就大胆去做。"这时，另外一个弟子公西华感到迷惑了，他说："老师，子路和冉有问了您同样的问题，您为什么有不同的回答？"孔子是这样解答公西华的迷惑的："冉有这个人本来就很谨慎，所以我告诉他想到了就去做吧。但是子路不同，子路的性格有点鲁莽，容易冲动，所以我要让他谨慎行事。"

这就是孔子了不起的地方，如果没有对学生性格的深入了解，就不可能有这样准确的判断。我们都知道孔子曾说过子路会"不得好死"的话，所以孔子在平时就很注意让子路不要太冲动，如果不是孔子的提醒，恐怕子路早就杀身成仁了。

其实每个人都有自己的特点和长处，如果一味强求自己迎合某种潮流趋势，那样只会毁了自己的前途。有一位犹太少年，他做梦都想成为帕格尼尼那样的小提琴演奏家，于是一有空闲就练琴，练得心醉神痴，却进步甚微，连父母都觉得这可怜的孩子拉得实在太蹩脚了，完全没有音乐天赋，但又怕讲出真话会伤害少年的自尊心。

于是父母带着少年去请教一位老琴师，老琴师说："孩子，你先拉一支曲子给我听听。"少年拉了帕格尼尼24首练习曲中的第三支，但是破绽百出。一曲终了，老琴师问少年："你为什么特别喜欢拉小提琴？"少年说："我想成为帕格尼尼那样伟大的小提琴演奏家。"老琴师又问道："你快乐吗？"少年回答："我非常快乐。"老琴师把少年带到自家的花园里，对他说："孩子，你非常快乐，这就已经足够了，又何必非要成为帕格尼尼那样伟大的小提琴演奏家不可呢？你看，世界上有两种花，一种花能结果，另一种花不能结果，不能结果的花更加美丽，比如玫瑰，又比如郁金香，它们在阳光下开放，没有任何明确的目的，纯粹只是为了快乐，这就够了。在我看来，快乐本身就是最有意义的。"老琴师的话意味深长、耐人寻味。少年听了老琴师的话，深受触动，他回家后又思索良久，完全明白过来，老琴师教给他的是一种人生哲学，快乐胜过黄金，世间成本最低、风险也最低的成功，却能给人真实的快乐。快乐源于心灵，拥有快乐就已足够，倘若舍此而别求，就很可能会陷入失望、怅惘和郁闷的沼泽。少年心头的那团狂热之火从此冷静下来，他仍然常拉小提琴，但不再受困于成为帕格尼尼的梦想。许多年后，这个名叫艾尔伯特·爱因斯坦的少年长大成人，他依然酷爱小提琴，还是拉得十分蹩脚，但他在别的领域却有很高的建树，最终成为世界上最伟大的物理学家之一。

不难想象，如果爱因斯坦还是坚持自己的梦想，如果他没有得到那位老人的指点，那么这个世界上将会少了一个伟大的科学家，而多了一个平庸的人。这也提醒我们，做父母的也好，做长辈的也好，为人师者也好，都要注意因材施教，切莫因为一己之私而误了他人的前程。

11.23　子畏于匡①**，颜渊后。子曰："吾以女为死矣。"曰："子在，回何敢死？"**

【题解】

这段对话反映了孔子与弟子们患难与共的师生情怀。

【注释】

①畏于匡：见《子罕》篇。

【译文】

孔子被囚禁在匡地，颜渊后来赶来。孔子说："我还以为你死了呢。"颜渊说："您还活着我怎么敢先死呢？"

【论语的智慧】

有一次，孔子周游列国时，路途中遇到了困难。孔子被村民误会其在欺负村中人，而遭兵丁围困。最后孔子终于逃出来了，但是得意高徒颜回却晚到了。孔子对他说："我以为你死了呢。"颜回却回答说："老师您还健在，我怎么敢死！"对此，林语堂先生解释说，如果评论或注解《论语》的人，不肯把这种文字看作是孔子的风趣或诙谐，那就陷入了困难，会弄得十分尴尬。而事实上，孔子和弟子往往彼此开玩笑，他们把幽默带进了学习和生活中。

其实，幽默是智慧的代名词，是生活的调味品，是交友的香槟酒。幽默，必定与合理的精神联系在一起。一个懂得幽默的人，他通常是一个精神上伟大、品质上高尚的人。这种人更容易获得他人的青睐和信任，古今中外的许多大人物都是如此。

在这方面，美国前总统里根可算是一个典型的代表。有一次，里根访问加拿大，在加拿大的国会发表演说。当他谈到美国全球战略计划时，他显得情绪高昂。这时有位议员高叫："那是梦想！"但里根只微微一怔，向那个议员座位的方向扫了一眼，便继续他的演讲，当他说到美国出兵某一国家的情况时，那个议员又大叫道："美国人，滚回去！"

由于大厅里很静，那个议员的叫声又十分响亮，在场的人都显得局促不安，尤其坐在台上的加拿大政府要员，一个个更感到无所适从，这时里根并没有停止演讲，而是用更加高昂的声音对加拿大总理说："总理先生，我建议你维修一下那个方位的高音设备，那里的回音太大。"

里根刚刚说完，台上台下立即爆发出热烈的掌声。

1981年3月30日，里根在华盛顿饭店门前遇到刺客的袭击。一颗子弹击中了里根的肋骨，穿过肺部，差一点射中心脏。但这并没有影响里根的情绪，在他进入手术室前，还安慰匆匆赶来的南茜说："亲爱的，真对不起，当暴徒向我开枪时，我竟忘记躲闪了。"

第二天，纽约的一家大报报道这个消息时，并没有用那些血淋淋的字眼，而是说："里根忘记躲闪了！"

里根是一位非常伟大的政治家，他之所以受到那么多人的敬佩和爱戴，幽默的性格着实功不可没。因为幽默，他才能更深入人心。

幽默的谈吐无论在日常生活中，还是在重大的社交场合，都是很重要的。它能使那种严肃、紧张的气氛顿时变得轻松、活泼，它能让人感受到说话人的温厚和善意，使其观点变得容易让人接受。

11.24　季子然问："仲由、冉求可谓大臣与？"子曰："吾以子为异之问，曾由与求之问。所谓大臣者，以道事君，不可则止。今由与求也，何谓具臣矣①。"曰："然则从之者与？"子曰："弑父与君，亦不从也。"

【题解】

这里孔子强调对待君臣关系是要以道和礼为准绳和行动原则的。

【注释】

①具臣：备位充数的臣属。《史记·仲尼弟子列传》集解引孔安国说："言备臣数而已。"朱熹注同。

【译文】

季子然问："仲由和冉求是否称得上大臣？"孔子说："我以为你要问别的事，哪知道竟是仲由和冉求呀。我们所说的大臣，应该能以合于仁道的方式去侍奉君主，如果行不通，便宁可不干。现在由求这两个人呀，只算得上臣罢了。"季子然又问："那么，他们肯听话吗？"孔子说："如果是杀父亲、杀君主，他们也是不会听从的。"

11.25　子路使子羔为费宰。子曰："贼夫人之子①。"子路曰："有民人焉，有社稷焉②，何必读书，然后为学？"子曰："是故恶夫佞者。"

【题解】

孔子主张"学而优则仕"，而怕在仕中学、学中仕，这样会误事误人。

【注释】

①贼：害。夫：那。子羔没有完成学业就去做官，孔子认为这是害了人家的儿子。②社稷：古代帝王、诸侯所祭的土神和谷神，现沿用为国家的代称。

【译文】

子路叫子羔去做费地的长官。孔子说："这是害人家的儿子。"子路说："有百姓，有土地五谷，何必读书才算学习？"孔子说："所以我讨

《孔子圣迹图》之《子羔仁恕》

厌那能说会道的人。"

11.26　子路、曾皙、冉有、公西华侍坐①，子曰："以吾一日长乎尔②，毋吾以也。居则曰'不吾知也'③，如或知尔，则何以哉？"

子路率尔而对曰④："千乘之国，摄乎大国之间⑤，加之以师旅，因之以饥馑⑥，由也为之，比及三年⑦，可使有勇，且知方也⑧。"夫子哂之⑨。

"求！尔何如？"对曰："方六七十，如五六十⑩，求也为之，比及三年，可使足民。如其礼乐，以俟君子。"

"赤！尔何如？"对曰："非曰能之，愿学焉。宗庙之事，如会同，端章甫⑪，愿为小相焉⑫。"

"点！尔何如？"鼓瑟希，铿尔，舍瑟而作⑬。对曰："异乎三子者之撰⑭。"子曰："何伤乎？亦各言其志也。"曰："莫春者⑮，春服既成。冠者五六人，童子六七人，浴乎沂⑯，风乎舞雩⑰，咏而归。"夫子喟然叹曰⑱："吾与点也⑲！"

三子者出，曾皙后。曾皙曰："夫三子者之言何如？"子曰："亦各言其志也已矣。"曰："夫子何哂由也？"曰："为国以礼，其言不让，是故哂之。""唯求则非邦也与⑳？""安见方六七十、如五六十而非邦也者？""唯赤则非邦也与？""宗庙会同，非诸侯而何？赤也为之小㉑，孰能为之大？"

【题解】

这一段师生对话非常有名也非常重要，一向引起人们极大的注意。对答之间，师生各自述其政治理想和志向，如坐春风，充溢着愉快、热烈的平等而亲切的民主气氛。

【注释】

①曾皙：名点，字子皙，曾参的父亲，也是孔子的学生。②以：认为。尔：你们。③居：平日。④率尔：轻率，急切。⑤摄：迫近。⑥因：仍，继。饥馑：饥荒。⑦比及：等到。⑧方：方向，指道义。⑨哂：讥讽的微笑。⑩如：或者。⑪端：玄端，古代礼服的名称。章甫：古代礼帽的名称。⑫相：宾相，祭祀和会盟时主持赞礼和司仪的官。相有卿、大夫、士三级，小相是最低的士这一级。⑬希：通"稀"，指弹瑟的速度放慢，节奏逐渐稀疏。作：站起来。⑭异乎：不同于。撰：具，述。莫春：夏历三月。⑮莫：通"暮"。

⑯沂：水名，发源于山东省南部，流经江苏省北部入海。⑰风：迎风纳凉。舞雩：地名，原是祭天求雨的地方，在今山东曲阜。⑱喟然：长叹的样子。⑲与：赞许，同意。⑳唯：语首词，没有什么意义。㉑之：相当于"其"。

【译文】

子路、曾皙、冉有、公西华四人陪同孔子坐着。孔子说："我比你们年龄都大，你们就不便在我面前尽情说出自己的志愿，不要这样认为。你们平时爱说没有人了解自己，如果有人了解你们，那你们怎么办呢？"

子路急忙答道："如果有一个千乘之国，夹在几个大国之间，外面有军队侵犯它，国内又连年灾荒，我去治理它，只要三年，就可以使那里人人有勇气、个个懂道义。"孔子听了，冲他笑了笑。

又问："冉求，你怎么样？"冉求回答说："方圆六七十里或五六十里的小国家，我去治理它，等到三年，可以使人民富足。至于礼乐方面，只有等待贤人君子来施行了。"

孔子又问："公西赤，你怎么样？"公西华回答说："不敢说我有能力，愿意在这方面学习：宗庙祭祀或者同外国盟会，我愿意穿着礼服，戴着礼帽，做一个小宾相。"

孔子接着问："曾点！你怎么样？"曾皙弹瑟的节奏逐渐稀疏，"铿"的一声放下瑟站起来，回答道："我和他们三位所说的不一样。"孔子说："那有什么妨碍呢？也不过是个人谈谈志愿罢了。"曾皙说："暮春三月的时候，春天的衣服都穿在身上了，我和五六位成年人，还有六七个儿童一起，在沂水岸边洗洗澡，在舞雩台上吹风纳凉，唱着歌儿走回来。"孔子长叹一声说："我赞赏你的主张。"

子路、冉有、公西华三个人都出来了，曾皙后走。他问孔子："他们三位同学的话怎么样？"孔子说："也不过个人谈谈自己的志愿罢了。"曾皙说："您为什么冲仲由微笑呢？"孔子说："治理国家应该注意礼仪，他的话一点也不谦逊，所以笑他。"曾皙又问："难道冉求所讲的不是有关治理国家的事吗？"孔子说："怎么见得方圆六七十里或五六十里就算不上一个国家呢？"曾皙再问："公西赤讲的就不是国家吗？"孔子说："有宗庙、有国家之间的盟会，不是国家是什么？公西华只能做小宾相，谁能做大宾相呢？"

颜渊篇第十二

12.1　　颜渊问仁。子曰："克己复礼为仁①。一日克己复礼，天下归仁焉。为仁由己，而由人乎哉？"

颜渊曰："请问其目。"子曰："非礼勿视，非礼勿听，非礼勿言，非礼勿动。"

颜渊曰："回虽不敏，请事斯语矣。"

【题解】

这段话是孔子的著名言论。"克己复礼"是《论语》的核心内容，孔子阐释了"仁"

与"礼"的关系。仁是内在的核心，礼是外在的表现形式。

【注释】

①克己复礼：克制自己，使自己的行为归到礼的方面去，即合于礼。复礼：归于礼。

【译文】

《孔子圣迹图》之《克复传颜》

颜渊问什么是仁。孔子说："抑制自己，使言语和行动都归到礼上来，就是仁。一旦做到了这些，天下的人都会称许你有仁德。实行仁德是由自己，难道是靠别人？"

颜渊说："请问实行仁德的具体途径。"孔子说："不合礼的事不看，不合礼的事不听，不合礼的事不言，不合礼的事不做。"

颜渊说："我虽然不聪敏，请让我照这些话去做。"

12.2　仲弓问仁，子曰："出门如见大宾，使民如承大祭。己所不欲，勿施于人。在邦无怨①，在家无怨②。"

仲弓曰："雍虽不敏，请事斯语矣。"

【题解】

孔子阐述了为政者如何实践仁的思想，说出了做人的最高境界："己所不欲，勿施于人。"

【注释】

①邦：诸侯统治的国家。②家：卿大夫的封地。

【译文】

仲弓问什么是仁。孔子说："出门好像去见贵宾，役使民众好像去承担重大祭典。自己所不想要的事物，就不要强加给别人。在邦国做事没有抱怨，在卿大夫之家做事也不抱怨。"

仲弓说："我虽然不聪敏，请让我照这些话去做。"

【论语的智慧】

仲弓问什么是仁。孔子说："出门好像去见贵宾，役使民众好像去承担重大祭典。自己所不想要的事物，就不要强加给别人。在邦国做事没有抱怨，在卿大夫之家做事也不抱怨。"

仲弓说："我虽然不聪敏，请让我照这些话去做。"这当然是仲弓的谦虚之辞。事实上仲弓在孔子的弟子中是一个非常有修养的人，孔子曾说他"可以使南面"。

看过鲁迅《阿Q正传》的人都知道，阿Q有一头癞疮，他平时最忌恨别人这么说他。老百姓说"打人莫打脸，骂人不揭短"，因为谁都会有不完美的地方。你如果刻薄地非揪住他人的短处不放，那结果肯定是不欢而散。

孔子说："己所不欲，勿施于人。"你自己不愿意被人戳到痛处，就不要在和他人交往的时候毫不顾忌，更不能将这种不尊重视为一种心直口快，千万不可像朱元璋的穷哥们儿那样乱说话，否则会造成极其严重的后果。

明太祖朱元璋出身贫寒，做了皇帝后自然少不了有昔日的穷哥们儿到京城找他。这些人满以为朱元璋会念在昔日共患难的情分上，给他们封个一官半职，谁知朱元璋最忌讳别人揭他的老底，认为那样会有损自己的威信，因此对来访者大都拒而不见。

有位和朱元璋一起长大的好友，千里迢迢地从老家赶到南京，几经周折总算进了皇宫。一见面，这位老兄便当着文武百官大叫大嚷起来："哎呀，朱老四，你当了皇帝可真威风呀！还认得我吗？当年咱俩可是一块儿光着屁股玩耍，你干了坏事总是让我替你挨打。记得有一次咱俩一块儿偷豆子吃，背着大人用破瓦罐煮，豆还没煮熟你就先抢起来，结果把瓦罐都打烂了，豆子撒了一地。你吃得太急，豆子卡在嗓子眼儿，还是我帮你弄出来的。怎么，不记得啦？"

这位老兄还在那唠叨个没完，宝座上的朱元璋再也坐不住了，心想："此人太不知趣，居然当着文武百官的面揭我的短处，让我这个皇帝的脸往哪儿搁？"

盛怒之下，朱元璋下令把这个穷哥们儿杀了，这就是戳人痛处的下场。

在为人处世中，场面话谁都能说，但并不是谁都会说，一不小心，也许你就踏进了言语的"雷区"，触到了对方的隐私和痛处，犯了对方的忌，对听话者造成一定的伤害。其实，每个人都有所长，亦有所短，待人处世的成功，一个很重要的因素就是善于发现对方身上的优点，夸奖对方的长处，而不要抓住别人的隐私、痛处和缺点，大做文章。切记：揭人之短，伤人自尊！

揭短，有时是故意的，那是互相敌视的双方用来作为攻击对方的武器；揭短，有时又是无意的，那是因为某种原因一不小心犯了对方的忌讳。有心也好，无意也罢，在待人处世中揭人之短都会伤害对方的自尊，轻则影响双方的感情，重则反目成仇。

应注意"揭短"和"批评"是两回事，前者针对他人的缺陷，攻击他人的软肋，非君子所为；后者则就事论事，较为客观。

掌握了这一项原则，比掌握许多别的技巧更有效，也更加体现出尊重他人，尊重自己。

为人处世时最好时刻铭记"己所不欲，勿施于人"的教诲，若如此，便能做到"言寡尤，行寡悔"。

12.3 司马牛问仁。子曰："仁者，其言也讱①。"

曰："其言也讱，斯谓之仁已乎？"

子曰："为之难，言之得无讱乎？"

【题解】

孔子因材施教，因为司马牛多言而躁，所以孔子告诉他说话要谨慎，强调言行一致的重要性。

【注释】

①讱：说话谨慎，不容易出口。

【译文】

司马牛问什么是仁，孔子说："仁人，他的言语谨慎。"

司马牛说："言语谨慎，这就可以称作仁了吗？"

孔子说："做起来难，说话能不谨慎吗？"

12.4 司马牛问君子，子曰："君子不忧不惧。"曰："不忧不惧，斯谓之君子已乎？"子曰："内省不疚①，夫何忧何惧？"

【题解】

孔子对弟子们的教育都带有很强的针对性。因为司马牛正直善言而性情急躁，所以在这里，孔子耐心地引导他加强修养，使自己心胸开朗、坦然无畏。

【注释】

①疚：内心痛苦，惭愧。

【译文】

司马牛问怎样才是君子。孔子说："君子不忧愁，不恐惧。"司马牛说："不忧愁，不恐惧，这就叫君子了吗？"孔子说："内心反省而不内疚，那还有什么忧虑和恐惧的呢？"

【论语的智慧】

司马牛问孔子怎样才够得上一个君子。孔子道："不忧不惧。"从孔子的话中可以看出人常驻留在忧烦中，没有一样不担心的。一切都在忧中，一切也都在恐惧中。透过"不忧不惧"这四个字的反面，就了解了人生，始终在忧愁恐惧中度过，能修养到"无忧无惧"，那真是了不起的修养，这也是"克己复礼"的功夫之一。司马牛一听，觉得这个道理太简单了。你看那些亡命之徒从来就没有什么好害怕的，他们没有钱的时候去偷和抢，反正活着也是活着，怎么活还不都是一样要死？孔子一听，知道他的学生又理解错了，赶紧忙着解释。由此看来这个司马牛的悟性确实不怎样高，如果是颜回和子贡那样的弟子，肯定一下子就领悟到老师的真意了。孔子说，一个人能做到内省不疚，就没有什么好忧惧的！

仔细想想还真是这个道理，就像老百姓说的"不做亏心事，不怕鬼敲门"。你一个人深更半夜的时候，扪心自问有没有做过什么对不起别人的事，有没有昧着良心说瞎话，干没干过损人利己的损事，如此等等，一圈问了下来，如果没有做过任何亏心事，那么又有什么可忧惧的呢？

做人是一辈子的事情，关乎我们每个人的事业。这个事业经营得怎么样，就看我们平时表现得如何。所以一句话看起来简单异常，但是等到我们真正去实行的时候，又会发现它原来不是自己所认为的那样容易。就好比君子的"内省不疚"，又有几个人能在暗自反省的时候没有觉得有一丝一毫的愧疚呢？这样的人是没有的，只是我们还是要秉持这样的信念，因为我们的内心需要平和与宁静，为了这一份最简单的心安，我们还是要学会常常"内省"，不要做让自己忧惧的亏心事，这是做人最起码的准则。

12.5 司马牛忧曰："人皆有兄弟，我独亡。"子夏曰："商闻之矣："死生有命，富贵在天。'君子敬而无失，与人恭而有礼，四海之内，皆兄弟也。君子何患乎无兄弟也？"

【题解】

这是《论语》中的一段名言，其中"死生有命，富贵在天""四海之内皆兄弟"等成语长期为后世所使用。

【译文】

司马牛忧愁地说："别人都有兄弟，唯独我没有。"子夏说："我听说过：'死生有命运决定，富贵在于上天的安排。'君子认真谨慎地做事，不出差错，对人恭敬而有礼貌，四海之内的人就都是兄弟，君子何必担忧没有兄弟呢？"

【论语的智慧】

一个人之所以会感到寂寞，多半是因为内心苦闷，感到没有人了解自己，甚至没有一个能倾诉的对象，总觉得别人都不能了解自己的内心。其实，每个人生活在世上必定会有一位真正了解自己的人，我们不用担心没有知己，他终究会出现的，不在此时就在彼时，不在此地就在彼地，就如伯牙与子期一样。

春秋时期，俞伯牙擅长弹奏琴弦，钟子期擅长听音辨意。有一次，伯牙外出游览时，突然遇到了暴雨，只好滞留在岩石之下，心里寂寞忧伤，便拿出随身携带的古琴弹了起来。刚开始，他弹奏了反映连绵大雨的琴曲；接着，他又演奏了表现山崩时的乐音。恰在此时，在临近的一丛野菊后的樵夫钟子期忍不住叫道："好曲！真是好曲！"

俞伯牙听到赞语，赶紧起身和钟子期打过招呼，便又继续弹了起来。伯牙凝神于高山，赋意在曲调之中，钟子期在一旁听后频频点头："好啊，巍巍峨峨，真像是一座高峻无比的山啊！"

伯牙又沉思于流水，隐情在旋律之外，钟子期听后，又在一旁击掌称赞："妙啊，浩浩荡荡，就如同江河奔流一样呀！"

伯牙每奏一支琴曲，钟子期就能完全听出它的意旨和情趣，这使得伯牙惊喜异常。他放下了琴，叹息着说："好啊！好啊！您的听音、辨向、明义的功夫实在是太高明了，您所说的跟我心里想的真是完全一样，我的琴声怎能逃过您的耳朵呢？"

二人于是结为知音，并约好第二年再相会论琴。可是第二年伯牙来见钟子期时，得知钟子期不久前已经因病去世。俞伯牙痛惜伤感，其痛苦难以用语言表达，于是就摔坏了自己从不离身的古琴，发誓从此不再抚弦弹奏，以谢平生难得的知音。

"子期不在对谁弹？"这是对知音的叩

旷世知音雕塑

问，我们能感受到其中无限哀伤的情愫。

12.6 子张问明。子曰："浸润之谮^①，肤受之愬^②，不行焉，可谓明也已矣。浸润之谮，肤受之，不行焉，可谓远也已矣。"

【题解】

孔子在这里论述的是明智的问题，它对处于领导地位的执政者而言，更为至关重要。

【注释】

①浸润之谮：像水浸润物品一样逐渐传播的谗言。谮，诬陷。②肤受之愬：像皮肤感受到疼痛一样的诬告，即诽谤。愬，通"诉"。

【译文】

子张问什么是遇事而明。孔子说："逐渐渗透的谗言，切身感受的诽谤，在你这儿都行不通，就可以称得上遇事而明了。逐渐渗透的谗言，切身感觉的诽谤，在你这里都行不通，可以说是有远见了。"

【论语的智慧】

"浸润"就是"渗透"手段。"谮"是讲人家的坏话。"肤受"就是皮肤表面上的一点点伤害。"愬"是心理上的埋怨、攻击。"远"，就是远离过失。

我们结合自己的人生经验来看，就会发现有的人攻击、排挤他人的手段相当高明。他们表面上是在说一件毫不相关的事情，可是其实让人听了以后就要产生无数联想。被打击的人当时也没有觉得有什么，用形象的话来讲就像是被蚊子叮了一口，但是他的形象在众人眼里早已经不是原来的样子了。比如有的人想排挤掉一个竞争对手，假定叫王二吧，他会在其他同事面前说："某某领导很器重王二哦，王二的能力很强，我真的很佩服他。"从表面上来看这是夸赞王二，但是那些同事听了以后心里就不会这样想，因为人类的心理很复杂，忌妒心是很多人都有的。像上面的这个人就是利用了其他人的忌妒心，无形中散布了"王二威胁论"，这样也就等于孤立了王二。目的就是要孤立对方，让对方没有发展的机会。这就是孔子所说的"肤受之愬"。

从另外一个角度来讲，我们一定要"兼听则明"，不要轻易听了别人的一面之词。当然不论什么样的人，都要注意不能随意相信他人的"坏话"，这样就做到了孔子口中的"明"，所谓众人皆醉我独醒。唐太宗与魏徵的一段话深刻说明了这个道理。

唐太宗问宰相魏徵："我作为一国之君，怎样才能明辨是非，不受蒙蔽呢？"魏徵回答说："作为国君，只听一面之词就会糊里糊涂，常常会做出错误的判断。只有广泛听取意见，采纳正确的主张，您才能不受欺骗，下边的情况您也就了解得一清二楚了。"从此，唐太宗很注意听取下面的谏言，鼓励大臣直言进谏。魏徵去世后，唐太宗悲痛地说："用铜做镜子，可以看出衣帽穿着是否整齐；用历史做镜子，可以明白各个朝代为什么兴起和没落；用人做镜子，可以清楚自己与别人的差距和得失。今天魏徵不在了，我真是失掉了一面好镜子啊！"

一个人能做到广泛听取众人的意见，就能明白事情的真相，做出正确的判断；只听信一方面的意见就会不了解真相，得出错误的结论。因此，我们办事要广泛听取意见，不要听信片面之言，这样才能把事情办好。

12.7 子贡问政。子曰："足食，足兵①，民信之矣。"子贡曰："必不得已而去，于斯三者何先？"曰："去兵。"子贡曰："必不得已而去，于斯二者何先？"曰："去食。自古皆有死，民无信不立。"

【题解】

孔子阐述了自己以仁德治国的见解。他认为管理一个国家，首先是人民的吃饭，然后是保卫国家，但更重要的是取得人们的信任，这样才能使全国百姓同心协力。

【注释】

①兵：武器，指军备。

【译文】

子贡问怎样治理政事。孔子说："粮食充足，军备充足，民众信任政府。"子贡说："如果迫不得已要去掉一些，三项中先去掉哪一项呢？"孔子说："去掉军备。"子贡说："如果迫不得已，要在剩下的两项中去掉一项，先去掉哪一项呢？"孔子说："去掉粮食。自古以来，人都是要死的，如果没有民众的信任，那么国家就站立不住了。"

12.8 棘子成曰①："君子质而已矣②，何以文为③？"子贡曰："惜乎，夫子之说君子也④！驷不及舌⑤。文犹质也，质犹文也。虎豹之鞟犹犬羊之鞟⑥。"

【题解】

关于文与质的关系问题，子贡认为应"文、质兼备"，表里一致，这一思想源于孔子。

【注释】

①棘子成：卫国大夫。古代大夫尊称夫子，故子贡以此称之。②质：质地，指思想品德。③文：文采，指礼节仪式。④说：谈论。⑤驷不及舌：话一出口，四匹马也追不回来，即"一言既出，驷马难追"。⑥鞟：去毛的兽皮。

【译文】

棘子成说："君子有个好的本质就行啦，要文采做什么呢？"子贡说："可惜呀！夫子你这样来谈论君子。一言既出，驷马难追。文采如同本质，本质也如同文采，二者是同等重要的。假如去掉虎豹和犬羊的有文采的皮毛，那这两样皮革就没有多大的区别了。"

12.9　哀公问于有若曰："年饥，用不足，如之何？"有若对曰："盍彻乎①？"曰："二，吾犹不足，如之何其彻也？"对曰："百姓足，君孰与不足②？百姓不足，君孰与足？"

【题解】

这里记述的是哀公和有若的对话。有若是孔子的得意弟子，很善于领会、发挥孔子的思想。这段话明确地把百姓放在与君王同等重要的位置上，体现了孔子"仁政"的理想。

【注释】

①盍彻乎：盍，何不。彻，西周奴隶主国家的一种田税制度。旧注曰："什一而税谓之彻。"②孰与：与谁，同谁。

【译文】

鲁哀公问有若说："年成歉收，国家备用不足，怎么办呢？"有若回答说："何不实行十分抽一的税率呢？"哀公说："十分抽二，我尚且不够，怎么能去实行十分抽一呢？"有若回答说："如果百姓用度足，国君怎么会用度不足呢？如果百姓用度不足，国君用度怎么会足呢？"

12.10　子张问崇德、辨惑。子曰："主忠信，徙义，崇德也。爱之欲其生，恶之欲其死；既欲其生，又欲其死，是惑也。'诚不以富，亦只以异①'。"

【题解】

这里孔子谈的主要是个人的道德修养应该以忠信为基础的问题。

【注释】

①诚不以富，亦祇以异：见《诗·小雅·我行其野》。这两句诗引在这里，颇觉费解。有人认为是错简。今按朱熹《四书集注》中解释译出。

【译文】

子张向孔子请教怎样去提高品德修养，分辨迷惑。孔子说："以忠厚诚实为主，行为总是遵循道义，这就可以提高品德。对于同一个人，爱的时候希望他长期活下去，厌恶的时候又希望他死去。既要他长寿，又要他短命，这就是迷惑。'这样对自己实在是没有益处，也只能使人感到奇怪罢了'。"

【论语的智慧】

普通人最爱犯的一个错误就是"爱之欲其生，恶之欲其死"。比如一对情侣的相处就可以用孔子的这一番话来印证。两个人好的时候看对方什么都顺眼，就是打骂对方也觉得那是爱，正是打是疼骂是爱，这就是"爱之欲其生"的表现。当两个人由浓情蜜意变成怒目相视时，一对佳偶变作了怨侣，彼此开始谩骂对方，把以往的恩爱岁月早已忘得一干二净，恨不得希望对方出门就要被车给撞死，这就是"恶之欲其死"的表现。

普通人有这个毛病还好，万一是一个领导者还有这样的褊狭，就会引发一场内部人事上的"地震"。汉文帝是历史上一个了不起的皇帝，他也有偏爱。他有一个很宠信的臣子叫邓通。当时有一个叫许负的女人很会看相，她为邓通看相，说邓通将来要饿死。这句话传到了汉文帝的耳朵里很是心痛，于是下旨把四川的铜山赐给邓通，并准许邓通自己铸钱。但邓通最后还是饿死的。这就是汉文帝对邓通"爱之欲其生"。孔子说："既欲其生，又欲其死，是惑也。"这是两个绝对矛盾的心理，人们经常会有这样的心理，这是我们人类的通病。

"爱之欲其生，恶之欲其死"是人类最大的缺点，也是最大的愚蠢。历史上最著名的曾国藩和左宗棠的一生交往可谓真正印证了这两句话的深刻含意。曾国藩和左宗棠两个人是湖南同乡，据说还是姻亲，不仅如此，左宗棠四十多岁时，还是别人手下的一个幕僚，最后经过曾国藩大力推荐，才被朝廷重用，可见两人关系非常密切。到了后来，他们都到了皇上身边，成了权倾朝野的重臣，却反目为仇，变得水火难容。有一次，两人又在一起争论，互不相让，曾国藩为缓和气氛，就说，咱们对对子吧，并出了上联："季子自鸣高，与吾意见常相左。"意思是说："老弟你不要总是自命不凡，老跟我对着干。"更妙的是联中巧妙嵌进"左季高"三个字，季高正是左宗棠的字。左宗棠一听火冒三丈，不假思索地对出了下联："藩臣身许国，问君经济有何曾？"意思是："我看你不过口头救国，真要论起经世济民之术，你是什么也不懂。"同样下联也嵌进了"曾国藩"三个字。曾国藩听了，也是干瞪眼没办法。

那么他们究竟是为什么从"爱之欲其生"到"恶之欲其死"的呢？这里还有一个民间传说。曾国藩因镇压太平天国有功，得到同治皇帝和慈禧太后的宠信，特别是同治，赏赐给他许多奇珍异宝，其中有一个牛眼大小的夜明珠，价值连城，曾国藩非常喜爱，爱不释手。于是他找了个金匠，把这个夜明珠用金线穿起来，挂在自己的脖子上，晚上睡觉也舍不得摘下来。

有天上朝，曾国藩起得晚了些，一睁开眼就急急忙忙赶往朝房。到了朝房，才发现衣服上有几个扣子没有扣好，眼看皇上和太后就要出来了，曾国藩手忙脚乱，越是着急，越扣不上，好友左宗棠和旁边站着的一个小太监赶紧上来帮忙，这才给曾国藩救了急。可下朝一看，曾国藩傻了眼，自己脖子上的夜明珠不见了！

曾国藩左思右想，最后怀疑到了左宗棠的身上。他认为左宗棠生性孤傲，同样是屡立战功，同治皇上把这么贵重的礼物赐给自己，左宗棠虽然嘴上不说，心里难免妒忌。肯定是早上给自己整理衣服的时候，趁机顺手牵羊了！可这仅仅是怀疑，又没有真凭实据，不好直接开口讨要，于是曾国藩拿起毛笔，画了一幅画，画上有一个人，仪表堂堂，衣冠楚楚，就是有一只眼睛里空空的，没有眼珠。画完后，马上派家丁把这幅画送到了左宗棠的府上。曾国藩给左宗棠送这幅画的意思是想说，我知道是谁拿了我的夜明珠，你赶快给我还回来吧！

曾国藩在家里等来等去，一会儿，送画的家丁两手空空地回来了。曾国藩问："他说什么了没有？"家丁回禀："左大人看了老爷的画，脸色大变，显得很生气的样子。奴才在那儿跪了半天，左大人一句话也没有讲。"曾国藩一听，好你个左宗棠！干了这种事，却好像没事人一样，既没有回话，也没有送还夜明珠的意思。更让曾国藩生气的是，从此之后，左宗棠见了他的面，也不像以前那样主动上前打招呼了，反而一有机会就对他冷嘲热讽。曾国藩满肚子不高兴：你拿走我的夜明珠就算了，怎么还这么对待我呢？慢慢地在左宗棠的面前，也就端起"老前辈"的架子，一来二去，两个人的关系就疏远了许多。

这事过去了几个月，有一天下了早朝，曾国藩正准备上轿，突然觉得靴子里有个什么东西硌脚，脱下靴子一看，原来正是他日思夜想的那颗夜明珠！看到失而复得的宝贝，曾国藩自然非常高兴，当他拿到手里把玩时，发现上面刻了一个"右"字。曾国藩望着这个字，百思不得其解，正在这时，左宗棠的轿子从他面前走过，曾国藩这才恍然大悟！

原来古人以"左"为上，"右"为下。曾国藩拿着夜明珠，越想越生气：你左宗棠偷拿了宝珠，在上面刻上"右"字，再把它还回来，这不明明是说，你左宗棠比我曾国藩的学问高、本事大吗？

其实这事是曾国藩冤枉好人了。左宗棠根本就没有偷窃他的夜明珠，所以左宗棠在收到曾国藩的画时，也误解了曾国藩的意思，他以为曾国藩这幅画是讥讽自己有眼无珠。左宗棠是何许人也！他一向自视清高，目中无人，收到这样的一幅画，心里也是憋了一肚子的气，对曾国藩自然不像从前那么好了，言语之间也就多了一些讥讽。不过这时两个人心里虽说有了些别扭，但不管是在大场面上，还是在内心，他们都能相互敬重。

自打曾国藩拿到刻有"右"字的夜明珠，就感觉受到了莫大的羞辱。从此，两人开始交恶，你说东，我就偏说西；你说朝前走，我就偏向后退。有好几次，两个人差点在皇帝面前动起手来，同治皇帝为了让他俩和好，还出面协调了好几次，却没有收到一点效果。

那么究竟是谁偷了夜明珠呢？其实就是那个和左宗棠一起给曾国藩整过衣服的小太监。这太监在入宫前，就是街面上的小混混，看到曾国藩脖子上的夜明珠，便起了歹意，趁曾国藩不留意，盗走了宝贝。小太监私下经常拿出来向别的太监炫耀。没想到，这偷盗夜明珠的事，很快就让慈禧太后知道了，奇怪的是，慈禧太后不但没有处罚小太监，而且还奖赏了他！

原来慈禧太后虽然表面上非常倚重曾国藩和左宗棠，但这个狡猾的女人也在时刻提防着他们。一来因为这两人都是汉人；二来他们军权在握。更让她放心不下的是，两人关系密切，要是联起手来，这后果不堪设想。慈禧拿着这颗夜明珠，心生一计，让人在上面刻了字，又叫那个小太监把夜明珠神不知鬼不觉地还给了曾国藩。慈禧太后怕事情败露，很快找了个借口，秘密地处死了小太监。等她看到曾、左二人矛盾升级，见面就掐，尤其是蒙在鼓里的同治皇帝还在调停两人的关系时，慈禧太后在后宫得意地笑了。

据说，聪明过人的左宗棠后来还是隐隐约约地觉察到了慈禧太后的用意。当曾国藩去世时，很多人都认为左宗棠根本不会来祭拜，左宗棠却送来了他的挽联，上面写道：

知人之明，谋国之忠，自愧不如元辅；

同心若金，攻错若石，相欺无负平生。

左宗棠这副对联对曾国藩给予了极高评价。可惜的是，本来可以和睦相处的两个能臣最后却也不免落入俗套——"爱之欲其生，恶之欲其死"。如果他们能及早内省自己，也许就避免了一场硝烟四起却没有赢家的战争。

12.11 齐景公问政于孔子。孔子对曰："君君，臣臣，父父，子子。"

公曰："善哉！信如君不君，臣不臣，父不父，子不子，虽有粟，吾得而食诸？"

【题解】

此段说明了孔子理想中的社会礼法制度、摆正人与人之间的名分关系，这对维护社会秩序来说是很重要的。

【译文】

齐景公向孔子询问政治。孔子回答说："国君要像国君，臣子要像臣子，父亲要像父亲，儿子要像儿子。"景公说："好啊！如果真的国君不像国君，臣子不像臣子，父亲不像父亲，儿子不像儿子，即使有粮食，我能够吃得着吗？"

12.12 子曰："片言可以折狱者^①，其由也与？"子路无宿诺^②。

【题解】

仲由凭"片言"就可以"折狱"，不但说明他在审理刑狱方面卓有才干，更重要的是说明他信誉卓著。

【注释】

①折狱：狱，案件，即断案。②宿诺：宿，久。拖了很久而没有兑现的诺言。

【译文】

孔子说："根据单方面的供词就可以判决诉讼案件的，大概只有仲由吧？"子路没有说话不算数的时候。

12.13 子曰："听讼，吾犹人也。必也使无讼乎！"

【题解】

此句表明了孔子一贯主张的德治、礼治的政治思想。

【译文】

孔子说："审理诉讼案件，我同别人一样。重要的是必须使诉讼的案件根本不发生！"

【论语的智慧】

孔子说："审理诉讼案件，我同别人一样。重要的是必须使诉讼的案件根本不发生！"

孔子这里的感慨是希望通过教化，提升人们的修养，减少案件的发生。这无疑是以天下人为念的崇高博大的情怀。

过去，在药铺里经常会看到这样一副对联："但求世上人无病，何妨架上药生尘。"这句话饱含的悲天悯人、宽厚无私的情怀是很让人感动的。自己虽然是良医，却祈求他人不生病，这是何等高尚的境界啊！

过去山东潍县（今潍坊）是个多灾多难的地方，经常发生水灾、旱灾。"扬州八怪"之一的郑燮（即郑板桥）在当地任县令七年，就有五年发生灾情。在他刚到任那一年，潍县发生水灾，十室九空，饿殍满地，其景象惨不忍睹。郑板桥据实上报，请求朝廷开仓赈灾，可朝廷迟迟不准。在危急时刻，郑板桥毅然开仓放粮，他说："不能等了，救命要紧。朝廷若有怪罪，就惩办我一个人好了。"这样灾民很快得救了。

郑板桥心中总想着人民。他深知"民为邦本，本固邦宁"的古训，做任何事，他首先想到的是人民。他招民工修整水淹后的道路城池，采取以工代赈的办法救济灾区壮男；同时责令大户在城乡施粥救济老弱饥民，不准商人囤积居奇；他自己带头捐出官俸，并刻下"恨不得填满了普天饥债"的图章。他开仓借粮时有秋后还粮的借条，到秋粮收获时，灾民歉收，他当众将借条烧掉，劝人们放心，努力生产，来年交足田赋。由于他的这些举措，使无数灾民解决倒悬之危。

为了老百姓，他得罪了一些富户，特别在整顿盐务时，更是触动了富商大贾的私利。潍县濒临莱州湾，盛产海盐，长期以来，官商勾结，欺行霸市，哄抬盐价，贱买贵卖，缺斤少两，以次充好。郑板桥针对这些弊端，严令禁止。因此，一些富人对他造谣毁谤，匿名上告。1752年，潍县又发大灾，郑板桥申报朝廷赈灾，上司怒其多次冒犯，又加上听信谗言，于是不但不准，反给他记大过处分，钦命罢官，削职为民。

离开潍县时，百姓倾城相送。郑板桥为官十多年，并无私藏，只是雇了三头毛驴，一头自骑，两头分托图书行李，由一个差丁引路，凄凉地向老家走去。临别他为当地人民画竹题诗："乌纱掷去不为官，囊橐萧萧两袖寒。写取一枝清瘦竹，秋风江上作鱼竿。"

郑板桥为官，不以自己的才情作为晋升的手段，也不以此卖弄，而是用在为民谋福上。这种宽厚无私的精神才是人格的最高境界。

传说著名高僧一灯大师藏有一盏"人生之灯"，这盏灯在当时非常有名，有很多人一直想得到这件宝物。这可不是一盏普通的灯。这盏灯，灯芯镶有一颗500年之久的硕大夜明珠，这颗夜明珠晶莹剔透，光彩照人。

据说，得此灯者，经珠光普照，便可超凡脱俗、超越自我、品性高洁，得世人尊重。有三个弟子跪拜求教怎样才能得到这个稀世珍宝。

一灯大师听后哈哈大笑，他对三个弟子讲："世人无数，可分三品：时常损人利己者，心灵落满灰尘，眼中多有丑恶，此乃人中下品；偶尔损人利己，心灵稍有微尘，恰似白璧微瑕，不掩其辉，此乃人中中品；终生不损人利己者，心如明镜，纯净洁白，为世人所敬，此乃人中上品。人心本是水晶之体，容不得半点尘埃。所谓'人生之灯'就是一颗干净的心灵。"

人世间最宝贵的不是珍宝，而是一颗宽厚无私、品行高尚的心灵，那是纵有千金也不能买到的稀世珍品。

12.14　子张问政。子曰："居之无倦，行之以忠。"

【题解】

同上段一样，谈论的也是从政为官要忠诚和勤谨的问题。

【译文】

子张问怎样治理政事，孔子说："居于官位不懈怠，执行君主令要忠实。"

【论语的智慧】

子张向孔子询问为政之事，孔子告诉他，做事毫不懈怠，尽心尽力，即是为政之道。为政如此，做事亦然，若想兑现一笔人生的财富，全在于尽心尽力地实干，无怨无悔地奋斗。

尽心尽力并非简单的"尽力而为"，而是用尽全身心投入的"全力以赴"。

美国西雅图的一所著名教堂里，一位德高望重的牧师——戴尔·泰勒向教会学校一个班的学生们先讲了下面这个故事。一年冬天，猎人带着猎狗去打猎。猎人一枪击中了一只兔子的后腿，受伤的兔子拼命地逃生，猎狗在其后紧追不舍。可是追了一阵子，兔子跑得越来越远了。猎狗知道自己实在是追不上了，只好悻悻地回到猎人身边。猎人气急败坏地说："你真没用，连一只受伤的兔子都追不到！"猎狗听了很不服气地辩解道："我已经尽力而为了呀！"

兔子带着枪伤成功地逃生回家了，兄弟们都围过来惊讶地问它："那只猎狗很凶呀，你又负了伤，是怎么甩掉它的呢？"兔子说："它是尽力而为，我是竭尽全力呀！它没追上我，最多挨一顿骂，而我若不竭尽全力地跑，可就没命了呀！"泰勒牧师讲完故事之后，又向全班同学郑重其事地承诺：谁要是能背出《圣经·马太福音》中第五到第七章的全部内容，他就邀请谁去西雅图的"太空针"高塔餐厅参加免费聚餐会。

《圣经·马太福音》中第五章到第七章的全部内容有几万字，而且不押韵，要背诵其全文无疑有相当大的难度。尽管参加免费聚餐会是许多学生梦寐以求的事情，但是几乎所有的人都浅尝辄止，望而却步了。几天后，一个11岁的男孩，胸有成竹地站在泰勒牧师的面前，从头到尾地按要求背诵下来，竟然一字不漏，没出一点差错，而且到了最后，简直成了声情并茂的朗诵。泰勒牧师比别人更清楚，就是在成年的信徒中，能背诵这些篇幅的人也是罕见的，何况是一个孩子。泰勒牧师在赞叹男孩那惊人记忆力的同时，不禁好奇地问："你为什么能背下这么长的文字呢？"这个男孩不假思索地回答道："全力以赴。"16年后，这个男孩成了世界著名软件公司的老板，他就是比尔·盖茨。

你改变不了环境，但你可以改变自己；你改变不了事实，但你可以改变态度；你改变不了过去，但你可以改变现在；你不能控制他人，但你可以掌握自己；你不能预知明天，但你可以把握今天；你不可以样样顺利，但你可以事事尽心；你不能延伸生命的长度，但你可以决定生命的宽度。

很多人都渴望自己拥有成功的人生，请问，你付出努力没有呢？还有，你努力的程度又如何呢？是否"尽心尽力"了？背水一战的豪迈、破釜沉舟的壮举，之所以能名垂青史，不也正体现了那之死地而后生的全力以赴吗？即使做着似乎是徒劳无益的事情，也应该尽力而为，这就是成功的秘诀，因为尽心尽力就是胜利。

12.15 子曰："博学于文，约之以礼，亦可以弗畔矣夫！"

【题解】

此处已见于《雍也》篇第27。

12.16 子曰："君子成人之美，不成人之恶。小人反是。"

【题解】

这是孔子的一段名言，说明一个有道德的君子是以仁爱为心的，所以愿意看人家好，而缺德的小人总愿意别人坏，在对人的态度上完全不同。

【译文】

孔子说："君子成全别人的好事，而不促成别人的坏事。小人则与此相反。"

【论语的智慧】

孔子说："君子通常成全他人的好事，而不是促成别人的坏事，而小人却与之完全相反。"胡适先生对此有更深层次的解释，他说，孔子说的"成人之美"即成全他人的好事，这种成全也包含了想方设法地去帮助他人实现其美好的愿望，甚至是要有一种"杀身成仁"的牺牲精神。

有这样一个故事。

一个男子坐在一堆金子上，他向每一个过路的行人伸出手乞讨。

一位女神看到这种情况后走了过来，这位男子向她伸出双手。

"孩子，你已经拥有了那么多的金子，难道你还要乞求什么吗？"女神问。

"唉！虽然我拥有如此多的金子，但是我仍然不幸福，我乞求更多的金子，我还乞求爱情、荣誉、成功。"男子说。

女神从口袋里掏出他需要的爱情、荣誉和成功，送给了他。

一个月之后，女神又从这里经过，那男子仍然坐在一堆黄金上，向路人伸着双手。

"孩子，你所求的都已经有了，难道你还不幸福吗？"

"唉！虽然我得到了那么多东西，但是我还是不幸福，我还需要快乐和刺激。"男子说。

女神又把快乐和刺激给了他。

一个月后，女神从这里路过，见那男子仍然坐在那堆金子上，向路人伸着双手——尽管有爱情、荣誉、成功、快乐和刺激陪伴着他。

"孩子，你已经拥有了你所希望拥有的，难道你还要乞求什么吗？"

"唉！尽管我拥有了比别人多得多的东西，但是我仍然不能感到幸福。神，请你把幸福赐给我吧！"男子说。

女神笑道："你需要幸福吗？孩子，那么，请你从现在开始学着付出吧，你可以把金子分给需要的人。"

一个月后，女神又从此地经过，只见这男子站在路边，他身边的金子已经所剩不多了，他正把它们施舍给路人。

他把金子给了衣食无着的穷人；把爱情给了需要爱的人；把荣誉和成功给了惨败者；把快乐给了忧愁的人；把刺激送给了麻木不仁的人。现在，他一无所有了。

看着人们接过他施舍的东西，满含感激而去，男子笑了。

"孩子，现在，你感到幸福了吗？"女神问。

"幸福了！"男子笑着说，"原来，幸福藏在付出的怀抱里啊。当我一味乞求时，得到了这个，又想得到那个，永远不知什么叫幸福。当我付出时，我为自己人格的完美而自豪、幸福；为我对人类有所奉献而自豪、幸福；为人们向我投来感激的目光而自豪、幸福。谢谢您，尊敬的女神，您让我知道了什么叫幸福。"

当你尽自己所能，成人之美时，你就是在帮助你自己。因为在这个由人组成的社会里，当接受你帮助的人对你十分感激时，你就会感受到一种温情，这种温情让你感觉更舒服。那种因为使别人幸福而令自己欣喜的感觉，让你知道幸福的真正含义，让你绝对想远离那种生活如行尸走肉般的痛苦世界。

拿破仑·希尔曾写道："为你自己找到幸福的最有保障的方法就是奉献你的精力，努力使其他人获得快乐。幸福是捉摸不定、透明的事物。如果你决心去追寻幸福，你将会发现它难以捉摸；如果你把幸福带给其他人，那么幸福自然就会来到。"

12.17 季康子问政于孔子。孔子对曰："政者，正也。子帅以正^①，孰敢不正？"

【题解】

从这段话可以看出，孔子十分注重为政者的模范带头作用。事实也正是如此：榜样的力量是无穷的。

【注释】

①帅：通"率"，率领。

【译文】

季康子向孔子问到为政方面的事，孔子回答说："政的意思就是端正，您自己先做到端正，谁还敢不端正？"

12.18 季康子患盗，问于孔子。孔子对曰："苟子之不欲，虽赏之不窃。"

【题解】

这里孔子谈论的仍是为政为官之道在于自己要无欲则刚，自己清廉才能正人。

【译文】

季康子担忧盗窃，来向孔子求教。孔子对他说："如果您不贪求太多的财物，即使奖励他们去偷，他们也不会干。"

12.19 季康子问政于孔子，曰："如杀无道，以就有道，何如？"

孔子对曰：“子为政，焉用杀？子欲善而民善矣。君子之德风，小人之德草。草上之风^①，必偃^②。”

【题解】

上行下效，为政者的作风对社会的民风影响很大，所以为政者要注意自己的所作所为，给百姓以良好的影响。

【注释】

①草上之风：谓风吹草。上，一作“尚”，加也。“上之风”谓上之以风，即加之以风。

②偃：倒下。

【译文】

季康子向孔子问政事，说：“假如杀掉坏人，以此来亲近好人，怎么样？”孔子说：“您治理国家，怎么想到用杀戮的方法呢？您要是好好治国，百姓也就会好起来。君子的品德如风，小人的品德如草。草上刮起风，一定会倒。”

【论语的智慧】

我们平时骂那些没有原则的两面派：“墙头草，两面倒。”看看孔子是怎么说这些做墙头草的人的。

大千世界，鱼龙混杂，不管我们是否愿意面对，我们都不可能不与小人打交道。而这些在我们身边的小人就像一颗颗定时炸弹，随时都会置我们于险境，而不管我们是否愿意承认，这些小人总是比好人更有能量，因为破坏一件事总比做好一件事容易得多。你把一匙酒倒进一桶污水，你得到的是一桶污水；你把一匙污水倒进一桶酒，你得到的还是一桶污水。“对于正面的敌人，我总能应付，但是对于来自背后的狙击，我却总是不能保护自己。”这是麦克阿瑟将军说出的一句无奈之语，恐怕也是很多人所担忧的吧！

唐代的杨炎和卢杞两人同任宰相。杨炎善于理财，文才也好。而卢杞除了能言善辩之外，别无所长。他嫉贤妒能，使坏主意害人是拿手好戏。两个人在外表上也有很大不同，杨炎是个美髯公，仪表堂堂；卢杞脸上有大片蓝色痣斑，相貌奇丑，形容猥琐。由于同在政事堂办公，他们经常一同吃饭。杨炎不愿同卢杞一桌吃饭，经常找借口在别处单独吃饭。有人趁机对卢杞挑拨说：“杨大人看不起你，不愿跟你在一起吃饭。”卢杞由此怀恨在心。他伺机寻找杨炎下属官员的过错，并上奏皇帝。杨炎因而愤愤不平，说道：“我的手下人有什么过错，自有我来处理，如果我不处理，可以一起商量，他为什么瞒着我暗中向皇上打小报告！”两个人的仇怨越来越深，总是对着干，常常是你提出一条建议，我就偏偏反对；你要推荐一些人，我就推荐另一些人。

当时，有一个藩镇割据势力梁崇义发动叛乱，德宗皇帝命令另一个藩镇势力李希烈去讨伐。杨炎觉得不妥，说：“李希烈这个人，杀害了对他十分信任的养父而夺其职位，为人凶狠无情，没有功劳却傲视朝廷，不守法度，若是在平定梁崇义时立了功，以后更加难以控制了。”

德宗已经下定了决心，对杨炎说：“这件事你就不要管了！”杨炎对德宗的决定一再表示反对，这使对他早就不满的皇帝更加生气。

不巧赶上下大雨，李希烈一直没有出兵。卢杞认为这是扳倒杨炎的好时机，便对德宗皇帝说："李希烈之所以拖延不肯出兵，正是因为听说杨炎反对他的缘故，陛下何必为了保全杨炎而影响平定叛军的大事呢？不如暂时免去杨炎宰相的职位，让李希烈放心，等到叛军平定以后，重新起用，也没有什么大关系！"

这番话听上去完全是在为朝廷考虑，也没有一句攻击杨炎的话，卢杞排挤人的手段就是这么高明。德宗皇帝果然信以为真，于是免去了杨炎宰相的职务。

从此，卢杞独掌大权，杨炎自然就在他的掌握之中。他当然不会让杨炎东山再起，便找碴儿整治杨炎。杨炎在长安曲江池边为祖先建了座祠庙，卢杞便诬奏说："那个地方有帝王之气，早在玄宗时，宰相萧嵩曾在那里建立过家庙，玄宗皇帝不同意，令他迁走。现在杨炎又在那里建家庙，必定怀有篡位的野心！"

德宗皇帝听信谗言，便以卢杞这番话为借口，先将杨炎贬至崖州，随后将他杀死。

杨炎刚愎自用，把对卢杞的蔑视表现在明处，最终被卢杞所害，这值得我们现代人警戒。

相比之下，郭子仪则比较谨慎。他每次会见客人的时候，常有很多侍女陪伴在他的左右。但是，只要一听说卢杞来访，郭子仪就会命令侍女全部退下回避。他的儿子们不明白这是什么原因，郭子仪回答说："卢杞的容貌丑陋，妇人见了没有不笑的。我要是不叫侍女回避，她们肯定要笑出声来。卢杞心胸狭窄，肯定会记恨在心的。他将来如果得志，我们全家人就都活不成了。"

正是因为郭子仪谨小慎微，才最终没有为小人所害。

做君子固然好，但是如果为了做君子连自己的性命也不懂得保护，这就算不上真正的君子。在孔子看来"君子德风"应当能左右"小人德草"，就算不能感化与影响他，起码要能做到自保。在内心要有君子的气节，在外要能识得小人的伎俩，不让自己被墙头草所利用，这才是真正的智慧。

12.20　　子张问："士何如，斯可谓之达矣①？"子曰："何哉，尔所谓达者？"子张对曰："在邦必闻，在家必闻。"子曰："是闻也，非达也。夫达也者，质直而好义，察言而观色，虑以下人②。在邦必达，在家必达。夫闻也者，色取仁而行违，居之不疑。在邦必闻，在家必闻。"

【题解】

这里讲的是一个人在社会上的影响是和他的品德方面名实相符的，因此要表里如一。

【注释】

①达：通达。②下人：下于人，即对人谦逊。

【译文】

子张问道："士要怎么样才可说是通达了？"孔子说："你所说的通达是什么呢？"子张回答说："在诸侯的国家一定有名声，在大夫的封地一定有名声。"孔子说："这是有名声，不是通达。那通达的人，本质正直而喜爱道义，体会别人的话语，观察别人的脸色，思想上愿意对别人谦让。在诸侯的国家一定通达，在大夫的封地一定通达。那有名声的人，表面上要实行仁德而行为上却相反，以仁人自居而毫不迟疑。他们在诸侯的国家一定虚有其名，在大夫的封地也一定虚有其名。"

12.21 樊迟从游于舞雩之下，曰："敢问崇德、修慝①、辨惑。"子曰："喜哉问！先事后得，非崇德与？攻其恶，无攻人之恶，非修慝与？一朝之忿，忘其身以及其亲，非惑与？"

【题解】

樊迟提出的三个问题都是关于个人的修身、齐家等有关思想品德修养和社会实践及影响的。

【注释】

①修慝：改恶从善。修，治，指改正。慝，邪恶。

【译文】

樊迟跟随孔子在舞雩台下游览，说道："请问如何提高自己的品德修养，消除邪恶，辨别迷惑。"孔子说："问得好啊！辛劳在先，享乐在后，这不就可以提高自己的品德修养吗？检查自己的错误，不去指责别人的缺点，这不就消除了潜在的怨恨吗？因为一时气愤，而不顾自身和自己的双亲，这不就是迷惑吗？"

【论语的智慧】

孔子注重道德修养，此处的崇德是指怎样把内在的气质培养到崇高的境界。修慝是指完善内心的修养，平衡矛盾的心理，化解理智与情感的矛盾，以求平和安详。辨惑则是指真正有明辨善恶的智慧，不会被迷惑。

崇德、修慝、辨惑，这就是人生修养的三宝，孔子主要是围绕道德品质和智慧这两个方面来阐述的。孔子还告诉樊迟，做人做事先不要考虑自己的利益与价值，如果认为是善的事，那就先做了再说，最后总会有成果，这就是德业。如果一时忍不住气，而忘掉自身的安危，甚至牵连到自己的亲人，这不是糊涂吗？

曾国藩也曾说过："愤怒二字，至贤亦有之；特能少忍须臾，便不伤生。"

王刚大学刚毕业的时候，某电视公司请他去主持一个特别节目，那节目的导播看他文章写得不错，就又要他兼任编辑。但节目做完后，导播不仅不给他编辑费，还扣他一半的主持

《孔子圣迹图》之《舞雩从游》

费，还振振有词地说："这是收据，你签收 1600 元，但我只能给你 800 元，因为这个节目透支了。"

王刚听完后没吭声，心想："多大点事，何必太较真呢？"后来那导播又找他，他也"照样"做了几次。最后一次做完，那位导播没再扣王刚的钱，反而对他很客气，因为王刚被该公司的新闻部看上，一下子成了电视记者兼新闻主持。

后来他们经常在公司不期而遇，那个导播每次笑得都有点尴尬。王刚曾经也想去告他一状，可是一想：没有他能有我的今天吗？如果我当初不忍下一口气，又怎能继续获得主持的机会呢！机会是他给的，他也算是我的恩人，现在他已经知错，我又何必去报复呢？

在发生矛盾时，良好的修养让你保持心平气和。你投之以桃，别人也会报之以李，而你对别人不依不饶，自己也必将受到损害，有时甚至是致命的伤害。

俗话说，"宰相肚里能撑船"，我们不妨做个有肚量的人，做个心态平和的"宰相"。古时候有个宰相，一天，他请来一位理发师给自己理发。理发师给他理好发后，就为他修面。面修了一半，理发师忽然停下手中的剃刀，两只眼睛看着宰相的脖子。宰相心中纳闷，就问道："你不修面，却在看我的脖子，这是为何？"理发师听了宰相的问话，说："人家说'宰相肚里能撑船'，是吗？"宰相听了哈哈大笑，说："是呀，宰相气量大，对各种小事，都能容忍，从来不计较。否则怎么做宰相呢？"理发师听了，慌忙跪在地上，口中连连说："小人该死，小人该死。"宰相忙问："什么事？"理发师说："小人该死。在修面的时候，小人不小心，将大人左面的眉毛剃掉了，请大人千万恕罪。"宰相一听，十分气愤。他想，剃去了一道眉毛，如何去见皇上，又如何会客？正想发怒，但又一想，自己刚才讲过，宰相的气量最大，对那些小事，从来不计较，现在为了一道眉毛，又怎么能治他的罪呢？想到这里，宰相只好说道："去拿一支笔来，将剃去的眉毛给我画上。"理发师就按宰相的吩咐，给宰相画上了一道眉毛。宰相走了，理发师望着他的背影心中很不是滋味："宰相大人呀，幸亏您肚量大，如果您不原谅我的话，当时我就会马上用刀割断您的喉咙！与您相比，我真是一个小人啊！"

宰相因为忍住了心中的怒气，才不至于成为理发师的"刀下之鬼"。由此可见，只有培养内心的品德，用理智控制住情感，同时再加上明辨是非的智慧，这样才算是修养到家，才能从容立世做人。

12.22 樊迟问仁。子曰："爱人。"问知。子曰："知人。"樊迟未达。子曰："举直错诸枉[1]，能使枉者直。"樊迟退，见子夏，曰："乡也吾见于夫子而问'知'[2]，子曰：'举直错诸枉，能使枉者直'，何谓也？"子夏曰："富哉言乎！舜有天下，选于众，举皋陶[3]，不仁者远矣。汤有天下，选于众，举伊尹[4]，不仁者远矣。"

【题解】

仁是孔子伦理思想的核心，包含了"爱人"和"知人"两个部分内容。前者具有人道主义色彩，后者则是古代人文精神的体现。

【注释】

①举直错诸枉：把正直的人摆在邪恶的人的上面，即选用贤人，罢黜坏人。错，通"措"，安置。②乡：同"向"，过去。见于：被接见。③皋陶：舜时的贤臣。④伊尹：商汤时辅相。

【译文】

樊迟问什么是仁，孔子说："爱人。"樊迟又问什么是智，孔子说："善于知人。"樊迟没有完全理解。孔子说："把正直的人提拔上来，使他们的位置在不正直的人上面，就能使不正直的人变正直。"樊迟退了出来，见到子夏，说："刚才我去见到老师，问他什么是智，他说'把正直的人提拔上来，使他们的位置在不正直的人上面'，这是什么意思？"子夏说道："这是含义多么丰富的话呀！舜有了天下，在众人中选拔人才，把皋陶提拔了起来，不仁的人就远远地离开了。汤得了天下，也从众人中选拔人才，把伊尹提拔起来，那些不仁的人就远远离开了。"

12.23　子贡问友。子曰："忠告而善道之①，不可则止，毋自辱焉。"

【题解】

在这里，孔子谈的是交友之道。

【注释】

①道：通"导"。

【译文】

子贡问怎么样交朋友。孔子说："忠心地劝告他并好好地开导他，如果不听从也就罢了，不要自取侮辱。"

【论语的智慧】

子贡问怎么样交朋友。孔子说："忠心地劝告他并好好地开导他，如果不听从也就罢了，不要自取侮辱。"这一点对于我们每个人都很重要，有时候我们会发现和朋友相处也是要讲究方法与策略的，不能一意孤行。在《论语·里仁》也有类似的话："事君数，斯辱矣。朋友数，斯疏矣。"你每天都和领导在一起，那么你距离失宠也就不远了；你天天在你的朋友耳朵边唠叨，那么你距离你们关系疏远就近了。

事实上朋友相处也好，和领导、同事相处也罢，甚至是和自己的亲人相处也不能例外。你看似好意的规劝到了他那里，人家不一定肯买你的账，凡事适可而止是一种聪明的处世方式。比如你的朋友处了一个男（女）朋友，你通过自己的经验或者是别人的忠告得出对方很不可靠。你关心朋友，担心他（她）受伤害，恨不得他（她）立刻离开对方才好。可惜的是你的忠告并没有引起朋友的重视，他（她）甚至会认为你是多管闲事，因为你管得太宽了，管到了人家的私生活，这是很多人不能忍受的地方。

像这样的例子生活中不胜枚举，我们又何苦去自取其辱呢？对朋友尽到自己的责任就可以了，再多的话就要学会咽下去，不能因为一点小事情就破坏了多年的感情。但是，话说回来，有的人很滑头，明知朋友有过错也不提意见。这样做当然也不好，因为你没有尽到自己的责任。该自己做的做到位也就没有什么对不住人的地方，天长日久你的朋友总会明白你的良苦用心。这个时候他自然会觉得你这个朋友值得一交，这样岂不是两全其美？

我们综观孔子的理论，它们都是相通的。这样的交友态度也符合孔子提倡的"中庸之道"，他认为凡事都要适可而止，太过了与达不到是一样的道理，所谓"过犹不及"。对朋友、对家人，对一切的人、事，都要把握这样合理、合适的度。

12.24 曾子曰："君子以文会友，以友辅仁。"

【题解】

此句讲的也是交友之道。以文会友被认为是君子所为。

【译文】

曾子说："君子用文章学问来结交、聚合朋友，用朋友来帮助自己培养仁德。"

子路篇第十三

13.1 子路问政。子曰："先之，劳之。"请益。曰："无倦。"

【题解】

此句谈的是执政者的道德修养问题。

【译文】

子路问为政之道。孔子说："自己先要身体力行带好头，然后让老百姓辛勤劳作。"子路请求多讲一些，孔子说："不要倦怠。"

【论语的智慧】

子路问从政的道理，孔子告诉他两个观念：一个是"先"，另一个是"劳"。孔子告诉子路，侍奉你的上级要尽心尽力，要先把他的问题解决了再想到你自己的利益。用今天的话来讲就是你要懂得为领导分忧。孔子平时的教育很管用，因为后来子路是在卫国的内乱中战死的。据司马迁《史记》记载，曾有人劝子路不要过问这种惹祸上身的事情，但是子路说，我吃的是人家的，穿的也是人家的，现在他有难了我当然要过问。做人做官都要有知恩图报的心，这样才算对得起自己的上级。这与《论语》中另一处孔子所说的"居之无倦，行之以忠"有异曲同工之妙。其实都是要求做下属的做起事情来不要抱怨，谓之"无倦"。"行之以忠"就是要我们对上级要忠诚，做事情的时候多考虑上司。春秋时的狐偃就是这样一个人。

晋献公死后，他的五个儿子为争王位展开了激烈的争夺。公子重耳遭受迫害，逃到狄国（今河北正定）。后来，他同父异母的兄弟夷吾当上国君，这就是晋惠公。为除后患，晋惠公派人前往狄国刺杀重耳。重耳连夜离开狄国，带着狐偃等人，再次逃亡。

他们一路逃亡，风餐露宿，历尽艰辛，粮食不够吃，衣服不够穿，不得不靠野菜充饥，有时甚至靠乞讨度日。他们先后到过卫国、齐国、宋国、郑国、楚国，最后到达秦国。在整个逃亡的艰苦岁月里，狐偃紧随公子重耳，帮他渡过道道难关。

秦穆公一心要帮助公子重耳回晋国做国君，便于公元前 636 年出动大军，亲自护送他。到了黄河，秦穆公派一半人马护送他过河，自己留一半人马在黄河西岸接应。

上船的时候，公子重耳的随从把逃难时用的物品全都搬到船上，一样也舍不得扔掉。重耳见了，哈哈大笑，他说："我回去做国君，要什么有什么，还要这些破破烂烂的干什么？"

说着吩咐手下把东西撒在岸上。他们七手八脚地把这些东西扔到岸上，有的把破衣旧裤丢到河里。

忠心耿耿的狐偃把这一切看在眼里，心中十分难过。他想，公子未得富贵，先忘贫贱，将来怎么会是个好君主？于是，他把秦穆公送给他的一块白玉拿出来，对重耳说："如今公子过河，对岸就是晋国。你内有大臣，外有秦国，我就留在这里吧。现奉上这块白玉，以表我的心意。"

重耳一听，十分诧异，他说："我全靠你们的帮助才有今日。大家在外面吃了十九年的苦，现在回去，有福同享，你怎能不回去？"

狐偃说："以前公子身处患难之中，我还有些用处。现在公子回去做国君，情形不同了，自然另有一批新人使唤。我就好比这些旧衣破鞋，还回去做什么？"

重耳听了，恍然大悟，直怪自己不该得意忘形，流着泪对狐偃说："这全都是我的不是，做人应该饱不忘饥。"

说着又吩咐人们把破烂东西重新装到船上。

他们过了黄河，打了胜仗，重耳做了国君，史称晋文公。

像狐偃这样的下属才算合格，真正做到了为领导分忧。领导还没有想到的问题下属都想到了，并且还能给他提出切实可行的意见，这样的人当然是一个好下属。

13.2 仲弓为季氏宰，问政。子曰："先有司，赦小过，举贤才。"曰："焉知贤才而举之？"子曰："举尔所知。尔所不知，人其舍诸？"

【题解】

为政在人，为政者一定要为下面的人做出表率，对下属的小过失不要计较，要抓大放小。重要的在于善于举贤，从近处做起，从自己做起，这都是孔子的为政之道。

【译文】

仲弓做了季氏的总管，问怎样管理政事，孔子说："自己先给下属各部门主管人员做出表率，原谅人家的小错误，提拔贤能的人。"仲弓说："怎么知道哪些人是贤能的人而去提拔他们呢？"孔子说："提拔你所知道的。那些你所不知道的，别人难道会埋没他吗？"

【论语的智慧】

仲弓是孔子的弟子，他准备要到鲁国权臣季氏家做事，他临行前来向老师请教："老师你告诉我怎样为政吧。"孔子告诉他要烧好三把火,哪三把火呢?"先有司,赦小过,举贤才",也就是:第一件事,你到了那儿搞清楚职务之间的权责问题,务必做到权责分明;第二件事,你作为领导,居上要宽,能赦人小过;第三件事,向你的上级推荐贤才。"第一件事大概很多人能够做好,后面的两件事恐怕就未必能做到了。有的领导人为了显示自己的权威,全然不顾下属的面子,当众训斥,这样的领导能让下属甘心为他做事吗?所以我们看历史上的名臣贤相一般不会这样做,他们总是把下属单独拉到一个地方,语重心长,最后往往说得下属声泪俱下,并表示愿意为他肝脑涂地。我们看这就是会当领导的,赦人小过,而且还能顾及他人的自尊心,武则天这点就做得很好。

武则天当政时期,曾下诏禁止天下屠杀牲畜、捕捞鱼虾,弄得王公大臣宴请宾客只能吃素席,不敢带有一点儿荤腥。

朝中有个叫张德的人,官为左拾遗,一直受到武则天的信任。在他儿子出生后的第三天,亲友、同僚纷纷前去祝贺。张德觉得席上都是素菜实在过意不去,便偷偷地派人杀了一只羊,做了一些肉菜,并包了一些羊肉包子让大家吃。

也许是这些亲朋好友与同僚好久没有吃到荤菜了,见席上有肉,便来了兴致,把酒临风,猜拳行令,好不热闹。三个时辰过去,大家酒足饭饱,各自回去。张德心中自然也十分高兴。不料,在他的同僚中有个叫杜肃的,官拜补阙,见席上有肉,认为张德违反了武则天的诏令,顿生歹意。临散席时,他悄悄将两个肉包子揣在怀中,偷偷跑去武则天那里告了黑状。

第二天早朝,武则天处理完政事之后,突然对左拾遗张德说:"听说你生了个儿子,我向你表示祝贺。"张德叩头拜谢。武则天又说:"你那席上的肉是从哪里来的?"张德一听,吓得浑身哆嗦,他知道,违诏杀生是要犯死罪的,故连连否认道:"为臣不敢!为臣不敢!"武则天见状,微微笑道:"你说不敢,看看这是什么?"说着,便命人将杜肃写的告状奏章和两个肉包子递给了张德。张德一见,面如蜡纸,不住地叩头说:"臣下该死!臣下该死!"此时告状的杜肃,站在一旁扬扬得意,专等封赏。

武则天对这一切早已看在眼中,稍稍一停,便对张德说:"张德听旨:朕下诏禁止屠杀牲畜,红白喜事皆不准腥荤。今念你忠心耿耿,又是初犯,也就不治你罪了。"

张德听后高声喊道:"谢主隆恩!谢主隆恩!"而杜肃却惊得瞪大了眼睛。

只听武则天又道:"不过,张德你要接受教训,今后如再请客,可要选择好客人,像杜肃这种好告黑状的人,可不要再请了!"一时间,张德感激得痛哭失声,诸大臣见武则天如此忠奸分明,不信谗言,用人不疑,便一起跪倒在地,高呼:"吾皇万岁!万岁!万万岁!"而那个告状的杜肃,在众人鄙视的目光下,羞愧得无地自容,"退朝"二字刚一落音,便赶紧溜走了。

这就是武则天高明的地方,她让下属明白她不是一个糊涂的皇帝,她知道了下属的过错但是又赦免了他,这样才让众臣在感到皇威的同时也感受到她的恩泽,正所谓恩威并施,这样的领导当然能赢得下属的心。

第二件事难做,第三件事就更难做。因为第二件事考验的是你的度量,第三件事不仅要看你的度量——因为如果是一个嫉贤妒能的小心眼的人是不会推荐贤才的,与此不同,它还考验你察人识人的眼光,所以说第三件事就更难做了。仲弓问孔子:"怎么才能推举贤才呢?"孔子说:"你推荐自己知道的贤良之人,对于你不知道的就留给别人去推荐吧。"

寇准像

《论语》大讲堂

二五二

　　谈到举贤才就不能不提一个人，他就是宋朝的著名贤相——王旦。他不仅做到了居上以宽，更做到了举贤才，是为后世敬仰的贤相。王旦任宰相十一年，为政清廉，处事谨慎，善断大事，为人宽厚，以德服人，顾全大局，备受时人的尊敬和赞誉。其德行修养与人格魅力至今仍令人叹服；其廉洁自律、忠心为国、公而无私的品质仍值得我们学习和借鉴。

　　寇准为枢密使时，王旦为宰相，中书省有事需要与枢密院沟通，所拟的文书违反了诏令格式，寇准立即把这事报告了皇帝。真宗大为生气，对王旦说："中书行事如此，施之四方，奚所取则！"王旦赶紧跪倒说："此实臣等过也！"中书省的官吏也因此受到处罚。不过一个月，枢密院有事需要传达给中书省，其文书也不符合诏令格式，中书省的官员发现后，以为有了报复的机会，就非常得意地将文书呈送给王旦，王旦看后却下令退还给枢密院。枢密院的官员把这件事告诉了寇准，寇准感到非常惭愧。后来寇准对王旦说："同年，甚得许大度量？"每当王旦拜见皇帝时，都要称赞寇准的才华，而寇准却经常在皇帝面前议论王旦的短处。一次，真宗对王旦说："卿虽谈其美，彼专道卿恶。"王旦答道："臣在相位久，缺失必多，准对陛下无所隐，益见其忠直，此臣所以重准也！"由此，真宗更认为王旦贤明宽厚。

　　寇准得知将被罢去枢密使职务后，便托人到王旦家私下请求出任使相，王旦听后非常吃惊地说："宰相之任岂可求邪？吾不受私请。"寇准大失所望。不久后真宗问王旦："准当何官？"王旦说："寇准未三十岁，已登枢府，太宗甚器之。准有才望，与之使相，令当方面，其风采足以为朝廷之光。"真宗遂任命寇准为武胜军节度使、同中书门下平章事。寇准接到诏令后前去拜谢皇帝："若非陛下知遇提拔，臣哪会有今天！"真宗告诉他是王旦推荐的，寇准既羞愧又感慨，逢人便说："王同年器识，非准可测也。"

　　这样的气度确实非一般人能具备，别人在领导面前尽说他的坏话，而他能不怒不恼，反而大力推荐寇准。当寇准去求官的时候，王旦自己明明要举荐他，却还是严厉拒绝他："宰相这样重要的位置岂是随便就可相求的？"王旦的做法和某些人不同，这些人如果要打算推荐你，恨不得立刻告诉你，要你感激涕零、感恩戴德。总而言之，要烧好孔子所说的三把火还真不是一件容易的事。

　　孔子所要求仲弓的三件事——明确职责、居上要宽、推举贤良，正是对一个好领导的内在要求。这第一把火"权责明晰"是为了各司其职，井然有序。这样就不会出现互相推诿的现象，也不会有人敢随意越权。《红楼梦》中秦可卿死后，王熙凤协理宁国府时做的第一件事，就是明确众人的权限与职责，因而说这把火不得不烧。第二件事，要求居上要宽，也就是要求做领导的切莫吹毛求疵。这个世上哪里有什么完人，下属偶尔犯了一点小错不要当作惊天动地的大事来批评，这样做只会令下属寒心。第三件事，要做领导的像一个"伯乐"，要善于发现人才，力求做到人尽其才、物尽其用，否则因为嫉贤妒能而独霸位置就是"窃位"的小人了。古人说为官一生要造福一方百姓，其实做官也好做人也罢，古今都相同，"人"做不好的，"官"自然也就当不好。要烧好当官的三把火，先要把"人"

做好，这是最紧要的，也是孔子在《为政》篇中屡次提到的准则。

13.3

子路曰："卫君待子而为政，子将奚先？"子曰："必也正名乎！"子路曰："有是哉，子之迂也！奚其正？"子曰："野哉由也！君子于其所不知，盖阙如也^①。名不正，则言不顺；言不顺，则事不成；事不成，则礼乐不兴；礼乐不兴，则刑罚不中^②；刑罚不中，则民无所措手足。故君子名之必可言也，言之必可行也。君子于其言，无所苟而已矣^③。"

【题解】

这是孔子言论中关系到国家大事或为人处事的著名论述，其中"名不正则言不顺"一句常被人们引用。正名，就是一个国家、一个事业，光明正大的理念要讲清楚，这是孔子的一个基本的政治观点。

【注释】

①阙：通"缺"。缺而不言，存疑的意思。②中：得当。③苟：随便，马虎。

【译文】

子路说："卫国的国君等待您治理政事，您将准备先做什么呢？"孔子说："那一定是先要纠正名分吧！"子路说："您的迂腐竟然到了这种地步吗？这个名为什么去正呢？"孔子说："真粗野呀，仲由！君子对于他所不知道的，一般要采取保留的态度（不要乱说）。名分不正，说话就不能顺理成章，说话不能顺理成章，事情就做不成，做不成事情，国家的礼乐制度就兴盛不起来，礼乐制度不能兴盛，刑罚也就不能得当，刑罚不得当，百姓就会手足无措，不知如何是好。因此君子使用一个概念，就一定要能说得清楚，说出来了必定要行得通。君子对自己所说的话，不过是没有一点凑合、糊弄罢了。"

【论语的智慧】

有一次，孔子及其弟子被两个小国家围困，长达七天都没有吃到东西。后来较为富裕的子贡拿自己的钱财好不容易换来了很少的一点米，就让颜回给大家拿来煮粥喝。子贡无意间经过煮粥的房间，竟然看见颜回拿着满满一勺粥在喝。子贡很不高兴，就去了老师那里。他问夫子："仁人廉士穷改节乎？"孔子回答："芝兰生于深林，不以无人而不芳；君子修道立德，不为穷困而败节。"子贡又问若是颜回会如何，孔子说颜回绝对不会改变的。子贡这才告诉老师他看到的事。

于是，孔子为了向大家证实，带着众弟子来到粥房。孔子说："颜回啊，我想要先用这得之不易的粥来祭祖，你来操办吧。"颜回摇头道："不行啊，老师。这粥在煮的时候，房顶上有一块泥落了进去，扔了太可惜，所以我已经把污了的粥吃了，这样还可以省出一个人的饭。但是这样的粥是不能祭祖了啊。"孔子听了，看了一眼子贡，就离开了。

《论语》大讲堂

二五三

有时眼睛是最坏的见证人。人常说："眼见为实。"但有时候，眼睛也会欺骗我们，让我们做出错误的判断，让我们离事情的真相越来越远。

一位医学家这样说明"看"的心理过程："大多数'看'的过程都不是经由眼睛造成的，眼睛的作用像手一样，它们'伸出去'，抓住无意义的'东西'，然后带进脑子；脑子又把这些'东西'转交给记忆，等到脑子用比较的方法去解释以后，你才真正'看到'东西。"

你不见得每次都能把眼睛带来的信息，透过心灵适当地予以过滤；你常常只是"看了"却没有真正"看见"；你虽然接受了事物的印象，却没有抓住它的真正意义。

有这样一个小故事。两个旅行中的天使到一个富有的家庭借宿。这家人对他们并不友好，并且拒绝让他们在舒适的客房里过夜，而是在冰冷的地下室给他们找了一个角落。当他们铺床时，较老的天使发现墙上有一个洞，就顺手把它修补好了。第二晚，两人又到了一个非常贫穷的农家借宿。主人夫妇对他们非常热情，把仅有的一点点食物拿出来款待客人，然后又让出自己的床铺给两个天使。第二天一早，两个天使发现农夫和他的妻子在哭泣，他们唯一的生活来源——那头奶牛死了。

年轻的天使非常愤怒，他质问老天使为什么会这样，第一个家庭什么都有，老天使还帮助他们修补墙洞，第二个家庭尽管如此贫穷却还是热情款待客人，而老天使却没有阻止奶牛的死亡。"有些事并不像它看上去的那样。"老天使答道，"当我们在地下室过夜时，我从墙洞看到墙里面堆满了古代人藏于此的珍宝。因为主人被贪欲所迷惑，不愿意分享他的财富，所以我把墙洞填上了。昨天晚上，死亡之神来召唤农夫的妻子，我让奶牛代替了她。不要一味相信你的眼睛，其实你看到的并不是真相。"

的确如此，眼见未必为实。就像歌德所说的那样："真理就像上帝一样。我们看不见它的本来面目，我们必须通过它的许多表现而猜测到它的存在。"真理往往细弱如丝，混杂在一堆假象里，我们的眼睛、我们的心智甚至我们道德上的缺失都会阻碍我们去敲响真理的门，对不了解的事和尚未为人所知的领域做出错误的判断。

眼睛偶尔也会欺骗我们的心灵，有时事情的表面会与真相不同，如果不经过大脑的洗礼就对事情妄下结论，我们就永远找不到真相，而被真理所遗弃。不要太过依赖你的双眼，你的大脑不能只成为摆设，那些没没脑的凝视者永远只能看到事物的表象。只有那些富有理解力的眼光才能穿透事物的现象，深入到事物的内在结构和本质之中去，看到差别，进行比较，抓住潜藏在表象后面的更深刻、更本质的东西。你应该懂得，你的心灵看到的永远比眼睛看到的多，不经调查，勿下结论，不经思考，更不要做出判断。

任何一个可信的道理都只是真理的一种表达，"看"与"见"有着天壤之别，感觉器官只是用来收集信息的，思想才是一种本质的跨越，"人没有思想，无异于芦苇般脆弱"。

13.4 樊迟请学稼，子曰："吾不如老农。"请学为圃。曰："吾不如老圃。"樊迟出。子曰："小人哉，樊须也！上好礼，则民莫敢不敬；上好义，则民莫敢不服；上好信，则民莫敢不用情。夫如是，则四方之民襁负其子而至矣[①]，焉用稼？"

【题解】

春秋时代，礼崩乐坏，孔子把克己复礼当成毕生大事，在孔子看来，如果为政者把精力放在生活的具体事务上，就是舍本逐末了。

【注释】

①襁：背负小孩所用的布兜子。

【译文】

樊迟向孔子请教如何种庄稼，孔子说："我不如老农民。"又请教如何种蔬菜，孔子说："我不如老菜农。"樊迟出去了。孔子说："真是个小人啊！樊迟这个人！居于上位的人爱好礼仪，老百姓没有敢不恭敬的；居于上位者爱好道义，老百姓就没有敢不服从的；居于上位的人爱好诚信，老百姓就没有敢不诚实的。如果能够做到这一点，那么，四方的老百姓就会背负幼子前来归服，何必要用自己来种庄稼呢？"

13.5　子曰："诵《诗》三百，授之以政，不达；使于四方^①，不能专对。虽多，亦奚以为？"

【题解】

孔子的这段言论表明，他的教育思想和目的是致力培养对时代有用的人，能够治理国家，让天下归仁，学习《诗经》也是让弟子们增加多方面的知识，成为有用人才，而不是纯粹的文人或书呆子。

【注释】

①使：出使。

【译文】

孔子说："熟读了《诗》（《诗经》）三百篇，交给他政务，他却搞不懂；派他出使到四方各国，又不能独立应对外交。虽然读书多，又有什么用处呢？"

13.6　子曰："其身正，不令而行；其身不正，虽令不从。"

【题解】

这也是孔子一贯坚持的执政者要以身作则的原则。

【译文】

孔子说："（作为管理者）如果自身行为端正，不用发布命令，事情也能推行得通；如果本身不端正，就是发布了命令，百姓也不会听从。"

13.7　子曰："鲁卫之政，兄弟也。"

【题解】

鲁国是周公旦的封地，卫国是康叔的封地，周公旦和康叔是兄弟，当时两国的政治情况都趋向于衰败，这些也相似。故而孔子有此感叹。

【译文】

孔子说："鲁国的政治和卫国的政治，像兄弟一样。"

13.8 子谓卫公子荆："善居室^①。始有，曰：'苟合矣^②。'少有，曰：'苟完矣。'富有，曰：'苟美矣。'"

【题解】

这是孔子对卫国公子荆的赞美，孔子认为为政者应该在自己的生活上知足，在仁德上知不足。

【注释】

①善居室：善于治理家政，善于居家过日子等。②合：足。据俞樾《群经平议》。

【译文】

孔子谈到卫国的公子荆，说："他善于居家过日子。当他刚开始有财物时，便说：'差不多够了。'当稍微多起来时，就说：'将要足够了。'当财物到了富有时，就说：'真是太完美了。'"

13.9 子适卫^①，冉有仆^②。子曰："庶矣哉^③！"冉有曰："既庶矣，又何加焉？"曰："富之。"曰："既富矣，又何加焉？"曰："教之。"

【题解】

孔子在这里提出了"先富后教"的政治思想，认识到经济富裕是德教的基础，很了不起。

【注释】

①适：往，到……去。②仆：动词，驾驭车马。亦做名词用，指驾车的人。③庶：众多。

【译文】

孔子到卫国去，冉有为他驾车子。孔子说："人口真是多啊！"冉有说："人口已经如此众多了，又该再做什么呢？"孔子说："使他们富裕起来。"冉有说："已经富裕了，还该怎么做？"孔子说："让他们接受良好的教育。"

13.10 子曰："苟有用我者，期月而已可也^①，三年有成。"

据《史记·孔子世家》记载，这是孔子在卫国时有感而发，表达了自己对从政的信心。

【注释】

①期月：一年。

【译文】

孔子说："假如有人用我主持国家政事，一年之内就可以见到成效了，三年便能完全治理好。"

13.11　子曰："善人为邦百年^①，亦可以胜残去杀矣^②。'诚哉是言也！"

【题解】

春秋时代，各国执政者从事不义的战争，只有具有仁爱之心的善人用相当长的时间（100年），才能扭转这种积重难返的局面。

【注释】

①为邦：治国。②胜残：克服残暴。

【译文】

孔子说："'善人治理国家一百年，也就能够克服残暴行为，消除虐杀现象了。'这句话说得真对啊！"

13.12　子曰："如有王者，必世而后仁^①。"

【题解】

孔子说，能够行仁道的"王者"只需三十年便可实现仁政，这显然比用一百年"为邦"的"善人"更高明。

【注释】

①世：古代以三十年为一世。

【译文】

孔子说："如果有王者兴起，一定要三十年才能让天下实现仁政。"

13.13　子曰："苟正其身矣，于从政乎何有？不能正其身，如正人何？"

【题解】

在这里，孔子讲的还是"正人先正己"的道理。

【译文】

孔子说："如果端正了自己的言行，治理国家还有什么难的呢？如果不能端正自己的言行，又怎么能去端正别人呢？"

13.14 冉子退朝^①。子曰："何晏也？"对曰："有政。"子曰："其事也。如有政，虽不吾以^②，吾其与闻之^③。"

【题解】

孔子说是议事而不是议政，也有证明的意思，因为冉有是退于季氏的私朝。这也说明孔子虽不在朝，却对国家政治一直十分关心。

【注释】

①朝：朝廷。或指鲁君的朝廷，或指季氏议事的场所。解释不一。②不吾以：不用我。以，用。③与：参与。

【译文】

冉有从办公的地方回来，孔子说："今天为什么回来得这样晚呢？"冉有回答说："有政务。"孔子说："那不过是一般性的事务罢了。如果是重要的政务，虽然不用我，我还是会知道的。"

13.15 定公问："一言而可以兴邦，有诸？"孔子对曰："言不可以若是其几^①也。人之言曰：'为君难，为臣不易。'如知为君之难也，不几乎一言而兴邦乎？"曰："一言而丧邦，有诸？"孔子对曰："言不可以若是其几也。人之言曰：'予无乐乎为君，唯其言而莫予违也。'如其善而莫之违也，不亦善乎？如不善而莫之违也，不几乎一言而丧邦乎？"

【题解】

"一言可以兴邦""一言可以丧邦"，已经成为成语，这并非过甚其辞。执政者确实应该小心谨慎，注意自己的一言一行。

【注释】

①几(jī)：近。

【译文】

鲁定公问："一句话可以使国家兴盛，有这样的事吗？"孔子回答说："对语言不能有那么高的期望。有人说：'做国君难，做臣子也不容易。'如果知道了做国君的艰难，（自然会努力去做事，）这不近于一句话而使国家兴盛吗？"定公说："一句话而丧失了国家，有这样的事吗？"孔子回答说："对语言的作用不能有那么高的期望。有人说：'我做国君没有感到什么快乐，唯一使我高兴的是我说的话没有人敢违抗。'如果说的话正确而没有人违抗，

《论语》大讲堂

二五八

这不是很好吗？如果说的话不正确也没有人敢违抗，这不就近于一句话就使国家丧亡吗？"

【论语的智慧】

《周易·系辞》上说："乱之所生也，则言语以为阶。"意为制造混乱可以借言语为媒介。刘向在《说苑·谈丛》中说得更具体，"百行之本，一言也。一言而适，可以却敌；一言而得，可以保国"。

孔子下面的话则将"言"提升到一个更高的层次，孔子告诫鲁定公："一言兴邦，一言丧邦。"孔子50多岁时，在经历了长时期的政治冷遇后，回到了鲁国，先任中都宰，后为司寇。任职期间，除直接处理狱讼外，他还参与国家的内政外事活动，并接受鲁君咨询。这日，鲁定公就君臣关系和国家兴衰问题向孔子请教。

鲁定公问："一句话就可以使国家兴盛，有这样的话吗？"孔子答道："说话不可能有这样大的影响，但有近乎这样的话。有人说：'做君难，做臣不易。'如果知道了为君之难，这不近乎于一句话可以使国家兴盛吗？"鲁定公又问："一句话可以亡国，有这样的话吗？"孔子回答说："不可能有这样的话，但有近乎这样的话。有人说：'我做君主并没有什么可高兴的，我所高兴的只在于我所说的话没人敢于违抗。'如果说得对而没有人违抗，不也很好吗？如果说得不对而没有人违抗，那不就近乎于一句话可以亡国吗？"

孔子的这番解释可谓意义深远，中国历史上的"汉唐盛世"，都是"一言兴邦"的典范，汉武帝刘彻的霸气、唐太宗李世民的胸怀都在于他们深知"为君难，为臣不易"的道理，能够自制自己的贪欲和虚荣，所以不滥用君王的权力，不对溢美之词信以为真，以至于传出了"以铜为镜，可以正衣冠；以古为镜，可以知兴替；以人为镜，可以明得失"的佳话，刘彻可以容忍东方朔的无礼，李世民可以容忍魏徵的直谏，才能从谏如流，最后成就帝王霸业。

"一言兴邦，一言丧邦"，的确有些深刻的道理蕴含其中。从上下级的关系来看，用现在的话来说就是做领导人难，做中层干部也不易。一旦能深刻体会到"为君难"，领导者也就会勤勤恳恳、兢兢业业地尽心于国事，做到了这一点，国家也就会兴旺起来。如果当一个国家领导人，只是想到自己有至高无上的权力，并且以此为乐，以权力为享受，就像安徒生著名童话《皇帝的新衣》里所讽刺的皇帝那样，上上下下，无一人敢说实话，那也就离亡国不远了。

语言不是原子弹，不可能一下子炸毁一个国家；也不可能以一句"放之四海而皆准"的原则，一下子就使一个国家兴旺。但是，语言支配思想，思想决定举措。所以，有时，关键的一句话的确能够对国家兴亡起到举足轻重的作用。

无论做人做事，无论言谈举止，无论原则策略，都要确保在浅近之处没有偏差，避免因一言而陷入绝境。

13.16　叶公问政。子曰："近者说^①，远者来。"

【题解】

叶是春秋时期的小国，更应该注意与邻国友好，实行仁道，"近说远来"也是社会生活交往的一个规律。

【注释】

①说：同"悦"。

【译文】

叶公问怎样治理国家。孔子说："让近处的人快乐满意，使远处的人闻风归附。"

13.17　子夏为莒父宰①，问政。子曰："无欲速，无见小利。欲速，则不达；见小利，则大事不成。"

【题解】

这是孔子提出的关于管理地方行政的原则、方法的一段问答。"欲速则不达"一句已经成为成语，做大事小事都要符合这个规律。

【注释】

①莒父：鲁国的一个城邑，在今山东省莒县境内。

【译文】

子夏做了莒父地方的长官，问怎样治理政事。孔子说："不要急于求成，不要贪图小利。急于求成，反而达不到目的；贪小利则办不成大事。"

【论语的智慧】

孔子的弟子中数子夏的文学好，他在莒父（今山东省莒县境内）做官。他来向自己的老师请教怎样从政算合格，孔子这样解释："做官最忌急功近利，你如果只追求速度，注重眼前的蝇头小利，那么你就不可能做好。你越希望快见成效，你就越是离它遥远。"其实这是孔子告诉子夏做官做人目光要远大，不要因为眼前的一点利益就蠢蠢欲动，还要为将来的长远大计考虑。

孔子的这一段话如今对我们每个人都无疑是当头棒喝。近几年来，一些地方官员为了政绩而不顾子孙后代的生活，于是演出了一系列所谓经济增长神话。为了快速的经济发展我们破坏了生态平衡，现在大自然正在向人类讨回公道，这些都是不得不令我们深感忧虑的问题。而作为个人来讲也是如此，如果一切都为了快速达到目的，我们也就做不好任何事情。马祖道一禅师年轻时的一个故事值得我们深思。

马祖道一12岁时到南岳衡山，拜怀让禅师为师，出家当了和尚。

一天，怀让禅师看道一整天呆呆地坐在那里参禅，于是便见机施教，问："你整天在这里坐禅，图的是什么？"

马祖道一说："我想成佛。"

怀让禅师拿起一块砖，在道一附近的石头上磨了起来。

马祖道一被噪声吵得不能入定，于是问："师父，您磨砖做什么呀？"

怀让禅师："我磨砖做镜子啊。"

马祖道一："磨砖怎么能做镜子呢？"

怀让禅师:"磨砖不能做镜子,那么坐禅又怎么能成佛呢?"

马祖道一:"那要怎样才能成佛呢?"

怀让禅师说:"这道理就好比有人驾车,如果车子不走了,你是打车呢?还是打牛!"

马祖道一沉默,没有回答。

怀让禅师又说:"你是学坐禅,还是学坐佛?如果学坐禅,禅并不在于坐卧。如果是学坐佛,佛并没有一定的形状。对于变化不定的事物不应该有所贪图,你如果学坐佛,就是扼杀了佛,如果你执着于坐相,就是背道而行。"

马祖道一听了怀让禅师的教诲,如醍醐灌顶,幡然醒悟。

欲速则不达,急于求成会导致最终的失败。做人做事都应放远眼光,注重知识的积累,厚积薄发,自然会水到渠成,达成自己的目标。许多事业都必须有一个痛苦挣扎、奋斗的过程,而这也是将你锻炼得坚强、使你成长、使你有力的过程。

《孔子圣迹图》之《赦父子讼》

急于求成、恨不能一日千里,但往往事与愿违,大多数人知道这个道理,却总是与之相悖。历史上的很多名人是在犯过此类错误之后才懂得成功的真谛的。宋朝的朱熹是个绝顶聪明之人,他十五六岁就开始研究禅学,然而到了中年之时才感觉到,速成不是创作良方,经过一番苦功方有所成。他以十六字真言对"欲速则不达"做了一番精彩的诠释:"宁详毋略,宁近毋远,宁下毋高,宁拙毋巧。"

13.18 叶公语孔子曰①:"吾党有直躬者②,其父攘羊③,而子证之④。"孔子曰:"吾党之直者异于是。父为子隐,子为父隐,直在其中矣。"

【题解】

此段表明了在中国的传统社会中,伦理道德高于法制的事实。从这里我们可以推想古代社会的情况,以及中国社会历史上的法、情、礼之间的关系。

【注释】

①语:告诉。②党:指家乡。古代五百家为党。③攘:偷窃。④证:告发。

【译文】

叶公告诉孔子说:"我家乡有个正直的人,他父亲偷了别人的羊,他便出来告发。"孔子说:"我家乡正直的人与这不同:父亲替儿子隐瞒,儿子替父亲隐瞒,正直就在这里面了。"

13.19 樊迟问仁。子曰:"居处恭,执事敬,与人忠。虽之夷狄,不可弃也。"

【题解】

在这里，孔子提出了做人在生活、工作和交友等各个方面的"仁"的要求。"恭""敬""忠"是一个人的为人之道，到哪里都行得通。

【译文】

樊迟问什么是仁。孔子说："平时的生活起居要端庄恭敬，办事情的时候严肃认真，对待他人要忠诚。就是去到边远的少数民族居住的地方，也是不能废弃这些原则的。"

13.20　子贡问曰："何如斯可谓之士矣？"子曰："行己有耻，使于四方，不辱君命，可谓士矣。"曰："敢问其次。"曰："宗族称孝焉，乡党称弟焉。"曰："敢问其次。"曰："言必信，行必果，硁硁然小人哉①！抑亦可以为次矣。"曰："今之从政者何如？"子曰："噫！斗筲之人②，何足算也！"

【题解】

士阶层是周代贵族阶层最基本的一层，后来演变成知识分子的通称。这里孔子从知耻、言行、忠信等方面提出了"士"的标准。

【注释】

①硁硁：象声词，敲击石头的声音。这里引申为像石块那样坚硬。②斗筲之人：比喻器量狭小的人。筲，竹器，容一斗二升。

【译文】

子贡问道："怎样才可称得上'士'呢？"孔子说："自己的言行都保持着羞耻之心，出使四方各国不辜负君主的使命，这就可以称作'士'了。"子贡说："请问次一等的'士'是什么样。"孔子说："宗族的人称赞他孝顺，乡里的人称赞他友爱。"子贡说："请问再次一等的'士'什么样？"孔子说："说话一定要诚信，做事一定要坚定果断，这虽是耿直固执的小人，但也可以算作再次一等的'士'了。"子贡说："现在那些执政的人怎么样？"孔子说："唉！一班器量狭小的家伙，算得了什么呢！"

13.21　子曰："不得中行而与之①，必也狂狷乎②！狂者进取，狷者有所不为也。"

【题解】

孔子认为能够"中行"的人是理想中的合乎中庸之道的人，然而现实中这种人太少了，如果有狂狷之人，就算不错，不得已时，只好退而求其次。

【注释】

①中行：行为合乎中庸。与：相与，交往。②狷：性情耿介，不肯同流合污。

【译文】

孔子说："找不到行为合乎中庸的人而和他们交往，一定只能和勇于向前及洁身自好的人交往！勇于向前的人努力进取，洁身自好的人不会去做坏事！激进的人勇于进取，耿介的人不做坏事。"

13.22　子曰："南人有言曰：'人而无恒，不可以作巫医①。'善夫！""不恒其德，或承之羞②。"子曰："不占而已矣。"

【题解】

这里讲的是恒心在学习、做事、与人交往和自我修养方面的重要性。

【注释】

①巫医：用卜筮为人治病的人。②不恒其德，或承之羞：此二句引自《易经·恒卦·爻辞》。

【译文】

孔子说："南方人有句话说：'人如果没有恒心，就不可以做巫医。'这话说得好啊！"《周易》说："不能长期坚持自己的德行（三心二意），有时就要承受羞辱。"孔子又说："这句话的意思是叫没有恒心的人不要占卦了。"

13.23　子曰："君子和而不同①，小人同而不和。"

【题解】

此句孔子论述了"和而不同"这一重要思想，这是"君子"与"小人"的又一区别，也成为中国社会重要的传统思想的核心内容之一。

【注释】

①和：和谐，协调。同：人云亦云，盲目附和。

【译文】

孔子说："君子追求与人和谐而不是完全相同、盲目附和，小人追求与人相同、盲目附和而不能与人和谐。"

13.24　子贡问曰："乡人皆好之，何如？"子曰："未可也。""乡人皆恶之，何如？"子曰："未可也。不如乡人之善者好之，其不善者恶之。"

《论语》大讲堂

二六四

【题解】

此段讲的是如何认识人、评价人的问题。孔子认为，评价一个人，不能简单地听从当地当局人们各种各样的毁誉，不能从众，还要细心考察其所以毁、所以誉的原因，然后才能做出准确的评价。

【译文】

子贡问孔子："乡亲们都喜欢他，怎么样呢？"孔子回答说："不可以。"子贡又问："乡亲们都讨厌他，怎么样呢？"孔子回答说："不可以。这两种情况都不如乡里的好人喜欢他，乡里的坏人讨厌他。"

【论语的智慧】

在识人方面要做到透过现象看本质，不要被表面现象蒙蔽。

有一个寓言说的是真理和谬误一起去河里洗澡，谬误先上岸，将真理的衣服穿跑了，说自己就是真理。人们都相信它，而真理穿谬误的衣服，无论如何说自己不是谬误，却没人相信！

这就是没有做到透过现象看本质造成的结果。

唐玄宗在当皇帝的初期，由于他感觉安定来之不易，必须好好珍惜，因此，任用了姚崇、宋璟等一些贤臣，励精图治、勤俭治国，使唐王朝蓬勃发展起来，形成了中国历史上有名的太平盛世，即"开元之治"（"开元"是唐玄宗前期的年号）。

可是到了开元末年，随着年纪的增长，唐玄宗看到天下太平，百姓丰衣足食，就慢慢失去了当初那种勃勃向上的精神，而沦入安逸享乐之中。他对自己已取得的成绩十分满足，不再注意用人时还分贤佞忠奸，只听得进奉承顺耳的话，却受不了批评直谏。由此，奸臣便猖獗起来，忠臣则受到了排挤打击，朝政开始走下坡路。

奸相李林甫就是这个时候起家的。有句成语叫"口蜜腹剑"，说的就是李林甫。李林甫这个人没有其他本事，却特别善于奉承拍马。他为人处世周到圆滑，成天乐滋滋的，说起话来甜言蜜语，正中别人下怀，可心里时时处处在想办法坑害别人。时间一长，大家上过他的当，吃过他的亏，都知道他是个面善心狠的人，于是就用"口有蜜，腹有剑"的话来形容他。

唐玄宗那时宠爱的妃子是武惠妃，甚至想把她立为皇后。可是大臣们都极力反对，唐玄宗也就只好作罢。

李林甫像

李林甫抓住这个机会，就向武惠妃讨好献殷勤，说："当不上皇后都是大臣们作梗，看来是没办法了。但是皇妃，你放心，我一定要设法让你的儿子寿王当上太子。"一席话把武惠妃说得满心欢喜，武惠妃就不断在唐玄宗面前说李林甫的好话。这样一来，唐玄宗就更器重李林甫了，想把他提升为宰相。

唐玄宗把自己的想法说给老宰相张九龄听，想听听张九龄的意见。张九龄不仅很有才华，而且为人正直、处事公道。他早就看出李林甫心术不正，根本就不是做官的材料，更不能做宰相，就断然否决道："宰相可不是一般的官，那可是关系到国家前途安危的啊！李林甫这样的人怎么行呢？"

这话不久就传到了李林甫的耳朵里，他恨得咬牙切齿，时时想找机会报复张九龄。后来在提拔牛仙客和废太子的事上，李林甫附和玄宗，与张九龄唱对台戏，终于使皇帝冷落、疏远了张九龄。

大臣们看出来唐玄宗宠信的是李林甫，又见张九龄、严挺之一个个都倒了霉，就没有人敢再说话了。没有人在唐玄宗耳朵边嘀咕，李林甫更是一手遮天，做起坏事来毫无顾忌。

后来，唐玄宗又想起了严挺之，就问李林甫："严挺之现在怎么样了？他很有才干，还可以为我所用呢！"

李林甫心里很不高兴，但表面上却极其诚恳、认真，毕恭毕敬地说："皇上既然还惦着他，让我去打听一下，再来禀告。"

退朝之后，李林甫派人找来严挺之的弟弟，对他说："我知道你哥哥很想回京城。这个事好办，我有办法让他回来。"

严挺之的弟弟以为李林甫真在关心他哥哥，心里十分感激。李林甫却笑着说："不用客气，我和你哥哥是老朋友了。你写封信，让你哥哥给皇上写个奏章，就说得了病，请求回京城治一治。"

严挺之接到弟弟的来信，真的照李林甫说的那样上了道奏章。李林甫接到奏章，就拿去给唐玄宗看，并说："没想到严挺之年纪不大，就得了重病，干不成大事了。这样的人才，实在是可惜啊！"

唐玄宗叹口气，感到很惋惜，就把严挺之的信丢到了一边。

这件事充分暴露了李林甫口蜜腹剑的嘴脸，而唐玄宗却没有看清楚李林甫，就这样为唐王朝从此走向衰败埋下祸根，很快"安史之乱"就爆发了。

所以，要想看清楚一个人，不要只看表面现象，要有能透过现象看本质的眼光，这样才能少走弯路，结交到真正优秀的人。

13.25 子曰："君子易事而难说也①。说之不以道，不说也；及其使人也，器之②。小人难事而易说也。说之虽不以道，说也；及其使人也，求备焉。"

【题解】

孔子在这里谈的是做人的两种作风。这是君子和小人之间的又一差别，君子严于律己，宽以待人，小人对人求全责备。

【注释】

①说：通"悦"。②器之：按各人的才德适当使用。器，器用，做动词用。

【译文】

孔子说："在君子手下做事情很容易，但要取得他的欢心却很难。不用正当的方式去讨他的喜欢，他是不会喜欢的，等到他使用人的时候，能按各人的才德去分配任务。在小人手下做事很难，但要想讨好他却很容易，用不正当的方式去讨好他，他也会很高兴。在用人的时候，却是要百般挑剔、求全责备的。"

【论语的智慧】

孔子认为与君子一起做事很开心，也很容易。这是因为君子胸怀坦荡，没有什么偏见与私心，你要和他提个建议，没问题，只要合理他就会接受。但是接下来孔子又说了，你要是打算讨好君子就比较难了，这是怎么回事呢？因为君子的内心很正直，不会因为你给他说两句好话，戴两顶高帽，送点礼，就能讨好他的。他们做事情就是秉公办理，而不会和你讲私情。这就是为什么孔子说和君子一起共事容易，但是讨好他就比较难的缘故。小人正好相反。如果你想讨好小人那很容易，只要投其所好就可以了。对于小人，你只要送他所需，送他所急，送他所喜，他就一定很高兴，这就是容易讨好的地方。但是你要和他一起共事就难了，小人永远只会考虑他的私利，他的眼中没有大局，更何况是你呢？大难来临的时候小人才不会想到平时你给他送了多少东西，他的眼中只有自己，所以说"小人难事而易说也"。总之，和小人相处很难，但是想讨好他、取悦他那很容易。我们看一下隋末唐初时的徐文远是怎么对待他的两个学生的，就会明白对待小人与君子是不能相同的。

徐文远是名门之后，他幼年跟随父亲来到了偃师，那时候生活十分困难，难以自给。但他勤奋好学，通读经书，后来官居隋朝的国子博士，越王杨侗还请他担任祭酒一职。隋朝末年，洛阳一带发生了饥荒，徐文远只好外出打柴以维持生计，凑巧碰上李密，于是被李密请进了自己的军队。李密曾是徐文远的学生，他请徐文远坐在朝南的上座，自己则率领手下将士向他参拜行礼，请求他辅佐自己。

徐文远对李密说："如果将军你决心效仿伊尹、霍光，在危险之际辅佐皇室，那我虽然年迈，仍然希望能为你尽心尽力。但如果你要学王莽、董卓，在皇室遭遇危难的时刻，趁机篡位夺权，那我这个年迈体衰之人就不能帮你什么了。"

李密答谢说："我敬听您的教诲。"

后来，李密战败，徐文远屈居于王世充的帐下。王世充也曾是徐文远的学生，他见到徐文远十分高兴，赐给他锦衣玉食。徐文远每次见到王世充，总要十分谦恭地对他行礼。有人问他："听说您对李密十分倨傲，但却对王世充恭敬万分，这是为什么呢？"

徐文远回答说："李密是个谦谦君子，所以像郦生对待刘邦那样用倨傲的方式对待他，他也能够接受；王世充却是个阴险小人，即使是老朋友也可能会被他陷害杀死，所以我必须小心谨慎地与他相处。我这是因人而异，难道不应该如此吗？"

等到王世充归顺唐朝后，徐文远又被任命为国子监博士，很受唐太宗李世民的重用。

徐文远之所以能在隋唐之际的乱世保全自己，屡被重用，就是因为他针对不同的人有不同的应对之法，懂得灵活处世。小人之所以可怕，不在于他和你唇枪舌剑地明着唱反调，而在于他暗地里给你放几支暗箭就要你吃不了兜着走。更有甚者，小人不会让你察觉他的真实意图，他们习惯躲在阴暗潮湿的地方给你设圈套，就等着你不知情往里面跳，也许表面上他还会和你谈笑自如。这当然需要我们提高警惕，但更为重要的是人生经验。

13.26　子曰："君子泰而不骄，小人骄而不泰。"

【题解】

由于君子与小人的内在的心灵、思想、修养不同，诚于衷，形于外，自然他们表现于外的风格也不相同。

【译文】

孔子说："君子安详坦然而不骄矜凌人，小人骄矜凌人而不安详坦然。"

13.27　子曰："刚、毅、木、讷，近仁。"

【题解】

孔子认为"仁"是最高境界，不易达到，可以从基本的刚、毅、木、讷这做人的四种品质做起。

【译文】

孔子说："刚强、坚毅、质朴、言语实在而谨慎，具备了这四种品德的人便接近仁德了。"

13.28　子路问曰："何如斯可谓之士矣？"子曰："切切偲偲①，怡怡如也②，可谓士矣。朋友切切偲偲，兄弟怡怡。"

【题解】

前面子贡问士，孔子提出了士的三个标准；这里子路问士，孔子提出要友好地处理好朋友之间、弟兄之间的和谐关系。这些回答都是在因材施教。

【注释】

①偲偲：勉励、督促、诚恳的样子。②怡怡：和气、亲切、顺从的样子。

【译文】

子路问道："怎样才可以称为士呢？"孔子说："互相帮助督促而又和睦相处，就可以叫作士了。朋友之间要互相勉励督促，兄弟之间要和睦相处。"

13.29　子曰："善人教民七年，亦可以即戎矣①。"

【题解】

孔子是主张和平的，他反对暴力和带有侵略性质的兼并战争；但他主张保卫国家、抵抗外侵的战争。他认为对人民要加强保卫国家的教育和训练。

【注释】

①即戎：参与军事。即用作动词，表示"就"的意思。

【译文】

孔子说："善人教导训练百姓7年的时间，也可以叫他们去作战了。"

13.30　子曰："以不教民战^①，是谓弃之。"

【题解】

这里是说要爱惜人民，让没有经过教育和训练的百姓去打仗，就是抛弃他们的生命。

【注释】

①不教民：不教之民。

【译文】

孔子说："让没有受过训练的人去作战，这是抛弃他们，让他们去送死。"

宪问篇第十四

14.1　宪问耻^①。子曰："邦有道，谷^②；邦无道，谷，耻也。""克、伐、怨、欲不行焉^③，可以为仁矣？"子曰："可以为难矣，仁则吾不知也。"

【题解】

这是孔子对原宪问耻的回答，意思与《泰伯》篇第13同。

【注释】

①宪：姓原，名宪，字子思，孔子的学生。②谷：俸禄。③克：好胜。伐：自夸。

【译文】

原宪问什么叫耻辱。孔子说："国家政治清明，做官领俸禄；国家政治黑暗，也做官领俸禄，这就是耻辱。"原宪又问："好胜、自夸、怨恨和贪婪这四种毛病都没有，可以称得上仁吗？"孔子说："可以说是难能可贵，至于是否是仁，我就不能断定了。"

【论语的智慧】

有这样一个故事。有一个书生因为像晋人车胤那样借萤火夜读，在乡里出了名，乡里的人都十分敬仰他。一天早晨，有一个人去拜访他，想向他求教。可是这位书生的家人告诉拜访者，说书生不在家，已经出门了。来拜访的人十分不解地问："哪里有夜里借萤火读书，而白天大好的时光不读书却去干别的杂事的道理？"家人如实地回答说："没有其他的原因，主要是因为要捕萤，所以一大早出去了，到黄昏的时候就会回来的。"

这个故事读来令人啼笑皆非，车胤夜读是真用功、真求知，而这个虚伪的书生真的好学到这种地步吗？早晨出门捕萤，黄昏再回来装模作样地表演一番，完全是本末倒置，"名"是有了，但时间一长难免不会露出马脚。靠一时的投机哗众取宠，这样的"名"往往很短暂，如过眼云烟，很快会被世人遗忘。那时，这位"名人"便也不再风光了。

虚名能为人带来心理一时的满足感，也就使争名的事常有发生。虚名本身毫无价值、毫无意义，任何一个真正的有识之士，都不会看重虚名。为了虚名而去争斗，是人世间各种矛盾、冲突的重要原因，也是人生之中诸多烦恼的根源所在。历史上多少悲剧出于争名夺誉，人们只看到了虚名表面的好处，却不知道，在虚名的背后，埋藏了多少辛酸和苦难。为了获得这么一个毫无价值的虚名，人们常常明里打得头破血流，暗中钩心斗角，朋友反目为仇，兄弟自相残杀，虚名之累，何其重也。

忍对虚名，则要不受它的诱惑，脚踏实地地工作，力求不使自己背上虚名这种沉重的思想包袱，"人怕出名猪怕壮"就是这个道理。人一有了名气，争得了这份荣誉，必然要受到一些非难和妒忌，就要做好承受外界压力的心理准备。有时由于这种虚名的获得，使人缺乏冷静的心态，忘乎所以，而骄傲起来，自以为了不起，其实一切都是虚的，不做进一步的努力，到最后什么也得不到。所以说虚名害人，不可追逐，而应力忍对虚名的羡慕之心。

忍对虚名，就是要放弃那些华而不实的东西。放弃虚名，不是笨人所为，而是智者的一种积极的人生态度。在名声和荣誉面前采取忍让和放弃的态度固然不易，但是只要加深自身的修养，认识到虚名的害处，弃之有何可惜呢？

要不为虚名所累，那么在做人、做事中就要有意地把握进退的法度。当进则进，一往无前；当退则退，明哲保身。不该自己出头的时候出头，为了出风头而出头，或者做事不想后果得失，只求虚名，是一种不成熟的处世之学，只会害人害己。

做好事，做实事，发自内心，顺应人情，利于众人，这是立身行事的基本尺度。雁过留声，人过留名，该留下的必然留下；不该留下的，终会被时空湮没。知此是一种知人知世的智慧，行此更是一种伟大的、超凡的人格。

为了名誉，无论成功失败，无论他人说法如何，无论境遇好与坏，自己都须稳稳地把握自己。

虚名是人心灵上的包袱，让人不得一刻轻松，让人失去自我，让人失掉别人的尊重与承认，更危险的是贪慕虚名可能会成为对手打击你的机会，到时受到的伤害有多惨重，是无可估量的。

我们以赤子之身来此世界，当以赤子之心走过此世界，留取清白在人间。虽无声名，亦无功利，然而这也是莫大声名，莫大功利了。所以，我们的先哲说："至人无己，神人无功，圣人无名。"

事实上，人生的规则也正是如此奇妙，贪慕虚名、急功近利者往往得不到真正的名誉；沽名钓誉，无所不用其极的人往往得不到真正的快乐。

14.2　子曰："士而怀居^①，不足以为士矣。"

【题解】

孔子所称赞的士，具有很高的品质；如果贪恋家室的安逸，就失去了士的责任了。

【注释】

①怀居：留恋家室的安逸。

【译文】

孔子说："士人如果留恋安居的安逸，就不足以做士人了。"

14.3 子曰："邦有道，危言危行①；邦无道，危行言孙②。"

【题解】

在这里，孔子讲的是做人与为政之道，孔子是既主张行"仁"道，又主张重生的。

【注释】

①危：直，正直。②孙：通"逊"。

【译文】

孔子说："国家政治清明，言语正直，行为正直；国家政治黑暗，行为也要正直，但言语应谦逊谨慎。"

【论语的智慧】

孔子在这里要告诉我们一个非常重要的道理：在国家太平时候与社会动荡的时候怎么做人做官，换句话说就是在治世和乱世中怎么做到既能保住自己的身家性命，又能尽到为人臣子的责任。

"危"就是正的意思。"孙"字古代与"逊"字通用，逊者退也，就是谦退的意思。孔子说，政治清明的时候，要正言正行；遇到政治混乱的时候，自己的行为要端正，说话要谦虚。

单从这样的几句话就可以看出，孔子很厉害，很通人情世故。其实，我们必须承认，一个不懂得人情世故的人也不可能给国家和社会带来很大的贡献，因为连自己都保护不了的人，你又怎么能期盼他能为别人带来福祉呢？所以从历史上来看，或者是结合我们的人生经验来看，孔子的话很有道理。太平之世的时候一定要行为端正，说话正直，做一个受百姓敬仰的官，做一个受同僚喜欢的人，这是一个君子所要做的，也是保证自己将来不被他人攻击的资本。人们常说世事无常，人心难测，只有你做到了问心无愧，才不会被人要挟。所以我们做官时一定要"危言危行"。

接下来孔子谈到了如果是乱世怎么做官的原则。孔子在这里告诉我们"邦无道"的时候一定要清廉，让自己无懈可击，这就是"危行"，与此同时还要"言孙"，就是要说话谨慎，尤其要注意自己的言行举止。有人觉得乱世没有法制，政治混乱，正好可以浑水摸鱼、顺手牵羊，这样的想法就很危险了。越是在乱世就越要自我约束，检点自己的行为，否则没准你一句不经意的牢骚就能让你的政治前途变得一片黑暗。

这里先看看岳飞的例子。岳飞所处的正是一个动乱的时代，岳飞的为人处世，是危言危行，正言正行，结果蒙冤而死。他没有做到《论语》所说的"危行言孙"。为什么说他言不逊呢？"直捣黄龙，迎回二圣"，是他讨伐的口号。"二圣"是宋高宗的父亲和哥哥。他当时的口号，就是非打不可，准备一定要打到北方去，把太上皇、皇兄两个人请回来。他这个话说得也对，是正言，但"二圣"回来，高宗怎么办？所以秦桧要杀岳飞不过是为了拍高宗的马屁。因为高宗自己的意思，认为岳飞真糊涂，打尽管打，可是迎回"二圣"来，叫我这个现任皇帝怎么办呢？而这个话，高宗又无法告诉岳飞，所以岳飞的死，就在于他没有做到"危行言孙"！

与岳飞不同的是，历史上还有一个备受争议的人，他就是冯道。这个人不仅品行端正，而且是一个会做官会做人的人，做到了孔子说的治世与乱世做官的原则。在唐宋之间，五胡乱华几十年间，社会动荡，战乱频仍。冯道却能在乱世之中泰然自处，侍后唐四帝、后晋二帝，再侍后汉、后周，并在契丹待过一段时间，在各朝都是官居高位，享尽荣华富贵，年七十三而得善终。我们可以断定他一定是一个品行无懈可击的人，否则何以能成为五代时官场上的不倒翁呢？他认为在那个时代中，都是豺狼当道，不需向谁尽忠。只需保存中国文化的精神、中华民族的命脉，等待自己民族有真正的人才出来领导即可。

冯道在后晋石敬瑭手下担任宰相时，因为石敬瑭为求得契丹出兵援助自己打败后唐，夺取天下，准备割让卢龙一道和雁门关以北地区贿赂契丹，并向其称臣、称儿。事定后，需要派一名重臣为礼仪使到契丹，为契丹主耶律德光和萧太后上尊号。

石敬瑭心中的理想人选是冯道，但考虑到此行可能有去无回，感到难以启齿，便叫几名宰相商议此事。

捧着诏书的文书小吏一到中书省便哭出声来，因为自己的皇帝对外藩称儿、称臣实在是太屈辱了。

冯道正和几位同僚商议政务，见状大惊。待明白来意后，几位大臣都吓得面无人色，唯恐这桩既危险又屈辱的差事落到自己头上。

冯道看出了大家的意思，也不说话，很镇静地在一张纸上写下"道去"两字，其他人看后既感到解脱，又替他难过，有的人甚至当场落泪。

冯道出任礼仪使到了契丹后，契丹主对他很重视，本想亲自出去迎接，后因有人劝他"国君不应迎宰相"才作罢。

给契丹主和太后上过尊号后，冯道便被契丹主留下来为官，契丹族的风俗是只赐给贵重大臣象牙笏，或在腊日赐牛头，有一样就是特殊宠幸，冯道却全都得到了。他还为此作诗一首："牛头偏得赐，象笏更容持。"

契丹主知道后大为高兴，要长期留他在契丹为官，冯道说："南朝为子，北朝为父，我在哪朝做官，没有什么分别。"契丹主听后更欣赏他了。

冯道把得到的赏赐都用来买木炭，对人说："北方寒冷，我年纪老了，难以忍受，不得不多做些准备"，摆出一副扎根契丹的架势。

契丹主开始唯恐留不住冯道，待见他如此，不仅不再怀疑他的忠诚，反而觉得自己的"儿皇帝"那里更需要这样忠诚有名望的大臣辅佐，便让冯道回到石敬瑭那里。

冯道三次上表推辞，说自己眷恋上国，不忍离去，契丹主一再催促，冯道才显得百般不情愿地上路了。

他先在驿馆中住了一个月，然后慢腾腾向回返。一路上到一个地方便停下来住宿，一点也不着急，契丹主派人查探后，愈加放心。冯道一直走了两个月，才出了契丹国境。

冯道身边的人问他："我们能逃出虎口，返回家乡，恨不得身生双翅，您却走走停停，却是为何？"

冯道笑着说："急有什么用？我们如果走快了，契丹主用快马一天就可以把我们追回去。我们走得慢，他们难以觉察我们的心思，这样才能安全返回。"

左右的人听后，都恍然大悟，对他钦佩不已。

14.4　子曰："有德者必有言，有言者不必有德。仁者必有勇，勇者不必有仁。"

【题解】

这几句讲的是道德和语言、仁德和勇敢之间的关系。

【译文】

孔子说："有德的人一定有好的言论，但有好言论的人不一定有德。仁人一定勇敢，但勇敢的人不一定有仁。"

14.5　南宫适问于孔子①，曰："羿善射②，奡荡舟③，俱不得其死然。禹、稷躬稼④，而有天下。"夫子不答。

南宫适出，子曰："君子哉若人！尚德哉若人！"

【题解】

此章反映了孔子崇尚忠信、质朴和道德，反对不择手段，鄙视暴力和权术的态度。

【注释】

①南宫适：姓南宫，名适，字子容，孔子的学生。②羿：传说中夏代有穷国的国君，善于射箭，曾夺夏太康的王位，后被其臣寒浞所杀。③奡：古代一个大力士，传说中寒浞的儿子，后来为夏少康所杀。④禹：夏朝的开国之君，善于治水，注重发展农业。稷：传说是周代的祖先，又为谷神，教民种植庄稼。

【译文】

南宫适向孔子问道："羿擅长射箭，奡善于水战，都没有得到善终。禹和稷亲自耕作庄稼，却得到了天下。"孔子没有回答。

南宫适退出去后，孔子说："这个人是君子啊！这个人崇尚道德啊！"

14.6　子曰："君子而不仁者有矣夫，未有小人而仁者也。"

【题解】

在孔子看来，仁的境界是非常高的、难以企及的。君子尚且要时时注意努力，小人就更难了。

【译文】

孔子说:"君子之中也许有不仁的人吧,但小人之中却不会有仁人。"

【论语的智慧】

孔子说:"君子之中也许有不仁的人吧,但小人之中却不会有仁人。"如果我们结合自己的人生经验来看,就会发现孔子说这句话是有深意的。一个好人难免有时候会不那么仁慈,这就像上面所说的做好人容易,难的是做一辈子好人。但是我们什么时候见过一个坏人发善心了呢?正所谓江山易改,本性难移,强盗发善心是不可能的。从这个意义上讲,我们每个人都应当把老祖宗传下来的一句话当作自己的行事原则——害人之心不可有,防人之心不可无。我们千万不可如春申君一样无防人之心。

楚考烈王没有儿子,相国春申君为此甚为忧愁,寻求宜于生子的妇人进献给考烈王,虽然进献了许多妇人,却始终没人能生出儿子。

这时赵国李园想把自己的妹妹献给考烈王,可是又听人说自己的妹妹并无生子之相,又担心自己将来得不到考烈王的宠信。李园就想了个办法当上春申君的舍人,在当上舍人不久,他请假回家,又故意晚回。回来见到春申君,春申君问他为什么晚回。李园回答说:"齐王派人来娶我的妹妹,我和使者喝酒,结果耽误了回来的时间。"春申君说:"送过聘礼了吗?"李园说:"还没有。"春申君说:"可以让我见一下令妹吗?"李园说:"可以。"于是李园就把妹妹献给了春申君,他妹妹很快得到春申君的宠幸。当李园知道妹妹有了身孕,就和妹妹商量了一个计谋。

李园的妹妹依计对春申君说:"君王宠信您,就连兄弟也不过如此。现在您当楚国相国已经二十多年,可是楚王还没有儿子。等到楚王死后,必然立其兄弟为王。楚国王位更换,必然重用自己的亲信,您能长久得到宠信吗?不仅如此,您出任宰相的时间这么长,难免对大王的兄弟有失礼得罪之处。将来大王的兄弟如果登上王位,您定会身受大祸,又怎能保全相国的地位和江东的封地呢?现在臣妾已经知道自己怀有身孕,旁人却谁也不知道。臣妾受你的宠幸还不算久,假如能凭您的高贵身份而把臣妾献给楚王,那楚王必然会宠爱臣妾。万一臣妾能得上天保佑生个儿子,那岂不是您的儿子做了楚王,到那时楚国的一切不尽在您的掌握之中吗?这和面对着不可猜测的结果相比,哪一个更好呢?"春申君认为她的话很有道理,就把李园的妹妹迁到一个秘密的地方,并向楚王进献。楚王把李园的妹妹招来后就非常喜欢她。后来她果然生了一个男孩,被立为太子,李园的妹妹被立为皇后。考烈王重用李园,因而李园很快掌握了朝政。

李园既然把自己的妹妹送入宫成了皇后,所生的孩子又成了太子,深恐春申君越发骄纵或者泄露秘密,因此就在家中暗养刺客,想杀春申君灭口。

当春申君做楚相国第二十五年时,考烈王生了重病。这时门客朱英对春申君说:"世间有出人意料的洪福,也有始料不及的横祸。现在您正处在出人意料的时代里,侍奉出人意料的君主,怎能得不到出人意料的人呢?"春申君说:"什么叫出人意料的洪福呢?"朱英说:"您当楚国的相国已经二十多年了,虽然名义上是楚国的相国,实际上是楚国的国王,五个儿子都当上了诸侯的辅相。现在楚王病得很重,早晚是会死的,一旦大王彻底病倒了,您就得做少主的相国,太子又很幼小,您就得代少主掌管国政,就像伊尹和周公一样,等少主长大再让他亲政，要不然，您就可以南面称王，掌握楚国。这就是所谓出人意料的洪福。"春申君问："那什么叫出人意料的横祸呢？"

朱英说："李园虽然不是国家的相国，却是国舅。他既然不是领兵大将，却在暗中豢养刺客，这事已经很久了。楚王死后，李园必定入宫，据本奏议，假传君王的命令杀你灭口，这就是所谓意想不到的横祸。"春申君说："什么叫意想不到的人呢？"朱英说："阁下先任命臣为郎中（宫廷中的侍卫官），楚王死后，李园一定会先入宫，请让臣替您把他杀死，这就是所谓意想不到的人。"春申君说："先生别说了，李园为人诚恳老实，我又和他很要好，怎么能用这种毒辣的手段呢？"朱英一看春申君不肯听他的话，心里害怕事情泄露，就赶紧离开了楚国。

十七天后，楚考烈王驾崩，李园果然先入宫中，暗中在棘门内埋伏刺客。当春申君经过棘门时，李园的刺客从门两边跳出来杀死他，然后将他的头割下来丢到棘门外，同时又派人杀死春申君的全部家人。李园之妹所生的孩子，被立为楚王。

作为战国著名的四君子之一的春申君，恐怕到死也不清楚自己是怎么死的，实际上，他就死在自己没有认清小人的嘴脸，没有防人之心。人们常说明枪易躲，暗箭难防，尽管我们自己是一个君子，不会去对别人放暗箭，但是并不代表小人不去做。任何时间、任何地点，我们都要留心，记住"害人之心不要有，防人之心不可无"的古训，还要牢记一点：小人从不会在自己的脸上刺上字——"请注意，我是小人！"

14.7 子曰："爱之，能勿劳乎？忠焉[1]，能勿诲乎？"

【题解】

孔子在这里谈的是爱百姓、爱后进，而且要忠于朋友、忠于国家。

【注释】

[1]焉：相当于"于是"，也相当于"于之"，但古代"于"和"之"一般不连用。

【译文】

孔子说："爱他，能不以勤劳相劝勉吗？忠于他，能不以善言来教诲他吗？"

【论语的智慧】

孔子说："爱他，能不以勤劳相劝勉吗？忠于他，能不以善言来教诲他吗？"对待孩子不应仅限于物质上的爱护，而是应该让他们劳动，以此让他们知道人生的困苦艰难，应该让他们自己体验生活中的酸甜苦辣，而不是家长越俎代庖，剥夺孩子的成长权利。

有位农场主让自己的孩子利用闲暇时间在农场干活，他要求孩子对田里的庄稼播种、除草、施肥、捉虫。农场主的一位朋友看到这一场景后，就对农场主说："何必让孩子这么辛苦呢？不必如此精细，庄稼一样会长得很好。"农场主笑了笑说："我不是在培植庄稼，我是在培养我的孩子。"培养孩子首先要让他吃点苦头，让他懂得一分一厘都是来之不易的；只有懂得了做人做事的艰辛，他才会对自己的人生认真负责。这位农场主真是一位伟大的父亲，他教给了孩子吃苦和独立的意志品格，即便以后孩子离开了他的庇护，仍然能够飞得更高、更远。

我们都知道犹太民族是一个伟大的民族，但犹太民族之所以伟大，是与他们的早期教育有极大的关系的。以犹太人对孩子的苦难教育为例。世界上多数民族都将早晨作为一天的开始，公历的一天开始于午夜，而犹太人的一天则是从太阳落山时开始的。当孩子问为什么时，他们就说："将黑暗作为开头，他的最后才是光明；而将光明作为开头，最后则是黑暗。"犹太人以此教育孩子的吃苦精神。

犹太人有个俗语："你比希勒尔还穷吗？你比希勒尔还缺少时间吗？"犹太人从小就知道希勒尔的故事。少年的希勒尔很穷。他拼命地工作，将得到的钱一半送给守门人，以求进入学校的院子听课。可是后来他连一块面包也吃不上，守门人再也不让他进入学校的院子了。他就悄悄爬上屋顶，躲在天窗上听课。一个冬天，学生们发现，天空是晴朗的，可是教室却是黑暗的。原来是希勒尔躺在天窗那儿，他已经冻僵了。

多数民族将胜利、喜庆的日子作为节日，可是犹太人最盛大的节日"逾越节"，却是为纪念他们在埃及当奴隶时的苦日子而设立的。这天他们给孩子吃一种很难吃的没发酵的面包和很苦的叶子，然后讲祖先在埃及受屈辱的故事。

正是因为这样的教育，犹太人更懂得去承受生活的苦难，并且在世界范围内做出了巨大的成就。苦难是一个人成长的催化剂，如果爱孩子，就要让他懂得生活中的辛劳和苦难。只有这样，孩子才能在人生的风雨中茁壮成长。

14.8　子曰："为命①，裨谌草创之②，世叔讨论之③，行人子羽修饰之④，东里子产润色之⑤。"

【题解】

这里通过孔子对子产的外交能力表示赞赏，讲述了一道行政文书需要经过四个人来完成，说明从政要谨慎。子产的外交事迹亦见于《左传·襄公三十一年》。

【注释】

①命：指外交辞令。②裨谌：郑国的大夫。③世叔：即子太叔，名游吉。郑国的大夫。子产死后，继子产为郑国宰相。④行人：官名，掌管朝觐聘问，即外交事务。子羽，公孙羽，郑国的大夫。⑤东里：子产所居之地，在今河南省郑州市。

【译文】

孔子说："郑国制定外交文件，由裨谌起草，世叔提出意见，外交官子羽修改，东里子产加工润色。"

14.9　或问子产，子曰："惠人也。"

问子西①，曰："彼哉！彼哉②！"

问管仲，曰："人也。夺伯氏骈邑三百③，饭疏食，没齿无怨言。"

【题解】

这是孔子针对子产、子西及管仲的政绩，分别做了不同的评价。

《论语》大讲堂

【注释】

①子西：楚国的令尹，名申，字子西。一说为郑国大夫。②彼哉，彼哉：他呀！他呀！这是当时表示轻视的习惯语。③伯氏：齐国的大夫。骈邑：齐国的地方。

【译文】

有人问子产是怎样的人。孔子说："是宽厚慈惠的人。"

问到子西是怎样的人。孔子说："他呀！他呀！"

问到管仲是怎样的人。孔子说："他是个人才。他剥夺了伯氏骈邑三百户的封地，使他只能吃粗粮，却至死没有怨言。"

【论语的智慧】

有人曾经这样问孔子："你觉得郑国的子产怎么样啊？"孔子说："子产是个宽厚慈惠的人。"子产当政的时候，对社会贡献很大，对郑国的老百姓，是有恩惠的。

这个人接着问孔子认为楚国宰相子西如何。孔子回复他的话有无限的未尽之意，他说："他啊，他啊！"明眼人一听就知道孔子对他不是很钦佩，但是孔子又不好直接说什么，毕竟这不是圣人的做人风格——孔子很反感背后乱批评别人。孔子为什么要这样说呢？这里有一个插曲，知道了这个故事就明白孔子为什么作如此回答。孔子有弟子三千，其中有很多贤人，所以他的名声很大。当他来到楚国的时候，这位大宰相怕位置不保，担心孔子抢了他的宝座，对孔子的态度很不好。从这一件事我们就能看出子西这个人胸怀不够宽广，有点嫉贤妒能。一个国家有这样一个位高权重的人当宰相，他能为自己的国家做出什么实质性的贡献呢？

接下来他又问孔子认为管仲这个人怎么样。我们知道没有管仲就不会有齐桓公的称霸，是他帮助齐桓公七连诸侯，这在当时是个了不起的功绩。因为当时诸侯纷争，风云变幻，而齐桓公能号令天下，组织大家开了一场又一场的"国际会议"，全部仰仗管仲之力。所以孔子对管仲很佩服，我们几乎能想象到孔子回答这个人问题时的表情和动作，似乎孔子应该是竖起大拇指，连连点头称赞管仲："管仲才算得上是一个真正意义上的人才。真了不起！"他在当政的时候，能够把齐国另一大夫伯氏，连着的好田三百没为公有，而伯氏一家人因此穷困，只有青菜淡饭可吃，但一直到死，都没有怨恨管仲，而是对其心悦诚服。所以孔子说他能够称为一个人，了不起！我们如果稍微注意一下，就能发现孔子心中的标准。他为什么不说管仲也是一位大政治家呢？这是因为仅仅如此说，会降低了管仲的价值。因为政治家只是一个政治上很有作为的人物，而能够将别人的财产拿走，还能让别人没有一丝一毫的怨言，这就不是一个政治家所能概括得了的了。所以孔子称他是一个"人"。

我们通篇看下来就会明白这样一个朴素而深刻的道理：做官只有一阵子，做人却是我们一辈子的事业。做人比起做官要重要得多，二者也不是一个层次上的哲学命题。不会做人会产生许多严重的后果，有时甚至会让人失去官位，清朝就有这样的故事。

清朝康熙年间，北京城延寿寺街上廉记书铺的店堂里，一个书生模样的青年站在离账台不远的书架边看书。这时账台前一位少年购买了一本《吕氏春秋》正在付书款，有一枚铜钱掉地上滚到这个青年的脚边，青年斜着眼睛扫了一下周围，就挪动右脚，把铜钱踏在

二七六

脚底。不一会儿，那少年付完钱离开店堂，这个青年就俯下身去拾起脚底下的这枚铜钱。凑巧，这个青年踏钱、取钱的一幕，被店堂里边坐在凳上的一位老翁看见了。他见此情景，盯着这个青年看了很久，然后站起身来走到青年面前，同青年攀谈，知道他叫范晓杰，还了解了他的家庭情况。原来，范晓杰的父亲在国子监任助教，他跟随父亲到了京城，在国子监读书已经多年了。今天偶尔走过延寿寺街，见廉记书铺的书价比别的书店低廉，所以进来看看。老翁冷冷一笑，就告辞离开了。

后来，范晓杰以监生的身份进入誊录馆工作，不久，他到吏部应考合格，被选派到江苏常熟县担任县尉之职。范晓杰高兴极了，便水陆兼程南下上任。到了南京的第二天，他先去常熟县的上级衙门江宁府投帖报到，请求谒见上司。当时，江苏巡抚大人汤斌就在江宁府衙，他收了范晓杰的名帖，没有接见。范晓杰只得回驿馆住下。过一天去，又得不到接见。这样一连十天。第十一天，范晓杰耐着性子又去谒见，威严的府衙护卫官向他传达巡抚大人的命令："范晓杰不必去常熟县上任了，你的名字已经写进被弹劾的奏章，革职了。""大人弹劾我，我犯了什么罪？"范晓杰莫名其妙，便迫不及待地问。"贪污。"护卫官从容地回答。

"啊？"范晓杰大吃一惊，自忖，"我还没有到任，怎么会贪污呢？一定是巡抚大人弄错了。"他急忙请求当面向巡抚大人陈述，澄清事实。护卫官进去禀报后，又出来传达巡抚大人的话："范晓杰，你不记得延寿寺街上书铺中的事了吗？你当秀才的时候尚且爱一枚铜钱如命，今天侥幸当上了地方官，以后能不绞尽脑汁贪污而成为一名戴乌纱帽的强盗吗？请你马上解下官印离开这里，不要使百姓受苦了。"范晓杰这才想起以前在廉记书铺里遇到的老翁，原来就是正在私巡察访的巡抚大人汤斌。

一枚铜钱断了范晓杰的政治之路，让他在还没有起飞的时候就先折了翼，归根究底不是那一枚铜钱有多厉害，而是他不会做人，人都没做好，又如何能做好事情呢？做不好事情也做不好官，这就是"做官一阵子，做人一辈子"的核心思想。通篇读下来，我们能感受到孔子知人论世的准确、深刻，同时更感受到只有那些人生经验很丰富的人才能有如此体会。

14.10 子曰："贫而无怨难，富而无骄易。"

【题解】

孔子认为富足了而不骄傲容易，贫穷时保持心态平和就难了。

【译文】

孔子说："贫穷而没有怨恨很难，富贵而没有骄矜倒很容易。"

14.11 子曰："孟公绰为赵、魏老则优①，不可以为滕、薛大夫②。"

【题解】

孔子这里讲的是为政者应量才用人，使人各尽所能，各得其所。

【注释】

①孟公绰：鲁国的大夫，清心寡欲。赵、魏：晋国最有权势的大夫赵氏、魏氏。老：

大夫的家臣。优：优裕。②滕、薛：当时的小国，在鲁国附近。滕在今山东藤县，薛在今山东藤县西南。

【译文】

孔子说："孟公绰担任晋国赵氏、魏氏的家臣绰绰有余，但是做不了滕国和薛国这样小国的大夫。"

14.12　子路问成人①。子曰："若臧武仲之知②，公绰之不欲，卞庄子之勇③，冉求之艺，文之以礼乐，亦可以为成人矣。"曰："今之成人者何必然？见利思义，见危授命，久要不忘平生之言④，亦可以为成人矣。"

【题解】

这里是讨论人格完善的问题。在孔子看来，人能兼德能才艺又有礼乐教养就接近于完人了，而且"久要不忘平生之言"。"见利思义"的思想，对后世影响深远。

【注释】

①成人：全人，即完美无缺的人。②臧武仲：鲁国大夫臧孙纥。他在齐国时，能预见齐庄公将败，不受其田邑。见《左传·襄公二十三年》。③卞庄子：鲁国的大夫，封地在卞邑，以勇气著称。④久要：长久处于穷困中。

【译文】

子路问怎样才算是完人。孔子说："像臧武仲那样有智慧，像孟公绰那样不贪求，像卞庄子那样勇敢，像冉求那样有才艺，再用礼乐来增加他的文采，就可以算个完人了。"孔子又说："如今的完人何必要这样呢？见到利益能想到道义，遇到危险时肯献出生命，长期处在贫困之中也不忘平生的诺言，也就可以算是完人了。"

【论语的智慧】

子路问怎样才算是完人。孔子说："像臧武仲那样有智慧，像孟公绰那样不贪求，像卞庄子那样勇敢，像冉求那样有才艺，再用礼乐来增加他的文采，就可以算个完人了。"孔子又说："如今的完人何必要这样呢？见到利益能想到道义，遇到危险时肯献出生命，长期处在贫困之中也不忘平生的诺言，也就可以算是完人了。"

很多人都达不到孔子所说的标准，见到有利可图就不顾道义。正如《汉书·樊郦滕灌傅靳周传》中所说："夫卖友者，谓见利而忘义也。"如果交朋友以利益为基准，那么这种友谊一旦与利益发生冲突便会不堪一击。

一天傍晚，有两个非常要好的朋友在林中散步。突然，有位僧人从林中惊慌失措地跑了出来，两人见状，便拉住那个僧人问道："你为什么如此惊慌，到底发生了什么事情？"

僧人忐忑不安地说："我正在移植一棵小树，却忽然发现了一坛子黄金。"

两个人虽然感到好笑，但转念一想那可是一坛黄金啊，于是赶紧就说："你这个人真蠢，挖出了黄金还被吓得魂不附体，真是太好笑了。"然后，他们相互交换了一下眼色问道："你是在哪里发现的，告诉我们吧，我们不害怕。"

僧人说："还是不要去了，这东西会吃人的。"

两个人异口同声地说："我们不怕，你就告诉我们黄金在哪里吧。"

僧人告诉了他们具体的地点，两个人跑进树林，果然在那个地方找到了黄金。好大的一坛子黄金！

其中一个人说："我们要是现在把黄金运回去，不太安全，还是等天黑再往回运吧。这样吧，现在我留在这里看着，你先回去拿点饭菜来，我们在这里吃完饭，等半夜时再把黄金运回去。"

于是，另一个人就回去拿饭菜去了。

留下的人看着满坛的金子，脑筋转了起来，他心想："要是这些黄金都归我，那该多好呀！等他回来，我就一棒子把他打死，那么，这些黄金不就都归我了吗？"

回去的那个人也一边准备饭菜一边想："我回去先吃饱饭，然后在他的饭里下些毒药。他一死，黄金不就都归我了吗？"

回去的人提着饭菜刚到树林里，就被另一个人从背后用木棒狠狠地打了一下，当场毙命了。然后，那个人拿起饭菜，狼吞虎咽地吃了起来。没过多久，他的肚子就像火烧一样的疼，他这才知道自己中毒了。临死前，他想起了僧人的话："僧人的话真是应验了，我当初怎么就没有明白呢？"

君子重义，小人唯利，以利交友，小人便会蜂拥而至，一旦利益危及自身，便如鸟兽散。上面的故事生动地勾勒出朋友利益之交的一幅画卷。

其实，真正的友情是无价的，能够用金钱衡量出的友情便不是真正的友情。

14.13　子问公叔文子于公明贾^①，曰："信乎？夫子不言，不笑，不取乎？"

公明贾对曰："以^②告者过也。夫子时然后言，人不厌其言；乐然后笑，人不厌其笑；义然后取，人不厌其取。"

子曰："其然？岂其然乎？"

【题解】

卫大夫公叔文子以贤德著称于世，他"不言不笑不取"，他"义然后取"的高尚人格得到孔子的赞许。

【注释】

①公叔文子：卫国的大夫。公明贾：卫国人，姓公明，名贾。②以：此。

【译文】

孔子向公明贾问到公叔文子，说："是真的吗？他老先生不言语，不笑，不取钱财。"

《论语》大讲堂

二七九

公明贾回答说："那是告诉您的人说错了。他老人家是到该说话时再说话，别人不讨厌他的话，高兴了才笑，别人不厌烦他的笑，应该取的时候才取，别人不厌恶他的取。"

孔子说道："是这样的吗？难道真的是这样的吗？"

14.14　子曰："臧武仲以防求为后于鲁①，虽曰不要君②，吾不信也。"

【题解】

这是孔子站在正名和尊君的立场，认定臧武仲是想要挟君主，犯上作乱。臧武仲之事见《左传·襄公二十三年》。

【注释】

①防：地名，武仲封邑，在今山东省费县东北六十里。②要：要挟。

【译文】

孔子说："臧武仲凭借防邑请求立他的后代为鲁国的卿大夫，虽然有人说他不是要挟国君，我是不信的。"

14.15　子曰："晋文公谲而不正①，齐桓公正而不谲②。"

【题解】

这是孔子站在尊王和维护周礼的立场上，分别对春秋时代两位著名的政治家做了评价。

【注释】

①晋文公：姓姬名重耳，著名的霸主之一，公元前636—公元前628年在位。谲：欺诈，玩弄手段。②齐桓公：姓姜名小白，著名的霸主之一，公元前685—公元前643年在位。

【译文】

孔子说："晋文公诡诈而不正派，齐桓公正派而不诡诈。"

14.16　子路曰："桓公杀公子纠①，召忽死之，管仲不死。"曰："未仁乎？"子曰："桓公九合诸侯②，不以兵车，管仲之力也。如其仁③！如其仁！"

【题解】

管仲帮助齐桓公召集诸侯会盟，让天下由此而安，为维护人民的和平生活做出了贡献，这符合于"仁德"，所以博得了孔子的称赞。

【注释】

①公子纠：齐桓公的哥哥。齐桓公与他争位，杀掉了他。②九合诸侯：指齐桓公多次

召集诸侯盟会。③如：乃，就。

【译文】

子路说："齐桓公杀了公子纠，召忽自杀以殉，但管仲却没有死。"接着又说，"管仲是不仁吧？"孔子说："桓公多次召集各诸侯国的盟会，不用武力，都是管仲的力量。这就是他的仁德！这就是他的仁德！"

【论语的智慧】

提到管仲就不能不提鲍叔牙这个人，他既是管仲的知己，又是向齐桓公推荐管仲的人。我们看一段他们交往的故事。春秋时，鲍叔牙和管仲是好朋友，二人相知很深。每次分东西，管仲总要多拿一些。别人都为鲍叔牙鸣不平，鲍叔牙却说："管仲不是贪财，只是他家里穷。"

管仲几次帮鲍叔牙办事都没办好，三次做官都被撤职，别人都说管仲没有才干，鲍叔牙又出来替管仲说话："这绝不是管仲没有才干，只是他没有碰上施展才能的机会而已。"

更有甚者，管仲曾三次被拉去当兵参加战争而三次逃跑，人们讥笑地说他贪生怕死。鲍叔牙再次直言："管仲不是贪生怕死之辈，他家里有老母亲需要奉养啊！"

相信我们在看了这样一段故事后，一定会为管仲感到高兴，所谓"人生得一知己，足矣。"但是后来有一个小插曲更加说明了真正的知己难求。管仲在临死前，桓公问他什么人可以接替他的相位，桓公说："你看你的老朋友鲍叔牙怎么样啊？"管仲说："不行啊。鲍叔牙是个君子，他眼睛里揉不进沙子，是非黑白太分明，不适合做宰相。"看到这里，我们如果是鲍叔牙心里会怎么想呢？有人肯定会认为管仲太过分了，真是不像话。我推荐了你，你却在临死前还说我坏话！但是，真正的知己不会这样，鲍叔牙听说此事后并未生气，反而认为管仲非常了解自己，他也认为自己不适合做宰相。所以，后来管仲就说出了这样一句话："生我者父母，知我者鲍叔牙！"

朋友很多，知己却不易寻找。很多人一生都没有遇到过真正的知音，因为它寥若晨星。看了上面的故事，我们似乎看到了什么才算是真正的朋友，管鲍之交，虽然很难找到，但并不是不存在。

14.17 子贡曰："管仲非仁者与？桓公杀公子纠，不能死，又相之。"子曰："管仲相桓公霸诸侯，一匡天下，民到于今受其赐。微管仲①，吾其被发左衽矣②。岂若匹夫匹妇之为谅也③，自经于沟渎而莫之知也④？"

【题解】

在《八佾》篇，孔子曾批评管仲"不知礼"，这里却肯定管仲的"仁"。这说明孔子评价人并不是片面的，孔子认为管仲安定天下、有功于百姓，这是他的大节。

【注释】

①微：如果没有。用于和既成事实相反的假设句的句首。②被：通"披"。衽：衣襟。③谅：诚实。④自经：自缢。渎：小沟。

【译文】

子贡说："管仲不是仁人吧？齐桓公杀了公子纠，他不能以死相殉，反又去辅佐齐桓公。"孔子说："管仲辅佐齐桓公，称霸诸侯，匡正天下一切，人民到现在还受到他的好处。如果没有管仲，我们大概都会披散着头发，衣襟向左边开了。难道他要像普通男女那样守着小节小信，在山沟中上吊自杀而没有人知道吗？"

14.18　公叔文子之臣大夫僎与文子同升诸公①。子闻之，曰："可以为'文'矣②。"

【题解】

在这里，孔子称赞了公叔文子举贤的美德。

【注释】

①臣大夫：家大夫，文子的家臣。僎：人名。本是文子的家臣，因文子的推荐，和文子一起做了卫国的大臣。同升诸公：同升于公朝。②可以为"文"：周朝的谥法，"赐民爵位曰'文'"。公叔文子使大夫僎和他一起升于公朝，所以孔子说他可以谥为"文"。

【译文】

公叔文子的家臣大夫僎，被文子推荐和文子一起升职为卫国的大臣。孔子听说了这件事，说："可以给他'文'的谥号了。"

14.19　子言卫灵公之无道也，康子曰："夫如是，奚而不丧①？"孔子曰："仲叔圉治宾客②，祝鮀治宗庙，王孙贾治军旅。夫如是，奚其丧？"

【题解】

孔子认为知人善任，选用好人才，用人得当，这都是治国的关键所在。

【注释】

①奚而：为什么。②仲叔圉：孔文子，他与祝鮀、王孙贾都是卫国的大夫。

【译文】

孔子谈到卫灵公的昏庸无道，季康子说："既然这样，为什么没有丧国呢？"孔子说："他有仲叔圉接待宾客，祝鮀管治宗庙祭祀，王孙贾统率军队。像这样，怎么会丧国呢？"

14.20　子曰："其言之不怍①，则为之也难。"

【题解】

孔子一直认为自知之明非常重要，好的品德的体现在行动，说大话应该感到难堪。

【注释】

①怍：惭愧。

【译文】

孔子说："说话大言不惭，实行这些话就很难。"

【论语的智慧】

孔子说："一个人大言不惭，那他实践起来一定很困难。"宋朝朱熹注："大言不惭，则无必为之志，而不自度其能否也。欲践其言，其不难哉！"说者容易，做者难。所以，一个人说话一定要注意，大言不惭，夸夸其谈，自鸣得意，讥讽他人，最后往往会陷入尴尬的境地。

话不可以随便乱说，应该一字一句地斟酌才对。恰当的言语可以一针见血，不加思考地说话只能为自己招惹麻烦。管好自己的舌头，如同慎重地对待珍宝一样，人生将会得到很大的好处。人之所以有两个耳朵、一张嘴巴，是为了让人多听少说，听的分量要有说的两倍。于是，那些懂得听话艺术的人总是让人尊敬，而那些只知喋喋不休地说个不停的人只能让人厌恶。尽管舌头没有骨头，却也十分厉害。因为话一旦说出口，就像射出的箭，再也不能收回了。

这里有一个犹太人的故事。一个拉比对他的仆人说："到市场去给我买些好东西。"仆人去了，带回来一只舌头。拉比又对仆人说："出去到市场上给我买些不好的东西。"仆人去了，又带回来一只舌头。拉比对他说："为什么我说'好东西'，你带回来一个舌头；我说'不好的东西'，你还是带回来一只舌头？"仆人回答说："舌头是善恶之源。当它好的时候，没有比它再好的了；当它坏的时候，没有比它更坏的了。"

愚者常常暴露出自己的愚昧，贤者却总是隐藏自己的知性。基于这样，请记住这么一句忠言："假如你想活得更幸福、更快乐的话，就应该从鼻子里充分吸进新鲜空气，而始终闭上你的嘴巴。"你是否也曾听过："当傻瓜高声大笑时，聪明人只会微微一笑。"因为善于听话的人，易表露知性；而喜欢表现自我、喋喋不休的人，通常都是些傻瓜。

管住自己的嘴巴。不要谈论自己，更不要议论别人。谈论自己往往会自大虚伪，在名不副实中失去自己。议论别人往往会使自己陷入鸡毛蒜皮的是非中纠缠不清。

古往今来，因为说错话而招致灾祸的例子不胜枚举。尤其是古代政治斗争中，党派林立，说话稍有不慎就会大祸临头。现代因为说错话，说不当的话，说不负责任的话而给自己带来不好的影响和结果的例子也屡见不鲜。不要以为其仅仅是一句话而已，一句话却可能带来你不希望的改变或是结局。因此，说话要慎重。

慎言能够体现一个人的涵养和修行。管好自己的嘴巴，不仅可为自己避灾免祸，而且会给人留下稳重谨慎的印象。有的人不能管好自己的嘴巴，信口开河、散布谣言，给他人带来了痛苦，也给自己的心里留下了阴影，于人于己都是伤害。因此，把好嘴巴的关，不要等失言又失人后才追悔莫及。

14.21　陈成子弑简公①。孔子沐浴而朝②，告于哀公曰："陈恒弑其君，请讨之。"公曰："告夫三子③。"

孔子曰："以吾从大夫之后，不敢不告也，君曰'告夫三子'者④！"
之三子告，不可。孔子曰："以吾从大夫之后，不敢不告也。"

【题解】

孔子出于尊君、正名的维护礼制的立场，要求鲁哀公及鲁国三家讨伐陈恒，遭到了反对，他的意愿未能实现。

【注释】

①陈成子：陈恒，齐国大夫。弑：下杀上为弑。简公：齐简公，名壬。②孔子沐浴而朝：这时孔子已告老还家，他认为臣弑其君是大逆不道，非讨不可。③夫：指示代词，那。三子：指孟孙、季孙、叔孙三家大夫。由于他们势力强大，主宰着鲁国的政治，故哀公不敢做主。④"君曰"句：君主说："去报告那三人"这话。"者"是复指"告夫三子"的，可以不译。

【译文】

陈成子杀了齐简公。孔子在家斋戒沐浴后去朝见鲁哀公，告诉哀公说："陈恒杀了他的君主，请出兵讨伐他。"哀公说："你去向季孙、仲孙、孟孙三人报告吧！"

孔子退朝后说："因为我曾经做过大夫，不敢不来报告。可君主却对我说'去向那三人报告'。"

孔子到季孙、叔孙、孟孙三人那里去报告，他们不同意讨伐。孔子说："因为我曾经做过大夫，不敢不报告。"

14.22　子路问事君。子曰："勿欺也，而犯之。"

【题解】

这是孔子的经验之谈，也是他的对君主要忠诚、做人要正直的一贯主张。

【译文】

子路问怎样服侍君主。孔子说："不要欺骗他，但可以犯颜直谏。"

【论语的智慧】

子路问怎样服侍君主。孔子说："不要欺骗他，但可以犯颜直谏。"

话很直白，可是要做好还真不是一件容易的事情，因为既然他是你的领导，你就要对他恭敬。下属有这个心也有这个力，但是上司的度量小，那久而久之也就没有人敢提任何建议了——因为人为了自保就会选择沉默。吴王夫差就是因为不听臣子的忠告而落得个兵败身亡的下场。

春秋时吴越之战，越国战败，越王勾践被俘，沦为阶下囚。但吴王夫差是个胸无玄机、智力平庸的人。他拒绝听从谋臣伍子胥的忠告，而被谄媚、贿赂所惑，把自己的宿敌越王勾践释放回国。

越王回国后，马上把越国最漂亮的女子西施进献给夫差。夫差得到西施后，整天沉溺

《论语》大讲堂

二八四

于酒色当中，日甚一日。每逢西施胃病发作、手抚前胸的时候，那种病态美让夫差失魂落魄，把军国大事都抛到九霄云外去了。而且夫差贪图武功，北伐齐国，忠言劝谏的伍子胥被他责令自杀。夫差的种种行为使太子友深感忧虑。为了让父王回心转意，他决心使夫差觉悟。

一天，太子友手拿弹弓，浑身湿透，一副狼狈不堪的样子，跑来见夫差。吴王见状惊诧非常，急忙询问原因。太子友说："清晨我到后花园，听秋蝉在树枝上得意地鸣叫，正当蝉因鸣叫高兴的时候，一只螳螂却聚精会神地拉开架式，准备捕捉秋蝉。而此时，螳螂压根也没想到，一只机灵的黄雀正在林中徘徊，它屏息静气，轻巧极了，两只闪亮的眼睛一刻也没有离开螳螂。黄雀一门心思地想吃到螳螂，正好我在一旁，马上拉开弹弓，集中精力瞄准。因为只顾黄雀，没提防脚下，结果一下子跌到大水坑里，弄成现在这副样子。"

夫差听完太子友的叙述，似有所悟，他说："看来这是因为你贪图近利，不考虑后患，瞻前而不顾后是天下最愚蠢的行为。"太子友连忙接住吴王的话说："天下最愚蠢的事，恐怕没有比这更厉害的吧？当初齐国无缘无故地攻打鲁国，集中军队倾巢而出，自以为可以占有鲁国，没想到我们吴国正动员所有兵力，长途远征齐国，齐军惨败。眼看吴国可以吞并齐国了，岂料越国正在整顿军队，挑选那些愿战死沙场的勇士，由三江杀入五湖，挥师北上，一心要捣毁我们吴国，报当年越王受辱之仇。"听到此处，吴王全明白了，太子友讲"螳螂捕蝉，黄雀在后"的故事，是劝他打消北上伐齐的念头。吴王哪里能再听进半句，大怒道："这全都是伍子胥的那一套，妄想阻挠我的计划，伍子胥已经因此而自杀，你再多嘴，我就废掉你！"太子友悻悻地退了出去。

几年之后，吴王夫差为了扬盟主之威，率领大军北上远征。可是，由于大队人马连续二十天的长途跋涉，急行军已经疲惫不堪，成强弩之末，根本不能再战了。而此时，那位忍耐力极强的越王勾践，抓住这一最佳时机，向吴国发动突袭。夫差见本土危急，赶忙回军救援，结果，被以逸待劳的越军包围，吴军一触即溃。最终，吴国都城沦陷，吴王无路可逃，只好自杀。

也许，吴王死前才后悔，不该不听伍子胥的规谏，而让伍子胥自杀，也才真正理解了太子友所讲的道理。所以临死之际，他用布把自己的脸蒙了起来，表示他在九泉之下无脸再见伍子胥了。可惜，悔之晚矣！

14.23　子曰："君子上达，小人下达^①。"

【题解】

孔子已多次提出过君子与小人的种种区别，这里从根本上说出了他们的不同。

【注释】

①上达、下达：有各种解释，一是上达于仁义，下达于财利；二是上达于道，下达于器，即农工商各业；三是上达是日进乎高明，长进向上，下达是日究乎污下，沉沦向下。

【译文】

孔子说："君子向上去通达仁义，小人向下去通达财利。"

《论语》大讲堂

14.24 子曰："古之学者为己，今之学者为人。"

【题解】

孔子这里讲的是古今学者学习目的的差别在于古之学者是真诚地为了提高自己，而不像现在的学者是为了给人看。

【译文】

孔子说："古代学者学习是为了充实提高自己，现在的学者学习是为了装饰给别人看。"

【论语的智慧】

"古之学者为己，今之学者为人"，这是孔子对于他生活的年代所发出的感慨，很是痛心而无可奈何，圣人的心灵也被这功利的世俗之事弄得很伤心。古人说"天不生仲尼，万古如长夜"，这句话一点也不假。所谓圣人救人是他们的历史使命，圣人将万古忧愁一肩挑，从来没有希望自己能得到什么好处，正如孔子自己所说的："君子忧道不忧贫，谋道不谋食。"他要挽救的是那个时代整个民族的危机，一种灵魂与信仰的危机，所以他是圣人。

古时候人们读书没有那么多世俗的想法，就是为了自己修身养性；现代的人读书是为了别人，为了向别人证明自己的学识渊博，也为了能在社会上谋得一份体面的职业。孔子生活的年代是在春秋时期，很混乱，诸侯割据，天子没有威慑力，人人都对功名利禄趋之若鹜。不过，这种现象在哪个朝代都一样，社会越是浮躁就越会出现这样的现象，而且很严重。

现代人就有这种表现，为了文凭，为了父母可以在别人面前炫耀自己，所以有很多人去读了自己不喜欢的专业，念了多年自己不感兴趣的书，这一点对于每一个家长或者教师而言都需要注意，不要把社会上的功利观念或者流行趋势强加给孩子或学生。比如一个孩子明明从小就喜欢拆玩具，长大了希望做一个工程师，可是有的人偏偏要这样的孩子去搞新闻、搞文艺，结果不但出不了成果还要责备孩子笨，这就是"为人读书"的后果。

思想浮躁与急功近利让许多人深受其害，像今天就没有人愿意去读历史系。怎么会有这样的现象呢？有人说学历史没有用，其实不是学历史没有用，而是学历史不好就业，除非做个教书匠。这个原因让很多本来喜欢历史学的学生改行。这样为人读书带来的后果是什么？人类的文明得不到很好的传承。其实不仅是历史学科遭遇这样的冷遇，其他一些相关的人文社会学科都遭受着这些待遇。现在的状况是想学的人学不了，正在学的人又不喜欢，所以带来学科建设的尴尬。这些仅是从小的方面来谈，大的方面可以说是影响了整个民族的文明史，影响到人们的心灵。因为不注重人文社会学科的发展会使人心浮躁，这种浮躁又会引起为人读书的现象，可以说是恶性循环。

但是任何一个社会的发展与变迁必定要走弯路，当我们的精神世界遭遇太多次碰壁的时候，我们也就醒悟了，读懂了孔子的担忧与无奈。人类无论走多远，终究还是要走回来，看看自己的心灵城堡，梳理灵魂的纷扰，倾听心海深处的声音。

14.25 蘧伯玉使人于孔子[①]。孔子与之坐而问焉，曰："夫子何为？"对曰："夫子欲寡其过而未能也。"使者出。子曰："使乎！使乎！"

【题解】

这里塑造了一位不卑不亢、反应敏捷、忠诚正直而又谦逊有礼的使者形象。

【注释】

①蘧伯玉：卫国的大夫，名瑗。孔子在卫国时，曾住在他家。

【译文】

蘧伯玉派使者去拜访孔子，孔子请使者坐下，然后问道："先生近来在做什么呢？"使者回答说："先生想要减少自己的过失但还没能做到。"使者出去之后，孔子说："好一位使者呀！好一位使者呀！"

《孔子圣迹图》之《蘧使谈心》

14.26　子曰："不在其位，不谋其政①。"曾子曰："君子思不出其位。"

【题解】

春秋末期，诸侯越礼、大夫专权之事很多。孔子和曾子的话是针对这种时局而发。

【注释】

①见《泰伯》篇第14。

【译文】

孔子说："不在那个职位上，就不去谋划那个职位上的政事。"曾子说："君子所思虑的不越出他的职权范围。"

14.27　子曰："君子耻其言而过其行①。"

【题解】

以言行一致为美德，以言过其行为可耻，这是孔子一贯提倡的做人准则。

【注释】

①而：用法同"之"。

【译文】

孔子说："君子把说得多做得少视为可耻。"

【论语的智慧】

孔子本身就讨厌夸夸其谈的人，他多次在《论语》中谈到巧言的坏处。他的主张对于形成我们中华民族的内敛型性格有很大的关系。

长于言辞、口若悬河有时未必是好事。如果一个人总是滔滔不绝地讲话，说得多了，话里就自然而然地会暴露出许多问题。比如你对事物的态度，对事态发展的看法，你今后的打算等，都会从谈话中流露出来，被你的对手所了解，从而制定出相应的策略来战胜你。而且，你的话多了，其中自然会涉及他人。由于所处的环境不同，人的心理感受不同，而同一句话由于地点不同、语气不同，所表达的意思也不尽相同，别人在转述的过程中也难免会加入他个人的主观理解，等到你的谈话内容被谈话对象听到时，可能已经大相径庭，势必造成误解、隔阂，进而形成仇恨。因此，从某种意义上讲，说话太多可能是一个人最大的灾祸。隋朝就有一个这样的事例。

隋朝有位大将军，常常为自己的官位比别人低而怨声不断。他认为凭自己的能力，完全可以当上宰相。对同僚他不屑一顾，对上司更是出言顶撞。一些过分的话传进了皇帝耳朵里，他被逮捕入狱。皇帝责备他忌妒心太强，自以为是，目无朝廷，但念他劳苦功高，便将他释放了。换了别人，这样的教训已经足够让他清醒过来，应该低调行事。可他偏偏不领情，开始向别人夸耀自己的功勋卓著，并大肆宣扬自己与皇族的亲密关系，甚至说："太子与我情同手足，连高度机密也告诉我。"他的对头立刻告发了他，并添油加醋，说他早有谋反之心，常常说些大逆不道的话。这一次，皇帝还是饶恕了他，但撤销了他的官职。

大将军的政治生命就此结束了，他的遭遇是可悲的。其实，只要他低调一些，少说几句没分寸的话，何至于落到这种境地。

所以，说话过多有百害而无一利。言多必失，话一出口，不加思考，匆忙之中妄下结论，所造成的影响，是再用几百句、几千句话也弥补不了的。一言既出，驷马难追。不要放纵你的口舌之欲，让那些言语的毒汁四下喷溅，否则在伤害别人的同时，肯定也会伤害自己。

在人际交往的过程中，一言一行都关系着每个人的成就荣辱，所以言行不可不慎。

由于"言多必失"的教训很多，不少人将"三缄其口"作为处世的座右铭。那些成功的人，说话就会把握分寸，不管在什么场合都是落落大方，说话得体，不该说的话，一句话也不说。

有的人口齿伶俐，在人际交往中口若悬河、滔滔不绝，这固然是不少人所向往的。但如果口无遮拦，说错了话，说漏了嘴，也是很难补救的，所以应看对象、看场合说话，并讲究"忌口"。否则，若因言行不慎而让别人下不了台，或把事情搞糟，那是最不合算的事。

14.28　子曰："君子道者三，我无能焉：仁者不忧，知者不惑，勇者不惧。"子贡曰："夫子自道也。"

【题解】

孔子提出仁、智、勇三条作为君子的标准，这也是中华文化中的核心思想之一。

【译文】

孔子说："君子所遵循的三个方面，我都没能做到：仁德的人不忧愁，智慧的人不迷惑，勇敢的人不惧怕。"子贡说道："这是先生对自己的描述。"

14.29　子贡方人^①。子曰："赐也贤乎哉？夫我则不暇。"

【题解】

孔子讲治学，强调加强自身修养从自身做起，不要总是心驰于外，议论别人。

【注释】

①方人：有二解，一是郑注，"言人之过恶"，即讥评别人；二是比也，比别人而较其短长。两说均通，今从后说。

【译文】

子贡议论别人。孔子说："端木赐你就什么都好吗？我就没有这种闲暇。"

【论语的智慧】

子贡是个比较直爽的人，看见不顺眼的事就当面指责对方，为此，他经常得罪别人。孔子发现这种情况后，就劝子贡不要对别人要求太高了，应多注重自我完善。要想有所作为，必须把会做人放到首位，不可随意批评别人，应多做自我反省，往往事情的主要原因在自己身上。

苏东坡在湖州做了三年官，任满回京。想起当年因得罪王安石，落得被贬的下场，他认为这次回来应投门拜见才是，于是，便往宰相府来。此时，王安石正在午睡，书童便将苏东坡迎入东书房等候。苏东坡闲坐无事，见砚下有一方素笺，原来是王安石两句未完诗稿，题是咏菊。苏东坡不由笑道："想当年我在京为官时，此老下笔数千言，不假思索。三年后，却是江郎才尽，起了两句头便续不下去了。"苏东坡把这两句念了一遍，不由叫道："呀，原来连这两句诗都是不通的。"诗是这样写的："西风昨夜过园林，吹落黄花满地金。"在苏东坡看来，西风盛行于秋，而菊花在深秋盛开，最能耐久，随你焦干枯烂，却不会落瓣。一念及此，苏东坡按捺不住，依韵添了两句："秋花不比春花落，说与诗人仔细吟。"待写下后，又想如此抢白宰相，只怕又会惹来麻烦；若把诗稿撕了，更不成体统。左思右想，都觉不妥，便将诗稿放回原处，告辞回去了。第二天，皇上降诏，贬苏东坡为黄州团练副使。

苏轼回翰林院图　明　张路

苏轼因与王安石政见不和，被贬外官，不久被皇帝诏回任命于翰林院。一日，皇后召见苏轼，重申对他的信任，论及往事，苏轼不觉潸然泪下。之后，皇后派人摘下座椅上的金莲灯为其照明，送其回翰林院。

苏东坡在黄州任职将近一年，转眼便已深秋，这几日忽然起了大风。风息之后，后园菊花棚下，满地铺金，枝上全无一朵。苏东坡一时目瞪口呆，半晌无语。此时方知深秋菊花果然落瓣！不由对友人道："小弟被贬，只以为宰相是公报私仇。谁知是我错了。切记啊，不可轻易讥笑别人，正所谓吃一堑长一智呀。"苏东坡心中含愧，便想找个机会向王安石赔罪。想起临出京时，王安石曾托自己取三峡中峡之水用来冲茶，由于心中一直不服气，早把取水一事抛在脑后。现在便想趁冬至节送贺表到京的机会，带着中峡水给宰相赔罪。此时已近冬至，苏东坡告了假，带着因病返乡的夫人出发了。在襄州与夫人分手后，苏东坡独自顺江而下，不想因连日鞍马劳顿，竟睡着了。及至醒来，已是下峡，再回船取中峡水又怕误了上京时辰，听当地老人道："三峡相连，并无阻隔。一般江水，难分好歹。"便装了一瓷坛下峡水，带着上京去了。上京后苏东坡先到相府拜见宰相。王安石命门官带苏东坡到东书房。苏轼想到去年在此改诗，心中愧疚。又见柱上所贴诗稿，更是羞惭，倒头便跪下谢罪。王安石原谅苏东坡以前没见过菊花落瓣而乱改诗稿。苏轼献上瓷坛，侍童取水煮了阳羡茶。王安石问水从何来，苏东坡道："巫峡。"

王安石笑道："又来欺瞒我了，此明明是下峡之水，怎么冒充中峡。"苏东坡大惊，急忙辩解道误听当地人言，三峡相连，一般江水难分好歹，但不知宰相何以能辨别。王安石语重心长地说道："读书人不可轻举妄动，定要细心察理，我若不是到过黄州，亲见菊花落瓣，怎敢在诗中乱道？三峡水性之说，出于《水经补注》，上峡水太急，下峡水太缓，唯中峡水缓急相伴，如果用来冲阳羡茶，则上峡味浓，下峡味淡，中峡浓淡之间，今见茶色半晌方现，故知是下峡水。"苏东坡敬服。王安石又把书橱尽数打开，对苏东坡言道："你只管从这二十四橱中取书一册，念上文一句，我答不上下句，就算我是无学之辈。"苏东坡专拣那些积灰较多，显然是久不观看的书来考王安石，谁知王安石竟对答如流。苏东坡不禁折服："宰相学问渊深，非晚辈浅学可及！"苏东坡乃一代文豪，诗词歌赋，都有佳作传世，只因恃才傲物，口出妄言，竟三次被王安石所屈，他从此再也不敢轻易批评他人了。

人生就是这样，无论你有怎样出众的才华，都一定要谨记：不要把自己看得太了不起而去随意批评别人。

14.30　子曰："不患人之不己知，患其不能也。"

【题解】

这一句告诉我们，一个人最重要的是从自己做起，要有真才实学，不要担心别人不了解自己，整天叹息怀才不遇是一种消极情绪，机会是给有准备的人的。

【译文】

孔子说："不担心别人不知道自己，只担心自己没有能力。"

14.31　子曰："不逆诈①，不亿不信②，抑亦先觉者，是贤乎！"

【题解】

孔子这里谈的是贤人在人际交往中应该坚持诚信，推己及人。

【注释】

①逆诈：逆，迎也；逆诈，据颜师古："谓以诈意逆猜人也。"②亿：通"臆"，主观臆测。

【译文】

孔子说："不预先怀疑别人是在欺骗，不凭空臆想别人不诚信，却能先行察觉，这样的人就是贤者了。"

【论语的智慧】

骗子是无处不在的，总有一些人爱睁眼说瞎话，他们来欺骗我们，我们明知他们说谎了，怎么办？拆穿他的西洋镜还是继续装作不知道呢？孔子的仁慈我们在这里也能够感受到，他是不会拆穿别人的，他给了骗子面子，然后自己装糊涂，给他们一个台阶下，这就是"不逆诈"。不拆穿骗子的谎言，不是我们傻，而是出于仁慈。普鲁特太太就是这样的一个人。

普鲁特太太是某大学音乐系的小提琴教授。

一天中午，普鲁特太太刚到客厅门口，就听见楼上的卧室有轻微的响声，那种响声对于她来说太熟悉了，那是阿马提小提琴的声音。要知道阿马提小提琴是意大利著名制琴师的作品，可以说是价值连城。

"有小偷！"普鲁特太太急忙冲上楼，果然，一个大约 11 岁的陌生少年正在那里摆弄小提琴。他头发蓬乱，脸庞瘦削，不合身的外套里面好像塞了些东西，毫无疑问这是一个小偷。普鲁特太太用自己的身躯挡在了门口。

这时，普鲁特太太看见少年的眼里充满了惶恐、胆怯和绝望，那是一种非常熟悉的眼神。刹那间，她想起了往事……愤怒的表情顿时被微笑所代替，她问道："你是普鲁特先生的外甥吗？我是他的管家。前两天，普鲁特先生说你要来，没想到你来得这么快。"

那个少年先是一愣，但很快就回答说："我舅舅出门了吗？我想先出去转转，待会儿再回来。"普鲁特太太点点头，然后问那位正准备将小提琴放下的少年："你也喜欢拉小提琴吗？"

"是的，但拉得不好。"少年回答。

"那为什么不拿着琴去练习一下，我想普鲁特先生一定很高兴听到你的琴声。"她语气平缓地说。少年疑惑地望了他一眼，但还是拿起了小提琴。

临出客厅时，少年突然看见墙上挂着一张普鲁特全家的巨幅彩照，身体猛然抖了一下，然后头也不回地跑掉了。

普鲁特太太确信那位少年已经明白是怎么回事，因为没有哪一位主人会用管家的照片来装饰客厅的。

那天黄昏，回到家的普鲁特先生察觉到异常，忍不住问道："亲爱的，你心爱的小提琴坏了吗？"

"哦，没有，我把它送人了。"她缓缓地说道。

"送人？怎么可能？你一直把它当成你生命中不可缺少的一部分。"普鲁特先生有些不相信。

"亲爱的，你说的没错。但如果它能够拯救一个迷途的灵魂，我情愿这样做。"看见丈夫并不明白她说的话，她就将事情的经过告诉了他，然后问道："你觉得这么做有什么不对吗？"

"你是对的，希望你的行为真的能对这个孩子有所帮助。"丈夫说。

5年后，在一次音乐大赛中，普鲁特太太应邀担任决赛评委。最后，一位叫里特的小提琴选手凭借雄厚的实力夺得了第一名。评判时，她一直觉得里特似曾相识，但又想不起在哪里见过。

颁奖大会结束后，里特拿着一只小提琴匣子跑到普鲁特太太的面前，脸色飞红地问："太太，您还认识我吗？"普鲁特太太摇摇头。"您曾经送过我一把小提琴，我一直珍藏着，直到今天！"里特热泪盈眶地说，"那时候，几乎每个人都把我当成垃圾，我也以为自己彻底完了，但是您让我在贫穷和苦难中重新找到了自尊，心中再次燃起了改变逆境的熊熊烈火！今天，我可以无愧地将这把小提琴还给您了……"

里特含泪打开琴匣，普鲁特太太一眼瞥见自己的那把阿马提小提琴正静静地躺在里面。她走上前紧紧地搂住了里特，5年前的那一幕顿时重现在她的眼前，原来他就是"普鲁特先生的外甥"！普鲁特太太的眼睛湿润了，少年没有让她失望。这位太太做得非常好，就像孔子说的"不逆诈"。阿马提小提琴是多么名贵的乐器啊，但是她为了保护男孩子的自尊，宁愿装作不知道。这需要多大的勇气与修养！

在他人最困窘之时，能替对方保留一份自尊，这种尊重的本身就值得他人敬重。人生活在这个世界上，都是需要寻找爱的慰藉的。有些谎言不必去拆穿，我们就由他去吧。亲人之间为了对方的幸福也常常会撒谎，这些充满善意的谎言我们不仅不要故作聪明地揭开真相，反而应当配合他们去守住这个秘密，这些谎言只会让大家觉出生命的温暖与美好，何必去破坏呢？

14.32　微生亩谓孔子曰[①]："丘何为是栖栖者与[②]？无乃为佞乎？"孔子曰："非敢为佞也，疾固也。"

【题解】

微生亩是长者，所以直呼孔子之名。孔子为了推行周礼，终生忙忙碌碌，周游列国，一再碰壁，但他义无反顾，表现出对天下国家的负责态度和对理想执着追求的精神。

【注释】

①微生亩：姓微生，名亩，隐君子。②是：副词，当如此解。栖栖：不安定的样子。

【译文】

微生亩对孔子说："你为什么这样奔波忙碌呢？不是为了显示你的才辩吧？"孔子说："我不敢显示我的才辩，只是讨厌那种顽固不化的人。"

14.33　子曰："骥不称其力[①]，称其德也。"

【题解】

孔子用千里马来比喻，说明人的德比才更重要。衡量人才的标准首先是德，在德的基础上要有才。

【注释】

①骥：千里马。古代称善跑的马为骥。

【译文】

孔子说："对千里马不是称赞它的力气，而是称赞它的品德。"

14.34 或曰："以德报怨，何如？"子曰："何以报德？以直报怨，以德报德。"

【题解】

"以德报怨"看上去更为宽容，但是不够正直。"仁"的理想本来是推己及人的，要爱憎分明，明辨是非，讲究原则，孔子强调以直报怨这是正确的。

【译文】

有人说："用恩德来回报怨恨，怎么样？"孔子说："用什么来回报恩德呢？用正直来回报怨恨，用恩德来回报恩德。"

【论语的智慧】

有人说："用恩德来回报怨恨，怎么样？"孔子说："用什么来回报恩德呢？用正直来回报怨恨，用恩德来回报恩德。"由此我们可以看出孔子赞成宽容而不纵容的处世态度，大人有时也记小人过。

儒家思想里有一点侠义的色彩，你如果打我一巴掌，那么我对你也绝对不会客气，但是如果你对我很好，我对你也就报之以德，孔子认为这样很"直"。像唐代娄师德那样的涵养才是道家思想中的以德报怨。

娄师德的弟弟要到代州当太守，临行前他来问哥哥为官之道。娄师德问他："如果有人骂你，并且往你的脸上吐唾沫，你打算怎么对他呢？"他的弟弟大概以为自己的修为很好，非常自信地说道："他无论怎么骂我，我都不还口。他吐唾沫我也不骂他，我把唾沫抹掉就是了。"娄师德一听觉得弟弟的涵养还没到家，于是告诉他："别人往你的脸上吐唾沫就是对你有怨恨，他是借唾沫来泄愤。如果你把唾抹给抹掉了，那么他泄愤的目的就没有达到，因此他就会更加怨恨你。你应该让唾沫不擦自干，脸上还要带着笑容。"我们看娄师德的想法绝对和孔子不同。如果是儒家中人，你要是吐他一口唾沫，他多半是擦干净，然后一言不发地走开——不理你。没准儿遇到他心情不好，或者遇到像子路这样性格的还要和你大干一场，这就是孔子所说的"以直报怨"。

孔子为什么不赞成以德报怨呢？我们的人生经验会告诉我们，有的人德行不够，无论你怎么感化，他也难以修成正果。人们常说江山易改，本性难移，一个人如果他已经坏到底了，那么我们又何苦把宝贵的精力浪费在他的身上呢？现代社会生活节奏的加快，使得我们每个人都要学会在快节奏的社会中生存，用自己宝贵的时光做出最有价值的判断和选择。你在那里耗费半天的时间，没准儿人家还不领情，既然如此，就不用再做徒劳的事情了。

电影《肖申克的救赎》中有一句非常经典的台词："强者自救，圣人救人。"我们的孔子被尊为大圣人，所以他要拯救众人的灵魂，而我们都是平凡的人，能够做到自救就已经很不错了。不要把自己当作一个圣人，指望自己能够拯救所有人的灵魂，这样做的结果多半是徒劳无益的，何不将时间用在更有价值的事情上呢？

14.35　子曰："莫我知也夫！"子贡曰："何为其莫知子也？"子曰："不怨天，不尤人①，下学而上达。知我者其天乎②！"

【题解】

《史记·孔子世家》中说，鲁哀公十四年，孔子71岁时，鲁君狩猎，获一怪兽，孔子以为是麟，不禁流泪，他感叹自己的政治理想不能实现了，但他"不怨天，不尤人"，显示出他伟大的人格力量。

【注释】

①尤：责怪。②其：用于拟议不定，可以译为"大概"或"恐怕"。

【译文】

孔子说："没有人了解我啊！"子贡说："为什么没有人了解您呢？"孔子说："不埋怨天，不责备人，下学人事而上达天命。了解我的大概只有天吧！"

【论语的智慧】

孔子主张，不一味地抱怨命运，不责备别人，通过学习平常的知识，理解其中的哲理。辜鸿铭先生说，孔子的人生是旷达的，他能够甩开名利之累，退而闲居；做到凡事豁达、洒脱，以此追求一种真正的心灵生活。

其实，凡事看开点，那么人生处处都能感到幸福；反之，即使幸福降临，也是体会不到的。

有这样一个小故事。

三伏天，禅院的草地枯黄了一大片。

"快撒点草籽吧！好难看哪！"小和尚说。

师父挥挥手："随时！"

中秋，师父买了一包种子，叫小和尚去播种。

秋风起，种子边撒、边飘。

"不好了，好多种子都被吹飞了。"小和尚喊。

"没关系，吹走的多半是空的，撒下去也发不了芽。"师父说，"随性！"

撒完种子，跟着就飞来几只小鸟啄食。

"要命了，种子都被鸟吃了！"小和尚急得跳脚。

"没关系，种子多，吃不完！"师父说，"随遇！"

半夜一阵骤雨，小和尚一大早冲进禅房大喊："师父，这下真完了，好多种子被雨冲走了！"

"冲到哪儿，就在哪儿发芽。"师父说，"随缘！"

一个星期过去了，原本光秃的地面，居然长出许多青翠的草茵。一些原来没播种的角落，也泛出了绿意。小和尚高兴得直拍手。

师父看后点点头说："随喜！"

随不是跟随，是顺其自然，不怨恨、不躁进、不过度、不强求；"随"不是随便，是把握机缘，不悲观、不刻板、不慌乱、不忘形。

不要幻想生活总是那么圆圆满满，也不要幻想在生活的四季中享受所有的春天，每个人的一生都注定要越过沟沟坎坎，品尝苦涩与无奈，经历挫折与失意。

在漫漫旅途中，失意并不可怕，受挫也无须忧伤。只要心胸开阔，心性豁达，即使风凄雨冷，即使大雪纷飞，也总会有过去的时候。艰难险阻是人生对你另一种形式的馈赠，坑坑洼洼也是对你意志的磨砺和考验。落英在晚秋凋零，来年又灿烂一片；黄叶在秋风中飘落，春天又焕发出勃勃生机。这何尝不是一种达观，一种洒脱，一份人生的成熟，一份人情的练达。

看透了，看穿了，人的生命就获得了自由和解脱，从斤斤计较的小圈子里走出来，不在小事情上浪费自己的精力，而能务其大者、远者，创造人生的远景宏图。人生旷达了，心智自然也就不会劳累，就不会活得那么拘谨和痛苦。区区小事不能给你带来烦恼，不愉快的经历也不能使你怨天尤人。

这种洒脱人生，不是玩世不恭，更不是自暴自弃，洒脱是一种思想上的轻装，洒脱是一种目光的朝前。有洒脱才不会终日郁郁寡欢，有洒脱才不觉得人生活得太累。懂得了这一点，我们才不至于对生活求全责备，才不会在受挫之后彷徨失意。懂得了这一点，我们才能挺起刚劲的脊梁，披着温柔的阳光，找到充满希望的起点。

旷达的人体谅他人，理解人生。欢乐的时候能放浪形骸，遇到挫折能顺其自然，做事的时候能专心致志，忘情的时候能忘乎所以。这种人活在世上不委屈自己，但也不计较别人，所以人人喜欢，人人钦佩。

14.36　公伯寮愬子路于季孙①。子服景伯以告②，曰："夫子固有惑志于公伯寮③，吾力犹能肆诸市朝④。"

子曰："道之将行也与？命也。道之将废也与？命也。公伯寮其如命何！"

【题解】

通过公伯寮毁谤子路一事，孔子表明了道之行或废不是小人破坏就决定了的，说出了"谋事在人，成事在天"的名句。

【注释】

①公伯寮：鲁人，字子周，也是孔子的学生。愬：通"诉"，告发，诽谤。季孙：鲁

国的大夫。②子服景伯：鲁国大夫，姓子服名伯，"景"是他的谥号。③夫子：指季孙。④肆：陈列尸首。

【译文】

公伯寮向季孙控诉子路。子服景伯把这件事告诉了孔子，说："季孙氏已经被公伯寮迷惑了，我的力量还能让公伯寮的尸首在街头示众。"孔子说："道将要实行，是天命决定的，道将要被废弃，也是天命决定的。公伯寮能把天命怎么样呢？"

14.37 子曰："贤者辟世①，其次辟地，其次辟色，其次辟言。"子曰："作者七人矣②。"

【题解】

这里又一次表明了孔子重生全身的思想，这里讲的为人处世的道理，在历史上是很有作用的。

【注释】

①辟：通"避"，逃避。②七人：伯夷、叔齐、虞仲、夷逸、朱张、柳下惠、少连。

【译文】

孔子说："贤人逃避恶浊乱世而隐居，其次是择地而居，再其次是避开不好的脸色，再其次是避开恶言。"孔子说："这样做的人有七位了。"

14.38 子路宿于石门①。晨门曰②："奚自？"子路曰："自孔氏。"曰："是知其不可而为之者与？"

【题解】

孔子明知当时大道不行，礼乐难兴，但仍然周游列国，希望推行仁道于天下，"知其不可而为之"一语充分表现了孔子在困境中执着不屈的献身精神，也可以看出当时人们对孔子的理解、同情及赞叹的感情。

【注释】

①石门：地名，鲁国都城的外门。②晨门：早上看守城门的人。

【译文】

子路在石门住宿了一夜。早上守城门的人说："从哪儿来？"子路说："从孔子家来。"守门人说："就是那位知道做不成却还要做的人吗？"

14.39 子击磬于卫，有荷蒉而过孔氏之门者①，曰："有心哉，击磬乎！"既而曰："鄙哉，硁硁乎②！莫己知也，斯己而已

矣③。深则厉，浅则揭④。"子曰："果哉！末之难矣⑤。"

【题解】

此段继续说明了孔子知难而进，为了理想"知其不可而为之"的精神。

【注释】

①蒉：土筐。②硁硁：抑而不扬的击磬声。③斯己而已矣：就相信自己罢了。④深则厉，浅则揭：穿着衣

《孔子圣迹图》之《适卫击磬》

服涉水叫厉，提起衣裳涉水叫揭。这两句是《诗经·卫风·匏有苦叶》的诗句。这里用来比喻处世也要审时度势，知道深浅。⑤末：无。难：责问。

【译文】

孔子在卫国，一次正在击磬，有一个挑着土筐的人经过孔子门前，说："这个磬击打得有深意啊！"过了一会儿又说："真可鄙呀，磬声硁硁的，没有人知道自己，就自己作罢好了。水深就索性穿着衣服蹚过去，水浅就撩起衣服走过去。"孔子说："说的真果断啊！真这样的话，就没有什么难的了。"

14.40 子张曰："《书》云：'高宗谅阴①，三年不言。'何谓也？"子曰："何必高宗，古之人皆然。君薨②，百官总己以听于冢宰三年③。"

【题解】

三年之丧的丧礼在孔子以前的《尚书》中就有记载，孔子认为这是孝道的体现。

【注释】

①高宗：殷高宗武丁，是商朝中兴的贤王。谅阴：古时天子守丧之称。②薨：君主时代诸侯或大官死叫薨。③冢宰：官名。听于冢宰是说百官都听命于冢宰，继位的新君可不理政事。

【译文】

子张说："《尚书》上说：'殷高宗守丧，三年不谈政事。'这是什么意思？"孔子说："不只是殷高宗，古人都是这样。国君死了，所有官员都各司其职，听从冢宰的命令长达三年。"

14.41 子曰："上好礼，则民易使也。"

【题解】

本段是在说明上行下效的道理，这是孔子反复向执政者讲解的为政之道。

【译文】

孔子说："居上位的人遇事依礼而行，民众就容易役使了。"

14.42 子路问君子。子曰："修己以敬。"

曰："如斯而已乎？"曰："修己以安人。"

曰："如斯而已乎？"曰："修己以安百姓。修己以安百姓，尧、舜其犹病诸！"

【题解】

在这里，孔子谈的仍是君子要"修己以敬"。从自己做起，自己心诚，对人尊敬，这是立身处世和管理政事的根本。

【译文】

子路问怎样做才是君子。孔子说："修养自己以做到恭敬认真。"

子路说："像这样就可以了吗？"孔子说："修养自己并且使别人安乐。"

子路又问："像这样就可以了吗？"孔子说："修养自己并且使百姓安乐。修养自己，使百姓都安乐，尧舜大概都担心很难完全做到吧！"

14.43 原壤夷俟^①。子曰："幼而不孙弟^②，长而无述焉，老而不死，是为贼^③！"以杖叩其胫。

【题解】

此段中的孔子批评了一生无所作为而又不能尊重人的人，当然，带有诙谐的口吻，他与原壤关系不错。

【注释】

①原壤：鲁国人，孔子的老朋友。夷俟：伸腿坐着等待。②孙弟：通"逊悌"。③贼：害人的人。

【译文】

原壤伸开双腿坐着等孔子。孔子说："你小时候不谦恭不敬兄长，长大了没有什么值得称道的，老了还不死掉，真是个害人的家伙。"说完，用手杖敲击他的小腿。

【论语的智慧】

英国前首相丘吉尔任国会议员时，有个向来行为嚣张的女议员，居然在议席上指着丘吉尔骂道："假如我是你老婆，一定要在你的咖啡里下毒！"此话一出，人人屏息。然而丘吉尔则顽皮地说："假如你是我老婆，我一定会一饮而尽！"结果，全场哄堂大笑。

有一次萧伯纳在街上行走，被一个冒失鬼骑车撞倒在地，幸好没有受伤，只是虚惊一场。骑车人急忙扶起他，连连道歉，可是萧伯纳却做出惋惜的样子说："你的运气不好，先生，你如果把我撞死了，你就可以名扬四海了！"

美国前总统林肯在一次演讲时，有人递给他一张纸条，上面只写了两个字："笨蛋。"他举着这张纸条镇静地说："本总统收到过许多匿名信，全都是只有正文，不见署名，而刚才那位先生正好相反，他只署了自己的名字，而忘了写内容。"林肯在笑声中不仅替自己解了围，也有力地回击了对方。

清代有名的才子纪晓岚，体态肥胖，特别怕热，一到夏天就汗流浃背，连衣服都湿透了。因此，他和同僚们在朝廷值班时，常找个地方脱了衣服纳凉。

乾隆皇帝知道了，存心戏弄他们。这天，几个大臣正光着膀子聊天，乾隆突然从里边走出来，大伙儿急急忙忙找衣服往身上披。纪晓岚是近视眼，等看到皇上时，已经来不及披衣服了，只好趴在地上，不敢动弹，连大气都不敢出。

乾隆坐了两个小时，不走，也不说一句话。纪晓岚心里发慌，加上天热，一个劲儿地流汗。半天听不见动静，他悄悄地问："老头子走了没有？"

这一下乾隆发怒了，说："你如此无礼，说出这样轻薄的话，你给我解释清楚，有话讲可以，没有话讲可就要杀头了。"

纪晓岚说："臣还没穿衣服，怎么回圣上的话呢？"

于是，乾隆让太监给他穿上衣服，说："亏你知道跟我说话要穿衣服。别的不讲，我只问你'老头子'是怎么回事？"趁穿衣服的时候，纪晓岚已经想好了词儿。他十分恭敬地对皇上说："皇上万寿无疆，这不是'老'吗？您老人家顶天立地，是百姓之'头'呀！帝王以天为父，以地为母，对于天地来讲就是'子'。连在一起，就是'老头子'三个字。皇上，臣说得有错吗？"

就这样，纪晓岚轻轻松松躲过一劫。

恩格斯曾经说过："幽默是具有智慧、教养和道德的优越感的表现。"幽默能表事理于机智，寓深刻于轻松，给周围的人以欢笑和愉快。幽默运用得当时，能为谈话锦上添花，叫人轻松之余又深觉难忘。

生活中，当你被琐事弄得筋疲力尽、焦头烂额时，不妨来句幽默，开个玩笑，放松一下紧绷的神经，生活将会更加舒畅。

14.44　阙党童子将命①。或问之曰："益者与？"子曰："吾见其居于位也②，见其与先生并行也③，非求益者也，欲速成者也。"

【题解】

这里表明孔子特别注重教育年轻人要懂得礼制。长幼有序是儒家的道德规范之一。

【注释】

①阙党：孔子在鲁国所居地名，又叫阙里。②居于位：据《礼记·玉藻》："童子无事则立主人之北南面。"可见居于位不合乎当时礼节。③并行：据《礼记·曲礼》："五年以长，则肩随之。"童子和先生并行，也不合礼。

【译文】

　　阙党的一个童子来传递信息。有人问孔子："这是一个求进益的人吗？"孔子说："我看见他坐在成人的席位上，看见他和长辈并肩而行。他不是个求进益的人，是一个急于求成的人。"

卫灵公篇第十五

15.1 卫灵公问陈于孔子①。孔子对曰："俎豆之事②，则尝闻之矣；军旅之事，未之学也。"明日遂行。

【题解】

　　俎、豆均是礼器，孔子是主张和平的，所以强调先礼而后兵，他的回答是只知礼仪，不懂军旅。

【注释】

　　①陈：通"阵"，军队作战时，布列的阵势。②俎豆：古代盛肉食器皿，用于祭祀，古意译为礼仪之事。

《孔子圣迹图》之《在陈绝粮》

【译文】

　　卫灵公向孔子询问排兵布阵的方法。孔子回答说："祭祀礼仪方面的事情，我听说过；用兵打仗的事，从来没有学过。"第二天就离开了卫国。

15.2 在陈绝粮，从者病，莫能兴。子路愠见，曰："君子亦有穷乎？"子曰："君子固穷，小人穷斯滥矣。"

【题解】

　　这是孔子告诉人们怎样度过困难的一段名言，人生在世难免有窘困的时候，这时要坚持理想和操守。

【译文】

　　孔子在陈国断绝了粮食，跟从的人都饿病了，躺着不能起来。子路生气地来见孔子说："君子也有穷困而没办法的时候吗？"孔子说："君子在穷困时还能坚守正道，小人一穷困就会胡作非为。"

【论语的智慧】

孔子周游列国到了卫国，卫灵公就向孔子请教军事作战的事。孔子并不是不懂，但是因为这个问题的提问者是卫灵公，他是一国之君，基本上说想打谁就打谁，所以孔子就说这个他不懂。孔子希望卫灵公不要发动战争。侵略的战争，孔子是反对的，因为那不是行仁义之事，军队也不是仁义之师。南怀瑾先生解释说，"俎豆"就是行大礼的祭器，以现在的观念讲，代表礼乐文化的真精神，孔子还懂；军事学孔子没学过，所以不懂。第二天孔子就离开卫国，到了陈国，结果粮食没了，还带了一大批学生。孔子困于陈、蔡之间是历史上很有名的一段故事，当时众多弟子都生病了。子路一看同学们都倒下了，他很不高兴。我们知道子路这个人是个急性子，而且性情非常耿直，于是他带着一脸的怨气跑去见孔子，对孔子抱怨起来了："老师，你天天跟我们讲仁义道德，有什么用啊？现在同学们都倒下了，还要讲仁义道德吗？做君子要这样受穷吗？"孔子听完，教训了子路："君子如果受穷的话还能够安贫乐道，小人如果受穷的话什么事情都能干得出来！连贫穷都受不了还做什么君子？"

按照孔子的意思，我们今天很多人受不了穷苦的生活，真是够不上一个君子——不过能做到儒家思想中的君子确实不易，一般人很难轻轻松松地做一个君子。很多人可以过富贵的日子，但是你要他过几天穷日子他就叫苦不迭，在孔子的眼里，这样的人连做穷人的资格都没有！

一个人如果真能耐得住贫穷而没有怨言，那需要极高的人生境界，这样的修养很不容易养成。但是君子就不同了，像陶渊明，不为五斗米而折腰。陶渊明辞官后自己种地，可是他虽然是自力更生却还不能"丰衣足食"，这和曹雪芹过的日子差不多——"举家食粥酒常赊"。就是这样的生活也没有改变陶渊明的信念与气节，这就是一个君子之所以被称为君子的道理。有一年重阳节之际，他没有酒喝，当地的官员派人给他送了酒来，他当即痛饮起来，酒酣大睡。之后很惬意地回家去了，这就是"君子固穷"，君子就算受穷都有格调。所以后来陶渊明才能写出那么美丽的诗句来，他在这样的日子中还能有"采菊东篱下，悠然见南山"的雅兴，我们不能不佩服他的人格与修养。

孔子的孙子子思也很有君子的风范，他在孔子死了之后就过着隐居的生活，子贡在卫国做官，后来坐着豪华的马车，穿着华丽的衣服，来看望子思。他大概是要来帮助子思，子思出来见他的时候穿得很破。子贡看他这个样子就问他："子思啊，你是不是病了？"子思回答子贡说："我听说一个人没有钱叫贫，但不叫病。如果学了仁义道德而不去做那才叫病。"子贡听了以后很惭愧，赶快就走了，司马迁在《史记》中说子贡后来一辈子都在为自己当时说的话而感到耻辱。子思的话体现了一个君子的气节。一个人如果真的达到了这样的修养境界，那才是真的了不起。

15.3　子曰："赐也，女以予为多学而识之者与①？"对曰："然。非与？"曰："非也。予一以贯之②。"

【题解】

"一以贯之"是非常重要的治学思想和方法，这也正是孔子学问渊博而又能融会贯通的根本原因。

【注释】

①识：通"志"，记住。②一以贯之：以忠恕之道贯穿着它。

【译文】

孔子对子贡说："端木赐呀，你以为我是多多地学习并能记住的人吗？"子贡回答说："是的，难道不是这样吗？"孔子说："不是的，我是用一个基本观念把它们贯穿起来。"

15.4　子曰："由！知德者鲜矣。"

【题解】

"道"是体，"德"是用，有道有德修养才全面，这里孔子是在教育子路从根本做起。

【译文】

孔子说："仲由！知晓德的人太少了。"

15.5　子曰："无为而治者，其舜也与？夫何为哉①？恭己正南面而已矣。"

【题解】

大舜是孔子心目中理想的先王，孔子之所以十分赞赏大舜无为而治的政治，是留恋三代的礼治。

【注释】

①夫：他。

【译文】

孔子说："无为而使天下得到治理的人，大概只有舜吧？他做了什么呢？庄重端正地面向南地坐在王位上罢了。"

15.6　子张问行①。子曰："言忠信，行笃敬②，虽蛮貊之邦，行矣③；言不忠信，行不笃敬，虽州里，行乎哉④？立，则见其参于前也⑤；在舆，则见其倚于衡也⑥，夫然后行。"子张书诸绅⑦。

【题解】

做事忠于人之所托，厚道认真，取信于人，是孔子提倡的为人处世之道，到处都行得通。

【注释】

①行：通达的意思。②笃：忠厚。③蛮貊：南蛮北狄，当时我国南方和北方的少数民族。④州里：五家为邻，五邻为里，五党为州，两千五百家。州里指近处。⑤参：参加；显现。⑥衡：车辕前面的横木。⑦绅：贵族系在腰间的大带。

【译文】

子张问怎样才能处处行得通。孔子说："言语忠实诚信，行为笃厚恭敬，即使到了蛮貊地区，也能行得通。言语不忠实诚信，行为不笃厚恭敬，即使是在本乡本土，能行得通吗？站立时，就好像看见'忠实诚信笃厚恭敬'的字样直立在面前；在车上时，就好像看见这几个字靠在车前横木上，这样才能处处行得通。"子张把这些话都写在衣服大带上。

15.7　子曰："直哉史鱼①！邦有道，如矢；邦无道，如矢。君子哉蘧伯玉！邦有道，则仕；邦无道，则可卷而怀之②。"

【题解】

史鱼在国家有道或无道时，都同样正直；而伯玉则能审时度势来做事。所以，孔子说前者是"直"，后者是"君子"。

【注释】

①史鱼：卫国大夫，字子鱼。临死前要儿子不为他在正堂治丧，以此劝谏卫灵公任用蘧伯玉，斥退弥子瑕，古人称为"尸谏"。②卷：收。怀：藏。

【译文】

孔子说："史鱼正直啊！国家政治清明时，他像箭一样直，国家政治黑暗，他也像箭一样直。蘧伯玉，是君子啊！国家政治清明时，他就出来做官；国家政治黑暗时，就可以把自己的才能收藏起来。"

15.8　子曰："可与言而不与之言，失人；不可与言而与之言，失言。知者不失人①，亦不失言。"

【题解】

这是孔子关于知人与慎言的一段名言，失人与失言都是不智的，要善于把握这个度。

【注释】

①知：通"智"。

【译文】

孔子说："可以和他谈的话但没有与他谈，这是错失了人才；不可与他谈及却与他谈了，这是说错了话。聪明的人不错过人才，也不说错话。"

【论语的智慧】

有人天生一副热心肠，对谁的问题都爱过问，这样的人常常犯了失言的错误；有的人很谨慎，说话生怕得罪他人，怕说得造次，于是对什么人、什么事都不开口，明知道自己该提醒对方注意，但是就是因为自己的这一点自私而迟迟不肯开口，这样的人容易犯失人的错误。这个分寸怎么拿捏才较好呢？见仁见智，真的很难。有时候我们知道自己应该提示他人的时候，还是要做好自己的本分，否则失人比起失言来讲更可怕。

早在1909年，风度优雅的布洛亲王就觉得交往中的谦卑、赞扬和关怀极为重要。布洛亲王当时是德国的总理大臣，而傲慢自大的德国皇帝威廉二世说了一些狂言和一些令人难以置信的话，震撼了整个欧洲大陆，引起了世界各地一连串的风潮。更为糟糕的是，这位德国皇帝竟然公开了这些愚蠢自大、荒谬无理的话。他在英国做客时就这么说，同时不允许伦敦的《每日电讯报》刊登他所说的话。例如，他宣称自己是和英国友好的唯一的德国人；他说，他建立一支海军对抗日本的威胁；他说，他独自一人挽救了英国，使英国免于臣服于俄国和法国；他说，由于自己的策划，使得英国罗伯特爵士得以在南非打败波尔人，等等。

在100多年的和平时期中，从没有一位欧洲君主说过如此令人愤怒的话。整个欧洲大陆立即愤怒起来，英国尤其愤怒，德国政治家惊恐万分。在这种狼狈的情况下，德国皇帝自己也慌张了，并向身为帝国总理大臣的布洛亲王建议，由他来承担一切的责难，希望布洛亲王宣布这全是他的责任，是他建议君王说出这些令人难以相信的话的。

"但是，陛下，"布洛亲王说，"这对我来说几乎不可能。全德国和英国，没有人会相信我有能力建议陛下说出这些话。"

布洛亲王话一说出口，就明白自己犯了大错。皇帝大为恼火："你认为我是一个蠢人，"他叫起来，"只会做些你都不会犯的错事！"

布洛亲王知道他应该先恭维几句，然后再提出批评，但既然已经太迟了，他只好采用另一种方法：在批评之后，再予称赞。这种称赞经常会产生意想不到的效果。

"我绝没有这种意思，"他尊敬地回答，"陛下在许多方面皆胜我许多，而且最重要的是自然科学方面。在陛下解释晴雨计，或是无线电报，或是伦琴射线的时候，我经常是注意倾听，内心十分佩服，并觉得十分惭愧，自己对自然科学的每一门皆茫然无知，对物理学或化学毫无概念，甚至连解释最简单的自然现象的能力也没有。但是，"布洛亲王继续说，"为了补偿这方面的缺点，我学习了某些历史知识，以及一些可能在政治上，特别是外交上有帮助的学识。"

皇帝脸上露出微笑。布洛亲王赞扬他，并使自己显得谦卑，这已值得皇帝原谅一切。"我不是经常告诉你，"他热诚地宣称，"我们两人互补长短，就可闻名于世吗？我们应该团结在一起，我们应该如此！"

他和布洛亲王握手，并十分激动地握紧双拳说："如果任何人对我说布洛亲王的坏话，我就一拳头打在他的鼻子上。"

看看这位聪明的亲王，他所做的事完全是在他的职责范围内，如果他不指出皇帝的错误那么他就犯了失人的错误。做人千万不要自作聪明，用自己想当然的想法去理解别人的心理。无论失言还是失人都不是一件令人愉快的事，因而有人把说话当作今天人们社交中最难的事。说话难，难说话。但是我们的交流又不得不借助于语言的表达，也许说话真的如做人一样难。

15.9 子曰："志士仁人，无求生以害仁，有杀身以成仁。"

【题解】

孔子在这里对"志士仁人"提出了最高的要求，作为"志士仁人"要有献身理想的愿望和勇敢。

【译文】

孔子说："志士仁人，不会为了求生损害仁，却用牺牲生命去成就仁。"

15.10 子贡问为仁，子曰："工欲善其事，必先利其器。居是邦也，事其大夫之贤者，友其士之仁者。"

【题解】

孔子讲的"工欲善其事，必先利其器"已成为普遍的做事规律。从事任何一项工作都要做好准备工作、打好基础。

【译文】

子贡问怎样培养仁德，孔子说："工匠要想做好工，必须先把器具打磨锋利。住在这个国家，就要侍奉大夫中的贤人，结交士中的仁人。"

【论语的智慧】

孔子告诉子贡，一个做手工或工艺的人，要想把工作完成，做得完善，应该先把工具准备好。那么，"为仁"是用什么工具呢？住在这个国家，想对这个国家有所贡献，必须结交上流社会的人，乃至政坛上的大员，政府的中坚；和这个国家社会上各种贤能的人，都要交成朋友。换句话说，就是要先了解这个国家的内情，有了良好的关系，然后才能得到有所贡献的机会，完成仁的目的。孔子怎么突然间显得那么狡猾了？其实这是孔子在教子贡为人处世之道。有句话说得好："一个不成熟的男人愿意为他的事业献身，一个成熟的男人愿意为他的事业苟且地活着。"我们身边成功的人士，哪一个人的成就不是人际关系运用得好的结果呢？所以在好莱坞也有一句名言："成功不在于你会什么，而在于你认识什么人。"这就是孔子的意思，为了你心中的仁义，必须先结识能帮助你的人，否则一个自身难保的人又如何能带给他人福祉呢？

商场有句俗语是"天大的面子，地大的本钱"，道出了人脉资源在商业活动中的重要性。古往今来最熟知个中滋味，并且运用自如的，恐怕当数金融界大亨罗思柴尔德家族了。

19 世纪 20 年代初期罗思柴尔德在巴黎发迹，不久之后他就面对最棘手的问题：一名犹太人，法国上流社会的圈外人，如何才能赢得仇视外国人的法国上层阶级的尊敬呢？罗思柴尔德是了解权力的人，他知道自己的财富会带给他地位，但是他会因此在社交上被疏离，最终地位与财富都将不保。因此他仔细观察当时的社会，思考如何受人欢迎。

慈善事业？法国人一点也不在乎。政治影响力？他已经拥有，结果只会让人们更加猜疑。他终于找到一个缺口，那就是无聊。在君主复辟时期，法国上层阶级非常无聊，因此罗思柴尔德开始花费惊人的巨款欢娱他们。他雇佣法国最好的建筑师设计他的庭园和舞厅，他雇佣最著名的法国厨师卡雷梅准备了巴黎贵族未曾目睹过的奢华宴会。

没有任何法国人能够抗拒，即使这些宴会是德国犹太人举办的，罗思柴尔德每周的晚会吸引来越来越多的客人。

罗思柴尔德的晚会反映出他渴望与法国社会打成一片，而不是混迹于商界的愿望。透过在"夸富宴"中挥霍金钱，他希望自己的权力不只展现在金钱方面，而是进入更珍贵的文化领域。罗思柴尔德通过花钱赢得社会接纳，但是他所获得的支持基础不是金钱本身就可以买到的。往后几年他一直受惠于这些贵族客人，并将事业做得越来越大。

有人说："看一个人的人际关系，就知道他是怎样的人，以及将会有何作为。大多数人的成功，都源于良好的人际关系。"工欲善其事，必先利其器，从现在开始你该去"利"你的"器"了，平时用心去磨炼你的利器，关键时刻才能亮剑而出。

15.11　颜渊问为邦。子曰："行夏之时①，乘殷之辂②，服周之冕③，乐则《韶》《舞》④。放郑声，远佞人⑤。郑声淫，佞人殆⑥。"

【题解】

孔子的政治理想恢复周礼其实就是要建设一个有秩序的国家，让人们过上健康的、有文化的、和乐的生活。

【注释】

①夏之时：夏代的历法，便于农业生产。②辂：天子所乘的车。殷代的车由木制成，比较朴实。③冕：礼帽。周代的礼帽比以前的华美。④《韶》：舜时的乐曲。《舞》也作《武》，周武王时的乐曲。⑤佞人：用花言巧语去谄媚人的小人。⑥殆：危险。

【译文】

颜渊问怎样治理国家。孔子说："实行夏朝的历法，乘坐殷朝的车子，戴周朝的礼帽，音乐就用《韶》和《舞》。舍弃郑国的乐曲，远离谄媚的人。郑国的乐曲靡曼淫秽，谄媚的人危险。"

15.12　子曰："人无远虑，必有近忧。"

【题解】

这是一个重要的思想方法，有永恒的价值。提醒人们看问题应从长远着眼，否则，眼前就会发生困难。

【译文】

孔子说:"人没有长远的考虑,一定会有眼前的忧患。"

【论语的智慧】

"人无远虑,必有近忧",这句话是大家耳熟能详的名言警句。孔子的意思是说:一个人如果做事情鼠目寸光,不是深谋远虑,那么他一定会受到事情的困扰。这个道理很多人都理解,但是等到我们真的要去决定一件事的时候,又会常常犯了目光短浅的错误。要说做到运筹帷幄而决胜千里的,倒是有两个人值得我们一学,他们就是辅佐齐桓公建立霸业的管仲和清朝中兴之臣曾国藩。

管仲、鲍叔牙以及召忽三人很要好,决心在事业上互相合作。他们曾经合作做过生意,但他们更想合作治理齐国。

当时齐王有两个儿子,一个叫纠,一个叫小白。召忽认为公子纠是长子,一定能继承王位,因此对管仲和鲍叔牙说:"对齐国来说,我们三人就像大鼎的三条腿,缺一不可。既然公子小白不能继承王位,那干脆我们三人一同辅佐公子纠吧。"管仲说:"这样等于吊死在一棵树上。万一公子纠没继位,我们三人不是都完了吗?齐国的百姓都不喜欢公子纠和他的母亲。公子小白自幼丧母,人们必定可怜他。究竟谁继承王位还很难说。不如由一个人辅佐公子小白,将来统治齐国的肯定是这两个人中的一个。这样,不管哪一个当了齐王,我们当中都有功臣,可以相互照顾,进退有路,左右逢源。"于是他们决定由鲍叔牙去辅佐公子小白,由管仲和召忽辅佐公子纠。

后来,管仲射杀小白,鲍叔牙叫小白装死。管仲以为小白已死,从容地陪公子纠回国继位。不料公子小白已先回国当了国王,鲍叔牙成了功臣,管仲和召忽成了罪人。

正因为管仲事先想到了退路,所以,鲍叔牙可以在齐桓公面前说情。齐桓公不但没杀管仲,反而让管仲当了宰相,协助自己干出一番霸业。

与管仲的谋略相比,曾国藩则更显出过人的智慧与冷静。

曾国藩带湘军围剿太平天国之时,清政府对其是一种极为复杂的态度,不用这个人吧,太平天国声势浩大,无人能敌;用吧,一则此人手握重兵,二则曾国藩的湘军是其一手建立的子弟兵,又怕他对朝廷构成威胁。在这种矛盾思想下,清政府对曾国藩的任用经常是用他办事,却不给高位实权。苦恼的曾国藩急需朝中重臣为自己撑腰说话,以消除清政府的疑虑。

有一天,曾国藩在军中得到胡林翼转来的肃顺的密函,得知这位精明干练的顾命大臣在西太后面前推荐自己出任两江总督。曾国藩大喜过望,咸丰帝刚去世,太子年幼,顾命大臣虽说有数人之多,但实际上是肃顺独揽权柄,有他为自己说话,再好不过了。

曾国藩提笔想给肃顺写封信表示感谢,但写了几句,他就停下了。他知道肃顺为人刚愎自用,目空一切。他又想起西太后,这个女人现在虽没有什么动静,但绝非常人,以曾国藩多年的阅人经验来看,西太后心志极高,且权力欲强,又极富心机。肃顺这种专权的做法能持续多久呢?西太后会同肃顺合得来吗?

思前想后,曾国藩没有写这封信。后来,肃顺被西太后抄家问斩,在众多官员讨好肃顺的信件中,独无曾国藩的只言片语。

有人说人的命运就是因为选择而造成的,确实如此,我们在决定一件事的时候肯定要经过自己的思考，而通常匆忙下决定的人将来一定会为自己的选择后悔。人生就像一盘棋，深谋远虑的人每走一步就能看到下面几步棋的走势，而有的人只会盯着眼前的一步。后者就是孔子口中的"人无远虑，必有近忧"的那种人，他们站得低、望不远，只能将自己的人生之棋下得乱七八糟。

15.13 子曰："已矣乎！吾未见好德如好色者也。"

【题解】

爱美之心人皆有之，好色是不需要提醒的，但是好德就不容易了。

【译文】

孔子说："罢了罢了！我没见过喜欢美德如同喜欢美色一样的人。"

15.14 子曰："臧文仲其窃位者与①？知柳下惠之贤②，而不与立也③。"

【题解】

孔子借指责臧文仲以不正当的手段获取地位，表达其希望有贤者能够在位、能者能够在职的心境。

【注释】

①窃位：身居官位而不称职。②柳下惠：春秋中期鲁国大夫，姓展名获，又名禽，他受封的地名是柳下，"惠"是他的谥号。③立：通"位"。

【译文】

孔子说："臧文仲大概是个窃居官位而不称职的人吧！他知道柳下惠贤良，却不给他官位。"

【论语的智慧】

孔子在此提到了一个男子，中国人都非常熟悉他坐怀不乱的典故，他就是柳下惠。柳下惠是鲁国的一个很有德行的人。

孔子这是在骂臧文仲，就是那个养玳瑁的鲁国大夫，孔子说他不务正业，坑物丧志。这里说他根本不配在那么高的位置上，依据南怀瑾先生的解释，"窃位者"就是俗语说"占着茅坑不拉屎"的人，在高官大位上，不晓得提拔青年，也不晓得提拔贤人，明知道柳下惠是个贤人，却没有起用他。我们知道，这样的人多半心胸狭隘，嫉贤妒能，不会推荐良才，因为他们惧怕贤良之人会夺取了他们的位置。但是，真正有度量的人不会这样，他们会因为发现了一个良才而感到兴奋。比如，我们今天能看到俄国作家陀思妥耶夫斯基的作品就要归功于前辈对他的提拔。

陀思妥耶夫斯基20多岁时写了一部中篇小说《穷人》，学工程专业的他怯生生地把稿子投给《祖国纪事》杂志。编辑格利罗维奇和涅克拉索夫傍晚时分开始看这篇稿子，他们看了十多页后，打算再看十多页，然后又打算再看十多页，一个人读累了，另一个人接着读，就这样一直到第二天早晨。他们无法抑制住激动的心情，顾不得休息，找到陀思妥耶夫斯基的住所，扑过去紧紧把他抱住，眼泪不禁流了下来。他们告诉这个年轻人，这部作品是那么出色，让他不要放弃文学创作。之后，涅克拉索夫又把《穷人》拿给著名文艺评论家别林斯基看，并叫喊着："新的果戈理出现了！"别林斯基开始不以为然："你以为果戈理会像蘑菇一样长得那么快呀！"但他读完以后也激动得语无伦次，瞪着陌生的年轻人说："你写的是什么，你了解自己吗？"平静下来以后，他对陀思妥耶夫斯基说："你会成为一个伟大的作家。"

陀思妥耶夫斯基在他们的鼓励下决定："我一定要无愧于这种赞扬，多么好的人！多么好的人！这是些了不起的人，我要勤奋，努力成为像他们那样高尚而有才华的人！"后来陀思妥耶夫斯基写出了大量优秀的小说，成为俄国 19 世纪最伟大的作家之一。格利罗维奇、涅克拉索夫、别林斯基因各自的成就赢得人们的尊敬，但同样令人们尊敬的是他们"腾出一只手"托举一个陌生人的行动。而且从最初他们就预料到这个年轻人的光芒将盖过自己，但他们连想也没想就伸出了自己的手。"腾出一只手"给别人肯定会牺牲自己的利益，别林斯基等三位伟大的艺术家虽然后来被陀思妥耶夫斯基抢了光芒，但毕竟因陀思妥耶夫斯基的成功而使他们自己的人格举世皆知。生活中更多的"腾出一只手"者默默无闻，因为不是每一个人都能像陀思妥耶夫斯基那样成为"不再重放的花朵"。然而"腾出一只手"给别人，在于过程，而不在于结果。无论被托举者最后是否成功，无论能否得到回报，都不影响托举的价值。

如果你在一个领导者的位置上，请记得关键时刻"腾出一只手"给别人，也许一匹千里马就会因为你的赏识而一鸣惊人、一飞冲天。推举人才也是你的职责所在，君子不用忧惧被后辈所替代。长江后浪推前浪，这是历史规律与人类发展的自然法则，能培养出出色的后辈人才是你的功劳与伟大人格的见证，甚至你要学会给德才兼备的人适时让路。当然这很难做到，所以才要有很高的人格修养。已故著名科学家方正集团创始人王选就曾谈过这个问题："我不会因为发现一个比我年轻的人才华胜过我而忌妒，相反我很欣慰有人比我能干。我会想方设法培养这样的后生。"时过境迁，今天我们再来看王选院士有没有因为提拔、培养新人而被人们所忘记呢？没有。他反而因此获得更多人的尊敬。这样的管理者在孔子的眼中才是合格的，才不算是"窃位者"。

15.15　子曰："躬自厚而薄责于人^①，则远怨矣。"

【题解】

这里孔子提出的人应该严格要求自己，而不要苛求别人这一做人的原则，是能够和谐处事的根本。

【注释】

①躬自：亲自。

【译文】

孔子说："严厉地责备自己而宽容地对待别人，就可以远离别人的怨恨了。"

【论语的智慧】

干活抢重的，有过失主动承担主要责任是"躬自厚"，对别人多谅解多宽容，是"薄责于人"，这样的话，就不会互相怨恨。做一个人，尤其是做一名君子，重要的是要严格地要求和约束自己，而对人则采取宽容的态度，在责备和批评别人的时候应该尽量能够做到和缓宽厚，这样，就自然不会招致怨恨了。

颜回是孔子的得意门生。有一次颜回看到一个买布的和卖布的在吵架，买布的大声说："三八二十三，你为什么收我二十四个钱？"颜回上前劝架，说："是三八二十四，你算错了，别吵了。"那人指着颜回的鼻子："你算老几？我就听孔夫子的，咱们找他评理去。"颜回问："如果你错了怎么办？"答："我把脑袋给你。你错了怎么办？"颜回答："我把帽子输给你。"两人找到了孔子。孔子问明情况，对颜回笑笑说："三八就是二十三嘛，颜回，你输了，把帽子给人家吧。"颜回心想，老师一定是老糊涂了，只好把帽子摘下，那人拿了帽子高兴地走了。后来孔子告诉颜回："说你输了，只是输一顶帽子；说他输了，那可是一条人命啊！你说是帽子重要还是人命重要？"颜回恍然大悟，扑通一声跪在孔子面前："老师重大义而轻小是非，学生惭愧万分！"

孔子这种宽厚与容忍绝对不是好争斗的小人能够做到的，明知对方错了，却不争不斗反而认输，虽然自己吃点小亏，但使别人不受大损。不重表面形式的输赢，而重思想境界和做人水准的高低，这样的人其实活得很潇洒。这就是孔子所说："躬自厚而薄责于人，则远怨矣。"责备自己重些，责备他人轻些，这样的人就没有怨恨了。"君子求诸己，小人求诸人。"君子严格要求自己，小人专门苛求别人。中国传统所崇尚的正是"宽则得众，能下人自有志，能容人是大器"的宽容精神。

苛刻会把非常简单的事情变得复杂，而宽容则可以把复杂的事情变得简单。我们没有意识到，许多时候，我们其实是在做得不偿失的工作，使本来可以十分简单的事变得非常复杂，然后再用复杂的办法解决，结果越来越复杂。世界上的事情也如此，本来可以通过谈判解决的矛盾，非用针尖对麦芒的方法以冲突对待，结果问题就越发难以解决。

当然，应该忍让的是那些与自己的朋友、同学等发生的非原则性的小事。如与朋友或同学发生一点小摩擦时，就不要斤斤计较，应该豁达一点，吃点小亏算了。这样做的目的是避免破坏朋友之间的友谊，以及同学之间的团结。而对生活中的一些消极现象和不良的社会风气，以及坏人坏事，则不但不能忍让，反而应挺身而出，坚决斗争。

所以，我们提倡的忍让，并不是不辨是非，放弃原则，毫无限度地对一切事情的忍让。该忍则忍，不该忍时则寸步不让。

要做到宽容，必须具有豁达的胸怀。为人处世、待人接物时，不能对他人要求过于苛刻，应学会宽容、谅解别人的缺点和过失。特别是在小事上，如果宽大为怀，尽量表现得"糊涂"一些，便容易使人感到你通达世事人情。

15.16 子曰："不曰'如之何，如之何'者，吾未如之何也已矣[①]。"

【题解】

孔子用颇为幽默的语言，讲述了人要认真对待事情，要三思而后行的道理。

【注释】

①未：无。

【译文】

孔子说："不说'怎么办，怎么办'的人，我对他也不知道该怎么办了。"

【论语的智慧】

林语堂先生说，孔子是单纯而伟大的，他不是一个爱"耍嘴皮子"的人，但有时候他又诙谐幽默，爱说几句俏皮话。他说："凡是自己不想'怎么办呢，怎么办呢'的人，我对这种人也没法怎么办。"孔子还引用《诗经》上的句子小发风趣诙谐之词。《诗经》里有一首诗，在诗中情人说："不是不想念，而是因为你家离得太远了"，才没法和对方相会。而孔子谈论这首诗时就说："我看那女的根本心里不想那个男的，否则怎么会嫌路远呢？"

孔子的幽默风趣，有时像是一种嘲讽挖苦，但这也正是他的伟大之处。他把一些道理融入幽默之中，改变我们的思想特质，直透文化根底，实为大智慧。林语堂先生也曾说过，无论哪一国的文化、生活、文学、思想，是用得着尽情地幽默去滋润的。没有幽默滋润的国民，其文化必日趋虚伪，生活必日趋欺诈，思想必日趋迂腐，文学必日趋干枯，而人的心灵必日趋顽固。

幽默，是智慧树上的一颗奇异之果，它能为说话者增添魅力。在社交中最能获得好人缘的，往往是颇具幽默感的人。

一位年轻的画家拜访德国著名的画家阿道夫·门采尔，向他诉苦说："我真不明白，为什么我画一幅画只用一会儿的时间，可卖出去却要整整一年。"

"请倒过来试试吧，亲爱的。"门采尔认真地说，"要是你花一年的时间去画它，那么只用一天，就准能卖掉它。"

门采尔对画家所说的话于幽默中蕴含深刻哲理，让人们在笑声中增长智慧。

幽默最能表现说话者的风度、修养，它能使人在忍俊不禁中，在轻松活泼的气氛中工作，当然工作效率准会大大提高。而善用幽默的人还会赢得听众的广泛敬重。

某大学植物系有一位植物学教授，开的课虽然是冷门课程，但只要是他的课，几乎堂堂爆满，甚至还有人宁愿站在走廊里旁听，原因并不是这位教授专业知识多傲人，而是他的幽默风趣风靡了全校，使得学生们都喜欢上这位教授的课。

有一次，该教授带领一群学生深入山区做校外实习，沿途看到许多不知名的植物，学生们好奇地一一发问，教授都详细地回答解说，一位女同学不禁停下了脚步，对着教授赞叹地说："老师，您的学问好渊博呀。您对什么植物都知道得那么清楚！"教授回头眨了眨眼，扮个鬼脸笑道："这就是我为什么故意走在你们前头的原因，只要一看到不认识的植物，我就'先下脚为强'，赶紧踩死它，以免露馅！"学生们听了个个笑得前俯后仰，可见，这次实习之旅是一趟充满了笑声的愉悦之旅。

美国作家马克·吐温亦擅长运用幽默。一次，一位百万富翁在他面前炫耀自己刚装的一只假眼："你猜得着吗，我哪只眼睛是假的？"马克·吐温准确地指着他的左眼说："这只是假的。"百万富翁非常惊讶地问："你是怎么知道的，根据是什么？"马克·吐温说："因为我看到，只有这只眼睛还有一点点仁慈。"

幽默的人生是乐趣无穷的，学会和善于运用幽默，会令我们的工作、生活更为丰富和快乐。幽默的方式方法有多种，从其性质来看，有滑稽的、荒谬的，有和谐的，有出人意料的，也有戏谑、诙谐、反讽、挖苦的，等等。需要强调的是，运用幽默谈吐时，要考虑场合和对象。一般情况下，在日常社交场合中，可多用幽默；在学术性或政治性活动中则慎重运用幽默，应注意不适当的幽默会削弱听众对主题的注意；对待敌人、恶人则要用讽刺性幽默，以便在用幽默讥讽、鞭挞对方的同时，给周围的同事、朋友以快感。

《孔子圣迹图》之《观蜡论俗》

15.17 子曰："群居终日，言不及义，好行小慧，难矣哉！"

【题解】

孔子说的现象恐怕两千多年来一直都有，要想在任何一件事上取得成就，都要以此为座右铭。

【译文】

孔子说："整天聚在一起，言语都和义理不相关，喜欢卖弄小聪明，这种人很难教导。"

15.18 子曰："君子义以为质，礼以行之，孙以出之，信以成之。君子哉！"

【题解】

这里孔子提出了君子的四条行为准则。

【译文】

孔子说："君子把义作为本质，依照礼来实行，用谦逊的言语来表述，用诚信的态度来完成它。这样做才是君子啊！"

15.19 子曰："君子病无能焉，不病人之不己知也。"

【题解】

在此，孔子又一次强调了自强的重要性。

【译文】

孔子说："君子担心自己没有才能，不担心别人不知道自己。"

15.20 子曰："君子疾没世而名不称焉。"

【题解】

传名于后世，是对于人生的激励。有理想、有抱负的人，都应该做如是想。

【译文】

孔子说："君子担心死后自己的名字不被人称道。"

【论语的智慧】

司马迁在《史记》中特地引用过孔子的一句话："君子疾没世而名不称焉。"孔子认为一个君子最大的毛病就是担忧自己死了以后默默无闻，没有人再能记得他。南怀瑾先生认为这是一个大问题，几乎每个人的心里面都有这样的想法。没有人喜欢一生平凡，谁不想要别人记住自己呢？但是要做到留名青史也真是不容易的事情。

我们通常说中华民族有五千多年的灿烂历史，五千多年的光辉历程中有多少个生命来过这个世界上呢？不计其数。但是在这条岁月的星河里，我们能看到几颗闪亮的星星呢？历史上的皇帝就有几百个，王公大臣更是多如牛毛，可惜的是能在历史上留下自己痕迹的人是少之又少。求名当求万世名，这个说法不假。时间如大浪淘沙把所有的人与事带走，能留下的真是寥若晨星。

人皆好名，人类的虚荣心理让我们有这样的愿望，总是想要别人了解我们——以为自己的人生经历就是与众不同的，其实人与人之间还真的差不了多少。就算你在世的时候是万众瞩目的明星或其他大人物，可是死后谁还买你的账呢？像孔子、老子这样的大思想家几千年才有一位，再如汉武帝、唐太宗这样的文治武功的皇帝也就那么几位，几乎几个手指就能数全了！生前再怎么呼风唤雨，死后也是"一抔黄土掩风流"。

一个农场主对一个人说："你能跑到什么地方我就画到哪里，把这些土地都送给你。"这个人听说了就不停地跑，每次想停下来的时候就鼓励自己再坚持一会儿。就这样他整整跑了一天，直到把自己弄得筋疲力竭，最后因为劳累过度而猝死。农场主在掩埋他的时候说："其实他不懂得人能需要的土地仅仅是身下躺着的那一点而已。"这就是每个人共同的归宿，谁也不能逃脱这个规律。《红楼梦》中甄士隐对《好了歌》的解读中有一句这样的话："古今将相今何在？荒冢一堆草没了。"这和苏东坡的一首流传千古的词《念奴娇·赤壁怀古》有异曲同工之妙：

大江东去，浪淘尽，千古风流人物。故垒西边，人道是，三国周郎赤壁。乱石穿空，惊涛拍岸，卷起千堆雪。江山如画，一时多少豪杰！

遥想公瑾当年，小乔初嫁了，雄姿英发。羽扇纶巾，谈笑间，樯橹灰飞烟灭。故国神游，多情应笑我，早生华发。人生如梦，一樽还酹江月。

人生就像是一场梦，庄子说："大梦谁先觉？平生我自知。"我们这样的凡夫俗子怎敢说出这般觉醒的话？人的生命仅仅几十年，无论你在世的时候是多么逍遥畅快，也不论你是怎样的贫病交加，到了最后大家都难逃宿命——生命的终结。因此说，活着一天就该好好地对待生活，让自己的心快乐起来比什么都重要。否则如果贪心不已，那么即使给你一座金山银山你依然不会感觉满足、幸福。想要留名青史哪里能容易做到？我们要做的不过是认真活着，认真对待生命，至于功名自有他人评说。何况时间老人从来都不会说谎，它不会因为你活着的时候风光无限就让你名垂千古、流芳百世，也不会因为你生前穷困潦倒而埋没你的才华。历史是一位会说话的老人，而且永远只说真话。

15.21　子曰："君子求诸己，小人求诸人。"

【题解】

这与孔子说的"躬自厚而薄责于人"是一个意思。正人先正己，这是君子应该做到的。

【译文】

孔子说："君子要求自己，小人苛求别人。"

15.22　子曰："君子矜而不争①，群而不党。"

【题解】

其实孔子所坚持的为人之道就是自尊、仁爱和理性，"矜而不争"，与人为善，不拉帮结派，这些都是一个正直君子之所为。

【注释】

①矜：庄重的意思。

【译文】

孔子说："君子矜持庄重而不与人争执，合群而不结成党派。"

15.23　子曰："君子不以言举人，不以人废言。"

【题解】

在这里，孔子论述的待人处事之道是非常有理性的，推举人要重实绩，也不能因为那人有了缺点就废弃了他有益的言论。

【译文】

孔子说："君子不因为一个人的言语说得好而推举他，也不因为人有缺点而废弃他好的言论。"

15.24　子贡问曰："有一言而可以终身行之者乎①？"子曰："其恕乎②！己所不欲，勿施于人。"

【题解】

孔子认为，一个人应该终身坚持行"恕"，就是将心比心，"己所不欲，勿施于人"这句格言具有普世的价值。

①一言：一个字。言，字。②恕：推己及人，即"己所不欲，勿施于人"。

【译文】

子贡问道："有一个可以终身奉行的字吗？"孔子说："大概是'恕'吧！自己不想要的，不要施加给别人。"

15.25 子曰："吾之于人也，谁毁谁誉？如有所誉者，其有所试矣。斯民也，三代之所以直道而行也。"

【题解】

在这里，孔子告诉人们，对人不能随意加以毁誉，要实事求是。

【译文】

孔子说："我对于别人，毁谤了谁？赞誉了谁？如果有所赞誉的话，一定对他有所考察。有了这样的民众，夏、商、周三代所以能直道而行。"

15.26 子曰："吾犹及史之阙文也。有马者借人乘之^①。今亡矣夫！"

【题解】

孔子强调无论治学还是做其他的事情，都要持一种诚实的、认真的态度。

【注释】

①有马者借人乘之：有人认为此句系错出，难以索解，存疑而已。

【译文】

孔子说："我还看得到史书中存疑而空缺的地方。有马的人（自己不会调教）先借给别人骑。现在没有这样的了。"

15.27 子曰："巧言乱德。小不忍，则乱大谋。"

【题解】

孔子的这段名言是做大事人的座右铭，务实、忍耐、顾大局，这不是软弱的表现，而正是有志于做大事的人必备的素养。

【译文】

孔子说："花言巧语会败坏道德。小事上不忍耐，就会扰乱了大的谋略。"

【论语的智慧】

"小不忍，则乱大谋"这句话几乎所有人都明白它的意思，在小事情和小细节上如果不能忍耐，动不动就吹胡子瞪眼，这样的人多半性格急躁且不能宽容，"大谋"就会因此而被破坏。中国人是最擅长"忍"之术的，中国的为官之道就在于一个"忍"字。在这方面清朝的中兴之臣曾国藩就是一个典型，他一生奉行"忍"的为官处世之道。也因此他才能官居高位，一生都较为平顺，在宦海中几经沉浮却没有被淹没，最终得享天年。如果我们稍微留心一下历史就会发现，笑到最后的人几乎都是有"忍"之海量的人，开创清朝升平之世的康熙皇帝就是这样的一个人。

根据清朝的惯例，康熙满十四岁那年举行了亲政大典。可是亲政后的康熙帝，仍然没有实权，鳌拜继续大权独揽。皇帝与权臣之间的矛盾，终于在如何对待苏克萨哈的问题上公开化了。

苏克萨哈是顺治皇帝临终时指定的四位顾命大臣之一，一向为鳌拜所妒忌。在一次朝会上，鳌拜对康熙帝说："苏克萨哈心怀不轨，意图谋反，我已下令将他抓了起来。请皇上同意将苏克萨哈立即正法。"

此时康熙尽管对鳌拜的做法不满，可自知实力太差，远不是鳌拜的对手，所以只好忍耐。虽然表面上一个要杀，一个不准杀，谁也不肯让步，但实际上还是鳌拜势力更大。

鳌拜一气之下，袖子一拂，扬长而去。满朝文武，人人惶恐，没人敢说话。鳌拜一回到家，马上传令绞杀苏克萨哈，同时诛杀了他的家人。

康熙听到苏克萨哈被处死的消息后，气得两眼冒火，决心要除掉这个欺君擅权的鳌拜。但是，康熙心里清楚，鳌拜羽翼丰满，并且掌握着朝廷的军政大权，亲信党羽遍及朝廷内外。而且其身高力大，武艺高强，平时出入总是戒备森严。康熙帝深知要除掉鳌拜绝非易事，弄不好，会激起兵变，那么，他这皇帝的位子也就别想再坐了。

经过一夜的冥思苦想，康熙帝最后定下了铲除鳌拜的计策。

第二天鳌拜上朝时，康熙帝不露声色，也不再提苏克萨哈的事情，仿佛根本就没有发生过昨天那场争执。

鳌拜心里却暗自得意："皇上到底是个小孩子，你一厉害，他就软下来了。"其实他哪里知道，这是康熙帝高明的地方，先忍一步为的是最终的胜利。

没过几天，康熙帝给鳌拜晋爵位，加封号，又给鳌拜的儿子加官晋爵，鳌拜心里美滋滋的。

康熙一面故作软弱无能，稳住鳌拜，一面挑选了十几个机灵的小太监，在宫内舞刀弄棒，练习角力摔跤。康熙帝自己也加入摔跤队伍，与小太监们对阵取乐。消息传到宫外，大家认为只不过是小皇帝变着法子闹着玩罢了。鳌拜进宫奏事，见一伙小太监们练习摔跤，康熙在一旁忘情地呐喊、助威，也认为是小皇帝瞎折腾，闹着玩。

小小年纪就能如此机智，沉默忍耐，康熙确实有过人之处。所以从表面上看，朝中大事一切照旧，鳌拜还是那样为所欲为，康熙对鳌拜还是那样信赖，鳌拜渐渐放松了戒备。练习拳棒和摔跤的小太监们，技艺逐渐纯熟。康熙见时机已到，决定向鳌拜下手。

一天，康熙派人通知鳌拜，说是有要事商量，请他立即进宫。鳌拜直奔宫中，康熙此时正和小太监们摔跤，鳌拜上前，正要与康熙打招呼，十几个小太监打打闹闹地到了鳌拜身边。说时迟，那时快，他们一拥而上，拉胳膊扯腿地将毫无防备的鳌拜扳倒在地。

鳌拜很快反应过来，感到大事不妙，急得挣扎反抗时，十几个小太监已牢牢地将他制伏在地，哪里肯让他脱身。他们拿来准备好的绳索，将鳌拜捆了个结结实实。

康熙正颜厉色地对躺在地上动弹不得的鳌拜说："你欺凌幼主，图谋不轨，飞扬跋扈，滥杀无辜。今日下场，是你罪有应得。你鳌拜罪行累累，罄竹难书，待我查清你的罪行，一定严惩，绝不宽待。"

鳌拜自知难逃一死，紧紧地闭着双眼，一句话也不说，只能像待宰的羔羊那样，任人宰割！

识时务者为俊杰，君子藏器于身待机而动。当自己力量还比较薄弱时，切莫意气用事，为逞一时之快而犯下以卵击石的错误。

看了历史故事再观察我们自身的得失，不得不暗自佩服孔子的智慧，这也正是为什么《论语》得以成为我们"中国人的《圣经》"之故。经典之所以能成为经典，圣人之所以能被称为圣人，不是因为他的理论有多么高深莫测，让普通人参不透它的玄机，而是由于他贴近大众的生活和心理，得到了众人的认可和景仰。

15.28　子曰："众恶之，必察焉；众好之，必察焉。"

【题解】

孔子认为，在知人论世上必须独立思考，对一个人不应该以众人之是非标准决定自己的是非判断，一定要实事求是地进行考察。

【译文】

孔子说："众人都厌恶他，一定要去考察；大家都喜爱他，也一定要去考察。"

【论语的智慧】

很多道理是三岁小儿都懂得的，但是八十岁老翁却未必能做到。孔子谈到毁誉的问题，告诉弟子们："如果有个人名声很不好，大家都讨厌他，我们不要轻易相信，而要通过自己的考察才能下定论；如果有个人的声誉很高，大家都很喜欢他，我们同样也不要随意就附和众人的意见，要有自己的定见，这就需要我们用自己的眼睛去观察他是否名副其实，甚至不只用眼睛，还要用心。"

庄子也曾表达过类似的观点，他在《庄子·逍遥游》中说："举世而誉之而不加劝，举世而非之而不加沮。"这就是圣人的胸怀。我们常人当然不容易修炼到这个境界，但是不随意相信他人的定论还是可以做得到的。

生活中我们也常看到一个人被大家众星捧月般地追捧，我们也随着大家夸赞他的德行或才干，事实上他是否真的值得我们如此推崇很让人怀疑。有的人声名狼藉，其实他未必就是十恶不赦的坏人。

在这个世界上真理与谎言永远同在，有时候它们甚至就是孪生姐妹，互为一体。我们如果仅仅是因为别人的外表或者他人的三言两语就妄下结论，岂不是太草率了吗？有这样一个令人深思的故事。

有户人家养了一条狗、一只猫。

狗是勤快的。每天，当主人家中无人时，狗便竖起两只耳朵，虎视眈眈地巡视主人家的周围，哪怕有一丁点儿的动静，狗也要狂吠着疾奔过去，就像一名恪尽职守的警察，兢兢业业地为主人家做着看家护院的工作。每当主人家有人时，他的精神便稍稍放松了，有时还会伏地沉睡。于是，在主人家的每个人眼里，这只狗都是懒惰的，极不称职的，主人便经常不喂饱它，更别提奖赏它什么好吃的了。

猫是懒惰的。每当家中无人时，便伏地大睡，哪怕三五成群的老鼠在主人家中肆虐。睡醒了，就到处散散步，活动活动身子骨。等主人家中有人时，它的精神也养好了，这儿瞅瞅那儿望望，像一名恪尽职守的警察，时不时地它还要去给主人舔舔脚、逗逗趣。在主人眼中，它无疑是一只极勤快、极尽职的猫。好吃的自然给了它。

由于猫的不尽职，主人家的耗子越来越多。终于有一天，耗子将主人家唯一值钱的家当咬坏了，主人震怒了。他召集家人说："你们看看，我们家的猫这样勤快，耗子却猖狂到了这种地步，我认为一个重要的原因就是那只懒狗，它整天睡觉也不帮猫捉几只耗子。我郑重提议，将狗赶出家门，再养一只猫。大家意见如何？"家人纷纷附和说："这只狗是够懒的，每天只知道睡觉，你看猫，每天多勤快，抓耗子吃得多胖，都有些走不动了。是该将狗赶走，再养一只猫。"

于是，狗被赶出了家门。自始至终，它也不明白被赶走的原因。它只看到，那只肥猫在它身后窃窃地、轻蔑地笑着。

那些让你讨厌的人也许就像是那只"狗"一样，他们只不过是不会说让你喜欢听的话而已，那些你中意的人也许就像那只"猫"一样，不过是善于在人前表现自己的优点罢了，没准背后他还会骂你几句。我们只有在清醒地认识到自己的弊病之后才能更好地用"心眼"观察身边的世界，而不是用"肉眼"去看待每个人。北宋著名的政治家、文学家王安石曾有一首诗说，"不畏浮云遮望眼，只缘身在最高层"，这是他登飞来峰后写的一首诗。他不惧怕"浮云"遮住了自己的眼睛，是因为自己站得高，眼界很高，富有智慧。而我们平时做人也要有"不畏浮云遮望眼"的理性，人要有自己的判断，不能人云亦云，耳朵根软容易被别人左右，眼睛看不清假象就容易被表面的"浮云"所遮蔽。只有让自己冷静理性地分析事情，才能够在纷繁复杂的表面现象之后看到它真实的影像。

15.29　子曰："人能弘道^①，非道弘人。"

【题解】

这里说明人必须首先提高自身的修养，才可以把道发扬光大；而不能用道来装点门面，标榜自己。

【注释】

①弘：扩充；光大。

【译文】

孔子说："人能够把道弘扬光大，不是道能把人发扬光大。"

15.30　子曰："过而不改，是谓过矣。"

【题解】

人非圣贤，孰能无过？人们对待错误应持的唯一正确的态度是及时改正。

【译文】

孔子说："有了过错而不改正，这就真叫作过错了。"

【论语的智慧】

孔子说："有了过错而不改正，这就真叫作过错了。"孔子关于过错的看法打破了我们传统的观念，我们固执地认为一个犯错的人简直不可饶恕。但是一个犯错的人到了孔子这里就不会遭受那么大的"歧视"，因为孔子认为每个人都难免要犯错，而你不能因为一个人偶然的过错就不肯原谅他。孔子的宽恕与仁慈在这可以看出来，但是倘若你明知自己已经错了还不思悔改，那你的错误哪怕再小也不可饶恕。

15.31 子曰："吾尝终日不食，终夜不寝，以思，无益，不如学也。"

【题解】

孔子的这句话是在讲学与思的辩证关系，特别强调了实实在在学习的重要性。

【译文】

孔子说："我曾经整天不吃，整夜不睡，去思索，没有益处，不如去学习。"

15.32 子曰："君子谋道不谋食。耕也，馁在其中矣①；学也，禄在其中矣。君子忧道不忧贫。"

【题解】

孔子这段话中心意思是在劝学，不要将心思只放在食与禄上。

【注释】

①馁：饥饿。

【译文】

孔子说："君子谋求的是道而不去谋求衣食。耕作，常常会有饥饿；学习，往往得到俸禄。君子担忧是否能学到道，不担忧贫穷。"

【论语的智慧】

一个真正有学问、懂得生活真谛的人，应多考虑人生价值，而不应局限于自身的贫穷、富贵。比如耕种田地，只问耕耘不问收获；比如君子，只忧虑自己的为人，并不担心是否贫穷。如果将孔子对伟人的评价转移至普通人的高度，"忧道不忧贫"还可以有另一种解读——"安贫乐道"未必等于不思进取。

下面听听一个渔夫与银行家的对话吧，其中隐含着生活的哲理。

银行家在一个沿海小渔村碰到了刚刚靠岸的一艘小渔船，船上只有一个渔夫，却载着几条大的金枪鱼。银行家夸奖渔夫捕鱼的本领好，并且问他捕到这些鱼需要多长时间。渔夫回答说："要不了多长时间。"银行家接着问："那为什么不多干一会儿，多捕一些鱼呢？"渔夫说："这些鱼足够一家人吃的了。"

《孔子圣迹图》之《不对田赋》

银行家又问道："那你剩下的时间都做些什么呢？"渔夫说："我睡个好觉，钓钓鱼，陪我的孩子玩耍，陪陪我的妻子玛丽亚，每天晚上我都会到村子里去，和朋友们吃吃饭，弹弹吉他。我的生活非常充实。"

银行家说："我是哈佛大学工商管理学硕士，也许我可以帮助你。你应该花更多的时间捕鱼，挣钱买一艘更大的渔船，用这艘渔船挣来的钱再买更多的渔船，这样你就拥有一支船队了。你不用再把自己打来的鱼卖给中间商，而是直接卖给加工商，或者自己做批发零售。你可以离开这个小村子，到墨西哥城，然后到洛杉矶，到纽约，让公司的业务发展壮大。"渔夫问道："但是这要花多少时间呢？"银行家回答："15年到20年吧。""然后怎么样呢？"

银行家笑了笑说："到时候你就可以申请上市，向公众出售公司的股份。你会成为富翁，拥有数百万财产。""数百万……然后怎么样呢？"银行家说："你就可以退休了。你搬到海边的一个小镇上，可以一觉睡到下午，钓钓鱼，陪孩子们玩耍，陪陪妻子，每晚到镇上和朋友们吃吃饭，弹弹吉他。"渔夫回答说："难道这些不是我现在就已经在做的事吗？"银行家无言以对。

生活有时是一个圈，无论得到了多少，到最终还是会回到原点，由此看来，安贫乐道未必就是不思进取。梁实秋在《雅舍小品·图章》中也说过，"安贫乐道的精神之可贵更难于用三言两语向唯功利是图的人解释清楚的了。"那位渔夫说不定比银行家更懂得生活的艺术。

安于贫困生活，以学习和掌握圣人之道为乐，不要被现实与名利所扰，人们便会找到自己的人生意义。元代施惠在《幽闺记·士女随迁》中说，"乐道安贫巨儒，嗟怨是何如，但孜孜有志效鸿鹄。"如果沉浸在世俗名利中不能自拔，一心追求欲望的满足，那么还不如在宁静的海边享受简单的幸福。

15.33 子曰："知及之①，仁不能守之，虽得之，必失之。知及之，仁能守之，不庄以莅之，则民不敬。知及之，仁能守之，庄以莅之，动之不以礼，未善也。"

【题解】

这里孔子提出了一个合格的执政者所应具备的品质和治国理政的四条标准。

【注释】

①知：通"智"。

【译文】

孔子说："靠聪明才智得到它，仁德不能保持它，即使得到了，也一定会丧失。靠聪明才智得到它，仁德能够守住它，但不以庄重的态度来行使职权，那么民众就不敬畏。靠聪明才智得到它，仁德能够保持它，能以庄重的态度来行使职权，但不能按照礼来动员，是不完善的。"

【论语的智慧】

这是孔子在教导我们做事情要有智慧，有眼光，看得准。比如有的人赌钱，眼看着自己赢钱了，很高兴，但是却不知道收手，也就是我们通常说的不会及时刹车。最后不仅没有赢钱，反而把刚刚赢了的钱又都输掉了。人活着时一般欲望很强，对名利也好，美色佳肴也好，总之欲壑难填。春风得意的时候应该想到自己不如意的时候，须知万事都是有一定的发展规律的，就像水满则溢、月盈则亏一样，最好不要让自己太"满"了，该收手的时候就要停下来。郭子仪的做法就值得我们认真借鉴。

唐朝郭子仪爵封汾阳王，王府建在首都长安的亲仁里。汾阳王府自落成后，每天都是府门大开，任凭人们自由进出，而郭子仪不允许其府中的人对此加以干涉。有一天，郭子仪帐下的一名将官要调到外地任职，来王府辞行。他知道郭子仪府中百无禁忌，就一直走进了内宅。恰巧，他看见郭子仪的夫人和他的爱女正在梳妆打扮，而王爷郭子仪正在一旁侍奉她们，她们一会儿要王爷递毛巾，一会儿要他去端水，使唤王爷就好像使唤奴仆一样。这位将官当时不敢讥笑郭子仪，回家后，他禁不住讲给他的家人听，于是一传十，十传百，没几天，整个京城的人都把这件事当成笑话来谈论。郭子仪听了倒没有什么，他的几个儿子听了却觉得大丢面子，他们决定对父亲提出建议。

他们相约一起来找父亲，要他下令，像别的王府一样，关起大门，不让闲杂人等随便出入。郭子仪听了哈哈一笑，不置可否，几个儿子跪下来求他，一个儿子说："父王您功勋显赫，普天之下的人都尊敬您，可是您自己却不尊重自己，不管什么人，您都让他们随意进入王府。孩儿们认为，即使商朝的贤相伊尹、汉朝的大将军霍光也无法做到您这样。"

郭子仪听了这些话，收起了笑容，语重心长地说："我敞开府门，任人进出，不是为了追求浮名虚誉，而是为了自保，为了保全我们全家人的性命。"

儿子们听后感到十分惊讶，忙问其中的道理。

郭子仪叹了一口气，说道："你们只看到郭家显赫的声势，而没有看到这其中的危险。我爵封汾阳王，再没有更大的富贵可求了。月盈而蚀，盛极而衰，这是必然的道理。所以，人们常说要急流勇退。可是眼下朝廷尚要用我，怎肯让我归隐，再说，即使归隐，也找不到一块能够容纳我郭府一千余口人的隐居之地呀。可以说，我现在是进不得也退不得。在这种情况下，如果我们紧闭大门，不与外面来往，只要有一个人与我郭家结下仇怨，诬陷我们对朝廷怀有二心，就必然会有专门落井下石、嫉贤妒能的小人从中添油加醋，制造冤案。那时，我们郭家的老小都要死无葬身之地了。"

郭子仪之所以让府门敞开，是因为他深知官场的险恶，正因为他具有很高的政治眼光，

又有一定的德行修养，善于应对各种复杂的政治环境，因此即使在自己功勋卓著的日子，也时时做好了准备应付可能发生的危险。

《红楼梦》中有一段元春死后托梦的诗句："身后有余忘缩手，眼前无路想回头。"做人要永远为自己留条后路。永远记住花未全开、月未全圆才最好，一旦花怒放就要面临萎谢，所以人在得意之时切莫放纵自己。

15.34　子曰："君子不可小知，而可大受也。小人不可大受，而可小知也。"

【题解】

孔子讲的还是要知人善任，要懂得如何使用人才，关键是要各尽其才。

【译文】

孔子说："君子不可以用小事来察知，却可以接受重任；小人不可以承担重任，却可以用小事来察知。"

15.35　子曰："民之于仁也，甚于水火。水火，吾见蹈而死者矣，未见蹈仁而死者也。"

【题解】

在这里，孔子强调了仁是人生和社会得以健康发展的根本，它是有益于人和社会的，但是人们往往认识不到它的重要性。

【译文】

孔子说："民众对于仁的需要，超过对水火的需要。水和火，我看见有人死在里面，却没有见过行仁而死的。"

15.36　子曰："当仁，不让于师。"

【题解】

这段孔子的名言，为所有行仁道、做好事、力求上进的人鼓足了勇气。

【译文】

孔子说："面临仁时，对老师也不必谦让。"

【论语的智慧】

这是孔子教育弟子的高明之处，他不搞个人崇拜，也不搞专制。当我们的意见与老师、上级发生冲突的时候，我们要考虑的不是权威的地位而是仁义的力量，要让自己的心永远站在仁义的那一边。孔子还说了这样的一段话与"当仁不让于师"遥相呼应。

子曰："君子贞而不谅。"

这个"不谅"不是不原谅，是说一个君子，要真正诚敬而不能马虎，不能随便违反正义。因为"真理"而冒犯了老师不是对老师的不尊敬，而是对真理的执着追求，对信仰的坚持。这个世界上所有的道理看起来都没有什么高深，可就是稀松平常的话才显得坚持的不容易。比如，你是某个人的下级，明明知道领导交给你的命令是错的，那么你是拒绝他还是按照他的命令去做？这就是孔子的教育。所以，千万不要小瞧了这样的话。

这一点孔子的一个弟子就真正做到了，他就是鲁国的宓子贱。有一次齐国进攻鲁国，战火迅速向鲁国单父地区推进，而此时宓子贱正在单父。当时正值麦收季节，大片的麦子已经成熟了，不久就能够收割入库了，可是齐军一来，眼看到手的粮食就会让齐国抢走。当地的老百姓向宓子贱提出建议，有一个人说："麦子马上就要熟了，应该赶在齐国军队到来之前，让咱们这里的老百姓去抢收，不管是谁种的，谁收了就归谁所有，肥水不流外人田。"另一个人也认为："是啊，这样把粮食打下来，可以增加我们鲁国的粮食。而齐国的军队没有粮食，自然坚持不了多久。"尽管当地老百姓再三请求，宓子贱坚决不同意这种做法。过了一些日子，齐军一来，果然把单父地区的小麦一抢而空。

为了这件事，许多百姓埋怨宓子贱，鲁国的大贵族季孙氏也非常愤怒，派使臣向宓子贱兴师问罪。宓子贱说："今年没有麦子，明年我们可以再种。如果官府这次发布告令，让人们去抢收麦子，那些不种麦子的人则可以不劳而获，得到不少好处，单父的百姓也许能抢回来一些麦子，但是那些趁火打劫的人以后便会年年期盼敌国的入侵，民风也会变得越来越坏。其实单父一年的小麦产量，对于鲁国的影响微乎其微，鲁国不会因得到单父的麦子就强大起来，也不会因失去单父这一年的小麦而衰弱下去。但是如果让单父的老百姓，以至于鲁国的老百姓都存了这种借敌国入侵能获得意外财物的心理，这才是我们鲁国的大敌。这种侥幸获利的心理，才是我们鲁国的大损失呀！"

宓子贱不愧是孔子的弟子，他把老师平时教育的做人做官的原则实践得很好，爱正义胜过爱权威，当仁不让于师，这一点应归功于孔子的教育，同样也是我们应该好好学习的。

15.37　子曰："君子贞而不谅①。"

【题解】

孔子注重"信"的道德原则，但又说明了它必须以"道"为前提，即在仁和礼的基础上坚持"信"。

【注释】

①贞：正，指固守正道。谅：信，指不分是非而守信。

【译文】

孔子说："君子讲大信，而不拘泥于遵守小信。"

15.38　子曰："事君，敬其事而后其食。"

【题解】

先人后己，首先要诚敬地付出，然后再谦逊地得到，这就是"礼"。

【译文】

孔子说:"侍奉君主,认真做事而把领取俸禄的事放在后面。"

【论语的智慧】

孔子的这一段话和曾任美国总统的肯尼迪的一次演说有异曲同工之妙。肯尼迪在竞选总统的时候曾经这样说:"不要问美国给了你们什么,要问你们为美国做了什么!"就是他的这一句话激起美国民众的爱国热潮,每个人都想积极地为国家和社会贡献自己的才智。

如今,很多领导抱怨下级只会唯命是从,不敢提任何有建设性的建议,这就是没有尽到一个合格下属的义务,也就是没有做到孔子口中的"敬",不能为领导分忧。一个有责任感的下属应该是什么样子的呢?曾经说过"半部《论语》治天下"的宰相赵普就做得很好。

有一次,赵普推荐某人做官,宋太祖不答应。第二天,赵普又上奏章推荐这个人,宋太祖还是不答应。第三天,赵普又上奏章推荐,宋太祖这下可忍不住了,大发雷霆,把奏折撕碎了扔到地上。赵普面不改色地跪着,把这些碎片拾起来,带回去。过些天,他把这撕碎了的奏章黏好,又带上朝去推荐。宋太祖这一次总算醒悟了,终于任用了这个人。又有一次,有个大臣应该升官,但是宋太祖一向讨厌那个人,根本就不打算用他。赵普极力奏请太祖批准,宋太祖又被赵普惹火了,气呼呼地说:"我是皇帝,这天下的人才我爱用谁就用谁。我不想提拔他,你能奈我何?"赵普说:"刑赏,有刑赏的准则,陛下怎么能以个人的喜好来左右刑赏?"太祖气得离座而起,回到内宫。赵普就站在宫门口,久久不肯离去。宋太祖后来也终于答应了。

从这里我们就能看出来,为什么赵普能帮太祖打天下又能帮太宗治天下了,尤其他的"半部《论语》治天下"的典故让时人称奇,更是让后人称道。换个角度来看,《论语》确有其独特的历史功用与人文价值,这些是无法用金钱来衡量的,因为它是人类共同的文化遗产,也是我们中华民族对全世界的贡献。从这一点上来讲,孔子不愧是我们的圣人。

15.39 子曰:"有教无类。"

【题解】

正是孔子这种伟大的教育思想,在春秋时代把贵族文化普及到了平民。

【译文】

孔子说:"进行教育没有高低贵贱的等级差别。"

【论语的智慧】

"有教无类",这是孔子的教育思想,孔子不分学生的等级、年龄、地域等差别,只要有人愿意来学习,他都会教。现在的老师恐怕就做不到这点了,喜欢成绩好的、聪明伶俐的,或者是嘴巴乖巧的,但是对于看起来笨拙的人就不喜欢了。这就没有拥有一个教育者应有的"有教无类"的胸怀。

有两个情况相似的女孩子,但是她们因为遇到的老师不同而导致日后的性格与命运迥异。

她在读初中时，作文极好而数学极差，几次考试都不及格。为了对得起父母和老师，她硬生生地对数学死下功夫，三次小考，数学都得了满分。数学老师认为她成绩的提高百分之百是因为作弊。她是个倔强而又敏感的女孩，并不懂得适度地忍耐更能保护自己，就直言不讳地对老师说："作弊，对我来说是不可能的，就算你是老师，也不能这样侮辱我。"

结果，被冒犯了的老师气急败坏，单独给她发了一张她根本没有学过的方程式试题，让她当场吃了鸭蛋。之后老师拿蘸了墨汁的毛笔，在她眼眶四周涂了两个大圆圈，然后让她转身给全班看，又让她去大楼的走廊上走一圈。

这一事件的结果是：其一，让她休学在家，她自闭了七八年，严重时，连与家人同坐一桌吃饭的勇气都没有；其二，养成了她终生悲观、敏感、孤独的性格。尽管她一生走过48个国家，写了26部作品，用她的作品帮助很多人树立起豁达、坚强的人生信念，但她自己始终走不出心灵的阴影。

假如，换一个睿智而又有爱心的老师，事情完全可以有更好的处理方式，不信，我们看看与她境况相同的另一个女孩的经历。

这个女孩同她一样，读初中时，语文也出奇的好，曾在年级的语文阅读测验中得过第一名。但数学相当糟糕，面对数学课本，就像面对天书，数学老师教的东西，她没一样能听懂。她戏称自己为天生的"数学盲"，并且断言这种盲永远无药可救。

她跌跌撞撞地读到初三时，数学要补考才能参加毕业考。她知道事态的严重，却无法左右事态的发展，只好整晚不睡觉，把一本几何题从头做到尾。

第二天，上数学课时，老师讲到一半，忽然停下来，在黑板上写了4道题让全班演算。这没头没脑的4道题在下午补考之前出现在黑板上，又与正在教的内容毫无关系，再笨的学生也明白老师的良苦用心。

于是，她忽然就成了全班最受关心的人，几位同学边笑边叹气，把4道题的标准答案写出来让她背。她背会了3道，在下午的补考中得了75分，终于能够参加毕业考，终于毕了业。后来，初中最后的那堂数学课连同数学老师关切和怜爱的眼神，一并成为她生命中温馨美丽的记忆。

第一个故事的主人公是三毛，第二个故事的主人公是席慕蓉，这是两个让许多人为之痴迷的女作家。但是三毛短暂的一生是充满悲剧色彩的，而席慕蓉的幸福是我们有目共睹的。为什么美丽倔强的三毛总让人心痛又让人绝望，而外表平常的席慕蓉却既让人心怡又令人神往呢？这与她们年少时在数学课上的经历不无关系。

三毛很不幸，她碰到的是一位看重成绩而忽视人格的、具有强烈的权威意识的数学老师。他为了维护自己那点可怜的尊严而滥用权力，给完全没有防范能力的三毛在精神上予以致命的一击，让她穷尽毕生精力都无法从那种伤害中复原。

席慕蓉则非常幸运，她的数学老师并没有因为她在数学方面的不足而全盘否定她，在不动声色中放了她一马，让她有条件在更适合自己的领域里振翅高飞。在自己最不擅长的领域里，得到的都是老师发自内心的怜爱与关怀，难怪她对生命充满眷恋，对人世充满信心。作为一个极富才情的女子，她既有能力爱丈夫，爱孩子，充分享受亲情之乐，又用自己的诗、画和文章吸引和影响了无数的人。

一个老师可以影响一个人的命运，这很重要，所以才有太阳底下最光辉的职业一说。可是如果对待学生没有一颗平常心，对学生求全责备的话就不能算是一个合格的教育者，更不用谈令人敬仰的师道尊严了。

15.40　子曰："道不同，不相为谋①。"

【题解】

人们在做大的事业的时候，往往需要学习这个理性的原则。

【注释】

①为：与，对。

【译文】

孔子说："志向主张不同，不在一起谋划共事。"

15.41　子曰："辞达而已矣。"

【题解】

在这里，孔子强调辞贵达意，不取言辞的虚浮和绮丽，这是非常健康的语言观。

【译文】

孔子说："言辞能表达出意思就可以了。"

15.42　师冕见①，及阶，子曰："阶也。"及席，子曰："席也。"皆坐。子告之曰："某在斯，某在斯。"师冕出。子张问曰："与师言之道与？"子曰："然，固相师之道也②。"

【题解】

这里具体而生动地描述了孔子对盲人的态度，表现了他的同情心，这种伟大的人道主义精神十分感人。

【注释】

①师：乐师。冕：人名。古代的乐师一般是盲人。②相：帮助。

【译文】

师冕来见孔子，走到台阶边，孔子说："这儿是台阶。"走到座席边，孔子说："这是座席。"大家都坐下后，孔子告诉他说："某人在这里，某人在这里。"师冕告辞后，子张问道："这是和盲人乐师言谈的方式吗？"孔子说："是的，这本来就是相助盲人乐师的方式。"

季氏篇第十六

16.1　季氏将伐颛臾①。冉有、季路见于孔子②，曰："季氏将有事于颛臾。"

孔子曰："求！无乃尔是过与③？夫颛臾，昔者先王以为东蒙主④，且在邦域之中矣，是社稷之臣也。何以伐为⑤？"冉有曰："夫子欲之，吾二臣者皆不欲也。"

孔子曰："求！周任有言曰⑥：'陈力就列，不能者止。'危而不持，颠而不扶，则将焉用彼相矣⑦？且尔言过矣。虎兕出于柙⑧，龟玉毁于椟中，是谁之过与？"冉有曰："今夫颛臾，固而近于费⑨。今不取，后世必为子孙忧。"

孔子曰："求！君子疾夫舍曰'欲之'，而必为之辞。丘也闻：有国有家者，不患寡而患不均，不患贫而患不安⑩。盖均无贫，和无寡，安无倾。夫如是，故远人不服，则修文德以来之。既来之，则安之。今由与求也相夫子，远人不服而不能来也，邦分崩离析而不能守也，而谋动干戈于邦内。吾恐季孙之忧，不在颛臾，而在萧墙之内也⑪。"

【题解】

孔子是主张以仁以礼来解决争端的，提倡"和为贵"，反对通过暴力手段解决国家内外的问题。在这里，孔子还提出了"不患寡而患不均，不患贫而患不安"的思想，让人民安乐，让社会均富，这是古代的治国良策。

【注释】

①颛臾：鲁国的附属国，在今山东省费县西。②见于：被接见。③无乃：岂不是。尔是过：责备你。"过"用作动词，表示责备。"是"用于颠倒动宾之间，无义。④东蒙主：东蒙，蒙山。主，主持祭祀的人。⑤为：用于句末的语气词。这里表诘问语气。⑥周任：人名，周代史官。⑦相：搀扶盲人的人叫相，这里是辅助的意思。⑧兕：雌性犀牛。⑨费：季氏的采邑。⑩不患寡而患不均，不患贫而患不安：当作"不患贫而患不均，不患寡而患不安"。据俞樾《群经平议》。⑪萧墙：照壁屏风，指宫廷之内。

【译文】

季氏准备攻打颛臾。冉有、子路去拜见孔子，说："季氏准备对颛臾用兵了。"

孔子说:"冉求!难道这不是你的过错吗?颛臾,以前先王让它主持东蒙山的祭祀,而且它在鲁国的疆域之内,是国家的臣属,为什么要攻打它呢?"冉有说:"季孙大夫想去攻打,我们两人都不同意。"

孔子说:"冉求!周任说过:'根据自己的才能去担任职务,不能胜任的就辞职不干。'盲人遇到了危险不去扶持,跌倒了不去搀扶,那还用辅助的人干什么呢?而且你的话是错了。老虎、犀牛从笼子里跑出来,龟甲和美玉在匣子里被毁坏了,是谁的过错呢?"冉有说:"现在颛臾,城墙坚固,而且离季氏的采邑费地很近。现在不攻占它,将来一定会成为子孙的祸患。"

孔子说:"冉求!君子痛恨那些不说自己想那样做却一定要另找借口的人。我听说,对于诸侯和大夫,不怕贫穷而怕财富不均,不怕人口少而怕不安定。因为财富均衡就没有贫穷,和睦团结就不觉得人口少,境内安定就不会有倾覆的危险。像这样做,远方的人还不归服,那就再修仁义礼乐的政教来招致他们。他们来归服了,就让他们安心生活。现在,仲由和冉求你们辅佐季孙,远方的人不归服却又不能招致他们,国家分崩离析却不能保全守住,反而谋划在国内动用武力。恐怕季孙的忧患不在颛臾,而在他自己的官墙之内呢。"

16.2 孔子曰:"天下有道,则礼乐征伐自天子出;天下无道,则礼乐征伐自诸侯出。自诸侯出,盖十世希不失矣①;自大夫出,五世希不失矣;陪臣执国命②,三世希不失矣。天下有道,则政不在大夫。天下有道,则庶人不议。"

【题解】

这是孔子对春秋时代的政治形势的分析,他十分赞赏"天下有道"的上古时代。"天下有道,则庶人不议"这句话是给执政者非常有益的警示。

【注释】

①希:少。②陪臣:大夫的家臣。

【译文】

孔子说:"天下政治清明,制礼作乐以及出兵征伐的命令都由天子下达;天下政治混乱,制礼作乐以及出兵征伐的命令都由诸侯下达。政令由诸侯下达,大概延续到十代就很少有不丧失的;政令由大夫下达,延续五代后就很少有不丧失的;大夫的家臣把持国家政权,延续到三代就很少有不丧失的。天下政治清明,国家的政权就不会掌握在大夫手中;天下政治清明,普通百姓就不会议论朝政了。"

16.3 孔子曰:"禄之去公室①,五世矣②,政逮于大夫③,四世矣④,故夫三桓之子孙微矣⑤。"

【题解】

这是孔子对于国家政治和历史做出的判断,这些预言都变成了事实。

【注释】

①禄：俸禄，这里指政权。公室：诸侯的家族。②五世：鲁文公死后，公子遂杀嫡，立宣公，掌握了鲁国的政权。宣公死后，鲁国的政权又落在大夫季氏之手，经历了成公、襄公、昭公，到孔子说这段话时的定公共四世，加上宣公，就是五世。③逮：及。④四世：指季孙氏文子、武子、平子、桓子四世。⑤三桓：鲁国仲孙、叔孙、季孙都出于鲁桓公，所以叫"三桓"。

【译文】

孔子说："国家政权离开了鲁国公室已经五代了，政权落到大夫手中已经四代了，所以鲁桓公的三家子孙都衰微了。"

16.4　孔子曰："益者三友，损者三友。友直、友谅①、友多闻，益矣；友便辟②、友善柔、友便佞③，损矣。"

【题解】

这里，孔子讲的是交友之道，他所提出的标准至今都有非常重要的参考价值。

【注释】

①谅：诚信。②便辟：逢迎谄媚。③便佞：用花言巧语取悦于人。

【译文】

孔子说："有益的朋友有三种，有害的交友有三种。同正直的人交友，同诚信的人交友，同见闻广博的人交友，是有益的。同逢迎谄媚的人交友，同表面柔顺内心奸诈的人交友，同花言巧语的人交友，是有害的。"

【论语的智慧】

孔子说有三种朋友会让我们受益匪浅。第一种是为人很正直的人，这种人就像是他的弟子子路一样，多半很有点侠气，对朋友讲义气；第二种是性格宽厚的人，这样的人多半心地善良，很仁慈，不会对人吹毛求疵，比如孔子的弟子曾子和颜回；第三种是学问很好的人，他们知识渊博，能带给你很多你学不到的智慧，他们能开阔你的眼界，比如孔子的弟子冉求和子贡。

交友之道和谈恋爱的道理一样。交上一个好的朋友是怡情悦性的一件美事，这就如同谈恋爱遇上一个理解自己、相处愉快的恋人一样。

虽然性质不同，但结果相似。遇到君子，双方都有好处，皆大欢喜；遇人不淑，被人拉下水或吃了哑巴亏，只好自认倒霉。那么，我们是不是只能被动接受，毫无预防和还击之力呢？

非也。孔子告诉我们三种人千万不可接近，谨防上当——"友便辟，友善柔，友便佞"。

首先是"友便辟"。这种朋友指的是专门喜欢谄媚逢迎、溜须拍马的人。他知道你喜欢什么，就对你投其所好。

这种人特别会察言观色，见风使舵，细心体会你的心情，以免违逆了你的心意。就像俄国小说家契诃夫写的《变色龙》一样，他们是墙头草，永远只会顺风跑。你得意时他追随你，不离左右，你一旦失意，他立刻让你感受到什么叫世态炎凉。

如果大家稍微留心，便会发现这样的人比比皆是，比如大贪官和珅。他对乾隆皇帝百般逢迎，奴颜谄媚，几乎无所不用其极。他就是一个典型的"便辟"之人。

孔夫子说，和这种人交朋友，有害！为什么这样说呢？和这种人交朋友，你会感到特别舒服、愉快，就像电视剧里的乾隆皇帝一样，明知道和珅贪赃枉法，却还是离不开他。

人性的一大弱点是爱听恭维话，法国思想家卢梭说："要讨厌那些奉承我们的人真是太难了。"连如此伟大的人物尚且有如此感叹，平凡如你我者就更不必说了。但就是因为这样的人危害最大，所以才值得我们关注。

第二种叫"友善柔"。这种人是典型的"两面派"。

他们当着你的面，永远是和颜悦色，满面春风，恭维你，奉承你，就是孔子说的"巧言令色"。但是，在背后，他会传播谣言，恶意诽谤。比如像唐朝大奸臣李林甫，他口蜜腹剑，绵里藏针，就好比是独门暗器一样，让我们防不胜防，难以招架。对这种人的招儿就是惹不起还躲不起吗？

第三种叫"友便佞"。便佞，指的就是言过其实、夸夸其谈的人。其中这个"佞"就是指口才好但不诚实、不正直，也就是所谓"假、大、空"。

这种人生就一副伶牙俐齿，没有他不知道的事，没有他不懂的道理，说起话来，滔滔不绝，气势逼人，不由得人不相信。可实际上呢，除了一张好嘴，别的什么也没有。

巧舌如簧，却腹内空空，"吹牛不打草稿"的主儿，你敢和他做朋友吗？孔子一向推行"讷于言，敏于行"的做人处世理念，像夸夸其谈的人在他那里是不会有什么好评语的。

朋友有三益三损，故圣人教导我们，交朋友要择益避损。自古上自天子，下至庶民，未有不需朋友者。但交友必须以德为前提，应择其善而处，不可正邪不辨而损己之德。

16.5 孔子曰："益者三乐，损者三乐。乐节礼乐、乐道人之善、乐多贤友，益矣；乐骄乐、乐佚游^①、乐宴乐，损矣。"

【题解】

这里孔子讲的是人的兴趣爱好应该是健康的、有益的。快乐应该由礼制来调节，才不会对人产生损害。

【注释】

①佚：放荡。

【译文】

孔子说："有益的快乐有三种，有害的快乐有三种。以用礼乐调节自己为乐，以称道人的好处为乐，以有很多德才兼备的朋友为乐，是有益的。以骄纵享乐为乐，以放荡游乐为乐，以宴饮无度为乐，是有害的。"

16.6 孔子曰："侍于君子有三愆^①：言未及之而言，谓之躁，言及之而不言，谓之隐，未见颜色而言，谓之瞽^②。"

【题解】

怎样说话，这里边大有学问。从孔子说的与君子交往过程中的语言美的经验，可以得出言语的规范标准。

【注释】

①愆：过失。②瞽：瞎子。

【译文】

孔子说："侍奉君子容易有三种过失：没有轮到他发言而言语，叫作急躁；到该说话时却不言语，叫作隐瞒；不看君子的脸色而贸然说话，叫作盲目。"

16.7 孔子曰："君子有三戒：少之时，血气未定，戒之在色；及其壮也，血气方刚，戒之在斗；及其老也，血气既衰，戒之在得^①。"

【题解】

孔子按照人在少年、壮年、老年的不同生理和心理特点，分别提出君子修身养性的重点。

【注释】

①得：贪得，包括名誉、地位、财货等。

【译文】

孔子说："君子有三件事应该警惕戒备：年少的时候，血气还没有发展稳定，要警戒迷恋女色；壮年的时候，血气正旺盛，要警戒争强好斗；到了老年的时候，血气已经衰弱，要警戒贪得无厌。"

【论语的智慧】

孔子把人生分成了三个阶段，人在年少的时候"血气未定"，要"戒之在色"。南怀瑾先生解释说，我们看很多人到了中年身体就不行了，怎么回事呢？归根到底就是年轻的时候纵欲过度，没有做到"戒之在色"。这个现象不要以为很少，其实很严重。历史上不少皇帝年轻早逝就和这个有莫大的关系。我们看小说《金瓶梅》中的西门庆后来也是因为这个死掉了，虽然是小说，一样有警醒世人的作用。

中年人"血气方刚，戒之在斗"。中年人一般已经有了自己的事业基础，这个时候看着任何对手都不顺眼，恨不得和别人斗个你死我活才好。就是要把所有人都打倒，只留下自己最好。

转眼间到了晚年了，怎么还"戒之在得"呢？不是该得到的都已经得到了吗？这个时候的"得"不是惧怕得不到，而是担忧得到的要失去。老年人担心自己曾有的一切都要被他人夺走，或是被岁月无情地抛弃，这个时候心态反而会不平和。

人生的每一个阶段都有其独特的特点，诱惑也是无时不在，需要我们不断提醒自己小心为妙。泥像的故事就深刻地说明了这个道理。

有一座泥像立在路边，历经风吹雨打。它多么想找个地方避避风雨，然而它无法动弹，也无法呼喊，它太羡慕人类了，它觉得做一个人，可以无忧无虑、自由自在地到处奔跑。它决定抓住一切机会，向人类呼救。

有一天，智者圣约翰路过此地，泥像向圣约翰发出呼救。"智者，请让我变成人吧！"

圣约翰看了看泥像，微微笑了笑，然后衣袖一挥，泥像立刻变成了一个活生生的青年。

"你要想真正变成人，必须先跟我试走一下人生之路，假如你受不了人生的痛苦，我马上可以把你还原。"智者圣约翰说。

于是，青年跟智者圣约翰来到一个悬崖边。

"现在，请你从此岸走向彼岸吧！"圣约翰长袖一拂，已经将青年推上了铁索桥。

青年战战兢兢，踩着一个个大小不同的链环的边缘前行，然而一不小心，一下子跌进了一个链环之中，顿时，两腿悬空，胸部被链环卡得紧紧的，几乎透不过气来。

"啊！好痛苦呀！快救命呀！"青年挥动双臂大声呼救。

"请君自救吧。在这条路上，能够救你的，只有你自己。"圣约翰在前方微笑着说。

青年扭动身躯，奋力挣扎，好不容易才从这个环中挣扎出来。

"你是什么链环，为何卡得我如此痛苦？"青年愤然道。

"我是名利之环。"脚下链环答道。

青年继续朝前走。忽然，隐约间，一个绝色美女朝青年嫣然一笑，然后飘然而去，不见踪影。

青年稍一走神，脚下又一滑，又跌入一个环中，被链环死死卡住。

可是四周一片寂静，没有一个人回应，没有一个人来救他。

这时，圣约翰再次在前方出现，他微笑着缓缓道："在这条路上，没有人可以救你，只有自救。"

青年拼尽力气，总算从这个环中挣扎了出来，然而他已累得筋疲力竭，便坐在两个链环间小憩。

"刚才这是个什么链环呢？"青年问。

"我是美色之环。"脚下的链环答道。

经过一阵休息后，青年顿觉神清气爽，心中充满幸福愉快的感觉，他为自己终于从链环中挣扎出来而庆幸。

青年继续向前走，然而没想到他又接连掉进了欲望之环、忌妒之环……待他从这一个个链环之中挣扎出来，青年已经疲惫不堪。抬头望望，前面还有漫长的一段路，他再也没有勇气走下去。

"智者！我不想再走了，你还是带我回原来的地方吧！"青年呼唤着。

智者圣约翰出现了，他长袖一挥，青年便回到了路边。

"人生虽然有许多痛苦，但也有战胜痛苦之后的欢乐和轻松，你难道真愿意放弃人生么？"

"人生之路痛苦太多，欢乐和愉快太短暂、太少了，我决定放弃做人，还原为泥像。"

青年毫不犹豫地说。

智者圣约翰长袖一挥，青年又还原为一尊泥像。

"我从此再也不用受人世的痛苦了。"泥像想。

然而不久，泥像被一场大雨冲成一堆烂泥。

人的一生需要迈过的门槛很多，稍不留神我们就会栽在其中一道坎上。不过对于绝大多数人，或许最重要的则是迈过金钱、权力与美色三道坎，就像孔子所说的"人生三戒"一样。

16.8　孔子曰："君子有三畏：畏天命，畏大人，畏圣人之言。小人不知天命而不畏也，狎大人，侮圣人之言。"

【题解】

孔子认为一个人要有敬畏之心才能成为言行高尚的君子，这也是最好的立身处世之道。

【译文】

孔子说："君子有三种敬畏：敬畏天命，敬畏王公大人，敬畏圣人的言论。小人不知道天命，所以不敬畏它，轻视王公大人，侮慢圣人的言论。"

【论语的智慧】

孔子注重道德的修养，由此这里所说的畏就是敬的意思。如果人生无所畏，着实是一件很危险的事情。这个世上只有两种人是无畏的，一种是最具智慧的人，另一种就是最笨的人了。孔子说这句话的意思就是教我们去寻求敬畏。"畏天命"等于是畏宗教信仰或宗教哲学；"畏大人"并非指畏做大官的人，而是指对父母、长辈、有道德学问的人有所怕，才能有所成就；而"畏圣人之言"指的是，譬如我们读《论语》、看"四书"等，都是在读圣人之言，怕违背了圣人的教诲。

所谓的君子三畏，其实是做人的最圆满的境界。"读圣贤书，所学何事？"文天祥曾这样问，我们也可以这样问。由敬畏所生发的自强不息理应持续一生。

这里，人们对"畏大人、畏圣人之言"都好理解，唯独对"畏天命"可能觉得过于抽象空洞。就以孔子为例，孔子"五十而知天命"，综观孔子生平事迹可知，孔子从55岁开始周游列国，给人留下的印象有二：一为"知其不可而为之"，二是"天将以夫子为木铎"。这就是孔子"畏天命"的具体表现。其中，天命包含有命运和使命两层意思，尤其以使命为中心。孔子的使命是经由教育阐明人性内在成为圣贤的潜能，因此人人都可走上正途。明白了这些，再看"天命"就不再是抽象空洞的了，对于我们来说，只要自觉内心有行善避恶之要求，那就代表着天命。然后我们只需怀着敬畏之情存养扩充，就能完成自己的人生目的。

其实这句话的反面意思就是说，如果一个人到了没有什么可以约束自己的时候，就会为失败拉开序幕。

一家跨国公司发出一份招聘启事，招聘一个非常重要的职位，前来应征的人非常多。公司主管人员让每一位应征者都要仔细填写一份履历表，表中有一栏为信仰，而且这一栏为必填项目。结果第一轮被筛选出局的人是在信仰一栏中填写"信仰自己"或"无"的人。对此很多人都感到不公平，怎么能够仅仅凭信仰取人呢？对此，公司负责人是这样解释的，他说："当一个人只信仰自己或者没有任何信仰时，就表明这个人对生活、对人生缺乏应有的敬畏。而这种对任何事情都无所畏惧的心态是很危险的，这容易导致人陷入名利场中不能自拔。即便他任意写上一个人的名字，也表明在他心中除了自己还有其他的行为准则在约束他。如果没有，那这种人不是我们想要的。"

这位负责人的话虽简单，但也说明了这样一个问题：对任何人或事情都无所畏惧的人是极容易被淘汰的。

16.9　孔子曰："生而知之者，上也；学而知之者，次也；困而学之，又其次也；困而不学，民斯为下矣。"

【题解】

孔子把人对于知识的追求分为四等，他从来都不承认自己是"生而知之者"，他总是在鼓励人们勤奋学习，不要自暴自弃。

【译文】

孔子说："生来就知道的，是上等；经过学习后才知道的，是次等；遇到困惑疑难才去学习的，是又次一等了；遇到困惑疑难仍不去学习的，这种人就是下等的了。"

16.10　孔子曰："君子有九思：视思明，听思聪，色思温，貌思恭，言思忠，事思敬，疑思问，忿思难①，见得思义。"

【题解】

孔子谈的这个"九思"，从人的言行举止各个方面系统地、具体地讲解了君子的道德规范。

【注释】

①难：患难。

【译文】

孔子说："君子有九种思考：看的时候要思考看明白了没有，听的时候要思考听清楚了没有，待人接物时，要想想脸色是否温和，样貌是否恭敬，说的言语要想想是否忠实，做事要想想是否严肃认真，有疑难要想着询问，气愤发怒时要想想可能产生的后患，看见可得的要想想是否合于义。"

16.11　孔子曰："见善如不及，见不善如探汤。吾见其人矣，吾闻其语矣。隐居以求其志，行义以达其道。吾闻其语矣，未见其人也。"

【题解】

此段讲的是一个人对于进行自我的修身、迁善改过，应该保持高度的自觉性和紧迫感。

【译文】

孔子说："见到善的行为，就像怕赶不上似的去努力追求；看见不善的行为，就像手伸进了沸水中那样赶快避开。我看见过这样的人，也听到过这样的话语。隐居起来以求保全自己的志向，按照义行事以贯彻自己的主张。我听到过这样的话语，却没见过这样的人。"

16.12　齐景公有马千驷①，死之日，民无德而称焉。伯夷、叔齐饿于首阳之下②，民到于今称之。其斯之谓与③？

【题解】

此段说明对统治者的历史评价在于人民的口碑，这是一种先进的历史观。

【注释】

①千驷：驷，同驾一辆车的四匹马。千驷，四千匹马。②首阳：山名。伯夷、叔齐：商朝末年孤竹君的两个儿子。父亲死后，兄弟互让君位而出逃。周灭商后，他们耻食周粟，隐居于首阳山，采薇而食，终于饿死。③其斯之谓与：这一句中的"斯"字是指什么，上文没有交代，因此意思不清。

【译文】

齐景公有四千匹马，他死的时候，人民找不到他有什么德行值得称颂的。伯夷和叔齐饿死在首阳山下，人民到现在还在称颂他们。大概就是这个意思吧！

16.13　陈亢问于伯鱼曰①："子亦有异闻乎？"对曰："未也。尝独立，鲤趋而过庭。曰：'学诗乎？'对曰：'未也。''不学诗，无以言。'鲤退而学诗。他日，又独立，鲤趋而过庭。曰：'学礼乎？'对曰：'未也。''不学礼，无以立。'鲤退而学礼。闻斯二者。"陈亢退而喜曰："问一得三，闻诗，闻礼，又闻君子之远其子也②。"

《孔子圣迹图》之《鲤庭垂训》

【题解】

"诗"和"礼"是孔子教育学生的必修课目，他儿子孔鲤的教育也是由此入手。这是孔子以身作则，"诗礼传家"。

【注释】

①陈亢：姓陈，名亢，字子禽。伯鱼：姓孔，名鲤，字伯鱼，孔子的儿子。②远：不接近，不亲昵。

【译文】

陈亢向伯鱼问道："你在老师那里有得到与众不同的教诲吗？"伯鱼回答说："没有。他曾经独自站在那里，我快步走过庭中，他说：'学《诗经》了吗？'我回答说：'没有。'他说：'不学《诗经》就不会应对说话。'我退回后就学《诗经》。另一天，他又独自一人站着，我快步走过庭中，他说：'学《礼》了吗？'我回答说：'没有。'他说：'不学《礼》，就没法立足于社会。'我退回后就学《礼》。我只听到过这两次教诲。"陈亢回去后高兴地说："问一件事，知道了三件事，知道要学《诗经》，知道要学《礼》，又知道君子不偏私自己的儿子。"

16.14　邦君之妻，君称之曰夫人，夫人自称曰小童；邦人称之曰君夫人，称诸异邦曰寡小君；异邦人称之，亦曰君夫人。

【题解】

春秋时代，礼制遭到破坏，诸侯妻妾称号混乱，孔子故而提到周礼，也是正名之意。

【译文】

国君的妻子，国君称她为夫人，夫人自称为小童；国内的人称她为君夫人，在其他国家的人面前称她为寡小君，别的国家的人也称她为君夫人。

阳货篇第十七

17.1　阳货欲见孔子①，孔子不见，归孔子豚②。孔子时其亡也③，而往拜之，遇诸途。谓孔子曰："来！予与尔言。"曰："怀其宝而迷其邦，可谓仁乎？"曰："不可。""好从事而亟失时④，可谓知乎⑤？"曰："不可。""日月逝矣，岁不我与。"孔子曰："诺，吾将仕矣。"

【题解】

此段记载了孔子和鲁国的权奸阳货的一段交往经历，在这当中，孔子表现了高度的原则性和处事的灵活性。

【注释】

①阳货：又叫阳虎，季氏的家臣。此时他正把持着季氏的权柄，曾经将季醒子拘禁起来而企图把持鲁国国政。后篡权不成逃往晋国。见：用作使动词，"见孔子"为"使孔子来见"。②归：通"馈"，赠送。豚：小猪。古代礼节，大夫送士礼品，士必须在大夫家里拜受礼物。③时：伺，窥伺，打听。④亟：屡次。⑤知：通"智"。

【译文】

阳货想要孔子去拜见他，孔子不去拜见，他便送给孔子一头蒸熟了的小猪。孔子打听到他不在家时，前往他那里去回拜表谢。却在途中遇见阳货。阳虎对孔子说："来！我同你说话。"又说："一个人怀藏本领却听任国家迷乱，可以叫作仁吗？"孔子说："不可以。""喜好参与政事而屡次错失时机，可以叫作聪明吗？"孔子说："不可以。""时光很快地流逝了，岁月是不等人的。"孔子说："好吧，我将去做官了。"

17.2 子曰："性相近也，习相远也。"

【题解】

后世的启蒙读物《三字经》中的第一句话就源于孔子的这一句名言，表述了孔子注重人们的后天教育的思想，这也是他"有教无类"的教育思想的哲学基础。

【译文】

孔子说："人们的本性是相近的，后天的习染使人们之间相差甚远了。"

【论语的智慧】

《三字经》开头就说："人之初，性本善；性相近，习相远。"人生下来的时候都是好的，只是由于成长过程中，后天的学习环境不一样，性情也就有了差别。

很久以前，在一个榆树掩映下的礼堂里住着一位老绅士，他大约60岁，非常富有。他的慷慨和仁慈没人赶得上，他对那些需要抚慰的农民，那些需要帮助的病人，甚至乞丐，都会慷慨解囊。现在，这位老绅士想请一个年轻人照顾他的日常生活，帮他做些事情。因为他很喜欢年轻人，但他十分讨厌有着偷窥的坏习惯的年轻人。他常说："偷看抽屉的孩子是试图从里边拿出一些东西，在年轻时偷过一分钱的人总有一天会偷一元钱。坏习惯是十分可怕的！"

人们听到这个消息后，都想获得这个工作，不久老绅士就收到许多来信。星期一的早上，大厅里就来了7个穿着盛装、打扮漂亮的小伙子，每个人都暗下决心一定要得到这份工作。老绅士准备好一间房子，这样，他很容易就会发现哪些人有偷窥的坏习惯。他做好安排后，让大厅里的这些年轻人依次进入房间。查尔斯第一个被叫进房间，老绅士请他在里边等一会儿，就离开了房间。查尔斯在门边的一把椅子上坐下。刚开始他很安静，坐在椅子上朝周围看，当他发现屋里有许多珍奇的东西后，终于站了起来偷偷地观察。桌子上有一个罩子，他很想知道下面是什么，但他不敢掀开罩子。但是不一会儿，坏习惯就起了作用，他终于忍不住掀开罩子想看个明白。结果使人扫兴，罩子下边是一堆轻飘飘的羽毛。

羽毛被流动的空气卷起来，在房子里飞来飞去。他十分害怕，赶忙把罩子放下，但桌上剩下的那些羽毛又被吹到地上了。他只好手忙脚乱一根一根地捡起羽毛。老绅士一直就在隔壁，他听到这声音，就知道了发生的事情，他走了进来，正好碰见查尔斯慌成一团的样子。他很快就把他打发走了，因为他认为查尔斯连最小的诱惑都无法抵制。老绅士又重新弄好房间，叫来亨利。老绅士刚离开房间，亨利就被一盘诱人的樱桃吸引住了。他特别爱吃樱桃，他想，这么多樱桃，即使吃掉一个老绅士也不会发现。他想了又想，看了又看，最后小心谨慎地站起来，拿了一个很好的樱桃放进嘴里。他想，再来一个也没什么，于是又拿了一个匆匆地塞进嘴里。在这堆樱桃里，老绅士有意放了几个假樱桃，假樱桃里边全是辣椒。很不幸的是，亨利碰巧就拿到了一个假的，他嘴里立即像着了火一样刺痛起来。老绅士听到咳嗽声，明白是怎么回事了，于是也把他打发走了。接着，鲁弗斯、乔治、阿尔伯特、威廉一一被叫进来了，可是他们刚待了不到10分钟就开始东摸西碰，偷看抽屉，随便拿钥匙开门……老绅士一个个地让他们都离开了。

现在只剩下最后一个男孩，他叫哈里·戈登。他一个人在屋里待了20分钟，在椅子上一动不动。他的头上也有眼睛，但他的心灵正直，没有那些坏习惯。罩子、樱桃、抽屉、把手、盒子、壁橱门和钥匙都没能使他离开座位。半小时后，老绅士留他在榆树大厅服务，直到老绅士去世。由于哈里优秀的品性，他从老绅士那儿得到一大笔遗产。

人性原本相近，习性使之越距越远，不要让坏习惯驱使你偏离正道。

相传，孔子很喜欢到他隔壁的邻居家去，邻居是一位技艺精湛的老石匠，一块块岩石经过他的刻凿，便成了千姿百态、栩栩如生的花鸟石刻。一天，孔子又踱至邻家，那个老石匠正叮叮当当为鲁国一位已故大夫刻石铭碑。孔子叹息道："有人淡如云影，来去无痕，有人却把自己活进了碑石，活进了史册里，这样的人真是不虚此生啊！"老石匠停下锤，问孔子说："你是想一生虚如云影，还是想把自己的名字刻进碑石，流芳千古？"

孔子长叹一声说："一介草木之人，想把自己刻到一代代人的心里，那不是比登天还难吗？"老石匠听了，摇摇头说："其实并不难啊！"他指着一块坚硬又平滑的石块说："要把这块石坯刻成碑铭，就要雕琢它。"老石匠说完，就一手握凿一手挥锤叮叮当当地凿起来，一块块石屑很快在锤子清脆的敲击声中飞起来。不一会儿，岩石上便现出了一朵栩栩如生的莲花图案。老石匠说，如果想使这个图案不容易被风雨抹平，那就要凿得更深些，要剔掉更多的石屑。只有剔凿掉许多不必要的石屑，才能成为真实的碑铭。

人就如同一块光洁的石板，要想使自己的人生与众不同就要对其进行悉心的雕琢以形成良好的习惯。

拿破仑·希尔也说："习惯能成就一个人，也能够摧毁一个人。"习惯对我们的人生有着绝对的影响，因为它是一贯的。在不知不觉中，习惯经年累月影响着我们的品德，决定了我们思维和行为的方式，左右着我们的成败。

好习惯是成功的基石，好习惯是成功的阶梯。一个人要想有所成就，取得成功，就必须养成良好的习惯。俄国教育家乌申斯基说："良好的习惯乃是人在神经系统中存放的道德资本，这个资本不断地增值，而人在其整个一生中就享受着它的利息。"的确，习惯的力量异常强大，能将你送入天堂，也可将你拖入地狱。不良的习性好比生命中多余的"石屑"，只有坚决地拿起手中的斧凿将其剔除，才能让人生凸显生命的质感，镌刻出别样的景致。

17.3 子曰："唯上知与下愚不移。"

【题解】

此段实际是上一段的补充，其主旨都在劝学。学而知之，困而学之，都是可以变愚为智的。

【译文】

孔子说："只有上等的智者与下等的愚人是改变不了的。"

《孔子圣迹图》之《武城弦歌》

17.4 子之武城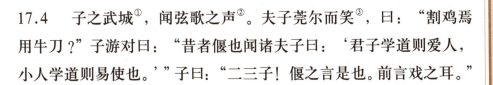①，闻弦歌之声②。夫子莞尔而笑③，曰："割鸡焉用牛刀？"子游对曰："昔者偃也闻诸夫子曰：'君子学道则爱人，小人学道则易使也。'"子曰："二三子！偃之言是也。前言戏之耳。"

【题解】

在这里，孔子借和子游的玩笑阐述了礼乐教化民众的意义和作用。

【注释】

①武城：鲁国的一个小城，当时子游是武城宰。②弦歌：弦，指琴瑟。以琴瑟伴奏歌唱。③莞尔：微笑的样子。

【译文】

孔子到了武城，听到管弦和歌唱的声音。孔子微笑着，说："杀鸡何必用宰牛的刀呢？"子游回答说："以前我听老师说过：'君子学习了道就会爱人，老百姓学习了道就容易使唤。'"孔子说："学生们，言偃的话是对的。我刚才说的话是同他开玩笑罢了。"

17.5 公山弗扰以费畔①，召，子欲往。子路不说，曰："未之也已②，何必公山氏之之也③。"子曰："夫召我者，而岂徒哉？如有用我者，吾其为东周乎？"

【题解】

据《史记·孔子世家》记载，孔子欲应公山不狃之召，是为了行仁道于世，即"吾其为东周乎"。可见孔子用礼治世的迫切愿望。

【注释】

①公山弗扰：人名，又称公山不狃，字子，季氏的家臣。当时公山弗扰伙同阳贷在费邑背叛季氏。畔：通"叛"。②未之也已：未，无。之，到、往。未之，无处去。已，止，算了。③之之也：第一个"之"字是助词，后一个"之"字是动词，"去、到"

的意思。

【译文】

公山弗扰在费邑反叛，召见孔子，孔子准备前往。子路不高兴，说："没有地方去就算了，何必到公山氏那里去呢？"孔子说："那召见我去的人，岂会让我白去一趟呢？如果任用我的人，我就会使周朝的政德在东方复兴。"

17.6 子张问仁于孔子。孔子曰："能行五者于天下，为仁矣。""请问之。"曰："恭，宽，信，敏，惠。恭则不侮，宽则得众，信则人任焉，敏则有功，惠则足以使人。"

【题解】

"仁"字在《论语》中共出现了100多次，可见"仁"在孔子心目中的重要性。"恭，宽，信，敏，惠"则是实行仁的具体做法。

【译文】

子张向孔子问仁。孔子说："能够在天下实行五种美德，就是仁了。"子张问："请问是哪五种？"孔子说："恭敬、宽厚、诚信、勤敏、慈惠。恭敬就不会招致侮辱，宽厚就会得到众人的拥护，诚信就会得到别人的任用，勤敏则会取得功绩，慈惠就能够使唤人。"

17.7 佛肸召①，子欲往。子路曰："昔者由也闻诸夫子曰：'亲于其身为不善者，君子不入也。'佛肸以中牟畔②，子之往也，如之何？"子曰："然。有是言也。不曰坚乎，磨而不磷③；不曰白乎，涅而不缁④。吾岂匏瓜也哉？焉能系而不食？"

【题解】

孔子之所以应召想去，主要也是急于用世，急于行仁道于天下。

【注释】

①佛肸：晋国大夫赵简子的家臣，中牟邑宰。②中牟：春秋时晋邑。故址在今河北邢台和邯郸之间。③磷：薄，损伤。④涅：黑土，黑色染料。这里作动词，用黑色染料染物。缁：黑色。

【译文】

佛肸召见孔子，孔子打算前往。子路说："以前我从老师这里听过：'亲自行不善的人召见，君子是不会去的。'佛肸在中牟发动叛乱，您要去，这是怎么回事呢？"孔子说："是的，我有讲过这样的话。但不是说过坚硬的东西，磨也磨不损吗？不是说过洁白的东西，染也染不黑吗？我难道是只苦葫芦吗，怎么能够悬挂在那里却不可食用呢？"

17.8 子曰："由也！女闻六言六蔽矣乎^①？对曰："未也。"

"居^②！吾语女。好仁不好学，其蔽也愚；好知不好学，其蔽也荡；好信不好学，其蔽也贼^③；好直不好学，其蔽也绞^④；好勇不好学，其蔽也乱；好刚不好学，其蔽也狂。"

【题解】

孔子在这里讲的还是个人的品德修养，其中贯穿始终的根本精神是孔子阐明的"中庸之道"，即追求不偏不倚、恰到好处的行为标准和完美目标，而要达到这一目标就必须不断学习，日新月异。

【注释】

①六言：六句话，此处实际上指的是六种品德（仁、智、信、直、勇、刚）。六蔽：六种弊病。②居：坐。③贼：害。④绞：说话尖刻。

【译文】

孔子说："仲由！你听过六种品德和六种弊病吗？"子路回答说："没有。"

孔子说："坐！我告诉你。爱好仁却不爱好学习，它的弊病是愚蠢；爱好聪明而不爱学习，其弊病是放荡不羁；爱好诚信而不爱好学习，它的弊病是容易被人利用伤害；爱好直率而不爱好学习，它的弊病是说话尖刻刺人；爱好勇敢而不爱好学习，它的弊病是狂妄。"

【论语的智慧】

孔子是要求世人做好人的，但是他也不是一个不知变通的人，他教育子路的时候就用了几个原则，其中一个叫"好仁不好学，其蔽也愚"，用今天的话说就是，你要做一个好人，但不能没有原则，那样你就会沦为一个滥好人。孔子是反对滥好人的，那样不仅不能感化他人，反而把自己也害了。东郭先生的故事我们都听过，他就犯了做滥好人的错。不要以为他很可笑，其实那只"狼"就是我们身边的一些人，他们不值得我们如此对待。

晋国大夫赵简子率领众随从到中山去打猎，途中一只像人一样直立的狼狂叫着挡住了他们的去路。赵简子立即拉弓搭箭，只听得弦响狼嚎，飞箭射穿了狼的前腿。那狼中箭不死，落荒而逃，赵简子非常恼怒，他驾起马车穷追不舍。

这时候，墨子的一个信徒东郭先生牵着驮了一大袋书简的毛驴站在岔路口。原来，他前往中山求官，走到这里迷了路。正当他面对岔路犹豫不决的时候，那只狼突然蹿了出来。狼哀求他："现在我遇难了，请赶快把我藏进你的那只口袋吧！如果我能够活命，一定会报答您。"

东郭先生看见赵简子的人马卷起的尘烟越来越近，惶恐地说："我隐藏世卿追杀的狼，岂不是要触怒权贵？然而墨家兼爱的宗旨不容我见死不救，那么你躲进口袋吧！"说着他便拿出书简，腾空口袋，往袋中装狼。他既怕狼的脚爪踩着狼颔下的垂肉，又怕狼的身子压住了狼的尾巴，装来装去三次都没有成功。危急之下，狼蜷曲起身躯，把头低弯到尾巴上，恳求东郭先生先绑好四只脚再装。这一次很顺利。东郭先生把装狼的袋子扛到驴背上以后就退缩到路旁去了。

不一会儿，赵简子来到东郭先生跟前，但是没有从他那里打听到狼的去向，因此愤怒地斩断了车辕，并威胁说："谁敢知情不报，下场就跟这车辕一样！"东郭先生匍匐在地上说："虽说我是个蠢人，但还认得狼。人常说岔道多了连驯服的羊也会走失，而这中山的岔道把我都搞迷了路，更何况一只凶狠的狼呢？"赵简子听了这话，调转车头就走了。

当赵简子带人远走之后，狼在口袋里说："多谢先生救了我，请放我出来，受我一拜吧！"可是狼一出袋子却改口说："刚才亏你救我，使我大难不死。现在我饿得要死，你为什么不把身体送给我吃，将我救到底呢？"说着它就张牙舞爪地向东郭先生扑去。东郭先生慌忙躲闪，围着毛驴兜圈子，与狼周旋起来。

太阳快下山的时候，东郭先生怕天黑遇到狼群，于是对狼说："我们还是按民间的规矩办吧！如果有三位老人说你应该吃我，我就让你吃。"狼高兴地答应了。但前面没有行人，于是狼逼他去问老杏树。老杏树说："种树人只费一颗杏核种我，二十年来他一家人吃我的果实、卖我的果实。尽管我贡献很大，到老了，他却打算把我卖到木匠铺换钱。你对狼恩德不重，它为什么不能吃你呢？"狼得意起来。这时正好又看见了一头母牛，狼于是又逼东郭先生去问牛。那牛说："当初我被老农用一把刀换回。他用我拉车帮套、犁田耕地，养活了全家人。现在我老了，他却想杀我，从我的皮肉筋骨中获利。你对狼恩德不重，它为什么不能吃你呢？"狼听了又嚣张起来。

就在这时来了一位拄着藜杖的老人，东郭先生急忙请老人主持公道。老人听了事情的经过，叹息地用藜杖敲着狼说："你不是知道虎狼也讲父子之情吗？为什么还背叛对你有恩德的人呢？"狼狡辩说："他用绳子捆绑我的手脚，用书简压住我的身躯，分明是想把我闷死在不透气的口袋里，我为什么不能吃掉这种人呢？"老人说："你们各说各有理，我难以裁决。俗话说：'眼见为实。'如果你能让东郭先生再把你往口袋里装一次，我就可以依据他谋害你的事实为你做证，这样你岂不有了吃他的充分理由？"狼高兴地听从了老人的建议，然而却没有想到在束手就缚、落入袋中之后，等待它的是老人和东郭先生的棍棒。

很难想象如果没有那个老人，东郭先生是不是就要落入狼口。做好人不能这样没有原则，不要滥用我们的善意。善心不是能给所有人的，虽然佛要我们以慈悲为怀，儒家要我们仁者爱人，墨家要我们兼爱，道家说贵生，可是这些爱如果浪费在毫无意义的事情上，那么还有什么价值呢？

17.9　子曰："小子何莫学夫诗！诗，可以兴，可以观，可以群，可以怨。迩之事父，远之事君；多识于鸟兽草木之名。"

【题解】

这里，孔子讲了学习《诗》三百篇的重要性，从中我们也可以加深对此部诗歌总集的理解和认识。

【译文】

孔子说："学生们为什么没有人学《诗》呢？《诗》可以激发心志，可以提高观察力，可以培养群体观念，可以学得讽刺方法。近则可以用其中的道理来侍奉父母，远则可以用来侍奉君主。还可以多认识鸟兽草木的名称。"

17.10 子谓伯鱼曰："女为《周南》、《召南》矣乎^①？人而不为《周南》《召南》，其犹正墙面而立也与^②？"

【题解】

伯鱼就是孔子的儿子孔鲤,《周南》和《召南》是《诗经》中的两篇讲夫妇之道的诗篇,孔子让他的儿子认真学习这两首诗,对于培养伯鱼齐家治国的理念是有深意的。

【注释】

①《周南》、《召南》:《诗经·国风》中的第一、第二部分篇名。周南和召南都是地名。这是当地的民歌。②正墙面而立:面向墙壁站立着。

【译文】

孔子对伯鱼说:"你学习《周南》《召南》了吗？一个人如果不学习《周南》《召南》,那就像正对着墙站立一样。"

17.11 子曰："礼云礼云,玉帛云乎哉？乐云乐云,钟鼓云乎哉？"

【题解】

孔子针对春秋时期权贵奢侈成风、礼乐流于形式而失去了原有的实质内容,发出了深深的慨叹。

【译文】

孔子说:"礼呀礼呀,仅仅说的是玉器和丝帛吗？乐呀乐呀,仅仅说的是钟鼓等乐器吗？"

17.12 子曰："色厉而内荏^①,譬诸小人,其犹穿窬之盗也与^②？"

【题解】

孔子历来欣赏光明正大的人,对表里不一、装腔作势的小人十分反感,故以"小偷"喻之。

【注释】

①荏:软弱。②窬:通"逾"。

【译文】

孔子说:"外表严厉而内心怯懦,用小人做比喻,大概像个挖洞爬墙的盗贼吧。"

17.13 子曰："乡愿^①,德之贼也^②。"

【题解】

孔子斥责"乡愿"，明确地点出这种人欺世盗名，似德而害德，极具欺骗性，这也说明孔子的中庸之道并不像后人理解的"骑墙"或"和稀泥"。

【注释】

①乡愿：貌似好人，实与流俗合污，取媚于世的伪善者。②贼：毁坏，败坏。

【译文】

孔子说："没有真是非的好好先生，是道德的败坏者。"

【论语的智慧】

孔孟之道距今已两千多年，这期间后人继承的思想与原来的面貌发生了巨大的变化。如今大家提到孔子似乎就立刻将其等同于中庸，中庸就等同于圆滑世故，没有棱角。这真是将孔子的思想庸俗化，也是大大曲解了孔子的思想。孔子本人对这种作风的人也是恨之入骨，在《论语》中他将这些人称为"德之贼也"！足见孔老夫子对这种人的厌恶之情。孟子将这种人称为"乡愿"。

我们中国人经常骂人"乡愿"，什么是"乡愿"？乡就是乡党，在古代是普通社会的通称。愿人就是老好人，看起来样样好，像中药里的甘草，每个方子都用得着它，可是对于一件事情，无论问他有什么意见，他都说有道理；碰到另一方的反对意见，他也说不错。反正不着边际，模棱两可，两面讨好。

用现在的话说就是"汤圆作风"或"太极拳作风"，他本身没有毛病，没有缺点，也很规矩，可是真正要他在是非善恶之间下一个定论时，他却没有定论，表面上又很有道德的样子。这一类人儒家最反对，名之为"乡愿"，就是乡党中的愿人。

这种人孔子是非常反对的，因为这种人用假仁假义的面具来迷惑大众，要众人都以为他很有道德。这种人从来都不会得罪人，极其狡猾，他们奉行的哲学就是要自己八面玲珑，其实真正要做到八面玲珑是不可能的。只要你是生活于一个群体，那么你总会和别人有利益冲突，因而从这个意义上来讲，老好人并不见得能如他本人所愿——讨好所有人，这种愿望是不切实际的。

大家应该还记得《红楼梦》中的薛宝钗吧？薛宝钗就是一个很会打太极的人，但是她是否能让大观园里的众姐妹都满意呢？且听听荣国府大管家凤姐是怎么评价她的："不干己事不开口，一问摇头三不知。"众人以为只有像薛宝钗这样的人才能玩转社会，更是相信她这样的人能深得上司的赏识与朋友的喜欢。殊不知，这样明哲保身且冷漠自私的人，最后只会让自己更孤独。

"路遥知马力，日久见人心"，也许刚交往没有人会认为老好人有什么不好，反而会觉得老好人很不错，说话从来也不顶撞他人，照顾别人的面子。最终因为人们的醒悟，老好人反而会因为他的精明使自己被孤立起来，没有一个真心待他的人。这是做人的失败，也是永远的失败。

17.14 子曰："道听而途说，德之弃也。"

【题解】

这是孔子要求学生对待问题应该认真考察，善于独立思考，道听而途说是违背道德的。

【译文】

孔子说："把道路上听来的东西四处传说，是背弃道德的。"

【论语的智慧】

现在我们常说"道听途说"，就是从路边听来的话。在《论语》中孔子的意思还不止这一层。他说："道听而途说，德之弃也！"就是你从路边（别人）那听来的话，你又把它大肆渲染，不问其真实性，就到处传播，这样的人真不道德！

战国时期，魏国的国君魏文侯打算发兵征伐中山国。有人向他推荐了一个叫乐羊的人，说他文武双全，一定能攻下中山国。可是，也有的大臣反对，说乐羊的儿子乐舒如今正在中山国做大官，怕乐羊投鼠忌器不舍得下手。后来，魏文侯了解到乐羊曾拒绝了儿子奉中山国国君之命发出的邀请，还劝儿子不要再侍奉荒淫无度的中山国国君。魏文侯决定重用乐羊，派他带兵征伐中山国。乐羊带兵一直攻到中山国的都城，然后按兵不动，只围不攻。几个月过去了，乐羊还是没有打，魏国的大臣们都议论纷纷，可是魏文侯不听他们的，只是不断地派人去慰问乐羊。可是乐羊照旧按兵不动，他的手下西门豹忍不住问乐羊："为什么还不打？"乐羊说："我之以只围不打，还几次宽限他们投降的日期，就是为了让中山国的百姓看出谁是谁非，这样我们才能真正收复民心，我才不是为了区区乐舒一个人呢！"又过了一个月，乐羊才发动攻势，终于夺下了中山国的都城。乐羊留下西门豹，自己带兵回到魏国。魏文侯亲自为他接风洗尘。宴会完了之后，魏文侯送给乐羊一只大箱子，让他拿回家再打开。乐羊回家后打开箱子一看，原来里面全是自己攻打中山国时大臣们诽谤自己的奏折，乐羊十分感动魏文侯对自己的信任，从此，对魏文侯更加忠心。魏文侯就是一个很明智的国君，他对乐羊的信任，使乐羊更愿意与他合作，为他建功立业。而且，通过这件事，其他大臣也感到魏文侯是个值得为之效力的好君主。

道听途说、散布流言是可怕的。"三人成虎，众口铄金""谗言三至，慈母不亲"。孔子的弟子曾子就曾受过谣言之害，有人听说曾子杀了人，然后就跑去告诉他的母亲，本来他的母亲还相信儿子不会杀人，可是等到很多人都来这样说了以后，慈母就不再相信曾子了，她相信了谣言，于是越墙而逃。这就是"谗言三至，慈母不亲"的典故。谣言确实很歹毒，它能将没有的说成有的，将小的说成大的，甚至死的也能被说活！这些人的嘴巴太狠毒，道德也够呛。

有句歌词说："伤人的话总出自温柔的嘴。"一点没错，舌头——也就是语言，你想把它说好了就能说得让人开心，你如果不想让人高兴那么你尽管信口开河就是了。看来，我们还是要管好自己的嘴巴，切莫道听途说。这其实要求我们做到两点，一要我们不要听信谣言，二要我们不要将道听途说的东西到处传播，这两点是我们现代人都应做到的。

17.15　子曰："鄙夫可与事君也与哉？其未得之也，患得之^①；既得之，患失之。苟患失之，无所不至矣。"

【题解】

孔子批评当时一些在朝为官的人贪禄保官，患得患失，这其实说出了一切贪图私利的人的痛处。

【注释】

①患得之：这里是"患不得之"的意思。这是当时楚地的俗语。

【译文】

孔子说："鄙夫，可以和他们一起侍奉君主吗？他们在未得到职位时，总是害怕得不到；得到职位以后，又唯恐失去。如果总是担心失去职位，就没有什么事是做不出来的。"

17.16　子曰："古者民有三疾，今也或是之亡也①。古之狂也肆，今之狂也荡；古之矜也廉②，今之矜也忿戾；古之愚也直，今之愚也诈而已矣。"

【题解】

孔子将古代具有狂、矜、愚三种毛病的人和当时的这类人相对比，发出了今不如昔、人心不古的感叹。

【注释】

①是之亡："亡是"的倒装说法，"之"字用在中间，无义。"亡"通"无"。②廉：本义是器物的棱角，人的行为方正不阿也称为"廉"。

【译文】

孔子说："古代的人民有三种毛病，现在或许都没有了。古代的狂人是轻率肆意，现在的狂人则是放荡不羁；古代矜持的人是棱角分明，现在矜持的人是恼羞成怒、强词夺理；古代愚笨的人是憨直，现在愚笨的人是欺诈伪装罢了。"

17.17　子曰："巧言令色，鲜矣仁。"

【题解】

见《学而》篇第3。

17.18　子曰："恶紫之夺朱也①，恶郑声之乱雅乐也②，恶利口之覆邦家者。"

【题解】

此段孔子对当时的礼制破坏、是非颠倒、真假混淆的紫色夺朱、郑声乱乐、利口覆邦三种突出的社会政治现象进行了抨击。

【注释】

①紫之夺朱：朱是正色，紫是杂色。当时紫色代替朱色成为诸侯衣服的颜色。②雅乐：正统音乐。

【译文】

孔子说："憎恶紫色夺去红色的光彩和地位，憎恶郑国的乐曲淆乱典雅正统的乐曲，憎恶用巧言善辩颠覆国家的人。"

17.19　子曰："予欲无言。"子贡曰："子如不言，则小子何述焉？"子曰："天何言哉？四时行焉，百物生焉，天何言哉？"

《孔子圣迹图》之《瑟儆孺悲》

【题解】

这是孔子与弟子的一段有趣的言论，含有哲学意味。他实际上是用无言来启发弟子更广阔更深层的思考。

【译文】

孔子说："我想不说话了。"子贡说："您如果不说话，那我们这些学生传述什么呢？"孔子说："天说什么话了吗？四季照样运行，万物照样生长，天说什么话了吗？"

17.20　孺悲欲见孔子①，孔子辞以疾②。将命者出户③。取瑟而歌，使之闻之。

【题解】

这或许是孺悲不经人介绍擅自来见孔子，不合于"士相见礼"。当他碰壁之后，希望他会对自己的行为进行反省。

【注释】

①孺悲：鲁国人。鲁哀公曾派他向孔子学习士丧礼。②辞以疾：以有病做借口推辞。③将命者：传话的人。

【译文】

孺悲想拜见孔子，孔子以生病为由推辞拒绝了。传话的人刚出门，孔子便取下瑟来边弹边唱，故意让孺悲听见。

17.21　宰我问①："三年之丧，期已久矣。君子三年不为礼，礼必坏；三年不为乐，乐必崩。旧谷既没，新谷既升，钻燧改火②，期可已矣③。"子曰："食夫稻④，衣夫锦，于女安乎？"曰："安。""女安则为之！夫君子之居丧，食旨不甘，闻乐不乐，居处不安，故不为也。今女安，则为之！"

宰我出。子曰："予之不仁也！子生三年，然后免于父母之怀。夫三年之丧，天下之通丧也。予也有三年之爱于其父母乎？"

【题解】

孔子从内心的安与不安来说明三年之丧的必要，以为这样方可报父母养育之恩。

【注释】

①宰我：孔子学生，名予，字子我，鲁国人。②钻燧改火：古代钻木取火，所用木头四季不同。春用榆柳，夏用枣杏和桑柘，秋用柞，冬用槐檀，一年轮一遍，叫改火。③期：一周年。④夫：那。

【译文】

宰我问："父母死了，服丧三年，为期太长了。君子三年不习礼，礼一定会败坏；三年不演奏音乐，音乐一定会荒废。旧谷已经吃完，新谷已经登场，取火用的燧木已经轮换了一遍，服丧一年就可以了。"孔子说："丧期不到三年就吃稻米，穿锦缎，对你来说心安吗？"宰我说："心安。"孔子说："你心安，就那样做吧！君子服丧，吃美味不觉得香甜，听音乐不感到快乐，住在家里不觉得舒适安宁，所以不那样做。现在你心安，就那样去做吧！"

宰我出去了，孔子说："宰予不仁啊！孩子生下来三年后，才能完全脱离父母的怀抱。三年的服丧，是天下通行的丧礼。宰予难道没有从他父母那里得到过三年怀抱之爱吗？"

17.22   子曰："饱食终日，无所用心，难矣哉！不有博弈者乎①？为之犹贤乎已②。"

【题解】

孔子的这段名言是对人们惰性的当头棒喝。

【注释】

①博弈：博，掷骰子。弈，古代围棋。②已：止也，不动作的意思。

【译文】

孔子说："整天吃得饱饱的，什么心思也不用，这就难办了呀！不是有掷骰子、下围棋的游戏吗？干干这些，也比什么都不干好些。"

17.23   子路曰："君子尚勇乎？"子曰："君子义以为上。君子有勇而无义为乱，小人有勇而无义为盗。"

【题解】

这里说明人的行为要合乎礼，就是义，故礼义并称。"义以为上"，勇要服从义，以义为准绳。

【译文】

子路说："君子崇尚勇敢吗？"孔子说："君子把义看作是最尊贵的。君子有勇无义就会作乱，小人有勇无义就会去做盗贼。"

17.24　子贡曰："君子亦有恶乎①？"子曰："有恶：恶称人之恶者，恶居下流而讪上者②，恶勇而无礼者，恶果敢而窒者③。"

　　曰："赐也亦有恶乎？""恶徼以为知者④，恶不孙以为勇者，恶讦以为直者⑤。"

【题解】

这里通过孔子和子贡的对答，对有悖道德规范的四种人和作风不正的三种人做了揭露和斥责。

【注释】

①恶：厌恶。②流：晚唐以前的本子没有"流"字。③窒：阻塞，不通事理，顽固不化。④徼：偷袭。⑤讦：攻击、揭发别人。

【译文】

子贡问："君子也有憎恶的人或事吗？"孔子说："有所憎恶的：憎恶宣扬别人过错的人，憎恶身居下位而毁谤身居上位的人，憎恶勇敢而无礼的人，憎恶果敢而顽固不化的人。"

孔子问："赐，你也有憎恶的人和事吗？"子贡说："我憎恶抄袭他人之说而自以为聪明的人，憎恶把不谦逊当作勇敢的人，憎恶揭发别人的隐私却自以为直率的人。"

17.25　子曰："唯女子与小人为难养也，近之则不孙，远之则怨。"

【题解】

孔子的这段话引起了很多人的讨论，这不能用"宣扬了'男尊女卑''夫为妻纲'的男权思想"去理解，这是对于当时的社会经验的一种总结。

【译文】

孔子说："只有女子和小人是不容易相处的。亲近了，他们就会无礼；疏远了，他们就会怨恨。"

【论语的智慧】

这是孔子一直以来遭到女性攻击的地方，真要替孔子叫屈。人们平时总是只提前一句，完全不理会后一句的原因。只把结果赤裸裸地说了出来当然不能让人信服，还要给人以合理的解释。孔子说这个世界上大概要算女子与小人难伺候了。你对他们好，他们会恃宠而骄，很是得意。但是一旦你距离他们远了，他们又会怨恨你。

这是孔子的人生经验，也是我们每个人都深有体会的经历。先说说为什么女人很难养。

大凡女子总是希望男人对她够温柔、体贴、浪漫，但是人无完人。我们也会发现生活中有的男人心思细腻，对女人百般温柔体贴，甚至达到了言听计从的地步，他们整天都把心思放在女人的身上，可是女人们却很讨厌他们。为什么？因为觉得他太烦人，没有男子汉气概，处处显得像个小家子气的小男人，用今天的一句话来讲就是"没有男人味"。有的男人就反其道而行之，对女人爱搭不理，一点也不讲究温柔体贴，这样当然也不行，女人就会怨恨你的冷漠与无情。前面的是"近之则不孙"，后面的就是"远之则怨"。所以从这个意义上来讲就是女人很难养，因为没有完美的男人。男人要兼具"侠骨柔情"是多么难，要么只有柔情没有"骨气"，要么就是骨头太硬，弄得没有一点柔情蜜意，这样同样会伤害别人。

小人是怎么一回事呢？这样的人鼠目寸光，很自私，永远以自我为中心，他们不会考虑别人的感受。你跟他距离近一点，他觉得你对他别有所求，必定不怀好意，这就是以小人之心度君子之腹。如果你远离他，小人会觉得你看不起他。所以近也不是，远也不是，其中的尺度很难把握。

如果这个世界上没有小人大概就天下太平了，然而正如著名女作家张爱玲所说："只有千年做贼的，哪有千年防贼的？"所以我们还是难免要和小人照面。孔子也许就是因此而认为女人和小人一样，在这一点上很难伺候。

17.26　子曰："年四十而见恶焉[①]，其终也已。"

【题解】

孔子这话是勉励人及时改过迁善，否则，到了四十岁，便为时已晚。

【注释】

①见：被。

【译文】

孔子说："年已到了四十还被众人所厌恶，他这一辈子也就算完了。"

微子篇第十八

18.1　微子去之[①]，箕子为之奴[②]，比干谏而死[③]。孔子曰："殷有三仁焉。"

【题解】

微子、箕子、比干都有忧国忧民的仁者之心和为国献身的精神，故孔子称之为仁。

【注释】

①微子：名启，商纣王的同母兄弟。微子出生时，母亲还未被正式立为帝妻，纣是母亲立为帝妻后所生，故纣得以继承王位。②箕子：纣王的叔父。纣王暴虐无道，箕子曾向他进谏，纣王不听，箕子便假装发疯，被降为奴隶。③比干：也是纣王的叔父。他竭力劝谏纣王，被纣王剖心而死。

【译文】

微子离开了商纣王，箕子做了他的奴隶，比干强谏被杀。孔子说："殷朝有三位仁人！"

18.2　柳下惠为士师①，三黜。人曰："子未可以去乎？"曰："直道而事人，焉往而不三黜？枉道而事人，何必去父母之邦？"

【题解】

柳下惠是个正直的、有能力的贤才，孔子对他的评价很高。这里孔子以十分沉痛的语气，道出了当时官场的腐败。

【注释】

①士师：官名，主管刑罚。

【译文】

柳下惠担任掌管刑罚的官，多次被罢免。有人问："您不可以离开鲁国吗？"他说："用正直之道来侍奉人，去哪里能不被罢免呢？不用正直之道来侍奉人，又为什么一定要离开故园家国呢？"

18.3　齐景公待孔子①，曰："若季氏则吾不能②，以季、孟之间待之③。"曰："吾老矣，不能用也。"孔子行。

【题解】

齐景公在使用孔子的态度上是反复无常的，孔子自知"道"不行，只好离开。

【注释】

①齐景公：齐国的国君。②季氏：鲁国的大夫，位居上卿。③孟：鲁国的大夫，位居下卿。

【译文】

齐景公谈到怎样对待孔子时说："像鲁国国君对待季氏那样对待孔子，那我做不到；只能用低于季氏而高于孟氏的规格来对待他。"不久又说，"我老了，不能用他了。"孔子就离开了齐国。

18.4 齐人归女乐[①]，季桓子受之[②]，三日不朝，孔子行。

【题解】

尽管孔子以礼治国的愿望十分迫切，但他还是坚持原则的。

【注释】

①归：通"馈"，赠送。②季桓子：季孙斯，鲁国的执政上卿。

【译文】

齐国人赠送鲁国一批歌女乐师，季桓子接受了，好几天不上朝，孔子就离开了鲁国。

18.5 楚狂接舆歌而过孔子[①]，曰："凤兮，凤兮！何德之衰？往者不可谏，来者犹可追。已而，已而！今之从政者殆而！"

孔子下，欲与之言。趋而辟之，不得与之言。

【题解】

这个《论语》中的名篇对后世归隐山林、躲避社会政治黑暗的知识分子有很深的影响。

【注释】

①接舆：楚国的隐士。一说他姓接名舆，一说因他接孔子之车而歌，所以称他接舆。

【译文】

楚国的狂人接舆唱着歌经过孔子的车子，说："凤凰啊，凤凰啊！为什么道德如此衰微？过去的已经不能挽回，未来的还来得及改正。算了吧，算了吧！现在那些从政的人殆亡呀！"

孔子下车，想要同他说话。接舆快走几步避开了孔子，孔子没能同他交谈。

18.6 长沮、桀溺耦而耕[①]，孔子过之，使子路问津焉[②]。长沮曰："夫执舆者为谁[③]？"子路曰："为孔丘。"曰："是鲁孔丘与？"曰："是也。"曰："是知津矣[④]。"问于桀溺，桀溺曰："子为谁？"曰："为仲由。"曰："是鲁孔丘之徒与？"对曰："然。"曰："滔滔者天下皆是也，而谁以易之[⑤]？且而与其从辟人之士也[⑥]，岂若从辟世之士哉？"耰而不辍⑦。子路行以告。夫子怃然曰⑧："鸟兽不可与同群，吾非斯人之徒与而谁与？天下有道，丘不与易也。"

【题解】

此文反映了孔子愿意天下清平，所以积极入世，及欲拯救斯民于水火的人道主义胸怀。

【注释】

①长沮、桀溺：两位隐士，真实姓名和身世不详。耦而耕：两个人合力耕作。②津：渡口。③执舆：执辔（揽着缰绳）。本是子路的任务。因为子路下车去问渡口，暂时由孔子代替。④是知津矣：这话是认为孔子周游列国，应该熟悉道路。⑤谁以易之：以，与。与谁去改变它呢？⑥而：通"尔"，你，指子路。辟：通"避"。⑦耰：播下种子后，用土覆盖上，再用耙将土弄平，使种子深入土里，鸟不能啄，这就叫耰。⑧怃然：失意的样子。

【译文】

长沮和桀溺并肩耕地，孔子从他们那里经过，让子路去打听渡口在哪儿。长沮说："那个驾车的人是谁？"子路说："是孔丘。"长沮又问："是鲁国的孔丘吗？"子路说："是的。"长沮说："他应该知道渡口在哪儿。"子路又向桀溺打听，桀溺说："你是谁？"子路说："我是仲由。"桀溺说："是鲁国孔丘的学生吗？"子路回答说："是的。"桀溺就说："普天之下到处都像滔滔洪水一样混乱，和谁去改变这种状况呢？况且你与其跟从逃避坏人的人，还不如跟从逃避污浊尘世的人呢。"说完，还是不停地用土覆盖播下去的种子。子路回来告诉了孔子。孔子怅然若失地说："人是不能和鸟兽合群共处的，我不和世人在一起又能和谁在一起呢？如果天下有道，我就不和你们一起来改变它了。"

18.7　子路从而后，遇丈人，以杖荷蓧①。子路问曰："子见夫子乎？"丈人曰："四体不勤，五谷不分②，孰为夫子？"植其杖而芸③。子路拱而立。

止子路宿，杀鸡为黍而食之，见其二子焉④。明日，子路行以告。子曰："隐者也。"使子路反见之。至，则行矣。

子路曰："不仕无义。长幼之节，不可废也；君臣之义，如之何其废之？欲洁其身，而乱大伦。君子之仕也，行其义也。道之不行，已知之矣。"

【题解】

孔子一生，几乎一直在为了天下太平达于治世而东奔西走，周游列国，希望推行仁道。到了晚年，连跟着他鞍前马后奔波的子路也说"道之不行，已知之矣"。尽管如此，孔子仍然百折不挠地要实践他的主张。

【注释】

①莜：古代在田中除草的工具。②五谷：古书中有不同的说法，最普通的一种指稻、黍、稷、麦、菽。稻麦是主要粮食作物；黍是黄米；稷是粟，一说是高粱；菽是豆类作物。③芸：通"耘"。④见其二子：使其二子出见客。

【译文】

子路跟随孔子落在后面，遇到一个老人，用手杖挑着除草用的工具。子路问道："您看见我的老师了吗？"老人说："四肢不劳动，五谷分不清。谁是你的老师呢？"说完，把手杖插在地上开始锄草。子路拱着手站在一边。

老人便留子路到他家中住宿，杀鸡做饭给子路吃，还叫他两个儿子出来相见。第二天，子路赶上了孔子，并把这事告诉了他。孔子说："这是个隐士。"叫子路返回去再见他。子路到了那里，他已经出门了。

子路说："不出来做官是不义的。长幼之间的礼节，不可以废弃；君臣之间的道义，又怎么就可以废弃呢？本想保持自身纯洁，却破坏了重大的伦理道德。君子出来做官，是为了实行君臣之义。至于我们的政治主张行不通，是早就知道的了。"

18.8　逸民：伯夷、叔齐、虞仲、夷逸、朱张、柳下惠、少连①。子曰："不降其志，不辱其身，伯夷、叔齐与！"谓："柳下惠、少连，降志辱身矣，言中伦②，行中虑，其斯而已矣。"谓："虞仲、夷逸隐居放言，身中清，废中权。我则异于是，无可无不可。"

【题解】

这是孔子对历史和当代七位逸民做出的评价；他特别赞许伯夷、叔齐"不降其志，不辱其身"，反映了他赞赏个人的独立人格。

【注释】

①逸：隐逸，隐居。伯夷、叔齐、柳下惠皆见前。虞仲、夷逸、朱张、少连四人身世无从考，从文中意思看，当是没落贵族。②中：符合。

【译文】

隐居不做官的人有：伯夷、叔齐、虞仲、夷逸、朱张、柳下惠、少连。孔子说："不降低自己的志向，不辱没自己的身份，就是伯夷和叔齐吧！"又说："柳下惠、少连降低了自己的志向，辱没了自己的身份，但言语合乎伦理，行为经过考虑，也就是如此罢了。"又说："虞仲、夷逸，避世隐居，放肆直言，立身清白，弃官合乎权宜。我就和他们不一样，没有什么可以，也没有什么不可以。"

18.9　大师挚适齐①，亚饭干适楚②，三饭缭适蔡，四饭缺适秦，鼓方叔入于河③，播鼗武入于汉④，少师阳、击磬襄入于海⑤。

三五四

【题解】

孔子重视"乐"教，本人也对音乐有深厚的修养，所以对当时乐师的境遇非常关心。此章记载了鲁国乐师在哀公时流散的情况。

【注释】

①大师挚：大通"太"。大师是鲁国乐官之长，挚是人名。②亚饭干：第二次吃饭时奏乐的乐师，名干。古代天子、诸侯吃饭时都要奏乐，所以乐师有亚饭、三饭、四饭之称。③缭、缺亦是人名。鼓方叔：击鼓的乐师名方叔。④播鼗武：播，摇。鼗，小鼓。武，摇小鼓者的名字。⑤少师阳：副乐官，名阳。击磬襄：敲磬的乐师，名襄。

【译文】

太师挚到齐国去了，亚饭乐师干到楚国去了，三饭乐师缭到蔡国去了，四饭乐师缺到秦国去了，打鼓乐师方叔进入黄河地区了，摇鼗鼓的乐师武进入汉水一带了，少师阳、敲磬的乐师襄到海滨去了。

18.10　周公谓鲁公曰①："君子不施其亲②，不使大臣怨乎不以。故旧无大故，则不弃也。无求备于一人。"

【题解】

周公对伯禽的训诫所言可能在鲁国流传，孔子又向弟子们转述。这是古代贤君为政之道经验的总结。

【注释】

①鲁公：指周公之子，鲁国始封之君伯禽。②施：通"弛"，废弃的意思。

【译文】

周公对鲁公说："一个有道的国君不疏远他的亲族，不使大臣怨恨没有被任用；故旧朋友如果没有大的过错，就不要抛弃他们；不要对一个人求全责备。"

18.11　周有八士：伯达、伯适、仲突、仲忽、叔夜、叔夏、季随、季骒。①

【题解】

记述周代众多贤士，旨在说明国家兴亡的关键在于任用贤人。

【注释】

①八人事迹不详。有人据传认为，周朝有位良母，她四胎生了四对双生子，都是有名的士，后来都当了高官。

【译文】

周朝有八个出名的士人：伯达、伯适、仲突、仲忽、叔夜、叔夏、季随、季骒。

子张篇第十九

19.1　子张曰："士见危致命，见得思义，祭思敬，丧思哀，其可已矣。"

【题解】

子张这话乃是总结孔子的思想，提出了士的四条最高标准。

【译文】

子张说："士人看见危险肯献出生命，看见有所得就想想是否合于道义，祭祀时想到恭敬，服丧时想到悲痛，这也就可以了。"

19.2　子张曰："执德不弘，信道不笃，焉能为有？焉能为亡？"

【题解】

这里强调了一个人全面的道德修养是一个人的价值基础。

【译文】

子张说："执行德却不能弘扬它，信奉道却不笃定，有这样的人，怎么能算有呢，没有这样的人，又怎么能算是无呢？"

19.3　子夏之门人问交于子张。子张曰："子夏云何？"对曰："子夏曰：'可者与之①，其不可者拒之。'"子张曰："异乎吾所闻：君子尊贤而容众，嘉善而矜不能。我之大贤与，于人何所不容？我之不贤与，人将拒我，如之何其拒人也？"

【题解】

这段讲述的是与人交往之道。在《论语》中，对同一个问题，因提问者不同，孔子的回答会因材施教，所以不一样。

【注释】

①与："可者与之"的"与"是相与、交往的意思，后两个"与"字是语气词。

【译文】

子夏的门人向子张请教怎样交朋友。子张说："子夏说了什么呢？"子夏的学生回答说："子夏说：'可以交往的就和他交往，不可以交往的就拒绝他。'"子张说："这和我所听到的不一样！君子尊敬贤人，也能够容纳众人，称赞好人，怜悯无能的人。如果我是个很贤明的人，对别人有什么不能容纳的呢？如果我不贤明，别人将会拒绝我，我怎么能去拒绝别人呢？"

【论语的智慧】

子张与子夏都是孔子的弟子，他们有同窗之谊。后来传播孔子学问的众多弟子中就有他们两个。子夏的成就很大，战国早期社会上有很大影响力的人物当中，就有一批是子夏的学生。这一天子夏的学生问子张关于交友之道。子张没有直接回答，他反过来问子夏的弟子："你们的老师子夏是怎么说的啊？"对方回答："对于能交往的人我们就友好对他，对于那些不能交往的人就距离他远一点。"子张听了以后说："这和我听到的不一样（子张是指从他的老师孔子那里学到的学问），一个君子固然要使贤能的人敬重，不过与此同时还要能容下众人。对好的要鼓励他，对不好的要更加关爱他。如果我自己是一个贤良的人，那么别人为什么要将我拒之门外呢？假定我自己很不好，根本就是一个坏人，自己就是一个讨人嫌的人，又谈什么拒绝别人呢？"

子张的这一段话表面上看起来是教子夏的弟子交友之道，其实是做人之道，是关于人生修养的教诲。我们平时虽然标榜自己胸怀开阔，可是一看到自己不喜欢的人就不能容忍，这不就是子张口中的不能"容众"吗？一个真正有道德的人是不会将道德修养还不够的人拒之门外的。比如我们的圣人孔子，他不会因为哪个人德行不够就排斥他。再比如我们平时所拜的菩萨，他对所有人都一样，不会说你是个坏人，我不接受你的忏悔。这种宗教般的博大胸怀才是子张所要提倡的，也是孔子平时教导学生的做人哲学。许多伟大的人物都有这种胸怀，如"南非斗士"曼德拉。

曼德拉因为领导南非人民反对种族隔离政策而入狱，白人统治者把他关在荒凉的大西洋小岛罗本岛上27年。当时曼德拉年事已高，但白人统治者依然像对待年轻犯人一样对他进行残酷的虐待。

罗本岛上布满岩石，到处是海豹、蛇和其他动物。曼德拉被关在总集中营一个"锌皮房"里，白天打石头，将采石场的大石块碎成石料。他有时要下到冰冷的海水里捞海带，有时干采石灰的活儿——每天早晨排队到采石场，然后被解开脚镣，在一个很大的石灰石场里，用尖镐和铁锹挖石灰石。因为曼德拉是要犯，看管他的狱警就有3人。他们对他十分不友好，总是寻找各种理由虐待他。

谁也没有想到，1991年曼德拉出狱后不久就当选了总统，而他在就职典礼上的一个举动震惊了整个世界。

总统就职仪式开始后，曼德拉起身致辞，欢迎来宾。他依次介绍了来自世界各国的政要，然后他说，能接待这么多尊贵的客人，他深感荣幸，但自己最高兴的是，当初在罗本岛监狱看守他的3名狱警也能到场。随即他邀请他们起身，并把他们介绍给大家。

曼德拉的博大胸襟和宽容精神，令那些残酷虐待了他27年的白人汗颜，也让所有在场的人肃然起敬。看着年迈的曼德拉缓缓站起，恭敬地向3个曾关押他的看守致敬，在场的所有来宾以至整个世界，都静了下来。

后来，曼德拉向朋友们解释说，自己年轻时性子很急，脾气暴躁，正是狱中生活使他学会了控制情绪，因此才活了下来。牢狱岁月给了他时间与激励，也使他学会了如何处理自己遭遇的痛苦。他说，感恩与宽容常常源自痛苦与磨难，必须通过极强的毅力才能训练出来。

他谈到出狱时的感想："当我迈过通往自由的监狱大门时，我已经清楚，自己若不能把悲痛与怨恨留在身后，那么我其实仍在狱中。"

综观历史，我们也许能发现真正流芳百世的人物几乎都是度量过人的，一个小肚鸡肠的人是不可能有很大作为的。海纳百川，有容乃大，一句我们最熟悉不过的话，然而没有几个人敢说自己真的做到了。大海之所以能成为广博的大海，而不是小河小溪，就在于它的"肚量"大，既能容人之美，也能容人之过。没有这样的胸怀就不可能成就自己的伟大。俗语说"水至清则无鱼，人至察则无徒"，没有一个人是完美的，所以我们在和人相处的时候要懂得宽厚待人，而非吹毛求疵。

19.4　子夏曰："虽小道，必有可观者焉；致远恐泥^①，是以君子不为也。"

【题解】

专业知识和崇高理想都是重要的，不能以贵贱的观点看待社会分工。

【注释】

①泥：阻滞，不通，妨碍。

【译文】

子夏说："即使是小技艺，也一定有可取之处，恐怕它会妨碍从事远大的事业，所以君子不做这些事。"

19.5　子夏曰："日知其所亡，月无忘其所能，可谓好学也已矣。"

【题解】

这里讲的是学习方法。子夏所说的，也就是孔子说的"温故而知新"。

【译文】

子夏说："每天知道自己以前所不知的，每月不忘记以前已能的，可以说是好学了。"

19.6　子夏曰："博学而笃志，切问而近思，仁在其中矣。"

【题解】

这里提出的博学、笃志、切问、近思四项，都是理论联系实际、言行一致的自我修养的方法。

【译文】

子夏说："广泛地学习并且笃守自己的志向，恳切地提问并且常常思考眼前的事，仁就在这其中了。"

19.7　子夏曰："百工居肆以成其事，君子学以致其道。"

【题解】

这也是劝所有的人都要努力学习，无论从事于哪种专业，都要勤奋敬业。

【译文】

子夏说："各行各业的工匠在作坊里完成他们的工作，君子则通过学习来掌握道。"

19.8　子夏曰："小人之过也必文①。"

【题解】

孔子说过，"过而不改，是谓过矣。"小人的一大特点就是文过饰非。

【注释】

①文：掩饰。

【译文】

子夏说："小人犯了错误一定加以掩饰。"

【论语的智慧】

在这里，孔子对于君子和小人的解释就是凭着一种经验。而经验在知人、识人、处世立身方面则仿佛是一条没有"标准"的准绳，起着巨大的作用。

清朝的曾国藩具有异乎寻常的识人术，尤擅长于判断对方的品质、性格、情绪、经历，并对其前途做出准确的预言。

一日，李鸿章带了三个人拜见曾国藩（李是曾的学生），请曾国藩给他们分派职务。恰巧曾国藩散步去了，李鸿章示意让那三个人在厅外等候，自己去到里面。不久，曾国藩散步回来，李鸿章禀明来意，请曾国藩考查那三个人。曾国藩摇手笑言："不必了，面向厅门，站在左边的那位是个忠厚人，办事小心谨慎，让人放心，可派他做后勤供应一类的工作；中间那位是个阳奉阴违，两面三刀的人，不值得信任，只宜分派一些无足轻重的工作，担不得大任；右边那位是个将才，可独当一面，将大有作为，应予重用。"

李鸿章很是惊奇，问："还没用他们，大人您如何看出来的呢？"曾国藩笑着说："刚才散步回来，在厅外见到了这三个人。走过他们身边时，左边那个态度温顺，目光低垂，拘谨有余，小心翼翼，可见是一小心谨慎之人，因此适合做后勤供应一类只需踏实肯干，无须多少开创精神和机敏的事情。中间那位，表面上恭恭敬敬，可等我走过之后，就左顾右盼，神色不端，可见是个阳奉阴违、机巧狡诈之辈，断断不可重用。右边那位，始终挺拔而立、器宇轩昂、目光凛然、不卑不亢，是一位大将之才，将来成就不在你我之下。"

曾国藩所指的那位"大将之才"，便是日后立下赫赫战功并官至台湾巡抚的淮军勇将刘铭传。

还有一次，曾国藩任两江总督时，有人向其推荐了陈兰彬、刘锡鸿两人。陈兰彬、刘锡鸿颇富文藻，下笔千言，善谈天下事，并负盛名。接见后，曾国藩对陈、刘二人做了评价：

"刘生满腔不平之气，恐不保令终。陈生沉实一点，官可至三四品，但不会有大作为。"

不久，刘锡鸿作为副使，随郭嵩焘出使西洋，两人意见不合，常常闹出笑话。刘写信给清政府，说郭嵩焘带妾出国，与外国人往来密切，"辱国实甚"。郭嵩焘也写信说刘偷了外国人的手表。当时主政的是李鸿章，自然倾向于曾门的郭嵩焘，将刘撤回，以后不再设副使。刘对此十分怨恨，上疏列举李鸿章有十大可杀之罪。当时清政府倚重李鸿章办外交，上疏留中不发。刘锡鸿气愤难平，常常出语不逊，同乡皆敬而远之；刘设席请客，无一人赴宴，不久忧郁而卒。

陈兰彬于同治八年（1869 年），经许振炜推荐，进入曾国藩幕府，并出使各国。其为人不肯随俗浮沉，但志端而气不勇，终无大建树。

由此可见，曾国藩准确得近乎"神奇"的辨人术，多半是来自丰富的经验。这种方法在现代社会中同样适用。比如，常听人说："看一个女人是否养尊处优，要看她的手。看一个人的气血，要看他的头发。看一个人的心术，要看他的眼神。看一个人的身价，要看他的对手。"这些都是经验的积累，在现实生活中对每个人都有很大的帮助，值得我们重视。

19.9　子夏曰："君子有三变：望之俨然[①]，即之也温[②]，听其言也厉。"

【题解】

子夏这话是对孔子仪容风度的基本概括，孔子的风度是自然的。

【注释】

①俨然：庄严的样子。②即：接近。

【译文】

子夏说："君子会使人感到有三种变化：远远望去庄严可畏，接近他时却温和可亲，听他说话则严厉不苟。"

19.10　子夏曰："君子信而后劳其民，未信则以为厉己也。信而后谏，未信则以为谤己也。"

【题解】

取信于民是孔子对为政者的基本要求，也是基本的治国之道。

【译文】

子夏说："君子在得到民众的信任之后才去役使他们；没有得到信任就去役劳，民众就会认为是在虐害他们。君子得到君主的信任之后才去进谏；没有得到信任就去进谏，君主就会以为是在诽谤自己。"

19.11　子夏曰："大德不逾闲，小德出入可也。"

【题解】

这句反映了儒家既坚持仁德的基本原则，又不排斥变通的思想。

【译文】

子夏说："大的道德节操上不能逾越界限，小节上有些出入是可以的。"

19.12 子游曰："子夏之门人小子，当洒扫、应对、进退，则可矣；抑末也①，本之则无，如之何？"

子夏闻之，曰："噫！言游过矣！君之子道，孰先传焉？孰后倦焉②？譬诸草木③，区以别矣。君子之道，焉可诬也？有始有卒者，其惟圣人乎！"

【题解】

这一部分记叙了子游和子夏就教学方法问题展开的热烈讨论。

【注释】

①抑：连词，表示转折。这里是"可是"的意思。②倦：诲人不倦的倦。这里指教诲。③譬诸草木：譬之于草木。草木有大小，比喻学问有深浅，应当分门别类，循序渐进。

【译文】

子游说："子夏的学生们，做洒水扫地、接待客人、趋进走退一类的事，是可以的，不过这些只是细枝末节的事。根本的学问却没有学到，这怎么行呢？"

子夏听到这话，说："咳！子游说错了！君子的学问，哪些先传授？哪些后传授？就好比草木一样，是区分为各种类别的。君子的学问，怎么能歪曲呢？有始有终地循序渐进，大概只有圣人吧！"

19.13 子夏曰："仕而优则学，学而优则仕。"

【题解】

子夏这段话从一个侧面概括了孔子的教育方针和办学目的，也成为中国历史上影响最大的传统思想之一。

【译文】

子夏说："做官仍有余力就去学习，学习仍有余力就去做官。"

19.14 子游曰："丧致乎哀而止。"

【题解】

子游的意思是说，居丧，一方面要尽哀，一方面又不宜因过于悲痛而伤害身体。

【译文】

子游说："居丧充分表达了哀思就可以了。"

《论语》大讲堂

三六一

19.15 子游曰："吾友张也为难能也，然而未仁。"

【题解】

子游认为子张的仪表和德业都非常出众，但还达不到仁的境界，其目的是在鼓励朋友。

【译文】

子游说："我的朋友子张是难能可贵的了，然而还没有达到仁的境界。"

19.16 曾子曰："堂堂乎张也，难与并为仁矣。"

【题解】

这是曾子对子张的评价。

【译文】

曾子说："仪表堂堂的子张啊，很难和他一起做到仁。"

19.17 曾子曰："吾闻诸夫子，人未有自致者也[①]。必也亲丧乎？"

【题解】

曾子认为要用理智来控制感情，情受制于礼，这样对人的健康是有好处的。

【注释】

①致：到了极点。这里指人的真情全部表露出来。

【译文】

曾子说："我听老师说过，人不会自动地充分表露感情，如果有，一定是在父母死亡的时候吧！"

19.18 曾子曰："吾闻诸夫子，孟庄子之孝也[①]，其他可能也，其不改父之臣与父之政，是难能也。"

【题解】

孟庄子的这种尽孝，表现出以国事为重的高尚品质。

【注释】

①孟庄子：名速，鲁国大夫，孟献子的儿子。

【译文】

曾子说："我听老师说过，孟庄子的孝，其他方面别人可以做到，而他不改换父亲的旧臣和父亲的政治措施，这是别人难以做到的。"

19.19 孟氏使阳肤为士师^①，问于曾子。曾子曰："上失其道，民散久矣。如得其情，则哀矜而勿喜。"

【题解】

曾子深得孔子的仁德思想的真传，抨击上位者的无道，深深地同情下层民众。

【注释】

①阳肤：曾子的弟子。

【译文】

孟氏让阳肤担任掌管刑罚的官，阳肤向曾子求教。曾子说："在上位的人丧失了正道，民离散很久了。如果审案时审出真情，就应该悲哀怜悯而不能沾沾自喜！"

19.20 子贡曰："纣之不善^①，不如是之甚也。是以君子恶居下流，天下之恶皆归焉。"

【题解】

子贡的话是说，舆论对一个人的评价往往带有一种从众的"惯性"：说某人好，要说得比某人实际做的还要好；说某人坏，则要说得比某人实际做的还要坏。

《帝鉴图说》之《妲己害政》

【注释】

①纣：商朝最后一个君主，是有名的暴君。

【译文】

子贡说："商纣王的无道，不像现在流传的那么严重。所以君子憎恨居于下流，一居下流，天下的坏事就都归集到他身上去了。"

19.21 子贡曰："君子之过也，如日月之食焉：过也，人皆见之；更也，人皆仰之。"

【题解】

此章用日、月食生动地赞扬了君子不隐瞒和掩盖过错，又能公开改正过错的光明磊落的态度。

【译文】

子贡说："君子的过失，就像日食和月食一样；有过错时，人人都看得见；他改正了，人人都仰望他。"

19.22　卫公孙朝问于子贡曰^①："仲尼焉学^②?"子贡曰："文、武之道，未坠于地，在人。贤者识其大者^③，不贤者识其小者，莫不有文、武之道焉。夫子焉不学? 而亦何常师之有 ?"

【题解】

善于学习的人，随时随地都可以学到有益的东西。孔子学说是承袭的周文王、周武王之道，并没有固定的老师。

【注释】

①公孙朝：卫国大夫。当时鲁、郑、楚三国也都有公孙朝。所以指明卫公孙朝。②焉：何处，哪里。③识：通"志"。《汉书·刘歆传》引作"志"。

【译文】

卫国的公孙朝向子贡问道："孔仲尼的学问是从哪里学的?"子贡说："周文王和周武王之道，并没有失传，留存在人间。贤能的人掌握了其中重要部分，不贤能的人只记住了细枝末节。周文王和周武王之道是无处不在的。老师从哪儿不能学呢? 而且又何必有固定的老师呢?"

19.23　叔孙武叔语大夫于朝^①，曰："子贡贤于仲尼。"子服景伯以告子贡^②。子贡曰："譬之宫墙，赐之墙也及肩，窥见室家之好。夫子之墙数仞，不得其门而入，不见宗庙之美，百官之富^③。得其门者或寡矣。夫子之云，不亦宜乎 !"

【题解】

孔子的思想平凡而伟大，看似都是平常的话，但是极其丰富，闪耀着真理的光辉。弟子们都努力将其发扬光大。

【注释】

①叔孙武叔：鲁国大夫，名州仇，"武"是他的谥号。②子服景伯：名何，鲁国的大夫。③官：这里指房舍。

【译文】

叔孙武叔在朝廷上对大夫们说："子贡比仲尼更强些。"子服景伯把这话告诉了子贡。子贡说："就用围墙打比方吧，我家围墙只有齐肩高，从墙外可以看到里面房屋的美好。我老师的围墙有几仞高，找不到大门走进去，就看不见里面宗庙的雄美，房屋的富丽。能够找到大门的人或许太少了。所以叔孙武叔先生那样说，不也是很自然的吗?"

【论语的智慧】

叔孙武叔是人名，叔孙氏，名州仇，谥为武，他是鲁国的大夫。这里他和子贡的对话是在孔子逝世以后，当时颜回与子路等弟子也已经死了，子贡本来就是一个多才多艺的人，再者凭借其多年来和老师周游列国的经历，此时的子贡已经是名满天下的人物了。

所以叔孙武叔在朝廷中告诉一班大夫们说："真要比较起来，依我看子贡比孔子本人要厉害得多。"在这里叔孙武叔并不是要表达青出于蓝而胜于蓝的敬仰和尊敬，他是在诋毁孔子，怀疑他的人品和学问道德。

子服景伯也是人名，鲁国的大夫，他和子贡是同学，他在当时是很有权力的人，现在子服景伯听了这个话，就回来告诉子贡，说叔孙武叔在如何批评老师。子贡就说："譬如门墙，我们筑的墙，只筑到肩膀这么高，人家站在外面一望，就看见了里面的一切，而老师的高墙太高，我们也许一辈子也不得其门而入。正因为他的地位太高，许多普通人反而摸不到它的实际高度，所以才会认为我比我们的老师还要厉害。这真是一个笑话。"我们在这里看到子贡对孔子很敬佩，而且很有自知之明。他没有因为别人的恭维而自鸣得意，反而竭力维护老师的尊严。做学生最应该有这样的精神，为人师者如果遇到子贡这样一个既能干又懂得维护自己尊严的学生也是三生有幸。正如孔子自己感慨的一样，得天下英才而教之，真是人生的一大乐事。

如今尊师重道的思想似乎已经衰落了，人们忘记了自己的很多成就都是老师教育的结果，有些学生甚至和老师因为意见不合而怒目相视。不知道我们的大教育家孔子如果看到今天这样的境况会有什么感慨。从另一方面来讲人们想要知道自己是什么人物、什么分量还真不是一件容易的事。

现实生活中我们往往会发现这样的现象：

一些人取得一点成就后，往往会上演一幕小人得志的闹剧，将最初的谦恭忘得一干二净，这样的人其实并不具备自知之明的美德。伟大的人不会如跳梁小丑般，他们的谦恭是由内而外、自始至终的。在名利的顶峰处显示出的虚心，显得弥足珍贵。就像子贡一样，他在功成名就的时候还没有忘记老师的教诲，吃水不忘挖井人，这就是一种尊师重道的表现，也是拥有自知之明的人才会做出的选择。

19.24　叔孙武叔毁仲尼。子贡曰："无以为也^①！仲尼不可毁也。他人之贤者，丘陵也，犹可逾也；仲尼，日月也，无得而逾焉。人虽欲自绝，其何伤于日月乎？多见其不知量也^②。"

【题解】

孔子生前就得到弟子们如此崇高的评价，这不是偶然的，即此一点就足证他的伟大和感人之深。当然，孔子之所以成为我国伟大的思想家、教育家，除了他自身的渊博学识、高尚品德、卓越贡献之外，还得益于其弟子们的继承和发扬光大。

【注释】

①以：此，这样。②多：只，适。

【译文】

叔孙武叔诋毁仲尼。子贡说："不要这样做！仲尼是不可诋毁的。他人的贤能，好比丘

陵，还可以逾越；仲尼，就好比日月，是无法逾越的。一个人即使想自绝于日月，对日月有什么伤害呢，只显出他不自量力罢了。"

19.25　陈子禽谓子贡曰："子为恭也，仲尼岂贤于子乎？"子贡曰："君子一言以为知①，一言以为不知，言不可不慎也。夫子之不可及也，犹天之不可阶而升也。夫子之得邦家者②，所谓立之斯立，道之斯行③，绥之斯来，动之斯和。其生也荣，其死也哀，如之何其可及也！"

【题解】

这也是子贡批评别人贬低孔子而抬高子贡的问话。子贡在为孔子所做的辩护中，比孔子为天，是无人可以企及之意。

【注释】

①知：通"智"。②邦：诸侯统治的地区。家：卿大夫统治的地区。③道：通"导"，引导，教化。

【译文】

陈子禽对子贡说："你太谦恭了，仲尼岂能比你更有才能？"子贡说："君子一句话可以表现出聪明，一句话也可以表现出不聪明，所以说话不可以不慎重。我的老师没人赶得上，好像青天无法通过阶梯登上去。假如老师得到国家去治理的话，说要立于礼，百姓就立于礼；引导百姓，百姓就跟着实行；安抚百姓，百姓就会来归服；动员百姓，百姓就会同心协力。他活着时荣耀，他死了令人哀痛，别人怎么可能赶得上他呢？"

尧曰篇第二十

20.1　尧曰："咨①！尔舜！天之历数在尔躬。允执其中②。四海困穷，天禄永终。"舜亦以命禹。

曰："予小子履③，敢用玄牡，敢昭告于皇皇后帝：有罪不敢赦。帝臣不蔽，简在帝心④。朕躬有罪，无以万方；万方有罪，罪在朕躬。"

周有大赉⑤，善人是富。"虽有周亲⑥，不如仁人。百姓有过，在予一人。"

谨权量⑦，审法度⑧，修废官，四方之政行焉。兴灭国，继绝世，举逸民，天下之民归心焉。

所重：民，食，丧，祭。

宽则得众，信则民任焉⑨，敏则有功，公则说。

【题解】

这几段文字，记述了从帝尧命舜以来历代先圣、先王的遗训。夏商相继，周武王伐纣誓师之辞，都在其中。孔子认为君主应当特别重视：民，食，丧，祭。孔子对三代以来先王的美德善政十分向往。他的理想政治也是：宽得众，敏有功，人民信任。

【注释】

①咨：即"嗟"，感叹词，表示赞美。②允：真诚，诚信。③履：商汤的名。④简：有两种解释：一、阅，计算，引申为明白的意思；二、选择。⑤赉：赏赐。周有大赉。以下几句是说周武王的事。⑥周亲：至亲。⑦权：秤锤，指量轻重的标准。量：斗斛，指量容积的标准。⑧法度：量长度的标准。⑨信则民任焉：汉行经无此五字，有人说是衍文。"宽则得众，信则人任焉，敏则有功"，已见《阳货》篇。

【译文】

尧说："嗟！舜啊！天命的次序落到你的身上了，真诚地执守中正之道。如果天下的百姓贫困穷苦，上天给你的禄位也就永远终止了。"舜也这样告诫禹。

商汤说："我小子履谨用黑色的公牛作为祭品，明白地禀告光明伟大的天帝：有罪的人我不敢擅自赦免。您的臣仆的善恶我也不敢掩盖隐瞒，这是您心中知道的。我本人如果有罪，不要牵连天下万方；天下万方有罪，罪责就在我一个人身上。"

周朝实行大封赏，使善人都富贵起来。周武王说："虽然有至亲，也不如有仁人。百姓有罪过，罪过都在我一人身上。"

谨慎地检验并审定度量衡，恢复废弃了的职官，天下四方的政令就会通行了。复兴灭亡了的国家，承续已断绝的宗族，提拔被遗落的人才，天下的百姓就会诚心归服了。

所重视的是：民众，粮食，丧礼，祭祀。

宽厚就会得到众人的拥护，诚恳守信就得到民众的信任，勤敏就能取得功绩，公正则大家心悦诚服。

20.2　子张问于孔子曰："何如斯可以从政矣？"子曰："尊五美，屏四恶，斯可以从政矣。"

子张曰："何谓五美？"子曰："君子惠而不费，劳而不怨，欲而不贪，泰而不骄①，威而不猛。"

子张曰："何谓惠而不费？"子曰："因民之所利而利之，斯不亦惠而不费乎？择可劳而劳之，又谁怨？欲仁而得仁，又焉贪？君子无众寡，无小大，无敢慢，斯不亦泰而不骄乎？君子正其衣冠，尊其瞻视，俨然人望而畏之，斯不亦威而不猛乎？"

子张曰："何谓四恶？"子曰："不教而杀谓之虐；不戒视成谓之暴；慢令致期谓之贼；犹之与人也②，出纳之吝③，谓之有司④。"

【题解】

这是子张向孔子请教为官从政的要领。这里所讲的"尊五美，屏四恶"，是孔子政治主张的基本原则，在其中包含着丰富的"民本"思想。

【注释】

①泰：安宁。②犹之与人：犹之，同样的意思。与，给予。犹之与人，同样是给人。③出纳：出和纳两个相反的意义连用，其中"纳"的意义虚化而只有"出"的意义。④有司：古代管事者之称，职务卑微。

【译文】

子张向孔子问道："怎样才可以治理政事呢？"孔子说："推崇五种美德，屏弃四种恶政，这样就可以治理政事了。"

子张说："什么是五种美德？"孔子说："君子使百姓得到好处却不破费；使百姓劳作却无怨言；有正当的欲望却不贪求；泰然自处却不骄傲；庄严有威仪而不凶猛。"

子张说："怎样是使百姓得到好处却不破费呢？"孔子说："顺着百姓想要得到的利益就让他们能得到，这不就是使百姓得到好处却不破费吗？选择百姓可以劳作的时间去让他们劳作，谁又会有怨言？想要仁德而又得到了仁德，还贪求什么呢？无论人多人少，无论势力大小，君子都不怠慢，这不就是泰然自处却不骄傲吗？君子衣冠整洁，形容端、视容正，庄严的威仪让人望而生敬畏之情，这不就是庄严有威仪而不凶猛吗？"

子张说："什么是四种恶政？"孔子说："不进行教化就杀戮叫作虐；不加申诫便强求别人做出成绩叫作暴；起先懈怠而又突然限期完成叫作贼；好比给人财物，出手吝啬的则叫作小家子气的官吏。"

20.3　子曰："不知命，无以为君子也①；不知礼，无以立也；不知言②，无以知人也。"

【题解】

这是《论语》最后一段，孔子再次向君子提出了立身处世的三点要求，即"知命""知礼""知言"，表明孔子对于塑造具有理想人格的君子有高度期待，他希望有合格的君子来齐家治国平天下。

【注释】

①无以："无所以"的省略。②知言：善于分析别人的语言，辨别其是非善恶的意思。

【译文】

孔子说："不懂得天命，就不可能成为君子；不懂得礼，就没有办法立身处世；不知道分辨别人的语言，便不能了解别人。"

后记：片言之赐，皆我师也

走下圣坛的孔子

孔子其人

20世纪80年代的一个初春时节，75位诺贝尔奖获得者齐聚巴黎，他们在会议宣言中写道："如果人类要在21世纪生存下去，必须回到2500年前去汲取孔子的智慧。"这句话掷地有声，足见孔子的影响之大。

说到孔子，年长的读书人称之为"圣人"或"夫子"；年轻点的，多得之于课本上的介绍，知道他是我国古代伟大的思想家、教育家，儒家学派的创始人。虽然有不少人了解孔子，接触过或研究过其学说，对孔子自有其认识，但绝大多数人对孔子没有一个较深的了解，这是一个不争的事实。连国外都在如火如荼地研究孔子，这种现状，怎能不令我们汗颜？因此，对于孔子，我们要加深认识。

孔子，名丘，字仲尼，鲁国人，是中国春秋末期伟大的思想家和教育家，儒家学派的创始人。历史上对他的出生年月未详加记载，目前公认的说法是：他大约于鲁襄公二十二年（公元前551年）生于鲁国陬邑（今山东曲阜），卒于公元前479年。

孔子的远祖是宋国贵族，殷王室的后裔。周武王灭殷后，封殷宗室微子启于宋。由微子经、微仲衍、宋公稽、丁公申，四传至湣公共。湣公长子弗父何让国于其弟鲋祀，弗父何为卿。孔子先祖遂由诸侯家转为公卿之家。弗父何之曾孙正考父，连续辅佐宋戴公、武公、宣公，久为上卿，以谦恭著称于世。孔子六祖孔父嘉继任宋大司马。按周礼制，大夫不得封诸侯，"五世亲尽，别为公族"，故其后代以孔为氏。后宋太宰华父督作乱，弑宋殇公，杀孔父嘉。其后代避难奔鲁（孔氏为鲁国人自此始），卿位始失，下降为士。孔子曾祖父防叔曾任鲁防邑宰，祖父伯夏的事迹无考。孔子父亲名纥，字叔梁，又称叔梁纥，为一名武士，以勇力著称。叔梁纥先娶施氏，无子，其妾生男，病卒，复娶颜征在，生孔子。

鲁国是周公的大儿子伯禽的封地，素有礼乐之邦的美名。及至春秋末期，周王朝礼乐制度崩溃的时候，这里的礼乐仍保持完好。正是鲁国这种根深蒂固的礼乐传统对孔子产生了深刻的影响。孔子幼时就常以陈俎豆、设礼容为戏。他早年丧父，家道中落，年轻时曾做过管粮仓、管放牧的小官。在艰难困苦的环境中，他并没有停下学习的脚步，15岁即"志于学"，30余岁时开始授徒讲学。鲁昭公二十六年（公元前516年），鲁国内乱，孔子不满季氏为首的三桓擅权，一度离鲁至齐，不久返回，开始整理《诗》《书》《礼》《乐》，招收弟子日多，影响愈大。鲁定公九年（公元前501年），孔子出任中都宰，颇有政绩，后升为司空和大司寇。鲁定公十年（公元前500年），齐鲁夹谷之会，孔子襄礼，鲁国兵礼并用，收回被齐国侵占的郓、汶阳及龟阴之田。鲁定公十三年（公元前497年），孔子为维护公室，建议毁季孙氏、叔孙氏、孟孙氏等三家都邑，季孙氏、叔孙氏都邑被毁后，孟孙氏以武力对抗，孔子计划失败。以后鲁国政局有变，孔子见理想难以实现，遂带领弟子离开鲁国，开始了周游列国的漂泊生涯，当时孔子已经55岁了。此后的14年中，孔子先后到过卫、陈、宋、蔡、楚等国，向各诸侯宣传自己的政治主张，但均不见用。鲁哀公十一年（公元前484年），季康子以币迎孔子，孔子归鲁，时年68岁。孔子归鲁后，鲁人尊以"国老"，鲁哀公和季康子虽常向孔子问政，但最终没有重用他。于是，孔子晚年把全部的精力都放在教育上，他整理《诗》《书》等古代典籍，删修《春秋》。鲁哀公十六年（公元前479年），孔子卒，葬于鲁城北泗水之上。

孔子的思想言行经其弟子和再传弟子整理编成《论语》一书，成为后世儒家学派的经典。因为孔子所处的春秋时期是奴隶社会向封建社会转变的特殊时期，所以孔子思想中充满新与旧的矛盾，反映了大变革时代的精神风貌。其主要表现在：孔子继承了传统的天命鬼神观，视天为万有的主宰和人格神，认为天命主宰着人的生死，也决定着社会的治乱。他主张"君子有三畏：畏天命、畏大人、畏圣人言"，"不知命，无以为君子也"。但同时他又否定周时盛行的占卜活动，提出"天何言哉，四时行焉，五谷生焉"，认为天命就蕴含在自然事物的运行之中。所以他主张"敬鬼神而远之，可谓知矣"。《论语》记载孔子"不语怪、力、乱、神"，并且说"未知生，焉知死"，"未能事人，焉能事鬼"，回避了关于人死后是否变鬼的问题。

作为世界文化名人，作为中国传统文化的代表，孔子是伟大的，几千年来，影响了一代又一代中国乃至世界的知识分子，其地位是至高无上的。

杏坛勤耕终成林

孔子于"而立"之年就开始广收门徒，以《诗》《书》《礼》《乐》教育学生，更以他至伟人格中的一言一行、一动一静亲身示范为教。在奴隶社会里，只有贵族子弟能够受教育，文化教育被官府垄断了。孔子开了我国历史上私人讲学的先河，广收门徒，突破官府的垄断，将由王公贵族独享的文化知识传播到民间，扩大了教育对象的范围。在教育学生的过程中，他首先提出"有教无类"的方针，学生不分贫贱富贵，均可以在他那里接受教育。在他眼中，无论贫富贵贱都一视同仁，贫如颜回，富如子贡，贵如孟懿子，他都欣然授之。他的学生更是来自五湖四海，真可谓桃李满天下。

他教授给学生的主要是他的儒家学说，即"克己复礼为仁"，以此改变学生的气质，成就他们的人格，提高生命境界，终至成物，也就是造就治国、平天下的栋梁之材。在教育方法上，他采用"因材施教"和启发式的教学方法，这是一种非常成功的教育模式。他教育学生：学习知识要经常复习，"温故而知新"；学习态度要老实，"知之为知之，不知为不知"；还要把学习和思考结合起来，"学而不思则罔，思而不学则殆"……

孔子"诲人不倦"，对学生如慈母般关怀备至，如严父般导以正道，如朋友般切磋相长，莫不因其才而成就之。如子羔之愚，曾参之鲁，子张之偏激，子路之粗鄙……这些人虽各有缺点，但最后均成大器，尤以曾子能得道之全体而任传道之责，成为"宗圣"，更有颜回、子贡等为后人赞颂。孔子共有弟子三千，身通"六艺"者七十有二。这些人对于传播浩瀚的传统文化有着不可磨灭的贡献。

相传，孔子晚年编订了古代的文化典籍《诗》《书》等几部书，还根据鲁国的历史材料编成了《春秋》一书。这对古代文化的保存和发展，起了积极的作用。

由于孔子在讲学中，尽心尽力已达到无以复加的程度，使弟子感受到老师的良苦用心，故弟子都发自内心地崇敬他。他们追随、侍奉、保卫他，随他一起奔波行道，周游列国，备受艰辛与饥饿而毫无怨言。当有人诋毁孔子时，他们则正色以告其犬"不自量"。当遇到危难时，他们则舍身护卫。夫子逝世，弟子们如丧考妣，皆在坟周服丧三年。子贡独守六年。其尊师重道精神，至今仍传为佳话。孔子被后人尊为"至圣先师"是当之无愧的。他的许多教育理论和方法，对当今的广大教育工作者来说，依然是值得借鉴、取之不尽的宝贵资源。

德配天地，堪为师表

孔子是伟大的思想家、教育家，也可算得上是半个政治家，但他首先是一个品德高尚的知识分子。他正直、乐观向上、积极进取，一生都在追求真、善、美，追求理想的社会。他的成功与失败，无不与他的品格相关。他优良的品德，几千年来影响着一代又一代中国人，直到今天，我们仍然可以从中汲取养分，作为我们为人处世的准则。

1. 学而不厌，诲人不倦

孔子以好学著称，对于各种知识，他都表现出浓厚的兴趣，并且下苦功去学，因此他多才多艺，知识渊博，在当时就已经非常有名，几乎被当成无所不知的圣人。但孔子自己非常谦虚地认为："圣则吾不能，我学不厌，而教不倦也。"正是这样，孔子学无常师，谁有知识，谁那里有他所不知道的东西，他就拜谁为师，他曾向老子问礼，向师襄学琴。他的千古名言"三人行，必有我师焉"，首先是他自己一生为学的真实写照。

2. 发愤忘食，乐以忘忧

孔子63岁时，曾经对别人这样形容自己："发愤忘食，乐以忘忧，不知老之将至。"当时孔子已带领弟子周游列国9年，其间，历尽艰辛，不仅未得到诸侯的任用，还险些丧命。虽然如此，但孔子并不灰心，他仍然乐观向上，坚持自己的理想，甚至是明知其不可为而为之。

3. 直道而行

孔子生性正直，又主张直道而行，他曾说："吾之于人也，谁毁谁誉？如有所誉者，其有所试矣。斯民也，三代之所以直道而行也。"《史记》载孔子30多岁时曾问礼于老子，临别时老子赠言曰："聪明深察而近于死者，好议人者也。博辩广大危其身者，发人之恶者也。为人子者毋以有己，为人臣者毋以有己。"这是老子对孔子善意的提醒，也指出了孔子的一些毛病，就是看问题太深刻，讲话太尖锐，伤害了一些有地位的人，会给自己带来很大的危险。尽管如此，他还是不卑不亢，向着自己的理想和目标进发。

4. 安贫乐道

孔子曾说："不义而富且贵，于我如浮云。"在孔子心目中，行义是人生的最高价值，在贫富与道义发生矛盾时，他宁可受穷也不会放弃道义。但他的安贫乐道并不能看作是不求富贵，只求维护道义，这并不符合历史事实。孔子也曾说："富与贵，人之所欲也；不以其道，得之不处也。贫与贱，人之所恶也；不以其道，得之不去也。""富而可求也，虽执鞭之士，吾亦为之。如不可求，从吾所好。"所以，安贫乐道可以看作是一种精神的抚慰，只要心中有这种认知，就不会产生太多的心理不平衡，这对人的身体和精神都是有好处的。在当今物欲横流的社会中，人们尤其要注意学会这种精神，以使自己过得更幸福快乐。

5. 与人为善

孔子创立了以"仁"为核心的道德学说，他自己也是一个很善良的人，富有同情心，乐于助人，待人真诚、宽厚。"己所不欲，勿施于人""君子成人之美，不成人之恶""躬自厚而薄责于人"等，这是他一生做人的准则。

《论语》大讲堂

三七二

幽默的个性，丰富的感情

生活中的孔子，有着和悦可亲的风趣幽默，这一点是为人所忽略的。正因为如此，孔子所过的生活是充实而快乐的，这和宋朝理学家那种大煞风景的教条是大不相同的。由此，我们可以看出孔子的纯洁和伟大。

在《论语》中，有这样一个小故事：孺悲欲见孔子，孔子辞以疾。将命者出户，取瑟而歌，使之闻之。

这是《论语》全书中很少有的、让人忍俊不禁的一章。其大意是，一个名叫孺悲的人来找孔子，这人以前跟孔子学习过，但那天孔子不知什么原因，不想见他，就指使门人说："你就说我病了，见不了他。"门人走出屋去，正准备传话时，孔圣人竟然在屋里把瑟拿出来，一边弹奏，一边唱起歌来——故意告诉屋外那个人，我不但在家，而且什么事都没有，就是不想见你。

孔子其实是一位内心充满热情的人，也是一个风趣、会出其不意来点恶作剧的人。终生怀抱理想的孔子，一生到处碰壁，但孔子总能从失败的阴影中摆脱出来，有时靠着一些幽默玩笑话，时不时让自己，也让身边的朋友快乐一下。

有一次，孔子和弟子在路上碰到一个邻居，那人对他大喊大叫，说："孔子你可真了不起，你学了那么多东西，可你究竟会什么呀？"孔子一听，歪过头来，对弟子说："是啊，我会点什么呢？是驾车呢？还是射箭？那我还是驾车算了。"那种语气、神态，让我们眼前立即浮现出一个俏皮、有趣的孔子形象。

还有一次，孔子遇到一位叫原壤的故人。这个人不太讲究礼节，他明明看见孔子过来了，却还蹲在地上等着。孔子当然是一个非常讲究礼节的人，他看见原壤这么不讲礼节，立刻就对他进行了教育。孔子说："你这个人，小时候就不好好待家人，长大了一事无成，年纪一大把了又不早点死，你整个就是一个祸害！"这话乍一听上去，确实刻薄，甚至恶毒了点。然而，更为传神的是"以杖叩其胫"，孔子用手中的拐杖，轻轻敲打原壤的小腿，使他终止了那不雅的姿势。

事实上，孔子对原壤并无恶意，相反，这可以看成是老友见面时的一种特殊的问候方式。我们现在与朋友见面，有时候也会说出一些看似"出言不逊"的话，其实是非常亲切的，没有丝毫的恶意。孔子是一个和蔼可亲的人，这种话当然也不会有什么恶意，只是对一位老友特别的、亲密的致意方式罢了，这才是真实的人性化的孔子。

孔子并不喜欢弟子们成天对自己表现出一副恭敬拘谨的样子，为此，他时不时地来一句让人摸不着头脑的话，接着就一边哈哈大笑，一边解释：开玩笑，开玩笑。比如，他对子游说过，杀鸡焉用牛刀，弄得子游很是迷惑；又对颜渊说，如果你是老板，我就给你干活。

孔子就是这么个人，平时看上去挺庄重、严肃的，其实比谁都开朗、豁达、会开玩笑。在周游列国时，也就是人们常听说的流亡途中，他听到有人把他形容成丧家之犬时，还笑着说人家比喻得当。

孔子喜欢音乐，平时没事的时候总喜欢和别人唱歌，唱到兴高采烈的时候，他还一定得让人家再唱一遍，然后自己跟着唱。

这就是有着丰富感情生活的孔子，一位幽默风趣、喜欢恶作剧、充满人情味的真正的圣人。他有的不是高高在上的冷漠，而是亲切可人的和悦。

圣人之所以为圣人

圣人不是完美的！孔子之所以为圣人，不是因为他多么完美。论完美，他不如颜回完美，也不如子贡在政治上有作为。

三千弟子中，颜回首屈一指。他因孔子的一句话而名传后世，"一箪食，一瓢饮，在陋巷，人不堪其忧，回也不改其乐"。看过这话后，不要把颜回误解为是那种两耳不闻窗外事，一心只会死读书的"书呆子"，这是个极大的误会。如果把书籍中涉及颜回的片言只字全都找出来，我们就能复原出较为完整的颜回。这真可以说是一个完美的形象，一个沉静、内敛、理想化，有着自觉自愿牺牲精神的形象。如果非要把孔子学说称为孔教，可以说，在所有跟孔子有关的人中，包括孔子本人，唯一具有宗教感，具有最纯粹意义上的宗教精神的，只有颜回。

国学大师章太炎先生发现，诙谐的庄子，有事没事就拿孔子开涮，但当他提到颜回时，就立刻收起了玩世不恭的口气，以近乎恭谨的笔调，表现出对颜回的敬意。孔门最为杰出的成功人士子贡，更是用"赐也何敢望回"的句式，表达了对于颜回的尊敬。孔子更是对颜回赞不绝口，视之无与伦比。

孔子对颜回那句近乎苛刻的教诲，"非礼勿视，非礼勿听，非礼勿言，非礼勿动"是绝不可能对第二个人说的。如此高难度，已接近临界状态的标尺，其实反映了颜回内心修养的张力程度。但正是这种对于完美人格的过分追求要了颜回的命，使他30多岁就去世了。也许如此完美的人格，只有天使才具有，而天使是不能长驻人间的。

假如把孔子和他的弟子们统统放在一起，做一次个人心理素质与道德修养的排名，估计孔子最多只能挤进前五强。颜回排名第一，那个说"善为我辞焉，如有复我者，则吾必在汶上矣"的闵子骞，至少要排在孔子前面。仲雍、曾子、子游等，都可能位列孔子之前。

子贡是孔子在外流浪14年的最大收获，如果说颜回是"完美版孔子"，是孔子精神的化身，那子贡就是"实践版孔子"的成功代表。中国古人说君子"立德""立功""立言"，子贡在这三方面，均无可挑剔，尤以"立功"最为卓著。司马迁说："故子贡一出，存鲁，乱齐，破吴，强晋而霸越。子贡一使，使势相破，十年之中，五国各有变""常相鲁、卫，家累千金"，子贡俨然是战国后期苏秦、张仪的祖师爷。孔子死后，门人都是守孝三年，唯独子贡"庐于冢上，凡六年"。子贡有高傲的气质，却以谦逊的姿态，从老师那儿学到了精粹的知识。子贡是所有孔门弟子中，最没有酸腐书生气的一个人。

由此可见，孔子完美比不上颜回，成功比不上子贡。他被称为圣人，就在于他有良好的道德修养，能教育出如颜回、子贡般的人物。所以，他是几千年来，绝无仅有的圣人。